그리스도 철학자

Le Christ Philosophe by Frédéric Lenoir
© PLON 2008

Korean Translation Copyright © 2009 by YEONAMSEOGA Publishing Co.
Korean edition is published by arrangement with Editions PLON
through BC Agency, Seoul Korea

이 책의 한국어 판 저작권은 BC 에이전시를 통한
저작권자의 독점 계약으로 연암서가에 있습니다. 저작권법에 의해
한국 내에서 보호를 받는 저작물이므로 무단전재와 복제를 금합니다.

그리스도 철학자

프레데릭 르누아르 지음
김모세 · 김용석 옮김

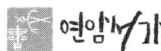

일러두기

1. 번역문은 한글 전용을 원칙으로 하되, 필요한 경우는 원어(프랑스어)를 괄호 안에 넣어 표기했다. 인명, 지명의 경우 제일 먼저 언급되는 부분만 원어를 병기했으며, 독자들의 이해를 돕기 위해 필요하다고 판단된 경우 그 외의 단어나 구문 뒤에도 원어를 병기했다. 단, 그리스·로마 시대 인명의 경우 한글 표기는 원어의 음가를 차용했지만, 괄호 안에는 원서에 사용되고 있는 프랑스어 이름 표기를 병기했다.

2. 외래어의 표기는 외래어 표기 용례에 따랐다. 단, 성서에 등장하는 인물과 지역명은 성서 직접 인용문과 그 인용문의 맥락 속에서 서술이 진행되는 경우 독자들의 이해를 돕기 위해 우리말 성경에 기록되어 있는 표기를 따랐다.

3. 성경 인용문 번역을 위해서는 대한성서공회에서 출간된 한국어 성경(1956년 판)을 기준으로 삼았으며, 같은 곳에서 출간된 개역개정판 성경(2001년 판)을 참조했다.

4. 원주와 옮긴이 주는 본문 끝에 두었다.

5. 인용문은 " " 표기로, 원문에 이탤릭체로 강조되어 있는 부분은 ' '로 표기했다. 단행본 책 제목은 『 』 안에 우리말과 원문(이탤릭체)을 병기했으며, 성서의 각 권은 〈 〉로 표기했다.

| 옮긴이의 말 |

2년 전 겨울로 기억된다. 프랑스 파리의 한 유명 서점을 돌아다니던 중 한 권의 책이 눈에 들어왔다. 본격적인 번역자의 길로 들어서기 위해 준비하던 당시의 나는 전공했던 작가, 관심을 가져왔던 문학 및 철학 이론서들에서 의식적으로 눈을 멀리하고, 오로지 한국의 독자와 출판사들이 관심을 가질 만한, 솔직히 말하자면 인문학적으로 의미를 가지면서도 제법 읽힐 만한 책을 찾는 데 몰두해 있었다. 그렇게 여남은 권의 책을 품에 안고 계산대를 향해 걸음을 옮기던 중 서점 한쪽 구석 '종교' 코너에 비치되어 있던 한 권의 책이 눈에 들어왔다. *Christ le philosophe*, 『그리스도 철학자』라는 책 제목이 순간 눈길을 사로잡았다. 기독교인이자 프랑스 문학 전공자로서, 신앙과 인문학이라는 두 분야의 접점에 대해 항상 고민해 오던 역자로서는 그냥 지나칠 수 없는 순간이었다. 물론 제목이 전해주는 인상으로 보아 관심을 가질 만한 출판사가 있을 법도 하다는 생각이 머리를 스치지 않았던 것은 아니지만, 어쨌든 계산대로 향하는 나의 두 팔 안에 이 책 한 권을 더 쌓아 올린 것은 학문에 대한

개인적인 관심사가 더욱 강하게 작용했던 것으로 기억한다. 어쩌면 서점에 들어오는 순간부터 스스로 억눌러 왔던 학문적 욕구가 마지막 순간에 내 발길을 잡아끌었던 것일지도 모른다. 어쨌든 출판사들에 자신 있게 소개할 목적으로 구입한 여남은 권의 각종 입문, 교양 서적들과 개인적인 열망을 달래줄 목적으로 구입한 이 한 권의 책을 배낭에 넣고 나는 한국으로 돌아왔다. 그리고 1년 후, 당시에 구입해 온 책들 중 유일하게 이 책만 번역 계약을 맺게 되었다. 이런 걸 두고 아이러니라고 하는 걸까? 세상의 이목을 끌고자 자신 있게 가져왔던 책들은 모조리 책장 속으로 숨어 들어가고, 나중에 시간이 되면 공부 삼아 읽어보리라고 책장 속에 박아 두었던 이 책을 그와는 다른 목적으로 꺼내 읽게 되었으니 말이다.

같은 학문적 관심과 신앙을 공유하는 선배와 함께 우리 모임의 오래된 원칙대로 번역을 위한 공동 작업을 시작했다. 작업을 시작하면서 우리의 관심사는 공통적으로 한 곳에 집중되었다. 과연 이 책의 정체성이 무엇일까? 이 책이 쓰여진 목적이 어디에 있는가? 너무나 당연한 질문일지는 모르겠으나, 이 책의 제목을 접하는 순간, 그리고 그 책을 번역해야 하는 입장에 서게 된 순간 이 당연한 질문의 무게는 한 없이 무겁게 느껴지기 시작했다. 저자의 이름 또한 평소에 익히 들어 알던 이름이 아니었으며, 철학자이자 종교사학자로만 간략하게 소개되어 있을 뿐이었다. 이 책에 대한 기본적인 소개를 곁들인 후기를 쓰면서 역자가 처음에 맞닥뜨렸던 이러한 질문이야말로 다소 난해할 수도 있는 이 책을 열어젖히는 첫 관문의 열쇠가 될 것이라 생각한다.

다시 말하지만 우리의 관심은 처음부터 책의 정체성에 집중되었다. 이 책은 과연 신앙을 가진 사람의 관점에서 정통 그리스도교 교리의 수호 및 포교 활동을 위해 쓰어진 책인가, 아니면 『예수는 없다』 식의 철저한 자유주의적 입장에서 쓰어진 책인가? 이것은 아마도 대다수 독자들이 이 책과 처음으로 만나는 순간 갖게 될 의문일지도 모른다. 이 책을 번역한 우리의 입장에서 답을 제시하라면 둘 다 '아니다'이다. 우선 이 책은 철저하게 철학적, 학문적 관점에서 성서와 그 책에 기록된 그리스도의 가르침을 바라보고 있다. 자연히 기존 교회 제도의 옹호나 신자들의 구체적인 신앙생활에 도움을 주기 위한 목적은 아니다. 하지만 그렇다고 해서 이 책이 그리스도교의 근본 교리, 특히 복음서의 기록을 부정하고 있는 것 또한 아니다. 오히려 저자는 책의 첫 부분에서부터 '오직' 복음서에 충실할 것을 약속하고 있다. 복음서들의 역사적, 실증적 고증 여부를 떠나 우리에게 주어져 있는 복음서에 기록된 모든 내용을 사실로 받아들이고 그 사실에 기반하여 논지를 전개하겠다는 것이다. 논의가 전개될수록 저자는 복음서에 기록된 내용 자체로 돌아갈 것을 주장하고 있기도 하다. 또한 저자는 학자의 시각을 견지하면서도 그리스도가 행한 것으로 기록된 여러 기적들을 상대화시키려고 하지 않는다. 나아가 자유주의적 입장을 가진 학자들에게서 흔히 볼 수 있는 것과는 달리 그리스도의 신성, 메시아적 특징, 그를 통한 구원, 부활 사건 등에 대해서도 이의를 제기하지 않는다. 심지어 저자는 『다빈치 코드』의 저자 댄 브라운과 철저한 탈기독교적 해체주의자인 미셸 옹프레 등에 대해 일침을 가하기도 한다. 지면 전체에 걸쳐 저자는 복음서의 내용 자체, 초기 기독교의 역사, 사도들의 가르침을 있는 그대로 전하기 위해 부단한 노력을 보여주고 있다.

'있는 그대로', 어찌 보면 이 말이야말로 저자의 의도를 가장 명확히 드러내 보여주는 말이 될 것이다. 저자는 서구 사회, 특히 유럽 사회에서 오랫동안 제도화의 길을 걸어온 그리스도교가 정작 그 권력화의 과정에서 그리스도의 가르침을 심하게 왜곡, 변질시켜 왔으며, 그 결과가 근·현대 철학에서 나타나는 극단적인 반기독교적 성향으로 이어졌다고 주장한다. 하지만 저자가 볼 때, 자유, 이성과 같은 근대적 가치들은 모두 2,000년 전 나사렛 예수와 그의 제자들을 통해 전해진 가르침 속에 뿌리 내리고 있던 것들이다. 그리고 이러한 근대적 가치들이 서구에서 가장 먼저 꽃피울 수 있었던 것도 기독교(정확히 말해 그리스도의 메시지)라는 오랜 바탕이 있었기에 가능했던 일이다. 다만 역사 속에서 그리스도의 자리를 대신 차지한 교회, 특히 중세 가톨릭 교회 제도에 의한 왜곡으로 인해 세인들의 인상 속에 근대적 가치와 그 실질적 모태가 되는 그리스도의 가르침이 서로 대척을 이루고 있는 것처럼, 근대적 가치에 충실하기 위해서는 기독교의 유산으로부터 벗어나야 하는 것처럼 잘못 각인되어 있다는 것이다. 그리고 이 잘못된 오해의 실타래를 풀어내는 것이 저자가 궁극적으로 내세우고 있는 이 책의 목적이다. 이와 관련해 책의 머리말 부분에서 저자가 제시하고 있는 『카라마조프 가의 형제들』의 한 대목은 책 전체의 관점을 훌륭하게 대변해주고 있다.

이러한 목적을 기반으로 이 책은 크게 네 가지 틀로 구성되어 있다. 우선 복음서에 기록된 그리스도의 가르침에 대한 '있는 그대로'의 분석―철학적 관점에서 이루어진―이다. 이 과정에서 저자는 그리스도의 여러 가르침들 가운데서도 책의 궁극적 목적과 연결되는 부분, 근대 철학의 모태로 볼 수 있는 가르침들에 집중하는 모습을 보여준다. 그 뒤를 이어 사도들을 중심으로 한 초대 교회 시대 이후 중세를 거쳐 르네상스 시기에 이르기까지의 기독교의 역사가 압축적으로 제시되어 있다. 개인적으로는 이 책이 가진 특별한 매력을 발견할 수 있는 부분으로 여겨지는데, 단순히 추상적이고 모호한 철학적 관념 놀이에서 벗어나 역사적 사건들 속에서 그 관념의 맥을 연결해 나가는 저자의 연금술이 돋보이는 부분이다. 특히 약 100페이지 정도로 압축된 기독교 교회사는 그 자체로도 관심을 가진 독자들에게 많은 도움이 될 수 있을 듯하다. 셋째로 저자는 르네상스 이후 근대에 이르기까지 이른바 '휴머니즘'의 역사를 추적해 나가면서 그 철학적 역사를 그리스도의 가르침이라는 거울에 비추어 재해석하고 있다. 특히 르네상스 시기 종교개혁 운동과 더불어 휴머니즘 운동이 태동했다는 사실을 강조하면서, 근대의 탄생을 불러온 휴머니즘의 본질적 가치들이 원래 그리스도의 가르침에 그 뿌리를 내리고 있음을 드러내고자 한다. 물론 이 과정에서 휴머니즘과 관련하여 조금은 자유주의적인 저자의 입장이 피력되기도 하지만, 앞서 밝혔듯이 철저하게 철학자의 관점에서 씌어진 글이라는 사실을 잊어서는 안 될 부분이다. 혹시 신앙을 가진 독자들의 경우 학문적 관점에서 기독교 변증에 이용될 수 있는 저자의 관점이라는 점을 상기하길 바라는 바다. 마지막으로 저자는 우리가 살아가는 21세기의 시대, 그리고 앞으로 다가올 미래 시대의 기독교의 모습을 예측하고 있다.

책의 시작을 도스토예프스키의 예로 장식했던 저자는 책의 맺는 말 부분에서는 〈요한복음〉 4장에 나오는 사마리아 여인과 예수의 만남 장면을 예로 들고 있다. 이 장면에 나오는 대화에 등장하는 "신령과 진정으로 드리는 예배"에 대한 분석을 통해 저자는 결국 '사랑'에 대한 메시지로 책을 마무리하고 있다. 사랑이란 가장 평범하고 진부해 보이면서도, 가장 강력하고 궁극적인 가치이며, 인류의 미래가 걸려 있는 가치이기도 하다는 것이다.

역자 역시 이 책을 쓴 저자의 입장이었다면 다른 결론을 내릴 수 있었을까? 모르는 일이지만 결국에는 같은 결론으로 향했을 가능성이 높다. 복음서와 그리스도의 가르침을 토대로 어떤 주장을 펼쳐나간다면 결국에는 '사랑'이라는 가치로 귀결될 수밖에 없을 것이기 때문이다. 바울은 "오직 의인은 믿음으로 말미암아 살 것"(로마서 1:17)이라고 주장한다. 기독교 정통 교리와 직결되는 바울의 핵심적인 사상이기도 하다. 바울과 함께 초대 교회의 지도자로서, 특히 유대인들을 중심으로 한 예루살렘 교회 지도자로 일했던 야고보는 "행함이 없는 믿음은 죽은 것"(야고보서 2:17)이라고 가르친다. 예수는 "하나님을 사랑하고 이웃을 자기 몸 같이 사랑하는 것"(마태복음 22:37~39)을 모든 율법의 핵심으로 제시했다. 바울 역시 〈고린도전서〉 13장에서 사랑의 중요성을 강조하고 있다. 예수를 가장 가까이에서 따랐던 제자 중 한 명인 요한 역시 마찬가지이다. 그렇다면 어떻게 정리할 수 있을까? 행함이 없는 믿음은 죽은 믿음이다. 그런데 믿음이란 무엇보다도 사랑으로 표현된다. 그러면 사랑이 없는 믿음은 죽은 믿음이라고 할 수 있지 않을까? "신령과 진정으로" 드리는 예배란 곧 지고한 믿음의 표시임과 동시에 사랑으로 나타나는 것 아닐까?

저자가 에필로그에서 강조하고 있듯이 예수는 메시아임에도, 기적을 행할 능력을 가지고 있었음에도 불구하고 스스로 십자가를 지고 고난의 길로 걸어갔다. 그것이 바로 복음이고, 그리스도가 삶 전체를 통해 전해 준 가르침이다. 그의 가르침에 충실했던 초대 교회들 역시 같은 삶을 실천했다. 그들은 남을 죽이기보다는 오히려 스스로 죽는 길을 선택했다. 그리고 그 순교의 역사가 결국 로마 제국을 무릎 꿇게 만들었다. 하지만 일순간에 순교자에서 권력자의 자리에 오르게 된 교회와 그 지도자들은 권력과의 타협 속에서 점차 이 본질적인 가르침을 잊게 되었다. 그들은 스스로 십자가의 길을 간 '주'의 모습과는 반대로, 타인에게 십자가를 지우고자 했다. 스스로 죽음의 길을 선택한 '선배들'의 모습과는 반대로 칼을 들고 자신들의 힘을 과시하고자 했다. 그 결과는 무엇인가? 곧 패배이다. 그리스도의 가르침, 복음은 결코 폭력과 억압으로 전해질 수 없는 것이기 때문이다. 십자군 전쟁의 실패, 중세시대 종교 재판의 폐단, 나아가 오늘날 몇몇 종교적 신념들을 원용하여 이루어지는 극단적인 폭력 행위 또한 같은 맥락에서 보아야 하지 않을까? 역자 중 한 명이 전공했던 프랑스 작가 프랑수아 모리악의 말(작품 『속죄양』에 나오는 대목이다)로 이 글을 맺고자 한다. "우리에게는 단 한 가지 선택권밖에 없다. 사랑하는 사람을 위해 내가 죽는 것과, 사랑하는 사람을 죽이는 것." 우리는 어느 것을 선택할 것인가? 선택을 돕기 위해 예수의 가르침을 소개한다. "내 계명은 곧 내가 너희를 사랑한 것같이 너희도 서로 사랑하라 하는 이것이니라. 사람이 친구를 위하여 자기 목숨을 버리면 이에서 더 큰 사랑은 없나니 너희가 나의 명하는 대로 행하면 곧 나의 친구라."(요한복음 15:12~14)

끝으로 바쁜 일정 속에서도 이 책의 번역을 위해 아낌없는 도움과 조언을 준 '시지프' 식구들, 특히 변광배 선생님, 사랑하는(복음서의 의미에서) 동생 현화와 성진에게 깊은 감사를 전한다. 또한 책장에서 책을 꺼내들 뿐만 아니라 번역의 기회까지 제공해 주신 연암서가에게도 감사의 말씀을 전하고 싶다. 마지막으로 다시 한 번 당신의 가르침을 돌아볼 기회를 준 우리의 '주'께 감사하며 글을 맺는다.

2009년 여름 초엽
시지프 사무실에서

| 차례 |

일러두기 4

옮긴이의 말 5

프롤로그 대심문관과 대면한 예수 17

제1장 예수의 역사와 역사 속의 예수 39
    성경의 주해가 과학이 될 때 41
    비기독교적 텍스트 43
      플라비우스 요세푸스 / 타키투스와 플리니우스
    기독교 원전들 46
      정전 텍스트들 / 성서 외전 / 진실성의 기준들
    예수의 생애 54
      예수 시대의 팔레스타인 / 유대의 가족 / 순회 설교자 / 예수의 성격 / 기적을 행하는 자
    그리스도의 수난 68
    부활한 자의 출현 70

제2장 그리스도의 철학 73
    예수의 영성 75
      와서 나를 따르라 / 왕국의 패러독스
    고통에 의미를 부여하기 81

그리스도의 윤리　84

　　　평등 / 개인의 자유 / 여성의 해방 / 사회 정의 / 권력의 분리 / 비폭력과
　　　용서 / 이웃에 대한 사랑

　　인간　103

제3장　기독교의 탄생　111

　　예수와 유대교　112

　　세 가지 새로운 행동　115

　　예수에서 그리스도로　119

　　첫 번째 교회　121

　　다소의 바울　125

　　신적인 로고스　129

　　그리스도에 대한 논쟁　132

　　순교자들　134

　　박해의 마감과 삼위일체 신학　137

제4장　그리스도교 사회　145

　　공식 종교　146

　　　새로운 사회적 응집력 / 동방 정교회

　　기독교의 반격　154

　　　수도원 제도 : 복음의 이상과 문화의 수호

　　교회와 권력　159

　　기독교 유럽　163

　　　클뤼니 수도회와 그레고리우스의 개혁 / 신의 휴전 / 청빈함과 자비 / 문
　　　화의 발전과 대학의 설립 / 시토 수도회의 개혁과 탁발 수도회의 탄생

차례　13

교회, 그리스도의 군대 172

아우구스티누스와 정의로운 전쟁 / 십자군 원정 / 이성과 신앙 / 이교에 대한 투쟁 / 종교재판 / 인디언들에게도 영혼이 있는가? / 바야돌리드 논쟁

제5장 기독교 휴머니즘에서 무신론적 휴머니즘으로 191

르네상스 휴머니즘과 개혁 193

자유와 인식 / 프로테스탄트 개혁

계몽주의 휴머니즘 202

전통에 맞선 근대 세계 / 비판적 이성과 주체의 자율성 / 기독교 계몽주의와 비종교적 계몽주의 / 칸트의 도덕

무신론적 휴머니즘 211

콩트 : 지적인 소외로서의 종교 / 포이어바흐 : 인류학적 소외로서의 종교 / 마르크스 : 경제적 소외로서의 종교 / 프로이트 : 심리적 소외로서의 종교

제6장 근대 세계의 모태 221

역사와 진보 224

진보라는 근대적 사상의 태동 / 진보 신화의 비약과 비판 / 진보 개념의 종교적 기원 : 구원의 역사와 지복천년설

이성 234

니체와 신의 죽음 / 막스 베버와 합리화 / 의문하는 이성

유럽의 "기독교적 뿌리"에 대한 논쟁 247

가톨릭 교회와 근대 세계 251

근대적 사상들에 대한 비판 / 제2차 바티칸 공의회 / 어려운 문제제기

제7장 우리들 속에 남아 있는 기독교적인 것은 무엇인가? 263

근대성 속의 기독교 265

다원주의와 회의주의 / 위·아래가 뒤바뀐 신앙 / 확실성의 회귀

예배드리는 종교인으로서의 기독교 신자들 272

한 교회에 속한다 / 단순히 믿는다 / 예배에 참석하는 열성적인 신자다 /

미국의 종교심

문화적 기독교 신자들 276

기독교에 젖어 있는 문화 277

예수 그리스도 이후 / 기독교적인 축제들 / 기독교 방식으로 말하는 것 /

기독교 예술

비가시적인 기독교 292

에필로그 사마리아 여인과 대면한 예수 297

이상한 장소에서의 만남 301

"네가 만일 하나님의 선물을 알았다면" 304

진정한 종교란 무엇인가? 307

외적인 종교에서 내적인 영성으로 311

신령과 진정으로 예배하는 것 313

어려운 자유 317

사랑만이 믿음에 합당하다 321

그리스도적 메시지의 전복 323

'비 능력'의 철학 327

서구에서의 기독교의 미래 333

감사의 말 336

주 337

프롤로그

대심문관과 대면한 예수

"이 일은 스페인의 세비야에서, 가장 끔찍했던 종교재판의 시기에 있었던 일이다. 매일같이 신의 영광을 위해 화형대에 불이 타오르던 그 시기 말이다." 도스토예프스키의 걸작인 『카라마조프 가의 형제들』에 나오는 대심문관의 일화는 이렇게 시작하고 있다. 프로이트는 이 러시아 작가와 같이 기독교 신앙을 공유하지 않으면서도, 이 소설을 "결코 씌어진 적이 없었던 가장 웅대한" 소설로 간주했으며, 대심문관의 이야기를 "세계 문학의 가장 훌륭한 성과들 중 하나"[1]로 평가했다.

약 20여 페이지에 달하는 이 부분에서 도스토예프스키는 한 전설, 즉 16세기에 예수가 세비야에 다시 내려왔었다는 전설을 이야기한다. 그는 그 누구의 주목도 끌지 않으면서 조용히 나타났지만, 신기하게도 모든 사람들이 그를 알아본다. "무한한 연민의 미소를 띤 그가 조용히 군중들 속으로 지나간다. 그의 마음은 사랑으로 가득하고, 그의 눈에서는 **빛**, **지성**, **힘**이 발산되어 퍼져나가 사람들 마음속에 사랑을 일깨운다."

민중은 마치 자성에 이끌린 듯 그를 환희 속에서 뒤따른다. 대성당의 광장에 다다른 그는 그곳에서 막 장례 준비가 행해지고 있던 한 작은 소녀를 부활시킨다. 바로 이때 이곳의 주인이자 같은 장소에서 이미 100여 명의 이단자들을 불태운 대심문관 추기경이 도착한다. "그는 거의 90세가 다 된 매우 나이 많은 노인으로 피골이 상접한 얼굴에 쑥 들어간 눈을 가지고 있었다. 하지만 그의 눈에서는 여전히 섬광이 번득이고 있었다." 그는 모든 것을 보았다. 이 사람의 도착과 환희에 찬 군중들, 그리고 기적을 말이다. 그는 그리스도를 체포하라는 명령을 내린다. "그의 권력이 너무도 큰 나머지, 그리고 그의 말이라면 무서워 떨면서 순종하고 복종하는 일에 길들여져 있던 군중들이었던만큼, 그의 하수인들 앞에서 모두 뒤로 물러서는 것이었다." 죄인은 종교재판소 건물의 비좁은 감방에 갇히게 되었다. 밤이 되자 대심문관이 혼자서 이 죄수에게 찾아온다. "바로 너, 너냐?" 그가 무례하게 갑자기 말을 건다. "너는 무엇 때문에 와서 우리를 방해하는 것이냐?" 죄수는 아무 말도 하지 않는다. 그는 그저 이 노인을 바라보는 것으로 만족하고 있다. 그러자 노인이 다시 말을 시작한다. "바로 네가 종종 이렇게 이야기하지 않았나. '내가 너희를 자유케 하리라'고. 자 봐라. '자유로운' 사람들의 모습을 보지 않았는가." 노인은 빈정거리는 투로 덧붙인다. "그래, 물론 이 일은 우리에게 비싼 값을 치르게 했지." 그는 엄격하게 죄수를 바라보며 계속 이야기한다. "하지만 우리는 결국 너의 이름으로 이 작업을 완수해 내었다. [중략] 사람들이 지금보다 더 스스로 자유롭다고 생각했던 적은 일찍이 없었다는 것을 알아야지. 다만 그들은 자신들의 자유를 우리의 발밑에 겸손하게 내어 맡겼지."

그리고 추기경은 예수가 악마의 세 가지 시험을 이기지 말았어야 했음을 설명한다. 즉 돌을 떡으로 만들고, 성전 꼭대기에서 뛰어내려 천사들의 도움으로 안전히 착지하고, 세상 모든 왕국을 지배하는 것을 받아들였어야 했다는 것이다.(마태복음 4:1~11) 왜냐하면—그가 계속 이야기 한다—인간 의식을 정복할 수 있는 것은 세 가지 힘밖에는 없기 때문이다. 바로 기적, 신비, 권위가 그것이다. "그런데 너는 인간들에게 자유를 설파하면서 빈손으로 세상에 나아가기를 원하지. 본능적인 어리석음과 비열함으로 그들은 이해조차 할 수 없는 자유를, 오히려 그들을 두렵게 만드는 자유를 설파하면서 말이야. 사실 인간과 그들의 사회에서는 자유라는 것만큼 용납할 수 없는 것도 결코 없는 법이지!〔중략〕다시 말하지만, 인간들에게 있어서는 하루라도 빨리 자신들의 자유를 양도할 수 있는 존재를 찾는 것보다 더 심한 걱정거리는 없어.〔중략〕그 점에 있어서도 너는 다시 한 번 인간들에 대해 너무 고상한 생각을 가르쳤어. 사실상 그들은 노예에 불과한데 말이야.〔중략〕우리는 너의 가르침을 수정해서 '기적', '신비', '권위'라는 근간 위에 재정립했지. 덕분에 인간들은 다시 한 번 짐승의 무리와 같이 인도함을 받는 삶을 즐길 수 있게 되었어. 그토록 심한 고통을 유발했던 그 어두운 선물에서 자유로워졌단 말이야.〔중략〕내일이면, 내 지시 하나로 이 온순한 무리가 네가 올라가게 될 장작더미 위에 숯불을 가져오는 것을 보게 될 것이다. 네가 우리의 일을 방해하러 왔기 때문이지."

대심문관은 입을 다문다. 그는 신경이 날카로워져서 죄수의 대답을 기다리고 있다. 이 죄수는 고요하고 마음을 꿰뚫는 듯한 시선을 상대방에게 고정시킨 채 몇 시간 동안 듣고만 있을 뿐이었다. "노인은 죄수가 자신에게 무엇인가를 말해주길 바라고 있었다. 쓰리고 무서운 말이라도 상관없었다. 갑자기 죄수는 침묵 속에서 이 노인에게 다가와서는 그의 핏기 없는 입술에 입을 맞추었다. 그것이 그의 대답이었던 것이다. 노인은 소스라치게 놀랐다. 그의 입술도 떨리고 있었다. 노인은 문으로 다가가 그것을 열어젖히고는 말했다. "가버려. 그리고 다시는 돌아오지 마… 다시는 말이야!" 그리고 그는 죄수가 도시의 어둠 속으로 나가도록 내버려두었다."

믿을 수 없는 타락

이 대심문관의 전설은 몇 가지 본질적인 면에 있어서 기독교 역사의 실제를 소설로 옮기고 있다. 즉 복음적 가치의 심각한 전도가 그것이다. 도스토예프스키는 자신이 보기에 이 배반 중에서도 가장 심각한 것을 강조하고 있는데, 그것은 곧 그리스도가 전한 자유의 메시지가 교회에 의해 거부된 것이다. 교회는 인간의 연약함을 이유로 내세워 이 메시지를 거부하고는 자신의 권력을 확립하고자 했던 것이다. 도스토예프스키는 교회의 제도가 악마의 유혹에, 예수가 몸소 거부했던 그 유혹에 무릎 꿇고 말았다는 것을 보여주고자 했다. 세월을 거듭하면서 교회 제도는 인간들에게 그들이 가장 욕망하는 것, 즉 기적과 신비, 권위를 제공함으로써 인간의 의식을 소외시키려는 유혹에 점차 굴복하게 되었다. 달리 말하자면, 교회 제도는 빵의 기적(교회는 그들을 먹여주고 그들의 삶에 필요한 것들을 제공해준다), 교회의 정당성을 확립해주고, 사람들을 안심시킬 수 있는 신비(도그마), 질서를 가져다주는 부정할 수 없는 권력이라는 세 가지 형태 하에서 인간들에게 안전을 제공했던 것이다. 이렇게 하면서 교회는 인간들의 묵인 하에 그들의 안녕을 위한 행동이라는 확신 속에서 인간을 소외시켰다. 도스토예프스키가 보여준 그리스도의 가상의 상대자 선택은 분명 중립적인 의미를 가진 것이 아니다. 그도 그럴 것이 종교재판이야말로 믿을 수 없는 타락이었기 때문이다. 그것은 복음서의 메시지와 완전히 어긋나는 것일 뿐만 아니라, 영웅적인 초대 교회 시대에는 도저히 상상할 수도 없는 것이었다. 그런데 세월을 거듭해 가면서 이 영웅적 교회의 자리에 점차 제도가 자리 잡게 되었던 것이다. 즉 그리스도의 자비의 이름으로 사람들의 안녕을 위해 그들을 고문하고 죽이는 행위가 그것이다.

물론 기독교의 역사가 종교재판소의 화형대나 강요된 개종, 교황령, 십자군 전쟁, 르네상스 시기 교황들의 성적인 방탕, 오늘날 몇몇 사제들이 보여준 소아성애의 문제, 갈릴레이에 대한 유죄 판결, 유대인과 이교도들의 학살로 집약될 수 있는 것은 아니다. 기독교의 역사는 가난한 자들과 병자들을 거두기 위한 안식처들을 만들었던 감독들, 자신들의 믿음을 공식적으로 저버리기를 거부했던 순교자들, 세상을 위한 기도에 전념키 위해 모든 것을 포기했던 수도사들, 문둥병자들을 포용하고 가장 소외된 자들을 위해 삶을 바쳤던 성인들, 성당 건축자들과 믿음에 영감을 받은 예술 작품들, 학교와 무료 진료소를 설립했던 선교사들, 대학을 세웠던 신학자들, 그리고 믿음을 따라 선을 실천한 수많은 평신도들의 역사이기도 하다. 이 점에 대해서는 다시 언급할 기회가 있을 것이다. 하지만 기독교인들과 교회가 이 세상에서 행한 모든 선한 일을 언급한다 해도 5세기 동안에 걸쳐 행해지고 정당화되었던 종교재판 관행에 대한 의문과 추문을 지워버릴 수는 없을 것이다. 권력이라는 목적 하에 행해진 이와 같은 가치의 전복—선을 '악'이라 부르고, 악을 '선'이라 부른—은 다음과 같이 말하는 것보다도 더 악한 것이다. "나는 너를 죽일 것이다. 왜냐하면 내가 보기에 너는 나에게, 혹은 내가 수호하고 있는 이데올로기에 해로운 자이기 때문이다." 권위주의적이거나 전체주의적인 체제는 언제나 가증스러운 법이다. 그리스인들과 로마인들은 도시에서 섬기는 신들이나 황제들을 숭배하기를 거부하는 사람들을 박해했다. 한 지역을 점령한 이슬람교도들은 이슬람 율법에 복종하기를 거부하는 불신자들을 모욕하거나 죽이는 일을 서슴지 않았다. 히틀러는 인종적인 이유로 인해 수백만의 유대인들의 인간성을 부정하고 아무런 양심의 거리낌 없이 그들을 학살했다. 전체주의와 비관용의 희생자들의 목록은 이외에도 한참 동안이나 열거해야 할 것이다. 하지만 종교재판에는 특별한 종류의 왜곡이 있다. 바로 영혼의 안녕을 위해 육체를 고문한 것이다. 의식의 자유를 보호한다는 명목으로 의식 자체를 침해한 것이다.

기독교 세계와 기독교

필자의 생각에 이러한 극단적인 왜곡이 일어날 수 있었던 이유는 바로 그것이 의지했던 메시지 자체가 비할 수 없이 숭고한 차원을 지향하고 있었기 때문일 것이다. 기독교는 두려움의 심연에 도달할 수 있었다. 왜냐하면 그것은 연약한 인간들에게 현기증 나도록 높은 정상으로 올라갈 것을 제안하기 때문이다. "최상의 것의 타락이야말로, 최악의 것이다(*Corruptio optimi pessima*)"라는 중세의 속담이 이를 잘 보여준다. 종교재판의 예가 충격적인 이유는 그것이 극단적으로 모순적인 두 가지 관점을 대립시키고 있기 때문이다. 하나는 그리스도의 혁명적인 메시지로, 개인의 선택의 자유를 절대적인 경지로 끌어올림으로써 개인을 집단과 전통의 멍에로부터 해방시키고자 했던 메시지이다. 다른 하나는 교회 제도의 관행으로, 집단과 전통의 이익을 지키기 위해 앞서 말한 개인의 내적 자유를 거부한 것이었다. 기독교 역사에 있어서 이러한 극단적인 도치는 단 한 번만 있었던 것이 아니다. 교회는 단지 자신들이 원용하는 자, 즉 그리스도의 요구 옆에, 혹은 그의 요구 저편에 있었던 것이 아니다. 교회는 단지 그의 메시지를 축소시키고, 변형시키고, 희석시키기만 했던 것이 아니다. 몇 가지 본질적인 점에 있어서, 제도로서의 교회는 그 메시지를 완전히 뒤집어 놓았다. 그것을 전복시켰던 것이다. 바로 이러한 전복을 꿰뚫어볼 수 있었던 사상가들, 누구보다 강력하게 이러한 전복을 비판했던 사상가들은 무신론의 선구자들이 아니었다. 오히려 그들은 확신을 가진 기독교인들이었다. 이유는 간단하다. 복음서의 메시지를 너무나 잘 알고 있었기 때문에, 그 메시지의 깊이에 찬탄하고 그것의 향취를 느낄 수 있었기 때문에, 그들은 다른 누구보다도 더, 어중간한 신자들, 비기독교인들, 무신론자들보다 더 기독교의 전복에 민감할 수 있었던 것이다.

이러한 사상가들 중 대표적인 인물로는 덴마크의 철학자인 쇠렌 키르케고르(1813~55)를 들 수 있다. 예리하고 독창적인 사상가였던 그는 무엇보다도 자신의 삶과 신앙을 일치시키기 위해 노력했던 열정적이고 고뇌하는 기독교인이었다. 그는 자기 자신이 기독교인으로 불리는 것을 거부하기도 했는데, 그만큼 스스로가 기독교인이라는 명칭으로 불리기에 부족하다는 사실을 느꼈기 때문이다. 내가 알기로는 이 위대한 신앙인보다 더 교회에 대해 신랄한 글을 썼던 사람은 자유주의자들, 무신론 철학자들, 반성직주의를 표방하는 자유사상가들 중에서도 찾아보기 어려울 것이다. 1813년 덴마크 프로테스탄트 가정에서 태어난 그는 우선 자기 눈으로 바라본 교회, 그만큼 그 자신이 관행을 잘 알고 있었던 교회에 대해 비판한다. 하지만 그의 비판은 덴마크 개혁 교회의 틀을 넘어 모든 교회 제도에까지 영역을 넓혀간다. 4세기 이후의 교회 제도, 로마 제국의 공식 종교가 된 이후의 교회 제도가 비판의 대상이 된 것이다. 그에 따르면 세속의 권력과 처음으로 타협을 하기 시작한 이래로 '기독교 세계', 즉 교회의 보호 아래 기독교화 된 유럽 사회는 끊임없이 신약성서의 메시지에 등을 돌려 왔으며, 동시에 진정한 기독교는 완전히 변질되어 버렸다. 그는 이와 같은 기독교 세계를 비판하는 데 있어서 "이 죄악",[2] "이러한 환상",[3] "이러한 거짓",[4] "맛이 나지 않는 레몬 주스",[5] "그 역겨운 겉치레"[6] 등과 같이 심한 용어들도 서슴지 않고 사용한다.

전혀 그렇지 않음에도 불구하고, 교회가 자신의 담론과 관습들이 바로 기독교의 그것들이라는 헛된 환상을 유지하고 있기 때문에, 교회는 사람들이 진정한 기독교에 다가갈 수 없도록 만들고, 그 사실을 '숨기고' 있다. "기독교가 짊어진 멍에를 벗어버린 채 하나님에게 반항하는 한 인간이, 사기와 같은 방식으로 기독교의 확장을 돕는다고 하면서 바로 그 기독교를 제거해버린 그러한 자보다, 훨씬 덜 위험할 수도 있을 것이다"[7]라고 키르케고르는 계속해서 적고 있다. 그는 사제들이 이러한 사기의 책임자라고 비난하고 있다. 하지만 거리낌 없이 그 사기에 참여하고, 그렇게 함으로써 그러한 거짓말의 공모자가 되어버린 수백만 명의 신자들에게까지 그 비난을 돌리지는 않고 있다. 그렇지만, 밑을 헤아릴 수 없을 만큼 깊은 그 모순을 확인하기 위해서는 공식적인 의례와 복음서들을 비교하는 것으로 충분하다. 그렇게 되면 그 모순은 우스꽝스러운 것이 되어버린다. 즉 "호사스러운 대성당에, 존귀하고 존경할 만하며, 상류사회의 선민이자 비밀스럽고 전체를 주관하는 교황청의 설교자가 나타난다. 그는 선택된 엘리트들 중에서도 선별된 한 모임 앞에 모습을 드러내고, 스스로 선택한 텍스트를 감동적으로 설교한다. '하나님은 겸손한 자를, 세상에서 멸시받은 자를 선택하셨다'라고 말이다. 그러자 아무도 웃지 않는다!"[8]

이 덴마크의 철학자는 이러한 복음적인 가치들의 반전을 인간이 스스로 일어서야 할 것을 강요하는 그리스도의 메시지가 보여주는 거의 참을 수 없는 엄격함 때문으로 설명하고 있다. "모든 기독교 세계는 또다시 네 발로 기어다니기 위한, 기독교를 벗어던지기 위한 인간의 노력 이외에 다른 것이 아니다."[9] 용기 있고, 명철하며, 스스로에 대해 특별한 노력을 할 준비가 되어 있는 개인들만이 복음서의 메시지를 실천 할 수 있으므로, 그 메시지는 다수의 사람들을 개종시키기에는 쓸모가 없는 것이며, 심지어 위험한 것이라는 사실이 드러난다. 바로 이러한 이유로 키르케고르는 신생아들의 세례식에 대해 확실하게 반대하고 있으며, 그는 초기 기독교 신자들 모두가 엄격한 영적인 삶 속에 스스로 참여하고 있다는 것을 인식하고 있는 개종한 어른들이라는 사실을 환기시키고 있다. 따라서 기독교를 타락시킨 것, 그것은 바로 너무나 급속하게 이루어진 기독교의 성공이었던 것이다. 이와 같은 시각 속에서, 우리는 다음과 같이 생각해 볼 수도 있다. 즉 콘스탄티누스, 테오도시우스, 클로비스 그리고 샤를마뉴와 같이 기독교를 인정한 황제들이 로마의 다른 황제들보다도 진정한 기독교에 더 많은 악을 행했다고 말이다. 다시 말해 로마의 다른 황제들은 기독교 신자들을 박해하기는 했지만, 아울러 이들을 더욱 강하게 만들어주었고, 게다가 이들이 그리스도의 메시지에 더욱 충실하게끔 만들어주었다고 말이다. "기독교는 성공에 의해서, 수

많은 귀족 기독교 신자들에 의해서 파괴되었다. 그토록 수가 많음에도 그 이면에는 기독교적인 것의 부재가 감춰져 있으며, 기독교의 비현실성이 감춰져 있다."[10]

이러한 주장은 분명 여러 교회의 분노를 샀다. 하지만 키르케고르의 이러한 주장은 150년 전부터 몇몇 기독교적인 사상가들에게서 깊은 반향을 일으키기도 했다. 이러한 반전이 작동되었던 방식에 대해 좀 더 길게 의문을 품으면서 최근에 다시 이러한 비판을 수행했었던 기독교의 또 다른 자유로운 전자(電子)가 있는데, 그가 바로 자크 엘륄(Jacques Ellul, 1921~1994)이다. 법률가이자 역사가이며, 신학자이고 사회학자인 이 무정형의 지식인도 역시 프로테스탄트 집안 출신이다. 그는 1950년대 이후 기술(技術)이라는 새로운 이데올로기와 그것이 특히 환경에 끼친 재앙과도 같은 영향들을 고발한 초기 사상가들 중의 한 명이었다. 명철하고 참여적인 기독교 신자인 그는 1984년에 『기독교의 전복 *La Subversion du christianisme*』이라는 이 이상 더 명확할 수 없는 제목의 에세이를 발표한다. 그 저작 전체를 관통하고 있는 질문은 분명하다. 즉 "기독교 사회와 교회의 발전이 어떻게 우리가 성서, 즉 토라와 선지자들과 예수와 바울, 이 모두의 것으로 여겨지는 텍스트에서 읽게 되는 것과는 완전히 반대되는 하나의 사회, 하나의 문명, 하나의 문화를 탄생시켰단 말인가? 내가 여러모로 잘 말하고 있기는 한 것인가? 한 가지 점만이 모순인 것이 아니라, 모든 점들이 모순 덩어리다."[11]

엘륄은 역사적인 기독교가 하나의 종교, 하나의 도덕 그리고 스스로 강해진 하나의 권력이 되었다고 설명하고 있다. 그런데 신약 성서의 모든 메시지는 그 종교, 그 도덕, 그 권력 그리고 그 돈과 관련해서 전복적인 것이었다. 이번에는 교회 제도가 그 기초를 세운 자들의 메시지에 등을 돌림으로써 기독교를 전복시켰다. 교회 제도는 기독교를 (의례와 교리를 가진) 하나의 종교로, 그리고 여타 다른 모든 것들과 마찬가지로 (의무와 복종이라는) 하나의 도덕으로 되돌려 버렸다. 게다가 교회 제도는 권력과 돈에 의해 타락하도록 스스로를 방치했다. 엘륄은 그리스도의 메시지가 갖는 심오한 새로움이 망각되었으며, 심지어 그것과 정확히 반대로 변모했다는 점을 보여주면서 덴마크 철학자의 비판을 완성하고 있다. 이때부터 기독교는 그 초석이 된 텍스트들을 알지 못하는 사람들에게는 '읽을 수 없는 것'이 된다. 분명 바로 이러한 점이 필자로 하여금 이 책을 쓰도록 부추겼던 이유들 중의 하나라고 할 수 있다.

그리스도의 "교권 반대"

필자는 열아홉 살에 복음서와 만났다. 이후 필자의 사유는 위대한 철학자들과의 접촉에 집중되기 시작했다. 하지만 필자는 예전에 받은 가톨릭적인 교육에 대한 미약한 회상에 의해서만, 특히 선조들의 종교에 대한 앎 속으로 좀 더 잠겨들고 싶은 욕망을 주지 못했던 그 교육의 역사적인 착란들에 의해서만 기독교를 알고 있었다. 엄밀하게 말해서 불교는 알고 있었다고 할 수 있다. 하지만 기독교에 대해서는! 〈요한복음〉의 발견은 필자에게는 일종의 현기증과 같았다. 즉 필자는 근대성을 이해할 수 있었으며, 아울러 〈요한복음〉에 담긴 메시지의 보편성, 당대의 문화적인 틀을 아주 멀리 넘어서 있는 그 메시지의 보편성을 이해하게 되었다. 이때부터 복음서들은 끊임없이 필자로 하여금 스스로 질문을 던지게 하였으며, 필자와 동행하게 되었다. 그 후 필자가 철학과 여러 종교의 역사를 공부해온 지가 이제 곧 30년이 된다. 또한 이 기간 동안 접한 서적들은 그 심오함과 인간미로 필자에게 깊은 인상을 주었다.

기독교 종교에 반대하는 과격한 비판들—한편으로는 정당한—을 필자는 얼마나 많이 들어왔던가. 이러한 비판들에 대해 필자는 볼테르와 키르케고르와 같은 방식으로 답변하지 않을 수 없었다. 다시 말해 그 모든 것이 복음서의 메시지와는 아무런 관련이 없다! 고 말이다. 그리스도의 분노에 관해서 기술하기 위해서는 온전히 한 권의 책이 필요할 것이다. 게다가 사람들은 그리스도의 분노는 거의 모두가 그의 제자들을(제자들은 그리스도의 메시지를 전혀 이해하지 못했으며—이미!—그 메시지를 변모시키고 싶어 했다) 향하고 있으며, 그가 위선자, 형식주의자, 교리주의자, 도덕주의자 혹은 성서에 대한 근본주의적 독서자들이라고 비난한 당시의 종교인들(율법학자들, 바리새인들, 제사장들)을 향한다는 것을 알게 될 것이다. 예수는 다음과 같은 유명해진 말씀들을 누구에게 하고 있는가? "사탄아 물러가라(*Vade retro satanas*)"라는 말씀, 그리고 "사탄아 내 뒤로 물러가라"라는 말씀 말이다. 자신을 넘겨준 유다에게? 그를 십자가형에 처하게 할 빌라도에게? 아니다. 사막에서 그에게 지상의 모든 왕국을 통치할 수 있도록 해주겠다는 제안으로 유혹한 악마에게, 예수는 이렇게 대답한다. "사탄아 물러가라."[12] (마태복음 4:10) 게다가 예수는 자신이 예루살렘으로 올라갈 것과 그곳에서 자신이 죽을 것이라는 것을 예언의 방식으로 제자들에게 언급했을 때, 그의 말을 단호하게 거부한 사도들 중의 일인자인 베드로에게 이렇게 말한다. "사탄아 내 뒤로 물러가라. 네가 하나님의 일을 생각지 아니하고 도리어 사람의 일을 생각하는도다."(마가복음 8:33) 이처럼 그리스도의 비극적인 종말을 받아들이기를 거부한 베드로의 모습은 베드로 이후의 신자들이 십자가를 받아들이기를 거부하는, 다시 말해 '어떤 대가를 치르더라도 진리를 충실히 따르기'를 거부하는 모습을 예고했던 것처럼 보였다. 왜냐하면 그리스도의 십자가는 그런 것이 아니기 때문이다. 그리고 이 점에 관해서는 다시 살펴볼 것이지만, 사람들은 고통과 희생의 신학이라는 범주 속에서 '아들'은 '아버지'의 분노를 가라앉히기 위해서 고통당했다고 생각하기도 한다. 이와 같은 이미지를 너무 극단적으로 몰고 나가면 그리스도의 모든 가르침은 물론이고, 사랑의 하나님에 대한 그리스도의 드러냄을 반박하는 모순에 빠질 수도 있다. 그가 할 수 있었던 선택, 그것은 침묵하고 사라지는 것, 혹은 자신의 메시지를 부인하는 것, 혹은 그 메시지를 끝까지 담당하고 치러야 할 대가를 받아들이는 것이었다. 복음서를 주의 깊게 읽어보면 다음과 같은 사실을 확인할 수 있다. 즉 예수는 하나님이 고통을 필요로 했었기 때문에 죽은 것이 아니라, 단순히 그가 "자기 아버지의 의지"라고 부른 것에 충실했었기 때문에 죽었다는 것을 말이다. 자신을 심문하고 그의 생사를 결정할 권한을 가지고 있는 빌라도에게, 예수는 이렇게 답한다. "내가 이를 위하여 났으며 이를 위하여 세상에 왔나니 곧 진리에 대하여 증언하려 함이로라."(요한복음 18:37) 예수는 그가 가져온 진리를 끝까지 증언하기 위해서 죽었다. 아마도 분명 이러한 이유 때문에 예수의 말씀은 2,000년이 흐른 지금에도 여전히 그토록 정당한 울림을 가지고 있는 것이리라.

복음서는 예수가 그 무엇에도 굴하지 않았다는 것을 보여주고 있다. 대중을 현혹하기 위해서 돌을 빵으로 만들라는 악마의 유혹에도, 그를 왕으로 삼으려는 민중의 욕망에도, 예루살렘에 올라감으로써 확실한 죽음으로 향하기보다는 도망가라는 제자들의 말에도 그는 굴하지 않았다. 그는 그 무엇에도 굴하지 않았다. 다시 키르케고르로 돌아오자면, 그는

"사람들이 다음 세상에서도 또다시 회상하는 것은 무엇인가?"라는 이상한 질문을 제기하고 있다. 그의 답변은 다음과 같다. "단 한 가지가 있다. 즉 진리를 위해 고통당해야 했다는 것이 그것이다." 비록 이러한 답변은 분명히 키르케고르의 혼란스러움과 논쟁의 흔적들을 간직하고 있음에도 불구하고, 필자는 그 답변이 뭔가 심오한 것을 말하고 있다고 생각한다. 그 답변은 그리스도의 삶과 관련해서 밝혀지고 있다. 즉 한 삶 속에서 가장 결정적인 것, 즉—사람들이 믿든지 그렇지 않든지에 따라 실재적이거나 상징적인 의미로 이해되고 있는—영원한 것이란 우리가 말하는 선한 것, 혹은 우리가 실현한 위대한 것이 아니다. 그것은 다름 아닌 우리가 진실의 편에 섰어야 했던 바로 그 여러 순간들이다. 비록 그 순간들이 우리로 하여금 대가를 치르게 했던 순간이었을지라도, 그리고 특히 우리의 생명을 요구하는 순간들이었을지라도 말이다. 우리 모두는 이러한 경험을 하고 있다. 이러한 경험은 종종 우리를 죽음으로까지 이끌 수 있다. 남녀를 막론하고 수백만 명의 사람들이 인간 존엄이라는 진리에 충실하기 위해서, 친구나 저항을 함께한 동지를 배반하지 않기 위해서, 치욕스럽거나 범죄와 관련된 행위에 복종하지 않기 위해서 죽었거나 위험한 상황에 빠졌다. 예를 들면 1989년 6월 천안문 광장에서 생명의 위험을 무릅쓰고 장갑차들 앞에 섰던 중국의 한 젊은이를 그 누구도 잊지 못할 것이다. 이러한 남자들, 이러한 여자들은 극단적인 상황에서까지 인간 존엄의 진리를 증언했던 것이다. 이들이 바로 인류 역사의 진정한 성자들인 것이다.

그 긴 역사 동안 교회는 가난한 자들과 불쌍한 사람들에게 봉사했으며—이를 통해 많은 성인들이 나타나게 되었다—복음을 전달하는 것을 그치지 않았다. 교회 덕분에——교회의 일탈이 무엇이었던지 간에——그리스도의 말씀은 오늘날까지 전달되었고, 그 말씀은 거의 모든 언어로 번역되었다. 교회는 이러한 전도의 사명을 잘 담당했다. 하지만 교회가 종종 회피했던 것, 그것은 교회가 말했던 메시지와 실천을 조화시키는 것이었다. 그 메시지가 교회의 실존 혹은 교회의 발전을 위협하는 것으로 보였을 때 말이다. 초기 기독교 신자들은 스스로를 부인하기보다는 죽음을 선택했었다. 하지만 기독교가 로마 제국의 공식적인 종교가 되자 급격한 전환이 이루어졌다. 신앙 때문에 박해받았던 자들이 신앙의 이름으로 재빠르게 박해자로 변모했다. 교회에 속한 사람들은 자신들이 믿는 종교의 급속한 성공에 의해 눈이 멀었고, 권력의 맛을 보았다. 교회 제도는 요새처럼 견고해졌으며, 점차 교회는 최초의 목적보다는 오히려 그 제도 자체에 대한 강박적인 염려에 빠졌다. 복음은 계속해서 전파되었다. 하지만 그리스도의 명령과 교회 제도의 실천 사이에는 끝없이 틈이 벌어졌다. 교회 제도는 점점 더 교회의 생존과 발전, 지배를 보장해줄 수 있는 것에만 응답하게 되었다.

물론, 종교재판은 18세기에 결국 종말을 고했다. 하지만 그 이유는 무엇인가? 종교재판이 스스로 끔찍하게 길을 잃었다는 것을 자각한 나머지 정신을 차리기라도 했단 말인가? 아니다. 그 이유는 단순하다. 즉 종교재판은 더 이상 지배 의지의 수단들을 가지지 못했기 때문에 사라졌을 뿐이다. 교회와 국가의 분리(그리스도의 메시지에 전적으로 합당한)가 교회로부터 이단자들을 처벌하는 도구로 사용되었던 "속권"[13]을 제거해버렸기 때문이다. 르네상스의 인본주의자들과 계몽주의 철학자들이 등장했고, 이들이 의식의 자유를 모든 인간의 근본적인 권리로 만드는 데 성공했기 때문이다. 오늘날 서양에서는 이러한 생각이 신자든 아니든 모든 사람들에게 당연한 것으로 여겨지고 있다. 그러한 생각들은 단순히 교회에 의해서 형성되었던 것이 아니라, 권력과 특권을 보존하기 위해 몸부림치면서 (기울어가는) 모든 힘을 다해 싸웠던 그 교회와의 투쟁으로 인해서 형성된 것이다. 엄청난 역설이자, 역사상 볼 수 있는 최고의 아이러니가 있는데, 그것은 바로 정교분리 원칙, 인권, 의식의 자유와 같은 근대성의 출현이, 즉 성직자들의 의지에 반하여 16·17·18세기에 형성된 모든 것에서 볼 수 있는 근대성의 출현이 복음서의 근원적 메시지에 대한 암묵적이거나 명시적인 도움을 토대로 이루어졌다는 점이다. 다른 식으로 말하자면, 필자가 이 책에서 "그리스도의 철학"이라고 부르는 것이, 즉 가장 근본적이며 윤리적인 그의 가르침이 더 이상 중세 교회의 문을 통해 인간들에게 도달하지 못했다는 것이다. 그리스도의 철학은 르네상스와 계몽주의의 창을 통해서 인간들에게 도달했다! 교회 제도가 인간의 존엄과 인식의 자유에 대한 그리스도의 가르침을 잔혹한 종교재판을 통해 십자가형에 처했던 300년 동안, 그리스도의 가르침은 다른 길, 즉 휴머니즘을 통해 부활한 것이다.

그리스도 철학자

이와 같은 역설이 이 책의 주된 주제를 이루고 있다. 획기적인 저서였던 『세계의 각성』[14]라는 제목의 에세이에서, 마르셀 고셰는 어떻게 기독교가 역사적으로 "종교의 출구로서의 종교"가 되었는지를 보여준 바 있다. 필자는 기독교와 근대성을 대립시키는 것이 잘못이라는 점을 이해하도록 해주는 이러한 주요한 논점을 필자 나름의 방식으로 취해보고자 한다. 사람들은 물론 교회가 휘하에 넣고 있는 사회의 해방에 맞서 싸운 근대성을 가톨릭 제도와 대립시킬 수 있을 것이다. 하지만 근대성을 복음서의 메시지와 그 메시지의 명백하게 역사적이고도 지적인 몇몇 발전들과 대립시킬 수는 없을 것이다. 이와 같은 사실은 고셰 이전에 이미 토크빌, 베버 그리고 심지어 니체와 같은 사상가들에 의해서 강조되지 않았던가! 그리스도의 윤리적인 메시지와 서구 근대성의 출현에서 그 메시지가 담당한 주요한 역할에 관한 이러한 성찰은 매우 독특한 방식으로 기독교에 관해 현재 벌어지고 있는 토론들에 영양분을 공급하고 있으며, 유럽적인 정체성의 구축 속에서 종교로서의 기독교가 갖는 역할에 대한 질문을 던지고 있다.(유럽의 "기독교적인 뿌리들"에 관한 논쟁이 그것이다.) 게다가 이러한 성찰은 서양에서의 기독교의 미래에 관한 문제에 빛을 보여주고 있기도 하다.

이 책의 『그리스도 철학자』라는 약간은 역설적인 제목에 대해 한마디 할 필요가 있다. 우리의 교양 세계 속에서 이성의 유일한 노력에 의한 앎에 부여된 학제로서의 철학을 어떻게 하나님에 대한 항구적인 참조 속에서 자신의 메시지를 전파한 인물 "예수"와 연결시킬 수 있을까? 이와 같은 반박은 분명한 것이며, 필자는 그러한 반박을 전적으로 수용한다. 엄격하게 말하자면 기독교적인 철학은 난센스이다. 기독교적인 철학이 신앙과 관련될 때, 철학은 신학의 시녀가 되어버리고, 따라서 철학으로서의 위상을 상실한다. 이와 동시에, 예수의 메시지는 몇 가지 차원에서 읽힐 수 있다. 사람들은 특히 종교적인 차원을 받아들였다. 즉 예수는 유대교의 개혁자 혹은 종교로서의 기독교의 창시자라는 것이다. 실제로 그리스도는 특히 자신과의 인격적인 만남에 기초하고 있는 새로운 영적인 길에 초석을 놓았다. 하지만 그는 또한 보편적인 중요성을 갖고 있는 윤리적인 가르침도 전파했다. 즉 비폭력, 모든 인간의 평등한 존엄성, 정의와 나눔, 집단보다는 개인의 우위, 선택에 있어서 개인의 자유를 중시하는 것, 정치와 종교의 분리, 이웃을 사랑으로 용서하는 것과 적까지도 사랑하도록 가르쳤다. 이러한 가르침은 사랑의 하나님에 대한 드러냄에 기초하고 있으며, 따라서 초월적인 전망 속에 각인되고 있다. 그 가르침이 또한 심오한 합리성에 기초하고 있다는 점도 부인할 수 없는 사실이다. 이러한 윤리적인 메시지는 진정한 '지혜', 즉 고대 그리스 철학자들이 이해하고자 했던 지혜이다. 그 증거로, 계몽주의 철학자들이 이러한 가르침에 의지해서 교회의 지배로부터 유럽 사회들을 해방시키기에 이르렀다는 점을 들 수 있다. 세속적 도덕과 인간의 권리들에 대한 계몽주의 철학자들의 합리적인 계획은 결국 하나님이 없는 기독교적인 윤리로서, 게다가 속인에게 양도된 그러한 윤리로서 모습을 드러내었다. 이 책의 제목을 통해 필자가 독자들에게 그리스도의 가장 보편적인 메시지를, 즉 교리 문답서의 범위를 폭넓게 넘어서고 있는 하나의 지혜를 소개하고자 했다는 사실을 가장 적절히 드러내기 위해서, 필자는 그러한 그리스도를 철학자로서의 면모 하에 소개해 보는 것도 좋겠다고 생각했다. 왜냐하면 그리스도는 유대인 선지자인 동시에, 기적을 행한 사람이자 위대한 현자가 아닌가! 물론 신자들은 여기에 한 가지를 덧붙일 것이다. '하나님의 아들'이라고.

    그리스도의 철학자로서의 면모를 살펴보고자 했으며, 가장 보편적인 그의 메시지를 철학의 차원에서 설명하고자 했던 사람이 필자가 처음은 아니다. 필자는 30년 전에 에라스무스의 글에서 "그리스도의 철학"이라는 표현을 발견했다. 필자는 16세기를 배경으로 하여 전개되는 소설[15]

을 쓴 적이 있다. 필자는 소설의 등장인물들 중의 한 명인 르네상스 인본주의를 상징하는 인물을 위한 역사적인 모델을 찾고 있었다. 이렇게 해서 에라스무스라는 인물이 자연스럽게 부상하게 되었다. 필자는 철학을 공부하는 동안 그의 사상을 대충 훑어보았을 뿐이었다. 따라서 필자는 그의 전집 속에 잠겨볼 필요가 있었다. 그가 살았던 당시의 거의 모든 사상가들과 마찬가지로, 에라스무스는 현재 우리의 보편적인 범주들로는 분류할 수 없는 인물이다. 즉 네덜란드에서 태어났으나, 끊임없이 유럽을 돌아다녔고, 심오한 가톨릭 신자이면서 본능적으로 반교권주의자였으며, 철학자인 동시에, 신학자, 문법학자, 풍자문의 저자인 그는 그리스어, 라틴어 히브리어를 말하지 못하고서는 신약성서를 진지하게 연구할 수 없다고 확신하는 사람이었다! 간단히 말해서, 그는 우주적인 지식을 품안에 넣고 싶어 했던 무엇에나 손을 대는 석학이었다. 그가 살았던 당시만 하더라도 그 모든 것이 거의 가능했었다. 그는 폴 볼츠(Paul Volz)에게 보내는 한 편지에서 "그리스도의 철학"이라는 표현을—그는 이 표현을 2세기의 알렉산드리아학파에 속하는 기독교 호교론 교부들에게서 빌어온다—처음으로 사용하고 있다. 그는 휴머니즘에 기초한 교육의 계획을 언급하고 있다. 그것은 기독교의 본질을 복잡한 것으로 만드는 모든 신학적인 논거들에 대한 도움 없이도 그 기독교의 본질에 접근할 수 있도록 하는 것을 목적으로 했던 계획이다. 즉 그리스도의 철학에 접근하도록 해주는 것이었다.

    이 책은 먼저 필자의 생각 속에서 자라기 시작했다. 필자는 예수의 근본적인 메시지를 보여주는 것에 할애된 부분이—그 메시지를 무겁게 만드는 신학적인 표현들과 주석들 이외에도—에라스무스의 계획을 잘 반영하고 있다고 생각했다. 게다가 에라스무스를 참조하는 것이 필자의 의도에 비추어 옳은 것으로 보인다. 즉 필자의 의도는 어떻게 복음서의 말씀이 휴머니즘적인 관점 속에서 근대성의 핵심에 이식되었는지를 보여주는 것이다.

불확실한 전기(傳記), 혁명적인 메시지

마지막으로 이 책에서 사용된 방법론에 관한 간단한 설명이 필요하다. 예수의 삶을 소개하고 있는 제1장에서, 필자는 역사학자들과 해석학자들이 최근에 행한 연구에 의존하면서 원전들에 대한 독서를 수행할 것이다. 이때 사람들은 예수의 삶을 통해 볼 수 있는 수많은 사건들과 복음서에 기록된 그의 말씀들에 대한 역사적인 현실에 관해 확실성을 확보하는 것이 얼마나 어려운 것인가를 보게 될 것이다. 하지만 그리스도의 메시지에 할애된 장에서, 필자는 그와 같은 말씀이 진정한 것인지, 혹은 그와 같은 사건이 정말로 있었는지에 대한 문제제기는 하지 않으려고 한다. 왜냐하면 그것은 필자의 의도와 관련해 본질적인 것이 아니기 때문이다. 최종적인 형태의 복음서들은 예수의 죽음 이후 수십 년이 지난 뒤에 신앙의 공동체에 의해서 기술되었다.(붓다가 죽은 지 거의 5세기가 지난 후에 서술된 붓다의 경전들에 비하면 훨씬 더 나은 상황이라고 할 수 있을 것이다!) 어쨌거나 사람들이 역사적인 현실과 신학적인 구성에서 기인된 것에 관해 확실한 의견을 만들어 낼 수 있기에는 외적인 원전들로부터 너무나 시기적으로 멀리 떨어져 있는 것은 사실이다. 복음서를 기술했던 개인들과 집단들은 실제로 사실들을 객관적인 방식으로 설명하기 위해 노력했던 만큼이나 대화 상대방들을 설득하기 위해서도 노력했다. 따라서 복음서들은 단순히 정보를 제공하는 것을 목표로 하는 신문·잡지와 같은 르포르타주들이 아니며, 정보를 주는 것과 동시에 가르침을 주고자 하는 약속된 이야기들에 속하는 것이다. 근대적이고 과학적인 모든 주석들에서 볼 수 있는 노력들에도 불구하고, 이 두 가지 차원을 분리하는 것은 매우 어려운 일이다. 게다가 결정적으로 이러한 노력은 필자의 의도에서 보자면 중요한 것이 못된다.

왜냐하면 무엇보다도 필자가 이 책에서 구성하고자 하는 것이 예수에 대한 역사적인 전기가 아니라, 복음서의 메시지와 그 원천이 되고 있는 영적인 사건을 이해하고자 노력하는 것이기 때문이다. 그렇게 되면, '있는 그대로의' 그 복음서들이 말하고 있는 것과 그것이 역사에 끼친 영향이 중요해진다. 마태가 전한 예수의 말씀, 즉 "너희는 판단하지 말라"라는—비록 이 말씀이 예수에 의해서 말해진 것이 아닐지라도, 혹은 정확히 그렇게 표현되지 않았을지라도—말씀에서 중요한 것은, 그 말씀이 존재한다는 사실이다. 왜냐하면 그 말씀은 삶의 한 방식에 근거를 세우는 것이기 때문이다. 철학자로서, 필자는 복음서를 마치 플라톤의 작품을 읽듯이 읽어보았다. 다시 말해 그 누구도 정말 소크라테스가 말했던 것에 대해서는 결코 알지 못할 것이다. 하지만 플라톤이 자신의 『대화편』들에서 소크라테스의 입을 빌어 말했던 것은 위대한 가르침을 이루고 있다. 이와 마찬가지로, 필자는 복음서에 기록된 예수의 말씀들이 갖는 진정성에 관해 그 어떤 객관적인 확실성의 증거도 가지고 있지 않다. 그렇다고 해서 이러한 사실이 필자의 의도에 그 어떤 변화를 주지는 못한다. 즉 복음서를 통해서 우리에게 이야기된 그대로의 예수의 지혜가 인간의 역사 속에 엄청난 동요를 가져다주었다는 사실에는 변함이 없기 때문이다. 그토록 엄청나게 혁명적이었던 이 메시지가 이후 뒤따르는 어떤 시대에는 그 메시지를 전달할 책임을 진 자들에 의해서 심각하게 변질되었고, 왜곡된 적도 있었다. 바로 이러한 내용이 필자가 이 책의 본론에서 보여주게 될 것들이며, 기독교의 역사와 서양 근대성의 출현에서 그것이 담당한 역할은 종합적인 방식으로 설명될 것이다.

    에필로그에서 필자는 좀 더 개인적인 어조를 견지하면서 인간의 자유에 대해서, 즉 그리스도의 가르침의 핵심을 차지하고 있는 문제에 대해 도스토예프스키가 제시한 문제로 되돌아 올 것이다. 이를 위해서 필자는 예수와 사마리아 여인의 만남이 나오는 〈요한복음〉의 매우 낯선 구절을 가능한 한 자세하게 살펴볼 것이다. 이는 모든 종교 제도에서 볼 수 있는 추한 결과들이 어떤 의미를 갖는지를 보여주려는 시도이기도 하다. 이는 또한 하나님의 숨결로 생겨난 인간의 의식을 위한 세상의 완전한 탈신비화를 위한 것이기도 하다. 혹은 다른 방식으로 말하자면, 예수는 어떤 새로운 종교 제도의 토대를 세우고자 했다기보다, 개인의 자유와 정신적인 삶의 내재성을 강조함으로써, 그것이 무엇이든지간에 모든 교조적 종교 제도의 무게로부터 인간을 해방시키고자 했다는 것이 필자의 생각이다. 이것이 바로 인류 역사상 가장 위대한 현인들이 의도하고 있는 것이기도 하다.

제1장

예수의 역사와 역사 속의 예수

예수는 실제로 존재했는가? 18세기 동안 서양에서는 이 질문이 제기되지 않았다. 기독교 세계에서는 신도들이 모이는 주일 예배나 교리 문답 시간에 가르쳐진 예수의 생애와 관련된 기적들의 진정성과 역사성보다 그의 실존 사실 자체에 대한 질문은 많지 않았다. 철학적 계몽주의와 과학의 발달이라는 복합적인 영향으로 18세기 말 유럽에서는 모든 전통적 사고가 비판적 이성의 여과 과정을 거치게 되었다. 독일 국적을 가진 소수 성경 주해자들과 신학자들이 기독교와 기독교의 성경적 근원을 파헤치기 위해 과학적 방법을 적용하였다. 프랑스에서는 가톨릭 교회의 반대에도 불구하고 이와 같은 성향의 연구가 이른바 스트라스부르그 학파를 통해 19세기 초 반세기 동안 이루어졌다. 에두아르 뢰스(Édourad Reuss, 1804~91), 티모테 콜라니(Timothée Colani, 1824~88) 등과 같은 학자들이 그 좋은 예이다. 장차 출간될 『신학 평론*Revue de théologie*』의 발행인들이기도 한 이들은 일종의 소규모 전문가들 집단과 더불어 자신들의 연구를 토대로 독일에서 이루어진 연구 성과들을 널리 보급하기 시작했다. 교회의 고위 성직자들의 경계심을 야기시킨 이들의 연구는 전혀 공개되지 않았다. 물론 그들은 예수의 실존을 부인하려 들지는 않았다. 다만 그들은 신앙의 불순물이 제거된 예수를 제대로 알고자 했던 것이다.[16]

유명한 작가나 스트라스부르그 학파에 속하는 성경 주해자들과 같은 선동가의 출현이 아니었다면 기독교의 초석적 텍스트들에 대한 역사적이고 비평적인 연구는 비밀로 남았을 수도 있었을 것이다. 에르네스트 르낭(Ernest Renan)은 1863년 『예수의 생애 La Vie de Jésus』를 출간했다. 이 책은 신앙심을 동요시키려 한다고 고발하는 교회와 예수라는 인물을 지나치게 공상적으로 그렸다고 비난하는 성경 주해자들의 이중 항의에도 불구하고 베스트셀러가 되었다. 독자들은 지금까지 알려지지 않았던 예수의 모습을 소개한 이 책을 골라 들었다. 13판의 서문에서 르낭은 근대 성경 주해자들에 의해서도 부정되지 않을 방식으로 이루어진 자신의 글쓰기 전략을 이렇게 설명하였다. "복음서가 다른 책들과 마찬가지로 책이라면, 내가 복음서를 그리스 학자들이나 아라비아 학자들 또는 인도 학자들이 전설을 연구하는 식으로 다룬 것은 옳다." 그리고 르낭은 "교리에 관심이 있을 따름"인 신학자와는 달리 스스로를 "예술과 사실 사이의 고민만 있을 따름"인 역사학자로 규정하였다. 르낭은 깨어 있는 독자들의 사고에 하나의 돌파구를 열어주었고, 성경 주해자들은 역사적, 고고학적 연구의 새로운 결과에 의존하는 한편 밝혀지지 않은 분야를 개척하면서 연구를 계속해서 수행하게 될 것이다.

성경의 주해가 과학이 될 때

두 세기 동안의 과학적 성경 주해를 통해 우리는 신약에 기록된 이야기들의 문맥과 저자들의 의도를 훨씬 더 잘 이해하게 되었다. 또한 그것을 통해 우리는 역사적으로 가장 사실적으로 보이는 부분들과 신화적 이야기에 속하는 것 같은 부분들 사이에서 비판적인 선택을 할 수 있게 되었다. 한편 성경 주해자들 사이에서 쟁점별로 동의가 이루어지는 일은 아주 드물었다. 모든 것을 고려하기란 그만큼 어려운 일이기 때문이다. 하지만 그들이 어떤 지점에 서 있든 간에 확실하게 합의를 할 수 있었던 점은 바로 예수의 역사적 존재에 대한 확신이었다.

분명, 동전이나 고고학적 흔적 혹은 다양한 텍스트를 통해 율리우스 카이사르가 존재했었다는 것이 증명되는 것처럼, 예수의 존재를 완벽하게 입증하는 과학적 증거는 없다. 하지만 예수라 불리는 유대인이 실제로 존재했었다는 것을 단언해주는 요소들은 충분히 있다. 아마도 기원 몇 년 전에(0년도가 아닌) 갈릴리의 나사렛에서(혹은 유대 베들레헴에서) 태어났고, 서기 30년대에 예루살렘의 본디오 빌라도 치하에 십자가에 못박혀 처형당했던 예수가 말이다. 주지하다시피 그가 짧은 생애 동안에 남긴 주요 발자취는 기독교, 특히 성경의 여러 텍스트는 물론이거니와 비기독교적 텍스트, 나아가서는 이 나사렛 사람에 반대하는 세력의 텍스트에 의해서도 전승되고 있는 실정이다. 그 어떤 저명한 학자도 이와 반대되는 주장을 하지 못하고 있다. 그런 주장을 하는 사람은 수많은 문제들을 해결해야 할 것이다. 어떻게 그처럼 많은 부분들로 구성된 이야기들이 그처럼 다양한 인물들에 의해 지어져서 그처럼 강력한 영향력을 행사하게 되었는가를 설명할 수 있어야 할 것이다. 예수가 신화적 인물이라는 주장의 마지막 보루인 합리주의자 연합회 과학자들이 다음과 같이 주장하면서 여러 기독교 텍스트에 포함된 모순들을 지적해보아야 아무런 소용이 없다. 즉 모든 것이 초기 교회가 지어낸 우화일 따름이라고 말이다. 이런 주장은 그들에게 부메랑이 되어 되돌아온다. 우화를 지어내려면 논리적으로 지어내야 한다! 네 개의 복음서 간에 모순은 "나타나서는" 안 되는 것이 아닌가! 뒤에서 재론하겠지만, 모순은 차치하고라도 모든 종교 단체의 입장에서도 거북스럽고, 이해하기 어렵고, 방해가 되는 말들이 그렇게 많아서야 되겠는가! 제자들에게 버림받아 십자가에서 처형된 사건, 명백한 실패로 보이는 사건 위에 종교를 만들어낸 건 대체 무슨 발상이란 말인가! 이는 기독교를 잘 아는 현대인들에겐 찬사를 보낼 만하고 감동적인 것이긴 하다. 하지만 초기에는 정말 "믿을 수 없는" 일이었을 것이다. 신이 보냈다는 사람이 그러한 운명을 맞이한다는 건 스캔들이라고까지 할 수 있었다.

예수를 직접 목격한 증인들의 오래된 증언까지 거슬러 올라가는 이러한 텍스트들을 교회가 감히 건드리지 못했다는 사실은, 곧 교회가 그것들의 내용을 사실로 여긴다는 것을 보여주는 것이다. 예수의 생애와 메시지의 핵심을 그대로 전하는 텍스트들의 모순은, 교회의 음모보다도 오히려 예수의 역사적 존재와 그것을 보여주는 텍스트들에 대한 신뢰(증인들의 증언에서 일관성이 결여된 부분, 사건들에 대한 각기 다른 해석, 기독교 변증을 위한 첨부 등)를 옹호하는 결과를 낳았다고 할 수 있다. 요컨대 전부 꾸며낸 것이라는 주장은 예수가 역사적으로 존재했다는 사실에 대한 주장보다 훨씬 비합리적이다.

역사가들의 펜 아래에서 점차 그려진 예수에 대한 역사적 이미지가 신앙의 대상이 되는 예수의 이미지를 흐려놓았을까? 성경 주해자 에른

스트 케제만(Ernst Käsemann)의 표현을 빌자면, 신학자들은 전자가 후자에 대해 새로운 조명을 해준다고 주장하고 있다. 실제로 케제만은 1953년에 독일에서 개최된 한 강연에서 자신의 아주 과감한 주장에 어안이 벙벙해진 청중들 앞에서 그런 주장을 폈던 것이다. 또한 그보다 3년 전에 프랑스에서는 모리스 고겔(Maurice Goguel)이 자신의 저서 『예수』에서 이렇게 쓰고 있다. "역사의 기능은 사실들을 확인하고 그것들의 관계를 밝히는 데 있다. 역사는 그것들에 대해 마지막 해석을 가하는 능력은 없다. 이는 사실들의 해석에서 다른 관점이 있다는 사실을 결코 배제하지 않는 것을 의미한다. 다시 말해 그것들에 대한 마지막 설명을 하기 위해 다른 관점을 취하는 것이 언제든지 정당화될 수 있다는 것을 의미한다. 종교인은 마지막 해석을 신의 중재라는 색각 속에서 찾고자 한다. 역사란 신에 의지해 사실들에 대한 마지막 해석권을 내세우지도 않으며, 마찬가지로 신이 취한 입장을 정당화할 수도 없다."[17]

비기독교적 텍스트

비기독교적 텍스트들 가운데 나사렛 예수가 언급된 경우는 드물다. 하지만 그런 텍스트들도 예수라는 인물의 역사적 실존을 확립하는 데 기여하고 있다.

플라비우스 요세푸스

가장 중요한 증언 가운데 하나는 그리스어를 구사하는 유대인 역사학자 플라비우스 요세푸스(Flavius Josèphe, v.37~v.100)가 92, 93년경에 그의 『유대 고대사』라는 저서에 기술해 놓은 것이다. 그가 예수를 다룬 몇몇 부분의 여러 판본이—예수를 지칭하기 위해 "그는 메시아이다"라는 표현이나 혹은 죽은 지 3일 후에 그가 나타났다는 주장을 담고 있는 판본이—기독교인들 사이에서 여러 다른 내용이 덧붙여져 회자되었다. 미국인 신학자 존 메이어는 이러한 해석을 재분석함으로써 신앙 행위의 일부를 삭제했고, 『유대고대사』라는 저서의 다른 구절과 비교하기도 했다.[18] 그는 플라비우스 요세푸스가 기술했던 내용을 "개연성"이 있다고 평가하였다. "같은 시기에 현자인 예수가(어쩔 수 없이 그를 사람으로 칭해야 했음에도 불구하고) 나타났다. 실제로 그는 기적을 행하고, 또 기꺼이 진리를 수용하는 자들의 지도자였다. 그는 많은 유대인들과 헬레니즘 문화권에 속하는 자들의 지지를 얻게 되었다. 그리고 빌라도가 그를 십자가에 매달아 처형했으며, 초창기의 자료에 의하면 처음에 예수를 좋아했던 자들은 그 뒤로도 계속해서 좋아하게 되었다. 그 이후 기독교인들이라고 명명된 자들의 부류는 지금까지 사라지지 않았다."[19] 요세푸스는 『유대 고대사』의 두 번째 부분에서 예수를 언급하고 있다. 그 부분에서 요세푸스는 62년에 있었던 행정장관 페스투스(Festus)의 죽음과 그의 계승자 알비누스(Albinus)의 지명 사이의 과도기를 묘사하고 있다. 대제사장 안나스는 로마의 특권으로 그 자신이 직접 사형제도를 선포하기 위해 그런 과도기를 이용하였다. 그는 "유대 산헤드린 공회를 소집했고, 다른 여러 이름과 함께 그리스도라 불리는 예수라는 청년을 재판정에 출두시켰다. 그는 그들 모두를 법을 위반한 죄목으로 기소하였으며, 그들 모두를 투석형에 처하도록 했다."[20]

타키투스와 플리니우스

다른 비기독교적 텍스트들은 훨씬 더 암시적이다. 그 가운데 중요한 것은 분실되기도 했다. 로마의 역사가 타키투스(57~120)가 쓴 『연대기 Annales』에서 예수의 공적 활동을 기술하고 있는 부분이 그 좋은 예이다. 하지만 『연대기』의 다른 부분에서 타키투스는 네로가 그 책임자라는 공공연한 루머가 돌았던 64년에 발생한 로마 대화재를 기술하고 있다. 타키투스는 이렇게 쓰고 있다. "또한 네로는 루머를 막기 위해 범인들을 가정하고, 종교적 이유로 미움을 사는 그들에게 교묘한 형벌을 가하였다. 군중들은 그들을 'chrestiani(크리스천)'이라고 불렀다. 이 호칭은 티베리우스 황제 치하에서 빌라도에 의해 처벌을 맡았던 'Christus'에서 유래했다. 그 당시에는 제지를 당했던 이와 같은 가증스러운 호칭 습관이 유대 지역——이 지역에서 악이 발생하였다——은 물론 로마 지역——세상에서 가장 끔찍하고 수치스러운 것들이 이 지역으로 유입되었고, 또 많은 사람들이 그런 것을 반기게 되었다——으로 파고들었다."[21]

세 번째 역사적 텍스트는 로마령이었던 비티니아(소아시아)의 지방 총독 플리니우스의 르 쥔의 편지이다. 그는 자신이 기소한 수많은 "크리스천" 죄인들이 정해진 날 새벽에 모여 "그리스도를 신으로"라는 노래를 함으로써 황제 숭배를 거부했음을 알리기 위해 112년 경에 트라야누스 황제에게 편지를 보냈다. 플리니우스는 이들 기독교도들이 식인행위나 근친상간과 같은 다른 죄목은 없다고 밝혔다. 하지만 플리니우스는 로마 시민권을 얻지 못한 그들 상당수가 처형되었고, 또 다른 이들은 재판을 받기 위해 로마로 보내졌다고 밝히고 있다.[22]

바빌론의 탈무드

예수 당대의 유대 종교 문서들은 일관되기보다는 다양한 경향의 유대교가 산재해 있던 팔레스타인 지방에서 활동한 수많은 선지자들이나 설교자들의 존재를 겨우 언급하고 있을 뿐이다. 바빌론의 탈무드 산헤드린 협정에서는 두 번에 걸쳐 예수의 이름이 언급되고 있다. 물론 이는 예수를 아주 신랄하게 비난하기 위해서였다. 43a 구절에는 예수(Yeshu)라는 자가 유월절 전날 밤 처형되기 전에 "마법을 쓰고 이스라엘을 현혹하며 길을 잃게 만드는" 자였다고 쓰여져 있다. 이 구절에서는 40일 동안 이 선구자가 마술의 옹호를 위해 증인들을 불러 모았다고 했다.[23] 170b 구절에서는 "예수(Jeshu)가 마법을 부리고 이스라엘이 길을 잃게" 만든다는 사실에 대해 같은 비난을 하고 있다. 이와는 반대로 금욕과 엄격한 율법을 준수하고 물로 정화하는 작업을 실시했던 일군의 유대인들인 에세네파의 도서관이었던 쿰란 사본에는 예수에 대한 아무런 암시도 없다.[24] 역사적 예수에 대한 자료들 중 그 어떤 것도 그가 이들 그룹과 관계를 맺었다는 내용은 없다. 비록 그의 가르침 가운데 어떤 것들은 어쩌면 에세네파에 영향을 주었을 법한 흔적이 있지만 말이다.

기독교 원전들

예수가 읽고 쓸 줄 알았으리라는 것은 거의 확실하다. 하지만 그가 남긴 저서는 하나도 없다. 우리가 예수라는 인물에 대해 알고 있는 요체는 대부분 제자들이 최소한 그의 사후 20년이 지난 후에 작성한 것들이다.

정전 텍스트들

주요 텍스트는 4복음서인 〈마태〉, 〈마가〉, 〈누가〉, 〈요한〉 복음서에 기록되어 있는 이야기이다. 마태는 '복음'이라는 단어를 "기쁜 소식의 선언"(4장 23절과 9장 35절)과 예수 생애 이야기(24장 14절과 26장 13절)라는 이중의 의미로 정의하고 있다. 이것은 어느 정도 사도 바울의 서한을 참고한 것이기도 하다. 한편, 정전에 수록되지 않았으며 오랫동안 무시되었던 몇몇 성서 외전은 오늘날의 역사학자나 성경 주해자들에 의해 세심히 분석되고 있으며, 그로부터 사실적인 내용을 도출해내는 작업이 이루어지고 있다. 예수의 생애에 대한 기록이 너무 늦게 이루어져 역사적 가치가 인정받지 못한 것일까? 한동안 지지를 받았던 이러한 주장은 현대의 성경 주해가 진행됨에 따라 폐기되기에 이르렀다.

가장 유서 깊은 복음서는 〈마가복음〉이다. 이 복음서는 예수의 제자들이 아직 살아 있어 여러 사건에 대해 직접적인 증언을 할 수 있었던 66~70년 사이에 집필되었다. 180년에 이레나에우스는 마가를 "베드로의 설교를 적어 우리에게 전한 베드로의 제자이자 대변인"으로 묘사하고 있다.[25] 4세기에 활동했던 역사학자 카이사레아의 유세비우스는 그의 저서 『교회사*Histoire ecclésiastique*』에서 120년에 에베소에서 100킬로미터 떨어진 곳에 있는 히에라폴리스(Hiérapolis)에서 감독을 지냈던 파피아스(Papias)의 증언을 인용하고 있다. 그 증언의 주요 내용은 마가의 역할과 그의 복음서 집필에 대한 것이다. "(마가는) 정확히 기록을 했지만, 논리적으로 기록하지는 않았다. 그는 주님이 말씀하시고 행하셨던 것을 기억을 통해 써내려 갔다. 왜냐하면 그는 직접 주님 말씀을 듣지도 못했거니와 그분과 동행하지도 않았기 때문이다. 하지만 이미 언급했듯이 그는 베드로와 동행했다. 베드로는 필요에 따라 가르침을 전파했지만 주님의 말씀을 종합하지는 못했다. 마가는 기억에 따라 쓰기는 했지만 실수를 저지르지는 않았다. 그가 목표한 바는 오직 들은 것을 빠뜨리지 않는 것과 실수 없이 기록하는 데 있었다."[26] 성년 예수와 수난 직후의 중단되었던 부분을 소개하는 복음을 써내려가기 위해 마가는 베드로의 회상 이외에도 아마 초기 공동체에서 구전되어 오던 전례(당대에 흔히 행해지던)에도 중점을 두었을 것이다.

〈마태복음〉과 〈누가복음〉도 나란히 씌어졌다. 이 복음서들은 80~90년 사이에 기록되었다. 〈마태복음〉은 시리아 출신의 유대인 기독교 신자에 의해, 〈누가복음〉은 안티오키아에 거주하며 그리스어를 구사하는 이교도에서 개종한 자에 의해 씌어졌다. 이 두 복음 저자들은 분명 마가를 통해 영감을 받았을 것이다.(누가는 "우리들 중에서 이루어진 사건들"에 대한 이야기의 기초를 세운 선배들의 공로를 잘 알고 있었다.) 하지만 이 복음서는 정확한 연대기적 순서와는 맞지 않게 씌어졌다. 더군다나 거기에는 예수의 어린 시절의 두 부분과 공생애 기간 동안 행해졌던 230여 개의 독자적인 가르침이 더해졌다. 19세기 후반 독일 성경 주해자들에 의해 확인된 이러한 가르침들(logia)은 Q(원전이라는 뜻의 독일어 'Quelle'에서 따온)라는 이름으로 알려져 왔던 것이었다. 그들의 주장에 따르면, Q는 1세기 말 이전에 사라져버린 편집물 형태로 존재했었다는 것이다.

가장 늦은 100년경에 작성된 〈요한복음〉은 그리스 문화에 동화된 유대인에 의해 씌어진 것이다. 〈요한복음〉은 이른바 공관복음서인 앞의 세 복음서와는 아주 다르다. 왜냐하면 세 공관복음서는 같은 구성 속에서 비교될 수 있었기 때문이고, 또 같은 표현을 사용하고, 연대적인 차이에도 불구하고 같은 플랜을 사용하였기 때문이다. 가령, 갈릴리에서의 예수의 활동과 십자가형을 받기 위해 단 한 번 예루살렘으로 이동하는 것 등에 대한 기술이 그 좋은 예이다. 요한 역시 전해 내려오는 증언들을 바탕으로 자료 정리를 했을 것이다. 하지만 요한은 예수의 주요 사역을 갈릴리와 유대로 설정했으며, 또한 최소한 네 차례 이상 예루살렘에 나타난 예수의 모습을 기술하고 있다. 마가와 마찬가지로 요한은 예수의 어린 시절은 언급하지 않고 있다. 짧은 말씀과 비유를 병행하는 형태로 예수의 가르침을 소개해 놓은 공관복음서와는 달리, 〈요한복음〉에는 통일성 있는 가르침이 설정되어 있다. 또한 요한은 다른 복음저자들에게서는 거의 나타나지 않는 주제—영원한 삶, 흑암과 대치되는 빛, "기호"가 된 기적 등—를 기술하고 있다.

이외에도 신약에는 23개의 다른 텍스트들이 포함되어 있다. 개인이나 단체에 보내는 편지 또는 사도 서한, 로마에 있는 기독교인들에게까지 전하는 메시지를 적은 누가의 〈사도행전〉, 그리고 마지막으로 종말에 대해 기술하고 있는 전혀 다른 형태의 책인 〈요한계시록〉 등이 그것들이다. 〈사도행전〉과 서신서들은 교회의 현재와 미래에 방향을 제시하고 예수를 아는 대중을 위해 씌어진 것이다. 하지만 그 두 자료에는 예수의 생애에 대한 여러 참고사항이 들어 있다. 특히 바울의 일곱 편의 서신은 시간상으로 보아 아주 흥미로운 것이다. 왜냐하면 그 가운데 초기 서신들은 예수의 십자가 처형 이후 20여 년 안에 씌어진 것이기 때문이다. 예수와 동시대인 10년경 길리기아 다소의 유대인 집안에서 태어난 바울은 다메섹 사건을 계기로 개종하여 이방인의 사도가 되기 전에는 기독교인들을 박해하던 사람이었다. 철저한 기독교인이 된 그는 복음서 기록이 시작되기 이전인 40~60년경에 설교를 시작했다. 그가 직접 예수를 만난 적은 없었지만, 그는 많은 사도들과 베드로(갈라디아서 1~2장), "예수의 형제인" 야고보와 같은 예수의 제자들과 가까운 사이였다. 서신을 주고받던 이들에게 바울은 다음과 같은 사실들을 상기시켰다. 예수가 다윗의 혈통을 이은 유대인이라는 사실, 예수가 이스라엘 백성들에게 설교를 한 "할례 받은 종"이라는 사실(로마서 15:8), 예수가 이혼에 반대하고(고린도전서 7:10~11), 노동자들이 급여를 받아야 한다는 점도 강조했다(고린도전서 9:14)는 사실, 그리고 무엇보다 이웃 사랑의 법규에 관한 설교도 했다(갈라디아서 5:14)는 사실 등이 그것이다. 바울은 "(예수가) 체포되던 날 밤에 일어난 일"을 알렸고(고린도전서 11:23), 예수의 죽음에 있어서의 유대인 당국자들의 책임을 주장했다. 그리고 바울은 마지막으로 예수의 부활에 대해서도 말하고 있다.

성서 외전

신약 성서 27권은 교회가 정경으로 지정한 것이다. "정경에 합치된"이라는 용어는 367년에 알렉산드리아의 아타나시우스(Athanase d'Alexandrie)에 의해 처음으로 사용된 것으로, 이러한 텍스트 전체를 가리키기 위함이었다. 397년 카르타고(Carthage) 공의회에서 이 텍스트들은 "신성한 텍스트들"로 선포되었지만, 다른 기록들과 서신들 그리고 초반 3세기 동안의 복음서들은 "정경"에서 제외되었다.[27] 어떤 복음서들은 역사적 예수의 모습에 대한 정통성 면에서 신빙성이 없는 것으로 판단되었다. 특히 야고보의 원복음서와 도마가 예수의 어린 시절을 그린 복음이 그 좋은 예이다. 모두 2세기에 기록된 것으로 알려진 이 두 복음서에는 예수 생애의 전반부, 흥미진진한 일화, "어린 예수"가 행한 기적들이 담겨져 있다. 예컨대 흙으로 만든 새들에 생명을 불어 넣는 기적이 그 한 예이다. 기독교 교리에서 벗어나 그노시스파 교리적 요소들에 더 가까워진 텍스트들도 있었다. 그노시스 교리는 빛과 세계의 신비에 이르는 길을 제공하는 입문적인 여정을 통해 인간을 육체로부터 해방시키고자 했던 경향이었다. 최근 발견된 〈유다복음〉이 그 좋은 예이다. 마지막으로 교회의 초대 교부들에 의해 인용되기는 했지만 지금은 단편만 남아 있는 텍스트들도 있다. 나사렛 복음, 에비온파 복음이나 2세기에 기록된 히브리인들의 복음 등이 여기에 해당된다.

희귀한 외전의 역사적 가치는 최근 들어서야 비로소 인정되었다. 3세기의 교부들이 인용했던 〈도마복음〉이 그 좋은 예이다. 1945년 이집트 낙하마디(Nag Hamadi)에서 발견된 이 복음서의 콥트어 판본은 시기적으로 350년으로까지 거슬러 올라간다. 학자들은 원본으로 보아 "다섯 번째 복음서"라고 할 수 있는 이 복음서가 〈마가복음〉보다 시기적으로 더 앞선다는 사실을 배제하지 않았다. 그러니까 그노시스주의자들이 예수를 육체 속에 구현된 자가 아니라 영혼을 깨우고 자유롭게 하도록 도와주려고 사악한 신이 창조해낸 사악한 세계로 온 영원한 성자로 바라보는 자신들의 입장을 이 복음서에 삽입시켰던 2세기보다 더 일찍 기록되었을 수도 있다는 것이다. 이야기나 비유가 결여된 이 복음서는 언급할 때마다 "예수께서 가라사대"로 시작하는 114개의 말씀으로 이루어져 있다. 그 가운데 절반은 정경에 포함된 복음서와 같은 내용을 전하고 있다. "예수께서 가라사대 추수할 것은 많은데, 추수할 일꾼이 많지 않다. 그러니 주께서 추수할 일꾼들을 보내주시도록 기도하라"(말씀 73)는 부분은 〈마태복음〉(9:37), 〈누가복음〉(10:2)과 일치한다. 다른 복음서에는 없는 말씀들 역시 예수가 했던 말씀으로 보인다. "예수께서 가라사대 나그네가 되어라"(말씀 42), "예수께서 가라사대 내게서 가까이 있는 자는 불 곁에 있는 자요, 내게서 떨어져 있는 자는 왕국에서 떨어져 있는 자니라."(말씀 82) 아마도 그노시스적 사유의 전형인 말씀의 마지막

부분은 날조되었을 수도 있다. 가령 그 복음서의 첫 문장에서 볼 수 있는 다음과 같은 내용을 포함해서 말이다. "그가 가라사대 이 말을 해석하는 자는 죽음을 맛보지 않을 것이다."[28]

진실성의 기준들

신앙의 차원에서 그 가치에 이론의 여지가 없는 기독교의 원전들은 여러 연구자들의 집중적인 연구의 대상이 되었다. 그들의 주요 임무들 중 하나는 바로 예수의 메시지를 보다 풍부하게 하고자 첨가된 사항들로부터 역사적 자료를 분리해내는 것이었다. 각 구절마다 진실성의 정밀한 기준들이 적용되었다. 우선 "교회의 당혹감"을 가져다준 사실들이 있다.(자크 쉴로서Jacques Schlosser에 따르면 이른바 "꾸며진 것이 아니다"라고 하는 사실이다.) 즉 초기 기독교 신자들에게 있어서 다소 이해하기 어려운 것임에도 불구하고 어쨌든 자료로 남아 있는 예수의 말과 행동들이 그것이다. 예를 들면 배반자 유다 역시 예수가 직접 선택한 열두 제자 중 하나였다는 것, 또한 예수보다 낮은 자이기도 하며 "죄 사함을 위한" 세례를 외쳤던 세례 요한에게서 죄 없다 여김 받은 예수가 세례를 받은 사건 등이 이에 해당된다. 마가는 이 사건을 전하는 것으로 그치고 있고(마가복음 1:4~11), 마태는 자신보다 높은 자에게 세례 주기를 거절했던 세례 요한에게 그것을 명령했던 예수를 말하고 있으며(마태복음 3:13~17), 누가는 세례 요한에 대한 언급 없이 세례에 관하여만 이야기하고(누가복음 3:19~22), 요한은 이 사실 자체에 대해 상세히 이야기하고 있지 않다. 이처럼 초기 신자들을 당혹스럽게 했던 사실들에는 예수를 "먹기를 탐하고 포도주를 즐기는 사람, 세리와 죄인의 친구"(누가복음 7:34)로 소개하는 언급도 포함된다. 그리스도교 신자들에 의해 신과 같은 존재로 인정받고 있음에도 불구하고 예수가 세상의 종말의 정확한 날짜와 시간을 알지 못한다고 시인한 것도 그러하다. 그는 종말의 시기는 '아들'도 모르며 오직 '아버지'만이 알고 계시다고 이야기했다.(마가복음 13:32) 또한 십자가에서의 그의 외침에서도 이러한 사실이 잘 나타난다. "나의 하나님, 나의 하나님 어찌하여 나를 버리셨나이까?"(마가복음 15:34, 마태복음 27:46)

소위 불연속성 혹은 독창성이라 이름 붙일 수 있는 두 번째 기준은 전혀 새로운 말씀과 행동, 전대미문의 생각들에 관련한 것이다.[29] 예를 들어 유대교 율법이 명하고 있는 금식을 행하지 않은 모습(마가복음 2:18~22), 이혼의 금지(마가복음 10:2~12, 누가복음 16:18) 등이 이에 해당된다. 또한 다음과 같은 놀랄 만한 문장도 같은 의미를 가진다고 할 수 있다. "사탄이 하늘로부터 번개같이 떨어지는 것을 내가 보았노라."(누가복음 10:18) 이는 이미 이루어진 악의 실질적인 추락을 표현하는 것이다.

세 번째 기준은 바로 다수의 증언이라는 점, 즉 여러 복음서에 동일한 요소들이 반복되어 나타난다는 점이다. 그 예로 성전의 붕괴나 최후의 만찬과 관련한 '로기아(logia)'[30]를 들 수 있다. 역사학자들은 마침내 일관성(예수의 행동과 그의 가르침의 일치)의 기준과, 1세기 초 갈릴리에 살았던 유대인의 역사라는 선행 사실들의 역사적 수긍 가능성에 커다란 중요성을 부여하게 되었다.

예수의 생애

마태와 누가는 자신들의 복음서에서 예수의 순결한 수태에 관한 언급과 더불어 헤롯왕 통치 말년(기원전 37~4년), 베들레헴에서의 예수의 탄생을 기록했다. 누가는 요셉과 마리아가 6년부터 수리아를 통치했던 구레뇨의 명령 아래 호적하러 베들레헴으로 갔던 것에 대하여 자세히 기록하고 있다. 이와 관련해 예수가 헤롯왕의 통치 말인 5년, 혹은 6년 경쯤, 요셉과 마리아의 출신 마을인 나사렛(누가복음 2:4)에서 출생하였으리란 사실이 보다 수긍할 만하다고 주장하는 역사가들도 있다. 게다가 누가는 복음서에 수태고지[31]와 더불어, 마리아가 나사렛을 떠나, 장차 세례 요한이 될 아이를 이제 막 수태한 그의 친족 엘리사벳을 방문하러 유대를 향하여 가는 것을 기록하고 있다. 베들레헴으로 향한 것은 예수를 다윗의 계보에 연결하고자 예정된 이론적인 장치가 될 것이다. 여호와의 약속("내가 네 이후의 자손을 증대시키리라")에 기반한 유대 전통에 따르면, 메시아는 이 계보에서 날 것이었다. 초기 기독교인들에게 있어 이 원칙은 무엇보다 중요한 것이었으며, 바울 또한 이러한 점에서 이 사실을 그의 서한서에 기록했던 것이다.(로마서 1:3)

예수 시대의 팔레스타인

예수의 가족은 매우 독실했다. 당시 팔레스타인 농촌 지역 가정들이 전부 그러했다고 할 수 있다. 각 가정은 율법을 철저히 준수했고, 아들이 태어나면 할례를 행했으며, 안식일과 절기를 지키고 성지순례를 행했다. 또한 아들을 얻을 경우 그를 예루살렘 성전에 데리고 가곤 했다. 가족은 남자 아이들에게 성경에 나오는 족장의 이름을 붙여주었다. 그 예로 요셉, 시몬, 유다, 혹은 예수아(Yeshua) 등이 있다. 예수의 히브리어 이름이기도 했던 예수아는 모세의 후계자로 이스라엘 민족을 약속의 땅으로 데리고 들어갔던 지도자 여호수아의 이름을 축소한 것이었다. 예수아는 2세기까지 유대인들에게 매우 널리 퍼져 있던 이름이었으나, 2세기 들어 예수와의 구분을 위해 그 이름을 붙이는 것이 중단되었다.

요셉과 그의 가족은 아마도 헤롯왕의 명령으로 두 살 아래 사내아이들에게 행해진 대량학살로부터 예수를 구하기 위해서 그가 '어린 아이' (Paidion: 갓난아이보다는 오히려 어린 아이를 지칭하는, 마태에 의하여 사용된 용어이다)일 때 이집트로 도망했던 것으로 보인다. 그들은 곧 인구 약 2,000명의 갈릴리 한 작은 마을인 나사렛으로 돌아온다. 기원전 63년경 폼페이우스의 예루살렘 정복 이래로, 팔레스타인은 위기에 처하게 되었다. 로마인들에게 점령당한 채 문화적으로 헬레니즘과 유대주의가 공존했던 그곳은, 혈통의 순수함을 이스라엘 왕국의 재건에 연결짓는 유대 민족주의자들 집단과, 사막에서 은둔하여 백성들에게 설교했던 "선지자들"의 메시아사상으로 인하여 야기된 정치·종교적 소요의 장이 되었다. 플라비우스 요세푸스는 이러한 운동들과 당시 매우 인기를 끌었던 지도자들에 대해 묘사(그리고 비난)한 바 있다. 테우다스(Theudas)로 말할 것 같으면, 그가 약속한 바대로 요단강물이 갈라지는 것을 목격하기 위해 군중들이 약 44년간 그를 따라다녔고, 결국 그는 잡혀서 참수형을 당했다. 자기와 함께 하는 자들에게 기적을 보여주리라고 확언했던 무수한 익명의 사람들이 있었다. 또한 에스겔의 아들 유다나, 헤롯의 종이었던 시몬과 같이 스스로 왕이라고 자처하고 다니는 자들도 있었다. 로마인들과 그 시대 귀족들은 그들을 위협적인 존재들로 간주하였고 그들의 종교적 담론을 통해 반란이 일어날 것을 두려워했다.

게다가 유대교는, 플라비우스 요세푸스가 그의 저서 『유대 고대사』에서 언급한 바대로, 네 개의 커다란 집단으로 나뉘어 있었다. 높은 신분의 귀족들과 성직자로 이루어진 사두개파는 예루살렘 성전——유대인이면 누구나 희생제물을 바치고 물로 정결의식을 치르기 위해 방문하는——의 관리를 맡고 있었다. 로마 점령군과 타협한 그들은 세금을 거두고 공동체에 행정적, 정치적 권력을 행사하고 있었다. 수적으로 다수파인 바리새파는 토라(Torah)와 성전에 맞먹는 권위를 자랑했다. 이교도와의 접촉조차 거부할 정도로 순결의식에 대한 강박관념에 사로잡혀 있었고, 율법의 엄격한 준수에 집착했던 그들은 "다윗의 아들", 기름 부음을 받은 이, 메시아를 향한 기다림 가운데 있었다. 고대 유대주의에 입각한 사두개파와 율법을 실천하고 토라를 벗어난 종말론의 소재들을 함께 통합하고자 했던 바리새파 사이에 있었던 교리적인 대립은 엄청났다. "사실상 사두개인은 부활도 없고 천사도 없고 영도 없다 하고 바리새인은 다 있다 함이라"고 〈사도행전〉은 언급하고 있다.(사도행전 23:8) 바리새인은 그들 내에서도 다소간 율법주의에 차등을 둔 여러 분파로 나뉘어져 있었다. 사두개파, 바리새파에 이어 세 번째 그룹을 형성하고 있던 에세네파는 공동체 생활을 하며 사막 내에서 은둔생활과 명상을 하는 고행자들 집단이었다. 그들은 집단적 기도를 하고 물로 씻어내는 정결의식을 반복적으로 행했으며, 성전의 권위를 거부하였고, 절기에 참여하지도 않았다. 쿰란의 수도원에 있는 방들은 마을에서 멀리 떨어진 곳에서 점차 그 수가 늘어갔다. 알려진 바와 같이 에세네파의 몇몇 줄기들은 오늘날까지도 명맥을 이어오고 있다. 그 예로 마술적인 힘을 가진 것으로 알려져 있는 스승들로 유명한 유대 신비주의 교파인 머카바(merkebar)교와 그것에서 비롯된 여러 운동들을 들 수 있다. 플라비우스 요세푸스는 마지막으로 네 번째 집단에 관해 언급하는데, 그것은 바로 신의 이름으로 무력폭력을 격찬하는, 후에는 젤로트(Zealot)당이라는 명칭을 지니게 된 열심당이다. 그렇지만 이 모든 집단들은 같은 민족에 속한다는 동질감뿐만 아니라 토라와 일신론에 의해 서로 연결되어 있었다.

유대의 가족

우리는 흔히 기독교 전통에 따라 "감춰진 세월"이라 불리는 예수의 첫 30여 년의 세월에 대해 알지 못한다. 누가는 "아기가 자라며 강하여지고"(누가복음 2:40), "예수는 지혜와 키가 자라가며 하나님과 사람에게 더욱 사랑스러워 가시더라"(누가복음 2:52)라고 언급하고 있다. 그는 예수의 부모가 해마다 유월절이 되면 예루살렘으로 간 것을 밝히고 있지만(누가복음 2:41), 예수가 열두 살이 되었을 때에 이 절기의 관례를 따라 올라갔다가 그곳에서 율법 선생들과 함께 벌였던 토론에 대한 묘사(누가복음 2:42~50)는 역사가들에 의하여 증명된 바가 없다. 다만 그 당시 팔레스타인에 대하여 알려져 있는 사실을 통해 몇 가지 가정을 세워 볼 수는 있을 것이다. 예수는 목수(오늘날 소목장이에 해당하는 명칭) 요셉의 '장자'였고, 이는 그를 그 사회의 하층 중산계급에 연결시켜주는 사실이기도 하다. 대부분 유대 아이들과 마찬가지로 그는 사춘기가 되기까지, 유대교 회당의 학교에서 교육을 받았을 것이다. 장자였던 그는 아마도 사춘기가 넘어서야, 즉 아버지의 직업을 물려받기 이전에 학업을 마쳤을 수도 있을 것이다. 예수가 유대교 회당에서 설교했을 때에, 나사렛 사람들은 사실상 그를 직업으로 호명한 사실을 알 수 있다. "이 사람이 마리아의 아들 목수가 아니냐?"(마가복음 6:3) 마태는 이 상황을 단어 하나만 바꾸어 제시하고 있다. "이는 그 목수의 아들이 아니냐?"(마태복음 13:55) 예수는 분명 일상어였던 아람어와 유대교 회당에서 배운 히브리어를 말했을 것이며, 아마 로마 전 제국에서 사용되었던 그리스어도 말했을 것이다. 또한 지도층의 언어였던 라틴어를 약간 알았을지도 모른다.

예수가 과연 형제, 자매가 있었는지에 대한 의문은 마리아의 순결성에 관한 교리와 더불어 일찍부터 제기되어 왔다. 마가와 요한은 예수의 '네 명의 형제'에 관하여 언급한다. 그리스도의 수난 이후 예루살렘의 기독 공동체를 이끌게 되는 야고보, 요셉, 유다, 시몬, 그리고 이름이 전해지지 않는 적어도 두 명의 누이도 있다.(마가복음 3:21, 31~35, 6:3, 요한복음 2:12, 7:3~5, 7:10…) 이 형제에 관하여는 〈사도행전〉과 바울서신에서도 'adelphos'(히브리어 ach로 번역되는)라는 그리스 단어의 사용을 통하여 동일하게 언급된다.(사도행전 1:14, 고린도전서 9:5, 갈라디아서 1:19…) 이 단어는 형제, 의붓형제, 친척 모두를 지칭하는 단어이지만 그러한 혼용은 테르툴리아누스(Tertullien)와 헤게시푸스(Hégésippe)와 같은 2세기 교부들에 의하여 완전히 제거되었다. 이들에게 있어 그 단어는 진짜 형제들에만 해당되는 것이었다. 헤게시푸스는 로마의 도미티아누스 황제(81~96년) 앞에서, "예수와 살을 나눈 형제라 일컬어지는" 유다의 두 자손들을 "다윗 혈통에 속한 것으로" 말하기도 했다.[32] 같은 시기로 거슬러 올라가는 야고보 원복음서는 예수의 형제들이 마리아를 통해 난 자식들이 아니라 요셉이 전처로부터 얻은 자녀들이라고 밝히고 있다. 이러한 가능성은 동방교회들에서는 받아들여지고 있지만, 가톨릭 교회는 이 ach라는 단어가 친척을 지칭하는 것이었음을 주장한 4세기 라틴어 성경 번역가인 성 제롬(Saint Jérome)의 의견에 동조하고 있다.

프로테스탄트 교회는 예수가 한 가족의 형제, 자매 중 맏이였다는 사실을 받아들이고 있다.

또 다른 하나의 문제는 예수의 결혼생활에 관하여 제기된 것이다. 신약에서는 예수의 배우자나 자녀에 관해서 어떠한 언급도 없다. 다만 그를 따라다녔던 여인들에 관해 밝히고 있을 뿐이다. 막달라 마리아, 야고보와 요세의 어머니 마리아, 헤롯의 청지기 구사의 아내 요안나, 세베대의 아들들의 어머니, 수산나, 살로메 등이 그들이다. 예수는 과연 유대 전통이 요구하는 바대로 그녀들 중 한 명과 결혼하지 않았을까? 이러한 추측은 당시 유대주의의 다양성을 고려하지 않은 데에서 비롯된 것으로 볼 수 있다. 당시 유대 사회에서 독신은 에세네파와 같은 집단과 순회 선지자들에 의해서 격찬되곤 했다. 따라서 예수는 복음서에서 보여진 바대로 완벽하게 미혼인 상태로 남아 있을 수 있었다. 독신으로 사는 것은 당시 사회에서 결코 이상한 일이 아니었으며, 특히 선지자와 같은 사람에게 있어서는 더욱 그러했다. 댄 브라운(Dan Brown)에게는 실례가 되겠지만, 예수가 결혼을 하지 않았다는 사실은 틀림이 없어 보인다.

순회 설교자

예수의 대중설교는 빌라도 통치 시절, 1년(공관복음서에 따르면)에서 3년(요한에 따르면) 사이 동안 지속되었다. 역사 자료들은 예수의 일생 중 이 유일한(그리고 짧은) 기간만을 보장하고 있다. 이 나사렛인은 요단강 근처, 베다니에서 사역을 시작했던 사가랴의 아들 세례 요한을 만났을 때 "삼십 세쯤"이었다.(누가복음 3:23) 요한은 로마인들에 의해 행해진 팔레스타인의 문화 동화정책에 대한 반작용으로 생겨난 선지자들의 세대에 속했다. 예루살렘에서, 빌라도는 이교도의 점술 지팡이 그림으로 장식된 동전을 주조했다. 유대에서는, 대 헤롯의 아들이자 후계자인 헤롯 안티파스가 유대인들에게는 금기 장소였던 무덤 부지 위에 티베리아드라는 이름의 새 수도를 열었다. 그는 궁전을 신상들로 장식했으며 의붓형제의 부인인 헤로디아드와 결혼했다. 헤롯이 율법을 위반한 점을 비판한 세례 요한은 물로 정결의 세례를 베풀었으며 군중들을 이끌었다. 세례 요한은 임박한 메시아의 강림을 알리고, 최후의 심판에 대비하여 회개할 것을 요구했다. 예수가 세례를 받은 것은 요한이 헤롯에게 잡혀 처형되기 바로 전이었다. 『유대 고대사』에서, 플라비우스 요세푸스는 본문의 한 부분을 세례 요한에 할애하고 있다. "만약 헤롯의 군대가 무너진다면, 그것은 바로 신의 뜻이자 요한, 즉 세례 요한의 정당한 징벌로 인한 것이리라 생각하는 유대인들이 있었다. 헤롯은 요한이 선을 행하는 자였고, 유대인들에게 세례를 받기 위해서 덕을 실천하고 다른 사람들에게 정의롭게 행하며, 신에게 독실할 것을 강조했음에도 불구하고 그를 죽였다. 〔중략〕 사람들은 요한의 주위에 몰려들었고, 무척이나 열정적으로 그의 말을 경청했다. 헤롯은 바로 이러한 그의 설득력이 반란을 선동하지나 않을까 염려하였는데, 이는 군중들이 요한의 모든 의견에는 언제든 따를 준비가 되어 있는 것처럼 보였기 때문이다. 따라서 그는 만약 반란이 일어날 경우, 위험에 노출되고 나서야 뒤늦게 후회하기보다는 차라리 문제가 발생하기 전에 그를 붙잡고자 했다. 이러한 헤롯의 의심들 때문에, 요한은 마캐루스로 보내져 죽임을 당했다."[33] 우리는 예수가 과연 세례 요한의 곁에 머물렀는지는 알 수 없다. 다만 알 수 있는 사실은 그가 요단강에서 세례를 받은 직후에 전도를 시작했다는 것뿐이다.(사도행전 10:37~39) 그리고 예수는 자신에게 세례를 준 자에 대해 이렇게 이야기했다. "여자가 낳은 자 중에 요한보다 큰 자가 없도다. 그러나 하나님의 나라에서는 극히 작은 자라도 그보다 크니라."(누가복음 7:28, 마태복음 11:11)

예수는 신학자도 정치적 선동자도 아니었다. 다만 그는 마귀를 쫓고, 병든 자를 치유하며, 작은 마을들에서 사랑과 비폭력을 설교한 사람, 독립적으로 여러 곳을 돌아다니며 설파했던 설교자였다. 티베리아스나 세포리스와 같은 큰 도시들보다는 오히려 가버나움, 가나 같은 작은 마을들을 말이다. 그는 열두 제자(이스라엘 열두 지파와 상징적 관계를 지닌 숫자이다)와 점점 더 늘어난 신봉자들의 무리에 둘러싸여 있었다. 복음서에서는 그들 중 레위와 나다나엘이 있었다고 언급하고 있다. 여자들 또한 그를 따랐는데, 당시 사회에서 매우 미천한 존재였던 여성들이 매우 젊은 나이에 아버지를 떠나 시집을 가곤 했던 당시의 풍속을 고려할 때 굉장히 놀라운 일이었다. 그렇지만 이들은 대부분 소외계층, 과부, 창녀, "악귀를 쫓아내심과 병 고침을 받은 어떤 여자들"(누가복음 8:2)이었다.

예수는 그들을 미천한 자로 여기지 않았다. 여러 번에 걸쳐 그는 모든 제자들, 남자나 여자, 의인이나 죄인 사이에 평등함을 상기시켰다. 그리고 그는 모두에게 근본적인 삶의 방식——아마도 팔레스타인 전역을 누비고 다녔던 다른 선지자들과 마찬가지로——을 요구했다. 마가와 마태는 이러한 삶의 규율에 대해 다음과 같이 전하고 있다. 예수를 따르는 자들은 갈아입을 옷에 이르기까지 그의 모든 소유를 포기해야 한다. 그들은 "양식이나 배낭이나 전대의 돈이나 아무것도 가지지 말며", "신"만 신고 두 벌 옷도 입어서는 안 되었다.(마가복음 6:8~9) 누가는 덧붙여 예수가 가족과의 관계 단절을 요구했음을 밝히고 있다. 예수를 따르기 전, 아버지를 장사하게 할 것을 요구하던 자에게 예수는 말한다. "죽은 자들로 자기의 죽은 자들을 장사하게 하라. 너는 가서 하나님의 나라를 전파하라."(누가복음 9:59~60) 그리고 제 가족에게 작별을 고하고자 했던 이에게는 "손에 쟁기를 잡고 뒤를 돌아보는 자는 하나님의 나라에 합당하지 아니하니라"(누가복음 9:61~62)고 말했다. 예수는 그에 대해 부인하지 않았다. "내가 온 것은 사람이 그 아버지와, 딸이 어머니와, 며느리가 시어머니와 불화하게 하려 함이니."(마태복음 10:35) 그 자신도 자기 가족을 향해 가혹한 말을 하기도 했다. 그의 어머니와 형제들이 자신을 찾는 것을 알았을 때 예수는 이렇게 대답한다. "누가 내 어머니이며 동생들이냐?" 그리고 둘러앉은 자들을 보며 그들이야말로 "내 어머니와 내 동생들"(마가복음 3:31~34)이라고 말했다.

예수의 제자들은 일하지 않았고, 집도 생계 수단도 없었다. 그리하여 몇몇 이들은 어디에서 자고 무엇을 먹을지 염려하기도 했다. 예수는 그들에게 믿음을 가질 것을 말한다. "너희 목숨을 위하여 무엇을 먹을까 몸을 위하여 무엇을 입을까 염려하지 말라."(누가복음 12:22) 그 또한 하나님이 생계를 보장할 것을 믿는 방랑자였다. 시인 예수는 자연에서 용례를 차용하여 까마귀를 먹이시고(누가복음 12:24) 들풀도 입히시는(누가복음 12:28) 하나님을 이야기한다. 그는 사람들의 초대를 받으면 어느 곳이나 제자들과 함께 들어갔다. 그를 지지하는 자들의 집, 그리고 로마인으로부터 세금징수권을 사서 미움을 받고 나아가 종교적인 측면에서 소외된 자로 여김 받았던 세리장이자 유대인 부자 삭개오와 같은 세리들의 집(누가복음 19:1~10)에도 말이다. 당시 사회 전통에 따르면 식사는 가족이나 친구와 함께하는 것이었는데, 예수는 그들과 함께 식탁에 앉았던 것이다.

예수는 우선 소외된 자들에게 다가갔다. 그는 가난한 자, 불구자, 소외된 자, 죄인과 피해자, 유대교에 속하지 않은 자와 여자, 아이, 모든 약한 자들과 함께했다. 이러한 교제는 보수주의자들에 의해서 비난받았다. 예수는 "건강한 자에게는 의사가 쓸 데 없고 병든 자에게라야 쓸 데 있나니 내가 의인을 부르러 온 것이 아니요 죄인을 불러 회개시키러 왔노라"(누가복음 5:31~32)고 그들에게 대답했다. 그리고 그는 이 모든 소외된 자들이야말로 하나님의 나라에서 먼저 된 자가 될 것이라 약속했다. 이 약속은 임박한 종말을 예고하는 종말론적 사고로 가득했던 팔레스타인 내에서 심각하게 받아들여졌다.

독실한 유대인들은 또한 율법을 예로 들어 예수의 자유로운 행동을 비난했다. 예수는 안식일을 지키지 않았고, 나병환자, 혈루증을 앓아온 여자, 죽었던 자를 만짐으로써(마태복음 8:3 ; 마가복음 5:25~34, 누가복음 7:14) 정결 규칙을 무시했으며, 율법에서는 남편의 제안에 따라 허락되었던 이혼을 금지했다. 그렇지만 그는 여전히 독실한 유대인으로 남아 있었다. 그는 대중에게 말씀을 전하고 율법 선생들과 토론하기 위해 유대교 회당에 자주 드나들었고, 본질적으로 유대인들에게 설교를 했으며(비록 그가 그의 제자들 중 가버나움의 백부장과 같은 이교도들도 받아들였다 할지라도), 유대 전통에 따라 떡을 떼고(마가복음 6:41, 8:6), 늘어뜨린 옷을 입었고(마가복음 6:56, 마태복음 9:20, 누가복음 8:44), 유월절에 적어도 한 번은 성전에——그에게는 숙명적이었을 방문——갔다. 그는 율법 자체를 문제 삼은 것은 아니었지만, 그것의 적용에 있어서는 분명 다른 모습을 보여주었다. 그는 안식일을 범한 바로 그날 기적을 행함으로써 이러한 자신의 행동에 정당성을 부여했다. "너희 중에 누가 그 아들이나 소가 우물에 빠졌으면 안식일에라도 곧 끌어내지 않겠느냐?"(누가복음 14:5) 또한 그는 이렇게 단언하기도 했다. "인자는 안식일에도 주인이니라."(마가복음 2:28) 그는 정결 규례들에 맞서는 입장을 취했다. "무엇이든지 밖에서 사람에게로 들어가는 것은 능히 사람을 더럽게 하지 못하되 사람 안에서 나오는 것이 사람을 더럽게 하는 것이니라."(마가복음 7:15~16) 율법의 세세한 내용들에만 초점이 맞추어져 있던 당시의 종교적 풍토 역시 그의 비판의 대상이 되었다. "맹인 된 인도자여 하루살이는 걸러 내고 낙타는 삼키는도다."(마태복음 23:24) 그는 티와 들보(누가복음 6:41~42), 낙타와 바늘귀(마가복음 10:25)와 같은 유사한 비유들을 사용했다. 세례 요한과는 달리, 예수는 정치적 권력을 직접적으로 비난하지 않고, 어떠한 사회적 반란이나 부유한 자들에 대한 전복의 시도를 선동하지 않았다. 보다 평범하게, 그는 부자들로 하여금 나눌 것을 요구하고, 재물의 무의미함을 확언했다. "삼가 모든 탐심을 물리치라. 사람의 생명이 그 소유의 넉넉한 데 있지 아니하니라."(누가복음 12:15) 사실상, 그가 비난했던 것은 무엇보다도 이른바 독실하다고 하는 자들의 위선적인 종교심이었다.

여호와의 율법 속에서, 예수는 무엇보다도 나눔에의 초청, 내적 자유를 향한 외침, 폭력의 포기, 그리고 이 모든 것 위에 그가 율법의 완성이라고 여겼던 사랑을 보았다. 심지어 그는 성전에 바쳐지는 예물에 대해서도 마찬가지 입장을 보였다. "예물을 제단에 드리려다가 거기서 네 형제에게 원망 들을 만한 일이 있는 것이 생각나거든 예물을 제단 앞에 두고 먼저 가서 형제와 화목하고 그 후에 와서 예물을 드리라."(마태복음 5:23~24) 그는 자주 타협의 여지가 없어 보이는 명령들을 넘어서곤 했다. "또 네 이웃을 사랑하고 네 원수를 미워하라 하였다는 것을 너희가 들었으나 나는 너희에게 이르노니 너희 원수를 사랑하며 너희를 박해하는 자를 위하여 기도하라."(마태복음 5:43~44) 예수의 초대는 긴급한 것이었다. 왜냐하면 "때가 찼고 하나님의 나라가 가까이 왔기"(마가복음

1:15) 때문이다. 왕국의 임박함은 그의 설교에서 되풀이되는 주제였다. 일례로 그는 가버나움을 떠나며 이렇게 말했다. "내가 다른 동네들에서도 하나님의 나라 복음을 전하여야 하리니 나는 이 일을 위해 보내심을 받았노라."(누가복음 4:43) 그의 윤리적 요구는 바로 율법의 완성이 이루어지는 시기를 목표로 하고 있었는데, 그때에는 다른 선지자들에 의해 알려진 기대와는 대조적으로 세리들과 창녀들이 의인들보다 먼저 하나님의 나라에 들어갈 것이었다.(마태복음 21:31)

예수가 내세우는 하나님은 이스라엘의 하나님이다. 그는 하나님을 성경적 단어들, 즉 주, 하늘, 아버지로 지칭했다. 그가 말하는 하나님은 심판자임과 동시에 매우 선하신 하나님이었다. "이는 하나님이 그 해를 악인과 선인에게 비추시며 비를 의로운 자와 불의한 자에게 내려주심이라."(마태복음 5:45) 예수는 또한 하나님을 문자 그대로 아빠를 의미하는 'abba'로 부르는, 유대교에서는 전대미문의 놀라운 모습을 보여주기도 했다. 그리고 그는 성전을 "내 아버지의 집"이라 불렀다.(요한복음 2:13~22) 이러한 하나님과의 친밀함──바로 이 점을 역사가들은 근본적인 독창성으로 여긴다──이 수많은 청자들을 놀라게 했고 이어 그가 당할 고난의 원인이 된다.

예수의 성격

예수라는 역사적 인물은 여러 세기에 거쳐 독실한 신자들이 품었던 이미지보다 훨씬 더 다양한 모습을 지니고 있다. 선을 행하고 소외된 자들을 도울 줄 아는 이 사람은 때로는 신랄했고, 그를 영접하지 않았던 가버나움 마을 전체에 "음부에까지 낮아지리라"(누가복음 10:15)고 저주를 내리기도 했다. 그는 양립을 허용하지도 않았다. "나와 함께 하지 아니하는 자는 나를 반대하는 자이다."(누가복음 11:23) 예수를 점심 식사에 초대했다가 도리어 질책과 비방만을 받았던 한 바리새인을 다음과 같이 비난할 정도로 그는 화도 잘 내었다. "너희 바리새인은 지금 잔과 대접의 겉은 깨끗이 하나 너희 속에는 탐욕과 악독이 가득하도다."(누가복음 11:39) 그리고 그는 무엇인가를 단죄하고 고발할 때, 그리고 제자들에게 요구할 때에는 상당히 권위적인 모습도 보여주었다. "너희도 온전하라."(마태복음 5:48) 그렇다면 예수는 선한 자였던가? 자신에게 "선한 선생님"이라 불렀던 어떤 관리에게 예수는 이렇게 대답했다. "네가 어찌하여 나를 선하다 일컫느냐 하나님 한 분 외에는 선한 이가 없느니라."(누가복음 18:18~19) 그렇지만 그는 극한의 휴머니즘을 보여주었다. 그는 모든 자를 도왔으며, 그 중에서도 먼저 고통 받는 자들을 도왔다. 복음서에서는 여러 번에 걸쳐 예수를 "불쌍히 여기고" "위로할 줄 아는" 사람으로 묘사하고 있으며, 그 스스로도 "마음이 온유하고 겸손"하다고 정의하고 있다.(마태복음 11:29) 그는 마르다가 그의 오라버니 나사로의 죽음을 슬퍼하며 우는 것을 보고(요한복음 11:33~38), 혹은 빌립과 안드레에게(요한복음 12:27), 뒤이어 열두 제자에게(요한복음 13:21) 자신의 때가 왔음을 알릴 때 "심령에 비통히 여기고" "눈물을 흘릴" 수 있는 사람이었다. 그는 권위에 의해 지배되는 가부장제 사회적 배경에서 부성애를 강조했다. 그는 하나님께 드리는 기도에서 "아버지께서 나를 보내신 것과 또 나를 사랑하심 같이 그들도 사랑하신 것을 세상으로 알게 하려 함이로소이다"(요한복음 17:23)라고 말했는데, 이는 오늘날에는 우리에게 그저 평범하게 보일지 몰라도 그 당시에는 사회적, 종교적 관습을 변혁시키는 놀라운 말이었다.

기적을 행하는 자

신약에 따르면 치유, 마귀를 쫓는 것, 기적들은 예수의 카리스마를 정당화하고 그의 말씀에 권위를 부여하는 주요 활동 요소들이었다. 그 스스로도 이것들을 여러 번 되풀이하여 언급했다.(누가복음 7:21~22, 10:13~14, 11:20, 13:32) 그리고 그는 하나님에 의거하여 그러한 활동들을 설명했다. "그러나 내가 만일 하나님의 손을 힘입어 귀신을 쫓아낸다면 하나님의 나라가 이미 너희에게 임하였느니라."(누가복음 11:20) 역사가들은 대체로 이러한 기적들의 실제에 대해서는 의견을 표명하지 않는다.[34] 그렇지만 공관복음서에 기록된 그 막대한 수의 목록은 갈릴리를 지나, 또한 요한을 따르면 유대지역에서, 심지어는 티르에까지 예수의 여정을 쫓을 수 있게 해준다. 〈마가복음〉의 4분의 1은 기적 이야기로 구성되어 있고, 마태와 누가의 경우, 그것들을 선별하여 싣고 있으며, 다른 예들을 덧붙이고 있다. 요한은 일곱 개의 기적을 이야기하는 데에 그친다. 어쨌든 우리는 복음서들을 통해 예수가 나병환자(마가복음 1:40~45), 중풍병자(마가복음 2:1~12), 한쪽 손 마른 사람(마가복음 3:1~6), 맹인(마가복음 8:22~26, 10:46~52; 마태복음 9:27~31)을 고치는 것과 귀신들린 사람들에게서 마귀를 몰아내고(마가복음 1:23~28, 5:1~20; 마태복음 8:16~17), 죽은 자를 되살리고(누가복음 7:11~17, 요한복음 11:38~44), 떡과 물고기의 수를 갑절로 늘리고(마가복음 6:32~44, 8:1~10; 누가복음 5:1~11), 물 위를 걷고(마가복음 6:45~52), 폭풍우를 잠잠하게 하는(마가복음 4:35~41) 모습을 볼 수 있다. 그가 돌아보는 마을들에서, "저물어 해 질 때에 모든 병자와 귀신 들린 자를 예수께 데려오니 온 동네가 그 문 앞에 모였더라 예수께서 각종 병이 든 많은 사람을 고치시며 많은 귀신을 내쫓으시되"(마가복음 1:32~34)라고 마가는 요약하고 있다. 예수는 "말과 일에 능한 선지자"(누가복음 24:9)였다.

그리스도의 수난

십자가를 지기 일주일 전, 예수는 디아스포라 상태에 있던, 즉 여러 지역에 흩어져 살던 수많은 유대인들과 함께 유월절을 기념하기 위하여 예루살렘에 "오른다". 구세주 사상과 민족주의적 열광으로 가득했던 이 시기에 예수를 따르는 많은 무리는 지역 권력층들을 불안하게 하기에 충분했다. 예수는 아마도 가르침을 전하기 위하여 성전에 갔을 것이다. 하지만 그는 희생번제물로 드릴 동물을 매매하는 자들을 거칠게 비난했고, 이 희생제물을 살 수 있도록 순례자들에게 이교도의 돈을 유대 은전으로 바꾸어주는 환전 상인들의 상을 둘러엎었다. 당시 성전은 사회·경제적 중심 역할을 했고, 유대인들은 절기를 지키기 위해 각지에서 그곳에 모여들었다. 네 복음서에서 동일하게 되풀이되는 예수의 가르침은 예루살렘의 질서에 위협을 가하는 것이었다. "기록된 바 내 집은 만민이 기도하는 집이라 칭함을 받으리라고 하지 아니하였느냐? 너희는 강도의 소굴을 만들었도다."(마가복음 11:17) 이어서 예수는 "손으로 지은" 이 성전의 최후를 예고했다.(마가복음 14:58)

한창 절기를 준비하는 중에 이러한 소란이 일어나자 성직자들은 예수의 활동을 제지할 결심을 하게 된다. 그들의 반감이 높아진 것을 느끼고 피할 수 없는 자신의 죽음을 안 예수는 4복음서에는 어느 목요일이라고 기록된 날 열두 제자를 불러 모아 최후의 만찬을 나눈다. 유대 전통에 따라, 그는 떡을 떼고 다음과 같이 말하며 포도주를 나눈다. "이것은 많은 사람을 위하여 흘리는 나의 피 곧 언약의 피니라."(마가복음 14:24) 제자들 중 한 명, 즉 민중의 폭동을 일으키지 않고 예수를 체포하기에 적당한 시간과 장소를 대제사장들의 성전 경비대장들에게 알려주었던 유다에 의해 배반을 당한 예수는 새벽에 종교적, 민법적, 사법적 권한이 부여된 대공회——그렇지만 사형 판결권에 대한 자격은 오로지 로마 총독에게만 있었다——인 산헤드린 공회에 출두한다. 대제사장 가야바가 주재하는 그 공회에서는 예수가 하나님의 아들 그리스도인지 물어본 후, 그에게 신성모독죄를 선고한다. "이는 안식일을 범할 뿐만 아니라 하나님을 자기의 친 아버지라 하여 자기를 하나님과 동등으로 삼으심이러라."(요한복음 5:18) 그리하여 예수는 유대의 로마 총독이었던 빌라도 앞으로 끌려갔고, 그는 예수에게 "네가 유대인의 왕이냐?"라고 물었다. 달아난 예수의 제자들은 이상하게도 관청으로부터 수배되지 않았다. 빌라도는 도망간 노예나 정치 선동자들에게 가해지는 형벌인 십자가형을 예수에게 선고한다. 그렇지만 적어도 예수가 정치적 활동으로 인해 형을 선고받았을 가능성은 거의 없어 보인다. 요한에 따르면 빌라도는 오직 공회의 집요한 요구에 응하기 위해 성급한 판결을 내렸을 것으로 보인다.

로마 군인들에 의해 채찍질당하고 조롱당한 예수는 바로 그날, 예루살렘의 바깥에 있는 골고다에서 십자가에 못 박힌다. 역사가들은 이 사건이 일어났을 가능성이 있는 두 일자를 제시하는데, 바로 서기 30년 4월 7일 금요일, 혹은 33년 4월 3일 금요일[35]이 그날이다. 두 일자 중 첫 번째 날이 일반적으로 이론가들에 의해 지지를 받고 있다. 그러나 대부분의 역사가들은 이에 대해 모호한 상태에 머물러 있다. 그들은 보통 "30년경"이라고 표현한다. 예수는 같은 날, 즉 안식일 준비일, 저물었을 때에 땅에 묻혔다. 그의 나이는 35세, 혹은 36세였다.(사람들이 오랫동안 믿어온 바대로 33세는 아닌 것으로 보인다. 왜냐하면 실제 예수는 대 헤롯[헤롯 안티파스의 아버지]이 죽은 해인 기원전 4년에 태어났는데, 훗날 사람들이 그의 탄생 시기를 0년으로 고정시키는 오류를 범했기 때문이다.)

요셉 클라우스너(Joseph Klausner)의 표현을 빌자면, "여기에서 예수의 생애는 끝이 나고 기독교의 역사가 시작된다."[36] 역사는 안식일 다음날 예수를 따랐던 여자들이 "그 준비한 향품을 가지고 무덤에 갔을 때"(누가복음 24:1) 시작된 것이다. 무덤은 비어 있었다. 그리고 부활의 소식이 전해지기 시작했다.

부활한 자의 출현

예수를 매장한 다음다음날, 그의 몸이 사라졌다고 복음서들은 말하고 있다. 안식일과 유월절로 인해 중단된 전통적인 시체의 방부 보존 조치를 계속하러 온 막달라 마리아와 요안나와 야고보의 모친 마리아와 그들과 함께한 다른 여자들이 서둘러 사도들에게 알렸다. 그런데 사도들은 그들의 말이 "허탄한 듯이" 들려 "믿지 아니하였다." 그들의 말을 확인하러 무덤에 달려간 베드로는 "그 된 일을 놀랍게 여기며" 집으로 돌아간다.(누가복음 24:10~12) 성전의 제사장들에 의해 퍼뜨려진 소문처럼(마태복음 28:12~13), 그 몸이 제자들에 의해 도난당한 것일까? 성서 정전이 보여주고 있는 바와 같이 예수의 부활 소식은 먼저 사람들의 의심에 부딪쳤던 것으로 보인다. 이에 대해서는 4복음서가 모두 이야기하고 있다. 그러나 뒤이어 예수는 그의 제자들에게 나타난다. 이때부터 이 소식은 명백한 사실로 받아들여진다.

 4복음서 중 어떠한 것도 이 부활——오직 신자들에게만 관련되는 "신비"인——이 일어나는 과정을 설명한 것은 없다. 이러한 결함을 보충하기 위한 듯이 성서외전들에 의하여 여러 가지 경이로운 이야기들이 전해지고 있다. 성서정전에 포함된 텍스트들은 어느 경우에도 부활한 자, 예수의 모습을 구체적으로 묘사하고 있지 않다. 복음서들은 가장 가까운 사람들도 예수를 알아보지 못하고(마가복음 16:12; 마태복음 28:17; 누가복음 24:15), 막달라 마리아가 자기에게 나타난 자와 동산지기를 혼동할 정도로(요한복음 20:15) 그 모습이 분명히 변해버린 부활한 자 그 이상을 그리고 있지 않다.(마가복음 16:12; 마태복음 28:17; 누가복음 24:15) 게다가 4복음서의 저자들은 그 출현에 관련한 이야기들——복음서의 편집에 따라서 점점 더 상세해진[37]——에 있어서 서로 어긋난다. 마가복음은 몹시 간결하게 기록하고 있다. 마태복음의 경우, 예수가 유다의 배반 이래로 열한 명이 된 열두 제자들을 갈릴리로 불렀다고 전한다. "그리고 거기서 나를 보리라."(마태복음 28:10) 그리고 예수는 가서 "모든 민족"을 제자로 삼을 것을 그들에게 요구한다.(마태복음 28:19) 누가에 의해서 묘사된 예수의 출현은 예루살렘과 그 주변으로 제한되어 있지만, "예루살렘에서 시작하여 모든 족속으로"의 사명에 대한 부름은 동일하게 제시되어 있다.(누가복음 24:47) 또한 〈누가복음〉에 따르면 예수는 "무슨 먹을 것"이 있느냐 물은 뒤 "구운 생선 한 토막"을 먹기까지(누가복음 24:41~42) 강생한 특징을 지니고 있었다. 그러니까 이는 바로 죽음의 반대편에서 나타난 살과 피를 가진 존재인 것이다. 왜냐하면 그는 먹고, 걷고, 말씀하셨기 때문이다. 그는 "보여질 수 있었고" 동시에 만져질 수 있었다. "내 손가락을 그 못 자국에 넣어보지" 않고서는 기적을 믿지 아니하겠노라고 한 도마에게 예수는 "네 손가락을 이리 내밀어 내 손을 보고 네 손을 내밀어 내 옆구리에 넣어 보라"고 말한다.(요한복음 20:25~27) 그렇지만 부활의 특징이 단지 인간적인 면에 국한된 것은 아니었다. 복음서들은 그와 관련한 연속적인 초자연적 증상들을 증거로 제시한다. 예수는 제자들이 문을 잠그고 들어가 있던 집의 문을 통과했고(요한복음 20:19, 26), 혹은 회중 가운데 불쑥 나타났다.(누가복음 24:36) 또한 "숨을 내쉬며" 제자들에게 죄를 사할 능력을 부여하고, "성령을 받으라"(요한복음 20:22)고 명한다. 예수가 막 숨을 거두었을 때, 한 백부장이 외쳤다. "이 사람은 진실로 하나님의 아들이었도다."(마가복음 15:39). 예수 그리스도의 부활을 믿음과 동시에 제자들은 그것을 명백한 사실로 받아들였고, 한때 그들을 공황 상태에 빠뜨렸던 예수의 십자가형에는 하나의 분명한 의미가 부여되었다. 그것은 예전 나사로의 동생 마르다에게 이른 예수의 말, 당시로서는 이해되지 않은 채로 남아 있던 예수의 다음과 같은 말을 명확히 해주었다. "나는 부활이요 생명이니 나를 믿는 자는 죽어도 살겠고 무릇 살아서 나를 믿는 자는 영원히 죽지 아니하리라."(요한복음 11:25~26) 제자들은 확신을 갖게 되었다. "하나님을 자기의 친 아버지라 한"(요한복음 5:18) 그는 바로 아들, 주[38]이시다.

제2장

그리스도의 철학

❧

예수는 유대인으로 태어나 유대인으로 죽었다. 그리고 그가 생전에 유대인들에게 설교를 전하는 사람으로 알려졌던 것은 명백한 사실이다. 이처럼 예수가 유대 민족의 한 사람이었으며 동시에 유대교에 속한 사람이었다는 것은 예수를 추종하는 제자들뿐 아니라, 그에 반대하는 사람들 역시도 모두가 인정하는 사실이다. 예수의 위치를 다르게 받아들였던 로마 사람들에 있어서도 그는 스스로 유대인의 왕이라고 칭했던 사람이었다. 한편 그것이야말로 빌라도에 의한 사형선고의 "공식적" 죄목이기도 했다. 실제로 그가 달린 십자가에는 이 칭호가 새겨졌다.(마가복음 15:26) 유대인들에게 있어서 그는 마카베오 시대 이후로 수없이 모습을 나타냈던 개혁가 중 한 명으로 여겨졌다. 마카베오 시대란 기원전 2세기경으로, 당시 유대교는 성공적으로 퍼져나가던 그리스 사상과 맞서야했다. 그리스 사상은 기원전 330년경 알렉산더 대왕의 군대와 함께 동양에 전파되었으며, 이후 프톨레미(Ptolémé) 왕조와 2세기경 이 지역을 점령한 로마에 의해 전파되었다. 유대인들은 당시 자신들의 전통을 쇄신시키고 싶어 했지만, 여전히 언어와 교육 등 전반적인 분야에 있어서 그리스적 사고방식 안에 사로잡혀 있었다. 그리스도 시대에는 유대 정교는 없었지만 다양한 종교 집단이 존재하고 있어서 그들 나름의 방식으로 야훼와 성경을 얘기하고 있었다.

예수는 당시 그저 스쳐 지나가는 많은 사람들처럼 종말의 도래와 정결에 대해 설교를 전하는 사람들 중 하나에 지나지 않았을 수도 있다. 예수 역시 팔레스타인의 사막과 거주 지역을 돌며 제자들에게 둘러싸여 군중들에게 말씀을 전하는 사람이었다. 많은 선지자들이 그랬던 것처럼 예수 역시 로마 사람들에게 처형을 당했다. 하지만 그는 그런 사람들 가운데 온 인류에게 영향을 미친 변혁을 이끌며 오늘날까지도 여전히 살아 있는 메시지를 전한 유일한 사람이다. 신자들에게 있어서 이러한 예수의 "신비로운 특징"은 그들 스스로 그리스도라 부르는 자의 신적인 속성 안에 자리 잡고 있는 것이었다. 그리고 신자들은 그리스도와 하나님과의 혈연관계를 이론화했다. 우리는 나사렛 출신의 유대인 목수가 전하는 혁신적이면서 전 인류적인 메시지의 영향력을 역사적이고 철학적인 관점에서 설명해보고자 한다.

처음부터 교회는 이 예수의 메시지들을 전하고 있는데, 이 메시지들은 종교적 함의를 가진 것이었다. 그 메시지는 명확하다. 즉 예수가 유대교의 혁신가의 모습으로 나타났다는 것이다. 예수 자신은 스스로를 신의 사도이자 아들이며 동시에 인자로 표현했다. 이러한 표현들은 곧 그 자신이 메시아임을 가리키는 것이었다. 그의 제자들 역시 그가 오랫동안 기다려온 메시아임을 인정하게 될 것이다. 예수 스스로도 율법을 파괴하러 온 것이 아니라고 말했다. 다만 그는 최후의 만찬과 같은 새로운 공동체적 의식의 탄생을 가져온 표지들을 제시했다. 우리는 다음 장에서 기독교의 탄생을 가져온 그의 메시지에 대해 종교적인 관점에서 보다 더 자세히 살펴볼 것이다. 예수의 가르침은 예수 그만의 메시지가 가진 독창성과 전 인류적인 보편성이라는 두 가지 차원으로 나타난다.

첫 번째는 예수의 영적인 측면에 속한다. 이 측면은 예수의 인성과 관계된 것이다. 이와 관련해서 우리는 스스로 종교 제도의 틀에서 벗어나 때로는 구원에 대한 새로운 이해를 전파하기 위하여 싸우기도 했던 인간 자체로서의 예수를 살펴볼 수 있다. 그에 따르면 구원받는다는 것은 종교적 의식을 실천하거나 희생제물을 드리는 것이 아니라, 그리스도와 직접적으로 연결되는 것을 의미한다. 두 번째는 보다 복합적인 의미를 가진 철학적 측면이다. 이 측면은 중요한 윤리적 원칙들의 토대를 제공한 것으로서 인간에 대한 보편적이고 깊이 있는 시선과 관련된 것이다. 이 윤리적 원칙들은 훗날 "인권"이라 불리게 될 것에 영감을 주게 될 것이다.

예수의 영성

성경 속에 주로 예언적인 계시로 장식되어 오랜 역사 동안 자리 잡아 온 유대교와는 달리, 그리스도교는 예수라는 한 사람의 토대 위에 만들어졌다. 예수와 그의 수난 이후에 탄생한 교회와의 관계는 처음부터 그를 따르던 신도들이 단번에 그리스도의 사람, 즉 그리스도인이라 불리게 된 것에서 볼 수 있듯이 명백한 것이었다. 〈사도행전〉에 따르면 예수 사후 30년과 60년 사이에 '그리스도인들'이라는 말이 안디옥에서 처음

사용되었다고 기록되어 있다.(사도행전 11:26)

예수 이전에 그 어떤 유대 선지자도 자신의 이름을 딴 공동체를 가지지 않았다. 모든 선지자들은 야훼라는 이름을 언급하면서 스스로 신과 인간을 연결하는 대리인으로 자처했다. 하지만 예수는 그러한 선지자들과는 달리 자신의 이름으로 메시지를 전파했다. 그는 "나"와 "내가 너희에게 말하노니"라는 표현을 권위를 가지고 사용했으며, 이러한 표현의 권위를 보다 강화하기 위해 히브리어로 "아멘(amen)" 혹은 "진실로"라는 말을 한 번 혹은 여러 번에 걸쳐 사용하기도 했다. 〈요한복음〉에서는 아멘이라는 표현이 25번에 걸쳐 사용된 것을 볼 수 있다.

또한 그는 자신보다 앞선 선지자들의 가르침을 일소해버리는 데 주저하지 않았다. 예를 들어 그는 자신의 말을 듣기 위해 모인 군중들에게 "선대 조상들에게 말했던 것을 너희도 들었거니와…"라는 말로 시작해 "하지만 나는 너희에게 이렇게 이른다"라는 표현으로 이전의 가르침을 전복시키고 있다. 이러한 표현을 우리는 산상수훈의 여섯 가지 명제 앞에서 매번 볼 수 있으며, 이를 통해 그는 인간들 사이의 새로운 정의의 규칙을 제시했던 것이다.(마태복음 5:21~48)

예수는 스스로를 "유일한 스승"(마태복음 23:10), 즉 유일한 중개자로 나타내고 있다. "나, 나는 길이요, 진리요, 생명이니, 나로 말미암지 않고는 아버지께로 올 자가 없느니라."(요한복음 14:6) 예수가 행한 기적에 대해서 살펴보자면 그것이 그가 가진 구원자로서의 능력의 구체적인 표현들이라고 할 수 있다. 외적인 치유는 사실상 보다 본질적인 치유의 반영이고, 믿음과 마음으로의 회개라는 행위를 통해 그에게 다가오는 자들에게 주어지는 내적 해방이었다. 그리고 이것은 종교적 의식이나 제도들과는 무관하게 이루어진 일이었다. 실제로 예수는 여러 번에 걸쳐 성전으로 대표되는 당시 종교제도가 잘못된 길로 가고 있음을 지적한 바 있다. 이것은 그를 믿는 모든 사람에게 "인자가 세상에서 죄를 사하는 권능이 있는 줄을 너희도 알게 하려 하노라"(마태복음 9:6)라고 말한 것과 일맥상통한다.

와서 나를 따르라

예수가 가진 권위와 일인칭으로 말할 수 있는 능력은 곧 예수가 신의 모습, 즉 그의 아버지(abba)의 모습을 하고 있고, 그 아버지로부터 보냄을 받은 자라는 것을 말해준다. 이것은 "나를 저버리는 자는 나 보내신 이를 저버리는 것이다"(누가복음 10:16, 마가복음 9:37)라는 말에서 잘 나타나고 있다. 예수는 하나님과 구원으로 인도하는 길이다. 한 젊은 유대인 부자가 예수에게 "내가 영생을 얻으려면 어떤 선한 일을 해야 하는 겁니까?"라고 물었을 때, 예수는 그에게 살인하지 말라, 간음하지 말라, 이웃에 대해 거짓 증거 하지 말라, 부모를 공경하고 이웃을 자신처럼 사랑하라 라는 모세 율법을 열거했다. 하지만 이 젊은이가 여전히 그 대답을 석연치 않아 하자, 예수는 "와서 나를 좇으라"는 말씀으로 구원에 이르는 진정한 길을 제시해주었다.(마태복음 19:16~22) 이 명령은 그리스도의 영성을 집약하고 있으며, 모든 외적 중개와 무관하게 개인에게 직접 전해지는 메시지였다. 그리고 개인은 완전히 자유로운 상태에서 이 메시지에 대답할 수 있었다. 예수는 선지자들이 자주 쓰는 테마인 선택받은 민족이나 그들의 구원에 대해서 말하지 않고, 그리스도의 자취 안에서 발맞추어 가는 각 개인의 구원에 대해서 말하고 있다. "나는 세상의 빛이니 나를 따르는 자는 어둠에 다니지 아니하고 생명의 빛을 얻으리라."(요한복음 8:12)

하지만 그리스도를 따른다는 것은 무엇을 의미할까? 그리스도의 신실한 제자가 된다는 것은 또한 무엇을 의미하는가? 그에 대한 대답은 복음서에서 두 가지 층위로 제시되고 있다. 첫 번째는 예수와 그의 메시지를 명확히 알고 있는 사람들과 관계된 것으로, 여기서 중요한 것은 그의 말을 경청하고 실제로 행하는 것이다. 산상수훈에서 예수는 자신의 가르침을 다음과 같이 요약적으로 설명하고 있다. "누구든지 나의 이 말을 듣고 행하는 자는 그 집을 반석 위에 지은 지혜로운 사람 같으리니… 나의 이 말을 듣고 행하지 아니하는 자는 그 집을 모래 위에 지은 어리석은 사람 같다."(마태복음 7:24~26) 궁극적으로 이 가르침은 하나님과 이웃에 대한 사랑으로 요약된다.(마태복음 22:36~37) 이것은 이미 유대교 율법의 정점에 있었던 가르침이었지만, 예수는 이 가르침에 자신만의 의미를 부여하고, 이 가르침을 억누르고 있었던 위선과 종교적 율법주의로부터 벗어남으로써 새롭게 했다. 이는 또한 그가 몸소 삶과 행동을 통해 새롭게 한 계명이라고 할 수 있다. "새 계명을 너희에게 주노니 서로 사랑하라 내가 너희를 사랑한 것 같이 너희도 서로 사랑하라."(요한복음 13:34) 그의 말과 행동으로 예수는 모든 기독교인들의 모델이 되었고, 그의 발자취를 따라 간다는 것은 은총을 통해 그에게 연결되어 그가 몸소 보여준 사랑의 길을 따라감을 의미한다.

두 번째로 예수는 그가 가르친 지혜를 몸소 실천할 수 있음을 보여주었다. 즉 이웃에 대한 사랑과 가난한 자들에 대한 배려를 실천함으로써 누구나 그의 가르침을 따를 수 있다는 것을 보여주었다. 이 테마는 모든 복음서에 나타나 있으며 이 책의 에필로그 부분에서 다시 중요하게 다루고자 한다. 하나님은 사랑이고 그것이 그의 정의 자체이기 때문에 사랑하는 모든 사람들은 이와 같은 진리 속에서 살아가는 것이다. 요한은 모든 종교적 매개 작용의 역할과 명시적인 믿음의 필요성을 상대화시키는 그리스도의 이와 같은 가르침을 아주 훌륭하게 요약해 보이고 있다. "사랑하는 자들아 우리가 서로 사랑하자. 사랑은 하나님께 속한 것이니 사랑하는 자마다 하나님으로부터 나서 하나님을 알고."(요한복음 4:7)

왕국의 패러독스

구원을 약속함과 동시에 예수는 하나님의 왕국이라는 새로운 세계를 말하고 있다. 이것은 그가 대중들에게 전한 담화 속에서 설교를 시작한 이래 매우 중요한 역할을 하고 있다. 세례 요한의 체포 후 갈릴리를 떠나면서 예수는 "이르시되 때가 찼고 하나님의 나라가 가까이 왔으니 회개하고 복음을 믿으라"(마가복음 1:15)고 말한다. 공관 복음서에서는 무려 99번이나 기록되었을 정도로 왕국에 대한 주제를 많이 언급했지만, 예수는 그것에 대한 명확한 정의를 내리고 있지는 않다. 그것은 행복과 공의의 왕국으로 이미 존재하고 있음과 동시에——"하나님의 나라는 너희 안에 있느니라."(누가복음 17:21)——앞으로 도래할 왕국이기도 하다. 예수는 그의 담화에서 다른 선지자들이 그랬던 것처럼 종말이 다가오기 전에 회개할 것을 강조하기 위해 종말론적인 내용을 다양하게 언급한다. 〈마태복음〉 24장 6~9절에서는 말세에 악이 땅을 지배하고, 온 나라는 서로서로 싸우며, 기근과 지진이 인류를 뒤덮을 것이라 하였으며, 〈마가복음〉 13장 26절에서는 그때에 심판의 날과 하나님의 나라가 올 것이며, 거대한 힘과 영광을 가진 아들의 모습을 보게 될 것이라 말하고 있다. 이 왕국은 인간의 내면과 외면에 동시에 관련된 것이다.

예수는 그 유명한 8복에 관한 설교에서 이 왕국에서는 모든 가치가 전복된다고 가르치고 있다. "행복한 자"는 더 이상 강한 자, 견고한 자,

부자, 풍요로운 자, 힘을 가진 자들이 아니다. 그와는 반대로 이 왕국에서는 가난한 사람과 나중 된 사람이 먼저 된 자가 될 것이고, 배고픈 사람은 배부를 것이고, 풍요로운 자는 가난해질 것이고, 웃는 사람은 울고, 울던 사람은 웃으며, 미움 받고 모욕 받는 사람은 행복해질 것이다.(마태복음 5:1~9, 누가복음 6:20~26) 이는 〈고린도전서〉 1장 21절에서 바울이 복음을 미련함이 주는 기쁨이라고 말한 것과 상통한다. 또한 예수는 제자들의 발을 씻겨줌으로써 이러한 가르침을 몸소 구현한 바 있다. "내가 너희에게 행한 것같이 너희도 행하게 하려 하여 본을 보였노라."(요한복음 13:15) 이는 당시 노예들이나 하는 행동이었다. 하나님의 나라에서는 "너희 중에 누구든지 으뜸이 되고자 하는 자는 모든 사람의 종이 되어야 하기" 때문이다.(마가복음 10:44)

여기에서 우리는 기독교적 영성의 중심 테마와 마주하게 된다. 이 테마는 종교사에 있어서 유일무이한 것으로 보인다. 예수는 권력과 눈에 보이는 성공에 근거한 인간들 간의 서열을 전복시켰으며——"먼저 된 자가 나중되리라"——슬픔과 고통, 죄, 약함으로 시름하는 사람들에게 은혜가 임할 것을 확증했다. 그는 불행의 한 가운데에서 참된 행복을 말하고 있다. 전통적으로 성공과 힘, 부유함이 신의 은총의 기호로 여겨져 왔지만 예수는 정반대의 이야기를 하고 있다. 즉 하나님은 비천하고 고통스럽고 무시당하는 모든 사람의 가장 내밀한 곳에 존재한다는 것이다. 그는 사형집행자의 편이 아니라 희생자 편에 선다. 예수는 스스로 악을 행하는 자, 연약함으로 인해 낙심한 자의 곁에 있다고 이야기한다. 또한 그는 이러한 자들이 다시 일어설 수 있도록 돕기를 원한다고 주장한다. "나는 의인을 부르러 온 것이 아니요 죄인을 부르러 왔노라."(마태복음 9:13)

고통에 의미를 부여하기

바울의 여러 서신들을 통해 최고의 희생을 감수한 그리스도라는 사람을 중심으로 형성된 십자가 신학이 자리 잡게 되었다. "우리는 십자가에 못 박힌 그리스도를 전하니 유대인에게는 거리끼는 것이요 이방인에게는 미련한 것이로되."(고린도전서 1:23) 하지만 이러한 신학은 11세기 성 안셀무스의 등장 이후로 예수가 피흘림이라는 엄청난 희생을 감수하고 십자가 위에 매달림으로써 아버지의 분노와 악의 세력으로부터 인간을 구원한다는 사상으로 정립되었다. 신적인 차원에서의 사도마조히스트적 고통의 이해가 낳는 당연한 결과이겠지만, 이후로 가장 많은 고통을 받는 사람들이야말로 진정한 그리스도의 제자들로 여겨지게 되었다. 이로부터 이른바 고통주의라고 불릴 만큼 수많은 그리스도인들이 고통에 대해 병적인 환상을 갖는 현상이 벌어졌다. 실제로 복음서를 보면 그리스도는 죽음을 원하지도, 추구하지도, 또 갈망하지도 않았음을 알 수 있다. 체포되기 전날 밤 예수는 이 시련에서 벗어나고자 하나님에게 "아버지여, 당신이 진정 원하신다면 나를 이 고통에서 벗어나게 해주소서"라고 간청했음을 알 수 있다. 하지만 그는 아버지의 뜻을 따르기 위해, 그리고 자신의 가르침이 당시의 종교 당국에서 받아들여질 수 없는 것임을 알고 있었기에, 그 고난을 피할 수 없는 것으로 받아들였다. 그의 가르침은 너무나 많은 혼란을 야기하는 것일 뿐만 아니라, 너무나 전복적이었고 혁명적이었기에 당시로서는 도저히 용인될 수 없는 것이었다. 필자가 프롤로그에서 이미 언급했듯이 예수의 죽음이 구원의 의미를 가진다면 그 죽음이 아버지를 즐겁게 해주었기 때문이 아니라, 인간의 구원과 인간에 대한 사랑이라는 진리에 그가 얼마나 충실했는지를 보여주는 궁극적이고 결정적인 증거였기 때문이다. 그는 두려움으로 인해 포기하지 않았다. 그는 고통과 죽음을 받아들이기까지 인간을 사랑했다. 이러한 점에서 그는 죽음과 고통을 승화시켰고 그것에 '새로운 의미'를 부여했다. 그는 고통과 죽음을 피하지 않고―자기 자신을 배신하지 않고―자유롭게 받아들이면 그것들이 인간을 파괴하는 것이 아니라 오히려 성장시킨다는 것을 보여주었다. 우리는 이와 비슷한 경우를 죽음을 앞둔 소크라테스가 제자들에게 보여주었던 의연한 모습에서도 찾아볼 수 있다. 그러나 이 두 사람 사이에는 엄청난 차이가 있는데 그것은 예수는 그저 한 인간으로서만 나타난 것이 아니라 신의 사도, 즉 하나님 아버지의 아들로서 나타났다는 것이다. 이러한 사실은 기독교를 믿지 않는 사람에게는 아무런 감흥을 일으키지 않을 수도 있겠지만, 기독교 신자들과 예수의 제자들에게 있어서는 전지전능한 신의 아들이기에 고통과 죽음에서부터 충분히 벗어날 수 있었음에도 불구하고 인간을 위해 시련을 기꺼이 감내하려 했다는 사실만으로도 모든 것을 변화시키기에 충분한 것이었다. 가톨릭 연도에는 이런 내용이 포함되어 있다. "죽음을 통해 그는 사망을 이겼다." 이것이 바로 부활과 제자들에게 다시 모습을 보인 사건의 교육적 의미이다. 죽음은 단지 또 다른 차원의 삶으로 가기 위한 하나의 통로에 지나지 않는다는 것이다. 우리가 현세에서 살고 죽는 방식들은 이 새로운 삶으로 가기 위한 조건이며, 이것이 바로 그리스도인들의 모든 소망을 이룬다.

고통에 대해 말하자면 그것은 그 자체로는 아무것도 아닌 것이다. 예수 스스로 고통은 끔찍한 것임을 몸소 보여주었다. 악의 문제에 대하여 그는 그 어떤 이성적인 대답을 주거나 심지어 신학적인 답도 주지 않았다. 그는 단지 행동을 보여주었는데, 그 자신이 몸소 악의 수수께끼를 뚫고 나갔던 것이다. 피할 수 있었음에도 불구하고 자유롭게 고통을 받아들임으로써 예수는 피할 수 없는 고통——질병, 슬픔, 번민, 죽음 등——을 받아들이는 방법이 있음을 가르쳐주었다. 이러한 고통은 인간의 마음을 성장시켜 이해, 사랑, 연민의 차원으로 인도할 수도 있다. 예수는 실존의 비참함을 없애려 하지 않고, 있는 그대로 받아들인 것이다. 이것은 신도들로 하여금 그리스도에게 다가가기 위해 고통을 그대로 모방하며, 자발적으로 고통과 고행을 찾아다니게 하는 고통주의라는 개념과는 거리가 먼 것이다.

필자는 그리스도의 희생이 우리가 알고 있는 전통적인 '희생적 사유'를 전부 '무너뜨린' 개념이라고 덧붙이고 싶다. 르네 지라르는 두 편의 주저[39]에서 희생의 논리가 인간 사회에 내재된 폭력을 없애기 위한 것이라고 주장했다. 그리고 필자는 이러한 주장이 매우 적절하다고 생각한다. 사람들은 악을 몰아내고 하나의 희생물에 그 악을 집중시키기 위해 사람이나 동물을 제물로 바친다. 현대 사회에도 여전히 존재하고 있는 욕구, 적의 존재를 확인하고 타자를 악마로 만들려는 욕구는 고대인들로 하여금 악을 구현한다고 여겨지는 개인들을 끔찍한 희생 제물로 삼게 했던 논리와 상응하는 것이다. 하지만 그리스도의 희생은 이러한 "희생양"의 논리가 무용지물이며 거짓이라는 것을 보여준다. 오히려 그리스도는 희생양이 죄가 없다는 사실을 보여주었다. 지라르는 다음과 같이 설명하고 있다. "십자가의 패러독스는 희생의 고전적인 양식을 전복시키기 위해 다시 반복했다는 데 있다. 하지만 이러한 전복은 '세상의 처음부터' 감추어져 왔던 것을 다시 제자리로 돌려놓는 전복이다. 즉, 희생양은 죄가 없으며, 그러기에 그 희생양은 폭력을 흡수할 힘도 없다는 것이다. 십자가는 사회적 차원에서의 파괴적 진리의 계시이다."[40]

그리스도의 윤리

예수는 그간의 모든 도덕적 규칙을 뒤집으며 인간과 하나님의 관계뿐만 아니라, 인간들 사이의 관계를 새로 정립함으로써 삶의 새로운 방식을 확립하려 했다. 그가 제시하는 규칙은 신의 사랑, 즉 '아가페(agapè)'에 토대를 둔다. 차후에 살펴보겠지만 이러한 규칙들은 역사적으로 기독교라는 종교의 장을 넘어서서, 모든 인간의 평등, 박애, 선택의 자유, 여성권리의 신장, 사회정의, 비폭력, 교권과 지상권의 분리와 같이 오늘날 서구사회에서 보편적이고 세속적인 것으로 여겨지는 윤리학의 토대도 제공하고 있다.

평등

모든 인간은 평등할 권리가 있다는 사실을 보여주면서 예수는 모든 인류와 관계되는 새로운 윤리학을 정립했다. 이것은 이웃을 단지 같은 민족, 같은 계급, 같은 부족, 같은 도시에 사는 사람들 중 하나로만 보는 당시 철학적이거나 종교적으로 지배적이었던 윤리 원칙과는 상충된 것이라 할 수 있다. 당시 유대인들에게 있어서 유대인과 유대인이 아닌 사람들 간에 평등이란 있을 수 없었으며, 고대 그리스인들에게 있어서도 그리스인과 이방인들 사이, 남자와 여자 사이, 시민과 노예 사이에는 평등이란 있을 수 없었다. 하지만 예수에게 있어서는 그 반대로 모든 인간은 하나님의 자손이며 형제이기 때문에 평등하다. 이렇듯 인간애의 윤리적 개념이라고 할 수 있는 전 인류적인 박애는 기존의 서양 사상과는 완전히 다른 새로운 개념이었다. 여기서 필자가 서양 사상이라고 말한 이유는 같은 사유가 부처와 맹자에게서는[41] 다른 식으로나마 표현된 적이 있기 때문이다. 당시의 문화적 맥락과 단절을 이룬 이러한 윤리학은 어쨌든 본질적인 원칙이며, 그리스도의 가르침 전체를 지탱하는 초석과 같은 것이었다. 또한 그것은 "하나님의 나라"를 정의하는 원칙이기도 했다. 예수는 이 새로운 사회가 이미 시작되었다고 선포했다. 여기에서 그리고 지금 말이다. 그의 가르침의 중요성과 근본적인 특징을 대중들에게 이해시키기 위해서 예수는 그 당시의 가난한 자와 환자, 소외당하는 자, 약자들을 앞에 내세워 이러한 평등의 개념을 보여주었다. 그는 당시 율법학자들과 바리새인들의 차별적 행위들을 "천국 문을 사람들 앞에서 닫아버리는"(마태복음 23:13) 행동이라고 강력하게 비판했다. 그의 평등주의적인 정치사상은 당시의 사회규범뿐 아니라 모세의 율법에도 대치되는 것이었다. 실제로 그는 정결한 자와 정결치 못한 자들의 구분을 거부했고, 나병환자들, 세리들, 창녀들과도 교제했으며, 아이들이 가까이 오는 것을 막으려는 제자들을 물리치고 아이들을 직접 안아주었으며, 자신을 따르는 무리들 중에 이방인도 받아들였다. 예를 들어 가버나움의 로마 백부장에 대해 그는 다음과 같이 칭찬하기도 했다. "이스라엘 중 아무에게서도 이만한 믿음을 보지 못하였노라."(마태복음 8:10)

예수는 나이, 직위, 성별, 민족 간의 차이를 폐지시켰다. 그는 하나님에 의해 창조되었으며 그 자체로 하나님의 사랑을 받는 사람에게만 관심을 가졌다. 이타성에 대한 그의 이해는 당시로서는 혁명적인 것이었다. 즉 타자는 그가 누구이건 간에 나의 "이웃"이라는 것이다.

예수의 이러한 생각을 좀 더 명확히 이해하기 위해 질문하던 한 제자에게 예수는 길가에서 강도에게 모든 재산을 빼앗기고 버려진 사람에게 온정을 베푼 사마리아인을 비유로 설명한다. 당시 제사장과 레위인 모두 그 불쌍한 사람을 모른 척하고 지나갔지만, 유대인들에게 이방인이며 정결치 못한 자로 여겨지던 사마리아인만이 그 앞에 멈춰 서서 그를 치료하고 비용을 대주며 잠잘 곳을 마련해주었던 것이다. 예수가 이 비유를 들며 제자에게 "이들 세 명 중에서 네 생각에 강도의 손에 버려진 사람의 이웃이 누구라 생각하느냐?"라고 묻자 그 제자는 "그에게 관용을 베푼 자입니다"라고 대답했다.(누가복음 10:29~37) 바울은 〈갈라디아서〉 3장 28절에서 이와 같은 혁명적 사상을 이렇게 요약하고 있다. "너희는 유대인이나 헬라인이나 종이나 자유인이나 남자나 여자나 다 그리스도 예수 안에서 하나이니라."

최초의 그리스도인들은 공회와 성찬식에서 가난한 자나 부자, 초라한 자나 유명한 자 할 것 없이 한 식탁에 모두 나란히 참석함으로써 이 원칙을 행동으로 옮겼다. 이와 같은 혼합공동체들의 형성과 함께 보편적인 평등성이 확립되었으며, 유대인이건 이방인이건 신자들 사이에서는 동일한 존엄성이 인정되었다. 4세기에 성 제롬은 모든 인류의 본질적 특성으로서의 평등을 다음과 같이 요약하고 있다.[42] "우리가 멸시하고 우리와 함께 존재하는 그 자체만으로도 역겨울 정도로 끔찍한 사람도 우리와 같은 사람들이며, 우리와 똑같은 요소들로 이루어진, 즉 흙으로 빚어진 이들이다. 그들이 참아내는 모든 것은 우리도 역시 똑같이 참아낼 수 있다."

개인의 자유

개인의 자유는 예수의 가르침의 본질적인 면을 구성하며, 그가 보여준 구원에 이르는 길과도 직결된다. 운명론이나 미리 정해진 결정론을 거부하며 예수는 각자가 자기 나름의 길을 갈 수 있다고 확증한다. 그러기 위해서는 "눈에서 들보를 빼어" 밝히 보아야 할 필요가 있다.(누가복음 6:42) 또한 예수는 〈마태복음〉 7장 13절과 14절에서 이렇게 가르치고 있다. "멸망으로 인도하는 문은 크고 그 길이 넓어 그리로 들어가는 자가 많고 생명으로 인도하는 문은 좁고 길이 협착하여 찾는 자가 적음이라." 예수는 그의 모든 가르침에 있어서 개인의 선택의 자유에 가치를 부여하고 있다. 그 어떤 운명론이나 결정론도 이와 같은 근원적인 선택의 가능성을 손상시킬 수 없다. 물론 예수는 인간의 내적인 약함과 개인의 자유를 억매는 인간의 심리적인 조건을 부정하지는 않는다. 바로 이러한 점에서 프로이트가 무의식이라는 개념을 발견하기 2000년 전에 그는 "비판하지 말라"(마태복음 7:1)는 놀라운 가르침을 전한 것이다. 하지만 그는 인간 존재의 위대함이란 인간 자신의 내면 속에 선택의 자유——다소간 변질될 수는 있지만——를 가지고 있다는 사실에서 찾을 수 있음을 보여주고자 했다.

각자 민족, 사회, 종교, 혈연에 연결되어 있는 환경에서 예수는 자신을 따르고자 한다면 그 고리를 끊어버리라고 요구한다. 모든 인간의 평등성과 마찬가지로 이러한 가르침 역시 오늘날 그 영향력이 제대로 평가되고 있지 못한 하나의 혁명적인 가르침이었다. 고대 사회는 전통과 개인이 속한 그룹의 우월성을 바탕으로 기능하고 있었다. 그것은 모든 전통 사회의 속성이기도 하다. 그런데 예수는 가장 견고한 관계인 가족 관계를 시작으로 집단으로부터 개인을 해방시키고자 했다. 앞서 보았듯이 예수 스스로도 그의 가족과 종족으로부터 자유로웠으며, 제자들에게 자신의 본을 따를 것을 요구하고 있다. "아버지나 어머니를 나보다 더 사랑하는 자는 내게 합당하지 아니하고 아들이나 딸을 나보다 더 사랑하는 자도 내게 합당하지 아니하다."(마태복음 10:37, 누가복음 14:26) 예수는 또한 신도들에게 비판적인 분별력을 가질 것을 요구하면서, 전통이 그간 가르쳐온 것들을 서슴없이 비난했다. 산상수훈에서(마태복음 5장~7장) 예수는 분명 구약의 율법 혹은 그 율법의 해석과 관련해 혁신적인 모습을 보여주었으며, 종교적 위선에 대해 강력히 비판했다. 그는 눈에는 눈, 이에는 이라는 법칙을 내민 손의 법칙으로 대치시켰으며, 이웃에 대한 사랑에 덧붙여 원수에 대한 사랑도 가르쳤다. 그는 종교인들이 남에게 뽐내기 위해 드러내는 신앙에 반기를 들고 골방에서의 기도를 더 강조했다.

예수는 사회적 위계 역시 완전히 뒤집었다. 그는 "작은 자들" 즉, 당시 유대문화와 그리스 문화에서 공히 사유에 적합하지 않은 자들로 여겨졌으며, 스스로 지혜의 길—제사장들 중에서도 가장 높은 수준의 교육을 받은 계층들과 율법박사들 혹은 귀족들만이 갈 수 있다고 여겨졌던—을 갈 수 없는 자들이라고 여겨졌던 "하층민들"에게 우선적으로 다가갔다. 예수에게 있어서 하층민이라는 것은 존재하지 않으며, 단지 그들의 삶의 조건이 무엇이든지 간에 정당한 삶의 올바른 길을 선택할 수 있는 사람만이 존재한다. 각 개인이 분별력을 가지고 있다고 여겼기 때문에, 예수는 기존의 종교 원칙의 규율들을 각 개인의 책임의 문제로 대치시킬 것을 요구했다. 그는 정결한 음식과 관련된 율법을 보다 강력한 의미를 가진 개인적 윤리의 법칙과 대립시키면서 다음과 같이 말하고 있다. "입으로 들어가는 것이 사람을 더럽게 하는 것이 아니라 입에서 나오는 그것이 사람을 더럽게 하는 것이니라."(마태복음 15:11) 예수의 법은 종교적이며 사회적인 규범들을 초월하여 개인의 양심에 호소하는 쪽으로 나아갔다. 또한 예수는 부에 대해 경계하며 진정한 자유는 지상에서의 부와 권력을 초월하는 것이라고 했다. "누구든지 제 목숨을 구원하고자 하면 잃을 것이요 누구든지 나를 위하여 제 목숨을 잃으면 구원하리라."(누가복음 9:24~25) 그를 따르는 자들은 마침내 그의 메시지를 듣게 될 것이다. 그 메시지는 자체로 해방의 힘을 포함한 것이었다. "그러므로 예수께서 자기를 믿은 유대인들에게 이르시되 너희가 내 말에 거하면 참으로 내 제자가 되고 진리를 알지니 진리가 너희를 자유롭게 하리라."(요한복음 8:31~32)

하지만 그렇다고 해서 예수는 그의 말을 듣지 않는 사람들을 위협하지는 않았다. 반대로 그는 제자들에게 집을 떠나 재산을 탕진하고 다시 아버지에게 돌아온 탕자의 비유를 들어 얘기하고 있다. 굶주린 아들은 다시 아버지에게로 돌아가기로 결심하고 스스로 뉘우치며 자신을 죄를 저지른 아들로서가 아니라 일꾼들 중의 하나로 받아달라고 한다. 멀리서 아들을 알아본 아버지는 그를 만나러 뛰어가 그에게 키스를 퍼부으며 기름진 소를 잡아 잔치를 열어주고는 종들에게 이렇게 말한다. "이 내 아들은 죽었다가 다시 살아났으며 내가 잃었다가 다시 얻었노라."(누가복음 15:11~32) 그리스도에 따르면 이것은 하나님이 인간에게 준 고차원적인 선택의 자유와도 같다. 떠났다가도 원하면 언제나 돌아올 수 있다. 그들은 언제나 환영받을 것이며 결코 정죄당하거나 비난받지 않을 것이다. "죽을 죄"나 "배교의 죄"는 기독교 언어에서는 존재하지 않는다.

개종의 길에서 망설이고 있는 갈라디아인들에게 보낸 편지에서 바울은 이교도들의 행동과 모세 율법의 엄격함을 비판하고, 그것들을 그리스도가 보여준 가르침에 대립시키면서, 이 자유의 개념을 설명한다. "어찌하여 다시 약하고 천한 초등 학문으로 돌아가서 다시 저희에게 종노릇 하려 하느냐, 너희가 날과 달과 절기와 해를 삼가 지키니 〔중략〕 지금 있는 예루살렘과 같으니 저가 그 자녀들로 더불어 종노릇하고 오

제2장 그리스도의 철학 89

직 위에 있는 예루살렘은 자유자니 곧 우리 어머니라. 〔중략〕 그런즉 형제들아 우리는 계집종의 자녀가 아니요 자유하는 여자의 자녀니라."(갈라디아서 4:9~10, 25~26, 31)

여성의 해방

예수가 활동하던 시기에는 과부나 이혼한 여성, 독신 여성처럼 남성의 보호를 받지 못하는 여성들은 사회에서 추방당했다. 창녀나 이방인들은 정결치 못한 여성으로 낙인찍혔으며, 모세율법이 강조하는 대중에 대한 자비심 또한 받지 못했다. 그 자비행위는 오직 이스라엘 민족 가운데 정결한 사람들만을 대상으로 하는 것이었다. 예수는 이러한 통념에 따르지 않았을 뿐만 아니라, 오히려 그들을 전적으로 받아들이기까지 했다. 〈누가복음〉 10장 38~42절을 보면 마르다와 마리아라는 두 여성이 자신들의 집에 예수를 맞이하는 장면을 볼 수 있다. 마리아는 집안일을 내팽개쳐 둔 채 마치 남성들이 집안에서 보이는 행동처럼 앉아서 예수의 가르침을 경청했다. 사실 그 자리에도 죄인들이 있었다. 특히 바리새인의 집까지 예수를 따라와 율법에 따라 아무것도 신고 있지 않았던 그의 발을 눈물과 향유로 씻고 자기 머리카락으로 닦았던 그 여자가 그렇다. 놀란 집주인 시몬에게 예수는 이 여자를 예로 들어 이렇게 이야기하고 있다. "이 여자를 보느냐? 내가 제 집에 들어올 때 너는 내게 발 씻을 물도 주지 아니하였으되 이 여자는 눈물로 내 발을 적시고 그 머리털로 닦았으며 너는 내게 입 맞추지 아니하였으되 그는 내가 들어올 때로부터 내 발에 입 맞추기를 그치지 아니하였으며 너는 내 머리에 감람유도 붓지 아니하였으되 그는 향유를 내 발에 부었느니라. 이러므로 내가 네게 말하노니 그의 많은 죄가 사하여졌도다. 이는 그의 사랑함이 많음

이라."(누가복음 7:36~50)

　예수는 그 불결함에도 불구하고 혈루증에 걸린 여자가 자신을 만지는 것도 허락했다. 반대로 오히려 그 여자가 "자신의 발 앞에 엎드려 두려워하고 떨고 있을 때" 그는 매우 부드럽게 이렇게 얘기했다. "딸아, 너의 믿음이 너를 구원하였다. 평안히 가라."(마가복음 5:34)

　예수에게 있어서 여성의 자유는 자연스러운 것이다. 왜냐하면 그가 보기에 여성들은 남성들과 동등한 존재이기 때문이다. 당시는 간음을 저지른 자가 잡히면 그 당사자가 여성일 경우 곧바로 사형에 처해지는 사회였다. 그러한 때 현장에서 잡혀온 한 여성을 율법학자와 바리새인들은 모세율법에 따라 돌로 쳐서 죽이려 했지만 예수는 그녀를 구하여 처벌하지 못하게 했다. 오히려 그는 그들에게 "너희 중에 죄 없는 자가 먼저 돌로 치라"(요한복음 8:3~11)고 말하고 있다.

　예수에게 딸을 치료해달라고 다가와 요청했던 사람도 이방인 가나안 여성이었고(마태복음 15:22~28), 예수로부터 가장 중요한 가르침 중 하나를 전해들을 사람도 다섯 번이나 이혼하고 동거생활을 하고 있던 사마리아 여인이었다.(요한복음 4:5~30) 그때 예수는 관습을 어기고 그 자리에 그 여인과 예수 둘만 있다는 사실을 상기시켰다. 이러한 대면을 본 제자들은 매우 놀랐지만 감히 그 이유를 묻지 못했다. 복음서에서는 예수가 부활하여 처음으로 모습을 드러낸 자 역시 막달라 마리아라는 이름의 여성이라고 전하고 있다. 예수는 바로 그녀에게 부활의 소식을 제자들에게 전하라고 요구했다. 그녀는 사도들 중의 사도였던 것이다.

　예수는 이런 점에서 당시로서는 굉장히 근대적인 인물이었다고 할 수 있다. 물론 바울도 초기 그리스도인들 중에서 가장 혁신적인 사람이긴 했으나 예수와 같은 정도까지는 아니었다. 물론 바울 역시 남성과 여성의 평등을 받아들이긴 했지만 〈고린도전서〉를 보면 그가 "여성의 근원은 남성"임을 상기시키는 장면(11:3)을 볼 수 있으며, 집회에서 여성들의 침묵을 강요하고 있음을 볼 수 있다. "만일 무엇을 배우려거든 집에서 자기 남편에게 물을지니…."(고린도전서 14:35)

사회 정의

우리는 당시 다른 선지자들과는 달리 예수가 사회적·정치적인 혁명을 주도하지도, 부자나 지배계급에 대한 전복을 선동하지도 않았음을 살펴보았다. 로마 사람들 역시 그를 선동자로 보지는 않았다. 예수는 종종 가난한 사람들에게 말을 전하기는 했지만 부자라고 해서 비난하지도 않았다. 예수의 친구였던 마르다, 마리아, 나사로는 모두 유복한 자들이었다. 세리와 함께한 자리에서도 그는 그들에게 직업을 바꾸라고는 강요하지 않았으며, 단지 일을 행하는 데 있어서 정직하라고만 하였다.(누가복음 3:13) 제자들 중 나무랄 데 없는 자들에게 모든 재산을 버리라고 요구하였다 해도 예수는 재산의 의미 없는 축적을 비난했을 뿐이다. 즉 〈누가복음〉 12장 16~21절까지의 내용에서 볼 수 있는 것처럼 그날 밤 죽을 운명에 처한 사람에게 그동안 쌓아놓은 재물이 무슨 소용이 있겠느냐는 것이다. 그가 비난한 것은 돈 자체가 아니라 돈에 대한 사랑이다. "한 사람이 두 주인을 섬기지 못할 것이니 혹 이를 미워하고 저를 사랑하거나 혹 이를 중히 여기고 저를 경히 여김이라. 너희가 하나님과 재물을 겸하여 섬기지 못하느니라."(마태복음 6:2)

복음의 중심 메시지는 부의 금지나 혐오가 아니라 '나눔의 필요'이다. 예수는 근근히 살아가는 가난한 사람들에게 관심을 갖지 않은 채 그저 부를 축적하기만 하는 사람들을 비판했다. 거지 나사로와 부자의 비유는 이런 점에서 교훈을 주는 메시지이다. 한 부자가 있었다. 그는 평생 동안 나사로라는 이름의 가난한 자를 돌아본 적이 없었다. 나사로의 몸에는 온통 종기 투성이였으며, 개들이 그것을 핥을 지경이었다. 또한 나사로는 "부자의 식탁에서 떨어지는 것으로라도 배를 채우고 싶어 할 만큼 가난한 자였다." 그런데 나사로는 죽어서 천국에 갔다. 부자도 죽었지만 그의 영혼은 고통받는 장소에 가게 되었다. 그곳에서 부자는 천국에 있는 아브라함에게 나사로로 하여금 손끝에 물 한 방울이라도 찍어서 자신의 갈증을 달래줄 수 있도록 해달라고 부탁했다. 아브라함은 부자에게 이미 늦었으며, 두 개의 세계 사이에 심연이 너무 깊어서 그것은 불가능한 일이라고 대답한다. 그러자 부자는 아브라함에게 나사로를 보내서 자기 형제들에게 이기적으로 살다가 이 고통스러운 곳에 오지 말도록 얘기하게 해달라고 요구한다. 이에 아브라함은 그들이 온정을 베풀 것을 가르치고 있는 율법을 따르지 않는 이상, 그들이 비록 죽은 자 가운데서 부활한 자를 보더라도 그 태도를 버릴 수 없을 것이라 대답한다. 사람들은 이 비유를 이 세상에서 아무것도 변화시킬 것이 없다는 가르침으로 해석하기도 했다. 즉 가난한 자들은 계속해서 가난할지라도 결국 천국에 가기 때문이다. 하지만 정확히 말해 예수가 전하고자 했던 메시지는 이것과 정반대되는 것이었다. 그는 이 비유를 통해 나눔과 자비의 삶을 강조했던 것이다.

고대 문명에서 자비는 왕과 귀족들의 전유물이었다. 그들이 자신의 능력을 과시하기 위해 거지들과 가난한 사람들에게 먹을 것을 나눠주는 것은 특권과도 같았다. 예수가 살던 시대에 팔레스타인에서는 토라가 명하고 있는 구호활동들이 유대교 회당을 중심으로 조직되어 있었다. 하지만 당시 독실한 유대교 신자들 역시 부정하다고 여겨진 사람들은 그 대상에서 제외시켰다. 예수가 행한 획기적인 과업 중 하나가 바로 이러한 자비의 실천 원칙을 흔들어놓았다는 것이다. 실제로 기독교 공동체가 탄생했을 때부터 자비는 그리스도인들의 주요한 원칙들 중 하나였다. 예수의 형제였던 야고보가 〈야고보서〉 2장 17절에서 "행함이 없는 믿음은 그 자체가 죽은 것이라"고 한 것은 그 좋은 예를 보여준다.

기부에 대한 그리스도의 메시지는 〈사도행전〉에서 바울이 그리스도가 직접 했던 말이라고 전한 한 문장에 집약되어 있다. 대다수의 주석가들은 이 말을 진정한 그리스도의 말(logion)로 받아들이고 있다. "주는 것이 받는 것보다 복이 있다."(사도행전 20:35) 예수가 강조하기를 기부는 부유한 사람들의 특권이 아니며, 모두가 각자 능력에 따라 기부를 할 수 있는 것이다. 이러한 가르침은 부유한 사람들이 엄청난 돈을 쏟아붓는 헌금함에 자기가 가진 적은 것이나마 보태고자 다가가는 가난한 과부의 이야기를 통해 잘 드러나는데 그녀는 당시 수중에 2렙돈 밖에는 가지고 있지 않았다.(마가복음 12:41~44) 영생을 가지기 위한 수단을 찾는 부유한 한 남성에게 예수는 하늘의 보화를 가지기 위해서 가난한 자들을 위해 모든 재산을 아낌없이 주라고 말한다.(마태복음 19:21)

예수는 "네게 구하는 자에게 주라"고 말하면서(마태복음 5:42) 그 행함에 있어서는 "구제할 때에 외식하는 자가 사람에게서 영광을 받으려고 회당과 거리에서 하는 것같이 너희 앞에 나팔을 불지 말라. 진실로 너희에게 이르노니 그들은 자기 상을 이미 받았느니라. 너는 구제할 때에 오른손이 하는 것을 왼손이 모르게 하여 네 구제함을 은밀하게 하라. 은밀한 중에 보시는 너의 아버지께서 갚으시리라"(마태복음 6:2~4)라고 가르친다. 〈요한 1서〉에서 요한은 그리스도인들에게 깊이 뿌리박혀 있는 신념을 소개하고 있다. "누가 이 세상의 재물을 가지고 형제의 궁핍함을 보고도 도와 줄 마음을 닫으면 하나님의 사랑이 어찌 그 속에 거하겠느냐? 자녀들아 우리가 말과 혀로만 사랑하지 말고 행함과 진실함으로 하자."(요한 1서 3:17~18)

정의와 관련해서 예수는 무엇보다도 사람들 사이의 정의를 우선시했다는 것을 기억할 필요가 있다. "너를 고발하는 자와 함께 길에 있을 때에 급히 사화(私和)하라. 그 고발하는 자가 너를 재판관에게 내어 주고 재판관이 옥리에게 내어 주어 옥에 가둘까 염려하라."(마태복음 5:25) 그가 전하고 있는 정의로운 사회에서 인간들은 스스로 자비로운 자가 될 수 있어야 하고, 하늘의 아버지가 그렇게 하셨듯이 정의롭게 행동해야 하며, 서로 용서해야 할 것이다.(마태복음 6:14)

권력의 분리

예수가 쓰는 어휘는 제사장들이나 율법학자들에 대해 비난할 때를 제외하고는 종교적 권력에 대한 준거를 결핍하고 있다. 예수 역시 하나님의 권력과 왕국을 인정하고 있지만, 그가 말하는 하나님은 왕이라기보다는 아버지로서 나타난다. 그는 돕고 선물을 주며 용서하고 보호하며 사랑하는 존재이다. 동시에 예수는 정치권력 또한 인정하고 있다. 그는 정치권력에 도전하지 않았다. 다만 그것을 경계했을 뿐이다. 그는 그것을 무시하는 것이 아니라 경계하고 상대화시키고 있다. "몸은 죽여도 영혼은 능히 죽이지 못하는 자들을 두려워하지 말고 오직 몸과 영혼을 능히 지옥에 멸하실 수 있는 이를 두려워하라."(마태복음 10:28) 또한 예수는 세리들에게 로마 사람들의 이익을 위해 세금을 걷는 것 자체를 금하지는 않았다. 대신 적정 수준 이상으로는 걷지 않도록 권고했다.(누가복음 3:13) 또한 세금에 대한 예수의 태도는 〈마태복음〉 17장 24~27절에 잘 나타나 있다. "아들들은 세를 면하리라. 그러나 우리가 저희로 오해케 하지 않기 위하여."

인간의 정의는 신의 정의가 아니다. 또한 이 두 영역을 혼합하고 있는 율법 역시 마찬가지이다. 예를 들어 간음한 여인을 돌로 치라는 성경의 율법은 그가 보기에 다른 의미를 가진 것이었다. 예수의 메시지는 사실상 종교와 정치라는 두 영역간의 혼합에 대한 비판이었다. 그에 따르면 이 두 영역은 화해될 수 없는 것이었다. 바로 이러한 관점에서 예수는 가이사에게 세금을 바치는 것이 합당하다는 입장을 취하기에 앞서 은전 하나를 예로 들어 이야기했던 것이다. 그는 이 은전을 본 뒤 이렇게 물었다. "여기에 새겨진 초상이 누구의 것이냐? 또한 새겨진 글은 무엇을 의미하는가?" 그의 상대자들, 즉 그를 함정에 빠트리기 위해 보냄받았던 바리새인들과 헤롯 당원들이 "가이사의 것이다"라고 대답했다. 그러자 예수는 그들을 매우 놀라게 하며 이렇게 이야기한다. "가이사의 것은 가이사에게, 하나님의 것은 하나님께 바치라." (마가복음 12:13~17) 그는 또한 군중들이 자신을 왕으로 삼으려는 것을 거부했으며 그가 유대인의 왕인지를 묻는 빌라도에게 이렇게 대답했다. "내 나라는 이 세상에 속한 것이 아니라." (요한복음 18:36)

예수가 종교적 권력과 세속 권력 사이의 분리를 명확히 주장했던 것은 사실이지만 그리스도인의 위상과 관련해서 그의 메시지는 매우 역설적이다. 즉 그리스도인은 이 세상에 '속하지' 않은 상태로 이 세상 '안에서' 살아가야 한다. 또한 "반죽 속의 누룩" 역할을 수행하면서 동시에 세상의 법 또한 지켜야 한다. 왜냐하면 믿음을 통해 그는 내적으로 '세상 바깥에' 있게 되기 때문이다. 이처럼 애매모호한 중간자적 입장은 기독교 역사 전체에 걸쳐 많은 모순과 새로운 이론을 만들어낸 장이 될 것이다.

비폭력과 용서

성전에서 환전인들과 상인들의 상을 뒤엎으며 격렬한 분노를 표출했던 것을 제외하면(마가복음 11:15~19), 예수는 뿌리 깊은 평화주의자였다. 그는 신의 통치와 정의롭고 자유로운 사회의 도래를 선포하고 있지만, 그러한 사회에 도달하기 위해 폭력을 사용하는 것은 거부한다. "왜냐하면 칼을 가지는 자는 다 칼로 망하기 때문이다."(마태복음 26:52) 간디는 인도의 독립을 위한 자신의 비폭력 투쟁을 벌이는 데 있어서 복음서에서 영감을 받았다고 여러 차례에 걸쳐 이야기한 바 있다. 예수는 실제로 폭력이 다른 사람들에게로 계속 이어지는 고리를 형성한다는 사실을 가르치고자 했다. 누군가가 화가 났을 때 보통 그는 그를 화나게 만든 사람에게 폭력으로 대응한다. 이러한 폭력의 악순환은 집단뿐만이 아니라 개인적인 차원에서도 일어난다. 새로운 폭력의 담을 넘을 때마다 우리는 복수할 기회를 찾고, 결국 끊임없는 복수가 이어지면서 최초의 폭력 행위의 뿌리를 찾지 못하게 된다.

예수는 끝나지 않는 이 악순환 속으로 들어가지 말라고 가르치는 것이다. 그러기 위해서는 한 가지 해결방법이 있는데 그것은 결코 분노한 사람에게 똑같은 방식으로 응수하지 말라는 것이다. 폭력에 맞서지 않는 것보다 화난 사람을 더 불안하게 하는 것은 없다. 현대 심리학은 수많은 사람들이 타인들을 자기 자신의 폭력 속으로 끌어들이고자 한다는 것을 보여준 바 있다. 즉 그 자신의 폭력 욕망을 사후에 정당화시킬 수 있는 행위를 유발하고자 상대방을 자극한다는 것이다. 바로 이것이 흔히 도발이라고 불리는 행위이다. 예수는 도발행위에 대해서는 절대 응수하지 말 것을 강력하게 가르친다. 또한 우리를 공격하는 사람들이 기대하는 것과는 반대의 태도를 취해야 한다고 가르친다. 무장해제보다 더 좋은 방법은 없다. 그리고 이처럼 폭력에 대응하지 않음으로써 공격자의 거짓이 드러나게 된다.

상당한 윤리적인 진보를 가져왔던 것은 사실이지만 어쨌든 토라는 복수를 비난하지 않는다. "다른 해가 있으면 갚되 생명은 생명으로 눈은 눈으로 이는 이로 손은 손으로 발은 발로 덴 것은 덴 것으로 상하게 한 것은 상함으로 때린 것은 때림으로 갚을지니라."(출애굽기 21:23~25) 예수는 태도의 완전한 변화와 함께 고대율법의 극복을 부르짖는다. "또 눈은 눈으로, 이는 이로 갚으라 하였다는 것을 너희가 들었으나 나는 너희에게 이르노니 악한 자를 대적하지 말라 누구든지 네 오른편 뺨을 치거든 왼편도 돌려대며 또 너를 고발하여 속옷을 가지고자 하는 자에게 겉옷까지도 가지게 하며…."(마태복음 5:38~40)

예수는 여기에서 한 발 더 나아간다. 폭력에 폭력으로 대응하지 말 것을 요구하고 공격자가 기대하는 것에 정반대되는 태도를 취함으로써 그의 거짓됨을 드러낼 것을 주장하는 것뿐만 아니라 더 나아가 예수는 그 공격자를 사랑할 것을 요구한다. "네 이웃을 사랑하고 네 원수를 미워하라 하였다는 것을 너희가 들었으나 나는 너희에게 이르노니 너희 원수를 사랑하며 너희를 핍박하는 자를 위하여 기도하라. 이같이 한즉 하늘에 계신 너희 아버지의 아들이 되리니 이는 하나님이 그 해를 악인과 선인에게 비취게 하시며 비를 의로운 자와 불의한 자에게 내리우심이니라."(마태복음 5:43~45)

유명한 만화영화 〈키리쿠〉에서는 늙고 못된 마녀가 등장한다. 할아버지는 손자에게 그 마녀의 등에 가시나무가 있고 그녀가 못된 것은 사악한 기운을 가지고 있기 때문이라고 설명한다. 이것이 바로 예수가 가르치는 것이다. 악함, 즉 폭력의 욕망은 아무 이유 없이 그냥 일어나는 경우는 거의 없다. 잔인한 행동에는 비록 그것이 정당화될 수는 없을지라도 설명할 만한 이유가 있다. 어떤 폭력적인 아버지는 어린 시절에 폭력에 시달렸을 수 있고 아이를 버린 엄마는 그녀의 엄마에게서 버림을 받았거나 무시당했을 것이다. 보다 흔한 예로 개를 발로 걷어차는 사람은 바로 그날 상사에게 모욕을 당했을 가능성이 높다. 이러한 행동은 변명의 여지가 없는 것이다. 하지만 악을 행한 자를 미워해서는 안 되고 반대로 사랑해줘야 한다. 물론 이것은 우리가 희생자의 입장에 있을 경우 무척이나 힘든 일이지만 말이다.

이것이 바로 연민과 용서이며, 그리스도 지혜의 정점 중 하나라고 할 수 있다. 용서에는 제한이 없다. "그때에 베드로가 나아와 이르되 주여 형제가 내게 죄를 범하면 몇 번이나 용서하여 주리이까? 일곱 번까지 하오리이까? 예수께서 이르시되 네게 이르노니 일곱 번뿐 아니라 일곱 번을 일흔 번까지라도 할지니라."(마태복음18:21~22)

하지만 용서가 망각을 의미하지는 않는다. 저질러진 악한 행위를 잊어버리는 것, 그것은 일종의 부인과 같다. 용서는 정의의 부재를 의미하는 것이 아니다. 물론 스스로를 보호하고 희생자들을 보호해주고 정의에 호소함으로써 공격자 역시도 그 자신의 폭력으로부터 보호해 줄 수 있어야 한다. 예수는 용서를 인간의 마음이 증오와 살인 폭력의 굴레에 빠지지 않게 해주는 '내적 행위'로 보고 있다.

그는 이것을 가르칠 뿐만 아니라 실제로 행동으로 보여주었다. 사람들에게 증오를 당하고 버려지고 부당하게 형벌을 받고 고문당하고 모욕당하고 조롱당하고 십자가에 못박혔을 때에도 그는 하나님에게 죽기 전에 이렇게 외친다. "아버지 저들을 사하여 주옵소서. 자기들이 하는 것을 알지 못함이니이다."(누가복음 23:34)

이웃에 대한 사랑

"그러므로 무엇이든지 남에게 대접을 받고자 하는 대로 너희도 남을 대접하라."(마태복음 7:12) "남에게 대접을 받고자 하는 대로 너희도 남을 대접하라."(누가복음 6:31)

중요한 윤리적 담론들 가운데 특히 산상수훈에서 예수는 세상의 거의 모든 철학적이고 종교적인 체계 속에 자리 잡고 있는 〈황금 규칙〉에 대해 설명하고 있다. 그는 그것을 성서, 즉 '율법과 선지자들'이 이야기하는 것의 본질로 소개하고 있다. 사실상 예수가 이 가르침을 만들어낸 것은 아니다. 그것은 성서 외경에 있는 내용으로 토비(Tobie)가 자신의 아들에게 충고하는 내용이기도 하다. "네가 겪고 싶어 하지 않는 일을 그 누구에게도 하지 말라"(토비서 4:15) 뿐만 아니라 이 규칙은 그리스 철학에서도 강조되었던 것으로, 예를 들어 아리스토텔레스는 자신의 친구들에게 "그들이 우리에게 해줬으면 하는 행동으로 그들을 대하라"[43]고 이야기한 바 있다. 로마 황제들은 이것을 권력 행사의 원칙으로 이용하기도 했다. 네로의 스승이었던 철학자 세네카는 귀족들에게 "다른 사람들로부터 받았으면 하는 방식으로"[44] 대중들에게 호의를 베풀 것을 장려했다.

하지만 예수는 이러한 고대 규칙들을 그저 상기시키는 데에 만족하지 않았다. 그의 말을 경청하기 위해 모인 대중들에게 행한 설교에서 그는 전 인류적인 가치를 부여하고 있다. 그가 자신의 제자들에게 "내가 너희를 사랑하는 것 같이 다른 사람을 사랑하라"고 이야기했을 때, 그리고 이 명령을 "새로운 계명"으로 제시했을 때(요한복음 13:34), 그는 앞선 모든 것들을 백지상태로 만드는 것 같아 보인다. 구약 성서 역시 이웃에 대한 사랑을 장려하고 있다.(레위기 19:18) 또한 이웃 사랑에 대해서는 여러 탈무드 학자들도 강조하고 있는데 그 중에서 랍비 아키바(Aquiba)는 이것을 "율법 중 가장 중요한 교훈"이라고 칭하기도 했다.[45] "이웃"에 대한 성경적인 정의는 때때로 제한적이고 같은 민족에 속하는 사람들에게 국한된 것으로 보인다. 이 정의가 이방 사람들에게까지 범위가 확대 적용된 것은 1세기 초반 그리스 문화의 영향을 받았던 유대 철학자인 필론을 통해서이다. 필론은 이방인들을 "친구나 부모처럼 사랑할 뿐만 아니라 자기 자신처럼 사랑하라"[46]고 가르치고 있다.

그리스 사람들에게는 친구와 상류층에게만 국한되었고, 유대 사람들에게는 선택받은 민족의 구성원들에게만 국한되었던 이 "황금률"이 예수에 이르러서는 계급, 민족, 성별, 나이, 기타 외적인 특성 모두를 뛰어넘어 모든 인간관계에 관련된 원칙으로 제시된다. 이는 예수가 인간을 이해한 방식에서 비롯된 것으로 보인다.

그는 이 규칙을 일련의 계명들로 설명하고 있는데 이를 통해 그 윤리적 범위가 말할 수 없이 확장되었다. 예수는 제자들에게 모든 면에서 이방인들보다 나을 것을 요구하고 있다. 또한 율법학자들과 바리새인들을 뛰어넘을 것을 요구하고 있다. 그는 제자들에게 이러한 질문을 던진다. "너희가 너희 형제에게만 문안하면 남보다 더하는 것이 무엇이냐? 이방인들도 이같이 아니하느냐? 그러므로 하늘에 계신 너희 아버지의 온전하심과 같이 너희도 온전하라."(마태복음 5:47~48) 예수에게 있어서 완전함(perfection)의 길은 종교적으로 강요된 규칙들에 맹목적으로 복종함으로 갈 수 있는 길이 아니었다. 그는 각자가 개인의 상황 속에서 이

길을 걸어갈 것을 요구하고 있으며, 그렇기 때문에 이 길은 보다 힘한 길이 된다. 예수가 종종 "그러므로 너희도"라는 표현을 사용한 것도 이러한 점에서 이해될 수 있다. 이 표현을 통해 그는 자신의 말을 듣는 사람들 각자에게 개인적으로 다가가고 있으며, 대중들을 대상으로 만들어진 일반 법칙들과는 무관하게 각자로 하여금 자기 자신의 양심에 마주하게 만들었던 것이다. 또한 모든 가르침에 있어서 그는 인간의 일상생활과 관련된 구체적인 예들을 통해 이 새로운 복음주의적인 황금 규칙을 제시하고 있고, 우리는 현재에도 그것을 적용할 수 있다. "네 겉옷을 빼앗는 자에게 속옷도 거절하지 말라."(누가복음 6:29) "네게 구하는 자에게 주며 네 것을 가져가는 자에게 다시 달라 하지 말며."(누가복음 6:30) "비판을 받지 아니하려거든 비판하지 말라."(마태복음 7:1) "너희가 비판하는 그 비판으로 너희가 비판을 받을 것이요."(마태복음 7:2)

그리스도의 메시지가 갖는 새로움이란 바로 기존에 있었던 이러한 개념들을 보다 날카롭게 첨예화했다는 데서 기인한다. 예수는 실제로 사랑을 모든 율법 위에 위치시켰다. "또 마음을 다하고 지혜를 다하고 힘을 다하여 하나님을 사랑하는 것과 또 이웃을 자기 자신과 같이 사랑하는 것이 전체로 드리는 모든 번제물과 기타 제물보다 나으니라."(마가복음 12:33) 또한 그는 자기 자신처럼 사랑해야 한다고 가르친 이웃의 정의에 있어서 한계를 두지 않았다. 예수는 이 새 계명이야말로 자신을 따르는 무리의 변별적인 특징이 될 것이라고 말했다. "너희가 서로 사랑하면 이로써 모든 사람이 너희가 내 제자인 줄 알리라."(요한복음 13:35)

인간

　예수는 자신의 메시지를 통해 당시까지 지배적이었던 관념들을 뒤바꾸었다. 이러한 정신적 혁명에 있어서 특히 중요한 요소가 하나 있다. 그것은 바로 자율적 주체로서의 인간 존재에 대한 이해이다. 그는 인간 존재에 전에 볼 수 없는 높은 가치를 부여했으며 모든 외적인 조건들, 즉 나이, 성별, 사회적 지위, 종교 등을 뛰어넘어 각각의 개인을 그 자체로 충만한 존엄성과 자유 속에서 이해했다.

　고대 문명에서는 왕을 제외하고는 그 어떤 개인도 자율적 주체가 될 수 없었으며, 사회 하층계급인 경우에는 더 심했다. 그런 사람은 단지 어떤 부족이나 종족, 공동체, 도시, 국민, 국가의 일부로서만 가치가 있었을 뿐이다. 사회적으로 얼마만큼의 가치가 있으며 사회인으로서 얼마만큼 기능을 하느냐는 그가 어떤 그룹에 속해 있느냐에 따라 결정되었으며, 그 개인 자체로서의 가치는 철저히 배제되었다. 따라서 각 개인의 삶이 중요한 것이 아니라, 오직 그가 속한 집단만이 노력과 헌신의 대상이 될 수 있었다. 이렇게 한 개인이 전체를 구성하는 부분으로서만 가치를 갖는 전체론적인 개념은 지중해 문화 속에서 중대한 영향력을 행사하던 종말론에 잘 반영되어 있다. 실제로 이 지중해 문화의 종말론은 대부분 죽음 이후의 영혼의 살아남과 개인의 구원을 인정하지 않았다. 선한 자나 악한 자나 죽으면 아무것도 남지 않는 무화 상태에 빠진다는 생각이나, 악한 자들의 경우 메소포타미아 문화에서 말하는 아랄루(aralou) 혹은 성서에서 말하는 스올과 같은 지옥에서 거의 환영에 가까운 사후의 삶을 보내게 될 것이라는 생각들이 지배적이었다. 이집트인들은 사후의 삶을 위해 미라를 만들거나 매장을 통해 사후로 가는 값비

싼 종교의식을 치렀지만, 개인의 가치는 역시 사회적 지위와 부에 의해 판단되었다. 또한 천국과 지옥, 개인에 대한 심판 등과 같은 개념들을 만들어낸 조로아스터교에서도 개인의 개념과 인간 존엄성은 배제되었으며, 오직 7세기경 조로아스터라는 예언자가 전달한 메시지만 가치 있는 것이었다. 하지만 그의 메시지는 그 스스로도 명확하게 설명한 적이 없었고, 그의 계승자들에 의해서도 더 이상 발전되지 못했다. 반면 성경은 하나님의 형상대로 창조된 인간의 존엄성을 보증하고 있다.(창세기 1장) 하지만 개인의 삶은 여기서도 그가 속한 집단, 즉 선민의 운명과 분리될 수 없는 것으로 나타난다. 그리스인들에게 있어서도 마찬가지였다. 그들은 개인보다 도시국가를 더 중시했으며, 모든 인간들이 윤리적이고 정치적으로 같은 지위에 놓일 수 없다고 생각했다. 하지만 훗날 인간 존재와 인간의 존엄성에 대한 그리스도의 이해를 보다 완전히 설명하는 데 있어서 결정적인 도움을 주게 될 하나의 철학적 개념이 그리스인들을 통해 제시되었는데 그것이 바로 인격적 인간(personne)이라는 개념이다.

고대 그리스에서 '페르소나persona'라는 말은 연극에서 주인공이나 과부, 배신자, 밀사, 노예 등과 같은 역할을 나타내기 위해 배우들에게 주어진 가면을 뜻한다. 달리 말하면 그리스에서는 각 개인들에게 씌워진 사회적 역할, 즉 공적인 인물로서의 역할이 중요했던 것이다. 고대 로마에서는 '페르소나'가 법률적 개념으로 나타난다. 보편적인 사명을 가진 로마법의 관점에서 볼 때 중요한 것은 주체성을 가진 개인이 아니라, 모든 이에게 동일한 권리와 의무를 가진 존재로서의 '개인들personae'이었다. 키케로는 기원전 1세기에 이렇게 주장한 바 있다.[47] "하나의 진정한 법이 존재한다면 그것은 올바른 이성이다. 그것은 모든 존재들이 공통적으로 소유한 본질에 적합하고, 항상 그 자신과 조화를 이루며 결코 소멸되지 않는 것이다. 또한 이 법은 우리에게 임무를 완수할 것을 명령하고 거짓된 것을 가르쳐주며 우리로 하여금 그 거짓에서 벗어날 수 있게끔 해준다. 〔중략〕 이 법은 아테네에서나 로마에서나 다르지 않으며, 오늘이나 내일이나 변하지 않는 것이다. 이것은 모든 시대 모든 민족에게 적용되는 영원하면서도 변치 않는 유일한 법이다." 그럼에도 불구하고 '페르소나'라는 개념은 오직 시민들에게만 국한되었고 노예, 이방인, 아이들은 배제되었다. 그리스 사람들에게도 역시 인격적 인간이라는 개념은 인본주의적인 의미를 결하고 있었다. 그렇기 때문에 대부분의 고대 철학자들이 이 개념에 대해 무지했던 것이다. 그들은 세계를 개인들로 구성된 것으로서가 아니라, 도시국가에 소속된 집단들로 구성된 것으로 여겼다. 즉, 그리스인과 야만인(그리스인이 아닌 자들), 자유인과 노예, 상인과 전사와 같은 집단 말이다. 사형을 당할 위기에 처했을 때 자신에게 도망갈 것을 권유했던 크리톤(Criton)과의 대화에서 소크라테스가 한 개인이 목숨을 건지기 위하여 법을 위반하는 것은 아테네에 대한 범죄로서 무질서와 전복의 길을 여는 것과 같다고 말했던 것도 이러한 맥락에서 이해할 수 있다.

하지만 3세기부터 스토아 철학자들은 점차 가면 속의 인간을 끄집어내어 '페르소나'의 의미를 확장시켜나가기 시작했다. 이 개념은 특히 로마법에 익숙한 스토아 사상가들의 영향으로 점차 발전해나갈 수 있었다. 개인에 대한 스토아학파의 이해는 사회적 자아, 즉 순전히 외적이고 타인을 향해 있는 자아, 운명(연극배우의 가면과 같이)에 복종할 수밖에 없기 때문에 결코 우리가 주인이 될 수 없는 사회적 자아라는 개념을,

"내적인 요새" 혹은 자아, 즉 순전히 내적이고 자기 자신을 향해 있는 존재와 대립시켰다. 인간의 지혜와 행복을 추구하는 스토아학파의 도덕은 이러한 이중성에 근거한 것이었다. 우리가 행복할 수 있는 것은 미덕을 갖춘 존재일 때만 가능한데, 이는 곧 우리의 인격과 세계 질서, 즉 준엄하고 이미 주어져 있는 질서를 동시에 수용할 때를 말한다. 사악한 자가 되거나 반항하는 자가 되는 것은 불행과 고통으로 우리를 인도할 뿐이다. 1세기 초 세네카는 이렇게 주장하고 있다. "행복한 삶은 자기 자신의 본성과 일치하는 삶을 말한다."[48] 스토아학파가 말하는 지혜란 이 가면을 착용하는 법을 아는 데 있다. 이를 위해서는 내적인 자아가 선택의 자유(proairesis)를 누릴 수 있어야 한다. 즉, 자신의 역할을 선택하는 것이 아니라 가면을 쓰는 방법을 선택하는 것이다. 이렇게 해서 외적인 역할이 가면 보다 더 중요한 것이 되었지만, 이 역시 가면 뒤에 숨겨진 개인에 불과하다. 1세기 말 스토아학파였던 에픽테토스[49]는 이렇게 주장하고 있다. "그대는 극중에서 작가가 원하는 역할을 수행하는 배우일 뿐이라는 사실을 기억하라. 작가의 의지에 따라 그 역할이 간략한 것일 수도 있고 보다 중대한 역할일 수도 있다. 그대가 거지의 역할을 하는 것이 작가의 의도라면 그 역할을 충실하게 수행하도록 하라. 절름발이, 법관, 평범한 사람의 역할이 주어져도 마찬가지이다. 왜냐하면 그대에게 주어진 역할을 잘 연기하는 것이야말로 그대의 소관이기 때문이다. 하지만 그 역할을 선택하는 것은 그대가 아닌 다른 사람의 몫이다."

가면을 쓰는 방법에 있어서의 자유는 인간과 동물을 구분시켜주는 것임과 동시에 인간을 서로서로 구분해주는 것이기도 하다. 세네카는 "멈추지 말고 그대의 임무를 수행하고 선한 인간의 역할을 감당하라"[50]고 주장했다. 이렇게 함으로써 그는 인격적 인간의 개념을 최초로 내재화시켰던 것이다. 선한 인간이 되는 것은 그 주어진 운명이 노예이든 신하이든 왕이든 간에 스스로 주인이 될 수 있는 자유이며 도덕적 선택이다. 이러한 의미에서 중요한 것은 각자 가진 능력에 따라 수행하는 방법이지 맡고 있는 역할이 아니다. 이 점과 관련해 로마의 키케로는 이렇게 설명하고 있다. "우리의 육체가 서로 다르듯이 (어떤 이는 빨리 달릴 수 있는 능력을, 또 어떤 이는 용맹하게 싸움에 임하는 능력을 가지고 있다. 그리고 외모에 있어서도 어떤 이는 위엄 있는 외모를 가지고 있으며 또 어떤 이는 매력적인 외모를 가지고 있다.) 영혼에 있어서는 보다 큰 다양성이 존재한다."[51] 이렇게 해서 각 개인에게 고유한 이차적 역할 혹은 이차적 인물이라는 개념이 나타나게 되었다. 그것은 곧 자기 내면의 인간이다. 에픽테토스는 "그대가 아름답고 생기 있는 사람이기를 바란다면 인간에게 고유한 완전성을 얻기 위해 노력하라"[52]고 말한다. 자기 자신을 실현하고 완전한 인간이 된다는 것은 각자 귀속된 사회에서의 외적인 역할이 무엇이든 지간에 그리고 국가——모든 그리스·로마 철학자들에게 있어서뿐만 아니라 스토아 학자들의 관점에서도 전능한 위치에 있었던——의 안녕을 위해 맡겨진 역할이 무엇이든 간에 자기 자신에 대한 노력을 의미하고 있다.

  스토아철학자들은 이처럼 인격적 인간에 대한 보편적 관점에 초석을 놓았다. 모든 인간 존재는 자신의 사회적 위치와 상관없는 내적인 가치를 가지고 있으며, 자기 자신을 실현하고 진정한 인간이 될 수 있는 능력을 소유하고 있다. 이러한 능력은 내적인 자아 혹은 "이차적 역할"의 전유물이라 할 수 있는 자유 의지에서 비롯된 것이다.

  초기 기독교 신학자들은 스토아철학자들에 의해 만들어진 이 '페르소나'라는 개념을 삼위일체론을 설명하기 위해 사용하였다. 그들은 역할의 '독창성'이라는 개념을 복음서에서 "성부, 성자, 성령"으로 지칭된 하나님 안에 현존하는 형이상학적 실재에 적용시켰다. 즉 한 분 하나님 안에 세 가지의 절대적인 독창성 즉, 세 가지 "위격"이 존재한다는 것이다. 완전한 인간이기도 하고 완전한 신이기도 한 그리스도를 통해 인간 존재는 새로운 존엄성, 즉 하나님의 자녀라는 존엄성을 입게 된 것이다. 이처럼 복잡한 철학적이고 신학적인 여정을 통해 인격적 인간이라는 개념은 새로운 의미를 갖게 되었다. 신학자들은 그리스의 '페르소나'에서부터 내적 자아, 즉 이차적 인격이라는 개념을 받아들였다. 그들이 보기에 이 인격이야말로 하나님과 소통할 수 있는 유일한 인격이었다. 이러한 개념 전개를 통해 그들은 하나님의 형상으로 만들어진 인간의 존엄성이라는 성서적 개념에 접근할 수 있었으며, 그 개념을 더욱 풍요롭게 할 수 있었다. 즉, 오늘날 우리가 세속적인 방식으로 이해하고 있는 인격적 인간의 개념이 형성된 것은 기독교 신학——그리스·로마의 스토아주의, 유대교의 가르침, 인간이자 신인 그리스도에 대한 이해를 결합시킴으로써——을 통해서였던 것이다. 다시 말해 인격적 인간의 소외될 수 없는 권리, 절대적 존엄성 혹은 신성한 가치에 대한 이해가 이로부터 비롯되었던 것이다.

예수는 "인격적 인간"에 대해 말하지는 않았지만 인간에 대해 그가 가진 관점은 이러한 개념의 신학적인 설명과 부합된다. 실제로 그는 인간의 신성한 특성과 모든 인간 존재의 평등한 존엄성을 주장했다. 왜냐하면 모든 인간은 한 아버지 하나님의 아들과 딸로서 동등하기 때문이다. 바로 이러한 관점에서 인간은 모두 동일한 절대적 가치를 갖는 것이다. 예수는 자신의 삶을 통해 이러한 신념을 몸소 실천했다. 그는 대부분 개인적인 만남을 통해 가르침을 전했는데 이때 자기와 대면한 남자 혹은 여자의 사회적 신분을 묻지 않았다. 반대로 그는 자신에게 오는 자들을 사회적 신분에 상관없이 맞이해 주었다. 이러한 태도는 바리새인들과의 갈등을 빚은 중요한 이유들 중의 하나였다. 예수는 자신과 하나님과의 관계 속에서 다른 사람들과의 관계도 형성했던 것이다. "아버지께서 나를 사랑하신 것같이 나도 너희를 사랑하였으니 나의 사랑 안에 거하라."(요한복음 15:9) 앞서 보았듯이 예수의 관점과 그의 가르침은 인간 존엄성이라는 보편적 특징뿐만 아니라 각각의 인간 존재의 고유성도 중시한 것이었다. 이러한 인격적 인간에 대한 궁극적 계시, 하나님의 입장에서 볼 때나 타인의 입장에서 볼 때나 그 자체로 소중한 인격적 인간의 계시와 자유롭고 자율적인 개인의 도래야말로 그리스도의 철학의 근간을 구성하는 것이라고 할 수 있다. 그 역사적 결과는 이루 말할 수 없는 것이었다.

제3장

기독교의 탄생

"내가 율법이나 선지나나 폐하러 온 줄로 생각지 말라. 폐하러 온 것이 아니요 완전케 하려 함이로라."(마태복음 5:17) 이 말씀은 예수가 산으로 자신의 말을 들으러 온 대중들에게 한 말씀이다. 이렇게 해서 예수는 줄기차게 유대교의 일탈을 폭로했던 성서의 위대한 선지자들의 계보 속에 자리 잡게 된다. 비록 예수가 유대교로부터 벗어나기를 명시적으로 원하지는 않았다고 할지라도, 유대교를 급격하게 변화시킨 것은 사실이다. 예수보다 앞선 그 어떤 선지자도 그렇게 할 수 없었으며, 혹은 그럴 의지도 없었다. 예수는 유대교의 근본, 즉 그들의 신앙과 전통으로 되돌아갔다. 그는 부차적인 것으로 취급되어 뒤로 밀쳐져 있던 가르침들을 전면에 위치시켰고, 제도화된 관습들을 내쫓았으며, 아울러 자신의 행동과 명령을 통해 단호한 방식으로 자신의 인격과 결부된 새로운 영성과 보편적인 중요성을 가진 윤리를 정립했다.

따라서 사람들은 복음서의 예수가 확실히 위대한 유대교의 개혁자,

특별한 카리스마[53]로 기적을 행한 자, 영적인 스승이며 모범적인 삶을 보여주고 혁명적인 연설을 행한 현자라고도 말할 수 있을 것이다. 그렇다면 사람들이 예수를 과거와 단절한 완전히 새로운 한 종교의 창시자로 간주할 수 있을까? 수세기 동안 기독교에 그 흔적을 남긴 이데올로기적인 확신들이 한 번 힘을 잃게 되자, 그 후로는 야훼에게 기도했던, 성전에 자주 들락거렸던, 그리고 유대교 회당에서 복음을 전했던 나사렛 예수가 최초의 기독교 신자인 것은 아니었다는 점이 거의 만장일치로 인정되었다. 그 이유는, 우선 그가 자기 자신을 위해서 선조들의 종교를 버렸다고는 결코 인정한 적이 없기 때문이다. 그 다음은 좀 더 혁신적인 것과 관련된 것으로, 그의 가르침이 다음과 같이 생각하도록 하는 경향이 있기 때문인데, 즉 예수가 자신과 '아버지'와 직접적으로 결부된 내재화된 개인적인 영성을 통해서 율법과 집단적 의례의 준수 위에 기초한 전통적인 종교적 태도의 극복을 희망했었다고 생각하게끔 해주는 경향이 있기 때문이다. 따라서 어떻게 그런 예수가 성직자와 교리가 있는 하나의 새로운 종교를, 게다가 그의 말처럼 폐하려고 하지는 않았더라도 상대화시켰던 그 전통과 완전히 단절된 종교를 세우고자 할 수가 있었단 말인가? 그럼에도 불구하고 예수가 죽은 이후 수십 년 만에 그러한 일이 벌어지고 말았다. 어떻게 그런 일이 벌어졌는지 살펴보기로 하자.

예수와 유대교

예수는 모세의 율법, 즉 유대 민족을 정의하고 있는 그 율법에 충실했다. 하지만 이 율법에 대한 그의 자유함은 전례를 찾아볼 수 없는 것이었다. 그 자유함 자체가 범접할 수 없는 원칙에 근거한 것이었기 때문이다. 바로 율법 그 자체보다 율법의 정신이 더 중요하다는 원칙이다. 정결함에 관한 규례들에 있어서 유대인들이 서로 일치하지 못하고 있는 지점에서 예수는 바로 그 정결함의 이름으로 모든 규례들을 일소해 버린다. 일례로 예수는 함께 식사하기 위해 모인 율법의 수호자들이었던 바리새인들과 율법학자들에게 이렇게 말했다. "너희의 전한 유전으로 하나님의 말씀을 폐하고 있다."(마가복음7:13) 가나의 혼인 잔치에서 보인 첫 번째 기적에서부터 그는 '불경'을 범하고 있다. 바로 유대인들의 결례에 쓰이는 통을 사용하여 물을 '훌륭한 포도주'로 변화시킨 것이다.(요한복음 2:6~10) 심지어 모든 유대인들이—신학적으로 다른 입장을 보이는 자들까지도—공통적으로 준수하던 안식일조차도 그에게는 그 어떤 신성함도 부여되어 있지 않은 것처럼 보였다. 안식일에 배가 고파 밀 이삭을 따먹은 제자들을 비판하는 바리새인들에게 그는 다음과 같이 반박하고 있다. "안식일은 사람을 위하여 있는 것이요 사람이 안식일을 위하여 있는 것이 아니니, 이러므로 인자는 안식일에도 주인이니라."(마가복음 2:27~28) 예수는 다른 모든 정결 규례들에 대해서도 같은 입장을 보여주었다. 그는 마치 이러한 규례들이 존재하지 않는 것처럼 행동했던 것이다. 그는 조금의 의문이나 머뭇거림도 없이 문둥병자, 시체, 이교도에게 손을 대었으며, 단 한 순간도 이러한 접촉에 의해 스스로 불결해진다고 생각하지 않았다. 규례는 그 자체만으로 그것을 실천하는 사람의 구원을 보장해주지 못한다는 주장은 단지 유대교의 입장에서뿐만 아니라 당시의 모든 고대 종교의 입장에서도 하나의 거대한 혁신이었다.

한편 예수는 이러한 행동을 함에 있어서 의심의 여지없이 이스라엘의 하나님을 내세웠으며, 바로 그 하나님께 기도를 드렸다. 그가 말하는 하나님은 인격적인 분으로, 요구를 듣고 그 요구에 응답하는 존재이다. 그에게는 "모든 것이 가능하기" 때문이다.(마가복음 10:27) 또한 그는 "택한 백성에게 공의를 행하는" 하나님이며(누가복음 18:6), 각자의 '마음 중심'을 아는 절대자 하나님, "어떤 종도 두 주인을 섬길 수는 없기 때문에"(누가복음 16:13) 온전한 순종을 요구하는 하나님이다. 토라에서는 하나님의 부차적인 특징으로 제시된 이와 같은 점들을 예수는 오히려 전면에 내세우고 있으며, 바로 이 특징들은 훗날 기독교의 주춧돌이 될 것이다. 이처럼 예수는 **전능, 절대, 영광스런 존재**로서의 하나님을 언급할 때에도 무엇보다 부성의 개념을 강조했다. 이 하나님은 무엇보다도 **아버지**가 되신다는 것이며, 인간들은 그의 아들이라는 것이다. 거기에 더해, 하나님은 당시의 문화 속에서 받아들여지던 권위적인 아버지의 이미지가 아니라, 오히려 사랑이 많은 아버지이다. 실제로 예수는 하나님을 향해 사랑을 듬뿍 담아 '아바(abba)'라고 부르고 있다. 이러한 호칭이야말로 4복음서의 로기아(logia)[54]를 특징짓는 것으로, 복음서에서 '아버지'라는 단어는 예수가 하나님을 부르기 위해 가장 자발적으로 사용한 표현으로 기록되어 있으며, 예수가 사용한 많은 비유도 주로 사랑이 많은 아버지와 그의 아들이라는 두 인물을 중심으로 이루어진 부성애의 이야기로 구성되어 있다.

예수의 하나님과 관련해 또 한 가지 눈에 띄는 특징은 그의 긍휼함이다. 구약성경의 **야훼**가 그렇듯이 심판자로서의 하나님이기 이전에, 회개하고 자신에게로 돌아오는 자들에게는 조건 없는 용서를 베푸는 사랑의 하나님이라는 것이다. "내가 너희에게 이르노니 이와 같이 죄인 하나가 회개하면 하늘에서는 회개할 것 없는 의인 아흔 아홉을 인하여 기뻐하는 것보다 더하리라."(누가복음 15:7) 예수는 또한 이렇게 주장한다. "하나님 한 분 외에는 선한 이가 없느니라."(마가복음 10:18; 마태복음 19:17; 누가복음 18:19) 또한 제자들에게 "너희의 원수를 사랑하고 박해자들을 위해 기도하라"고 명령할 때에도 그는 거기에 덧붙여 "이렇게 하면 하늘에 계신 너희 아버지의 아들이 될 것이다"라고 가르치고 있다.(마태복음 5:44~45)

세 가지 새로운 행동

그러니까 예수를 유대교에서 벗어나게 할 만한 것은 어떤 것도 없었다. 그는 유대교를 비판했던 것만큼이나 유대교를 실천했던 것이 사실이다. 하지만 예수는 유대교에 새로운 의미를 부여하면서 이전에 없던 상징성을 담지한 행동을 보여주었으며, 기존의 행동 양식을 다시 채택할 때에도 같은 모습을 보여주었다. 이러한 행동들은 그의 십자가 수난 이후 곧바로 그의 이름을 딴 교회의 토대를 구성하게 될 것이었다. 이러한 행동들 중 첫째로 세례(그리스어로는 침례)를 들 수 있다. 앞서 보았듯이 예수 자신이 세례 요한으로부터 요단강에서 세례를 받기도 했으며, 바로 이 예식 이후부터 그는 본격적인 공생애를 시작했다. 물론 당시에 요한만이 세례를 베풀었던 것은 아니었다. 유대교의 일파인 에세네파 신도들은 매일 같이 정화의 의미를 가진 목욕을 행했으며, 팔레스타인 지역을 다니며 물로 제자들을 정결케 하는 의식을 행하던 다른 선지자들도 있었다. 예를 들어 플라비우스 요세푸스에 의하면 바누스(Bannous)

와 같은 선지자는 "정결함을 지키기 위한 목적으로 매일 낮과 밤마다 차가운 물로 몸을 씻는 일을 행했다."[55] 하지만 요한과 같이 "죄사함을 위한 회개"(마가복음 1:4)를 목적으로 세례를 베푸는 선지자들은 거의 없었다. 이러한 세례의 관점은 이후 그리스도 교회에서 그대로 채택될 것이다. 한편, 예수는 세례의 이러한 단계마저도 뛰어넘게 되는데, 이에 대해 세례 요한은 다음과 같이 선포하고 있다. "나는 너희에게 물로 세례를 주었거니와 그는 성령으로 너희에게 세례를 주시리라."(마가복음 1:8) 하지만 복음서 중 어떤 곳에서도 예수가 직접 세례를 거행했다는 언급은 볼 수 없다. 단지 그가 갈릴리 해변가에서 본격적인 복음 사역을 시작하면서 "회개하고 복음을 믿으라"(마가복음 1:15)고 외친 것만을 볼 수 있을 뿐이다.

즉, 예수는 세례라는 의식을 창안하지도, 발전시키지도 않았던 것이다. 이 세상에 머물 당시 그는 심지어 자신의 제자들에게 세례를 베풀라는 명령을 명시적으로 내린 적도 없다. 다만 그가 부활한 이후 제자들에게 모습을 보이고 그들이 가야 할 길을 명령하는 장면에서 단 한 번 세례에 대한 명령이 언급되고 있다. "그러므로 너희는 가서 모든 족속으로 제자를 삼아 아버지와 아들과 성령의 이름으로 세례를 주고"(마태복음 28:19; 마가복음 16:16). 매우 뒤늦은 감이 없지 않으며, 다소 예외적인 이 명령을 예수가 직접 내린 것인지, 아니면 몇몇 주석가들이 주장하듯이 사후에 기독교 세례 의식을 정당화하기 위해 기록된 것인지는 확인할 길이 없다. 한 가지 확실한 것은 회개와 새로운 삶에 들어서게 되었다는 의미로 물로 세례를 베푸는 입문 의식을 행하지 않는 기독교 공동체는 하나도 없었다는 것이다. 베드로는 부활 후 50일이 지난 날, 즉 기독교인들이 성신강림축일이라 칭하는 날 한 자리에 모여 있던 사도들에게 강림한 성령으로 인한 소리와 빛을 보고 몰려든 군중들에게 이렇게 전하고 있다. "너희가 회개하여 각각 예수 그리스도의 이름으로 세례를 받고 죄 사함을 얻으라. 그리하면 성령을 선물로 받을 것이다."(사도행전 2:38)

예수가 보여준 진정으로 혁신적인 행동은 바로 성찬 예식이다. 십자가에 달리기 전날 밤 예수는 최후의 만찬을 위해 열두 제자들을 한 자리에 모았다. 이 자리에서 그는 전통적으로 유대인 가정의 아버지가 맡는 의식을 거행하는데, 바로 빵을 축성한 뒤 떼어 주고, 잔을 축성한 뒤 가족들에게 전하는 것이다. 하지만 이러한 의식과 함께 그는 전혀 새로운 이야기를 한다. 요한을 제외한 다른 복음서 저자들은 이 장면을 공통적으로 기술하고 있다. "저희가 먹을 때에 예수께서 떡을 가지사 축복하시고 떼어 제자들을 주시며 가라사대 받아 먹으라 이것이 내 몸이니라 하시고, 또 잔을 가지사 사례하시고 저희에게 주시며 가라사대 너희가 다 이것을 마시라 이것은 죄사함을 얻게 하려고 많은 사람을 위하여 흘리는 바 나의 피 곧 언약의 피니라."(마태복음 26:26~27; 마가복음 14:22~24; 누가복음 22:19~20) 〈고린도전서〉에서 바울은 이 일 후에 예수가 "이것을 행하여 나를 기념하라"고 덧붙였다고 기록하고 있다. 또한 바울은 이렇게 전하고 있다. "너희가 이 떡을 먹으며 이 잔을 마실 때마다 주의 죽으심을 오실 때까지 전하는 것이니라."(고린도전서 11:26) 이러한 "빵의 나눔"은 초기 기독교인들에게 있어서 세례와 함께 시작된 새로운 공동체에의 소속을 확증하는 표징이었다. 세대를 이어져 내려오며 오직 세례를 받은 사람들만이 그리스도의 희생을 상징하는 이 예식에 참여할 수 있게 되었다. 이 예식이 거행되는 순간에 세례를 받지 않은 예비 신자들은 다른 방으로 물러나 있어야 했다. 은총의 행위를 나타내며, 이 예식을 지칭하기 위해 사용되어 온 '성찬(eucharistia)'이라는 말은 2세기경 안티오키아의 대주교였던 이그나티우스(Ignace)로부터 시작된 것으로 알려져 있으며, 이후 로마에 기독교를 전파했던 유스티아누스(Justin)에 의해 사용되었다고 한다.

마지막으로 예수 그리스도가 보여준 특징적인 행동은 바로 제자를 세운 일이었다. 예수는 밤을 새워 기도한 뒤 그를 따르는 사람들 중에서도 특별히 열두 명의 제자를 따로 택하여 사도라고 칭했다.(누가복음 6:12~13) 이들은 매일 예수와 함께 한 사람들로, 각 성으로 전도하러 보냈던 "70인"(누가복음 10:1)이나 예수를 따르던 수많은 무리들과 구분된 사람들이었다. 바로 이들에게 예수는 "더러운 귀신을 쫓아내며 모든 병과 모든 약한 것을 고치는 권능"(마태복음 10:1; 마가복음 3:13~15)을 주었다. 예수는 또한 그들에게 "이스라엘 집의 잃어버린 양에게로 가서 천국이 가까웠다고 전하라"(마태복음 10:6~7)고 명령했다. 그들은 예수의 메시아적인 성격을 알고 있는 사람들이었으며, 예수는 이들에게 이 사실을 "누구에게도 이야기하지 말라"(마태복음 16:20)고 명령했다. 이들은 또한 최후의 만찬의 증인들이기도 했다. 부활 후 예수는 그들 모두에게 모습을 나타내고 말씀을 전했으며, 그들에게 전 세계 모든 민족에 복음을 전하라는 사명을 주었다.(마태복음 28:19; 마가복음 16:15)

아직까지 서열의 문제는 두드러지지 않는 것으로 보인다.(이 단어는 5세기경에 도입될 것이다.) 다만, 예수는 시몬 베드로와 보다 각별한 관계를 유지했으며, 베드로는 종종 제자들 전체를 대표하는 인물로 기록된다.(마가복음 8:29, 9:5, 10:28) 또한 베드로는 12사도들 중 제일 처음으로 선택받은 인물이었다.(마가복음 3:16; 마태복음 10:2; 누가복음 6:14) 마태에 따르면, 예수는 이 세상에 있을 당시 그를 이렇게 불렀던 것으로 알려져 있다. "너는 베드로라. 내가 이 반석 위에 내 교회를 세우리니 (…) 내가 천국 열쇠를 네게 줄 것이다."(마태복음 16:18~19) 물론 이 말씀이 부활 이후에 있었던 것으로 추측하는 주석가들도 있지만, 어쨌든 그 의미는 크게 달라지지 않는다. 베드로가 그리스도의 수난 이후에 구성된 예루살렘 교회(ekklesia)의 첫 번째 수장이 되었던 것만은 틀림없다. 한편 초기의 기독교 공동체들은 평등주의적인 입장을 견지함과 동시에 그리스도의 모델을 따라 장로—아직까지 성직자의 개념은 아니었지만—를 중심으로 조직된 모습을 보여주었다. 비록 이 1세대 기독교인들이 여전히 율법에서 완전히 자유하지 못한 채 유대인의 정결 규례들을 모두 준수하긴 했지만, 어쨌든 그들은 스스로 그리스도에게 속한 자들임을 인정했고, 아버지 하나님께 기도했고, 세례를 주었고, 메시아의 부활을 기념하기 위해 안식일 다음날 집회를 가졌으며, 사도들의 가르침을 배웠다.

예수에서 그리스도로

예수가 산헤드린[56] 공회 앞에 섰을 때, 대제사장은 그에게 이렇게 물었다. "네가 찬송받을 자의 아들, 그리스도냐?" 예수의 대답은 대제사장을 분개하게 만들어 심지어 입고 있는 옷을 찢어버리게 할 정도였다. "내가 그니라. 인자가 권능자의 우편에 앉은 것과 하늘 구름을 타고 오는 것을 너희가 보리라."(마가복음 14:61~63) 신성모독이라는 비난이 곧 쏟아졌다. 아람어로 Mechiah, 히브리어로 Machiah로 표기되는 메시아는 문자 그대로 기름 부음 받은 사람, 혹은 하나님으로부터 보냄 받은 사람을 의미하며, 그리스어로는 Christos, 즉 그리스도이다. 하지만 예수가 공개적으로 자신이 메시아로 왔음을 나타낸 것은 이것이 처음이 아니었다. "누구든지 너희를 그리스도에게 속한 자라 하여 물 한 그릇을 주면 내가 진실로 너희에게 이르노니 저가 결단코 상을 잃지 않으리라."(마가복음 9:41) 4복음서 모두에서 예수라는 이름 앞에 붙어 사용되었던 이 호칭은 수난 이후 그의 고유한 이름이 되었다. 이후 부활한 자, 즉 예수는 오직 "그리스도", "예수 그리스도", "주 예수 그리스도"라는 호칭으로 불리게 되었다.

예수가 친히 스스로에게 사용했던 칭호가 하나 더 있다. 어쩌면 그가 보다 더 자발적으로 사용했을 수도 있는 이 칭호는 바로 "하나님의 아들"이다. 하나님은 그의 '아바(abba)', 즉 '아빠'[57]가 아니었던가? "아버지 외에는 아들을 아는 자가 없고, 아들과 또 아들의 소원대로 계시를 받는 자 외에는 아버지를 아는 자가 없느니라."(마태복음 11:27; 누가복음 10:22) 다른 대목에서 예수는 하나님의 아들 혹은 "베니 엘로힘(Beni Elohim)"보다 더 높은 실질적 지위를 암시하기도 한다. 사실상 "하나님의 축복받은 자"라는 위의 칭호는 성서 속에서 여호와 하나님께 가장 가까이 있는 피조물들인 천사들에게 부여된 호칭이기 때문이다. 바리새인들과 세례 요한의 제자들이 모두 지키고 있는 금식을 예수의 제자들은 지키지 않음으로 인해 벌어진 논쟁의 장면에서 그 예를 볼 수 있다. 이 사실에 놀라움을 금치 못하는 사람들에게 예수는 이렇게 응수했다. "혼인집 손님들이 신랑과 함께 있을 때에 금식할 수 있느냐? 신랑과 함께 있을 동안에는 금식할 수 없나니, 그러나 신랑을 빼앗길 날이 이르리니 그날에는 금식할 것이니라."(마가복음 2:19~20) 유대의 전통 속에서 신랑의 역할은 곧 유대 민족과 하나님과의 관계에서 하나님에게 돌아가는 상징적 역할이었다. 그렇다면 예수는 이와 같은 비유를 통해 자신의 신적인 지위를 의미한 것인가? 혹은 이 말이 자신의 메시아성을 주장하는 권위적인 방식이었던 것인가? 대부분의 주석가들은 후자를 선호하는데, 예수가 친히 하나님으로부터 "보냄 받은 자"임을 명시적으로 나타내었기 때문이다. "누구든지 나를 영접하면 나를 영접함이 아니요 나를 보내신 이를 영접함이니라."(마가복음 9:37) 사실상 부활 이후에 예수는 제자들로부터 초자연적인 정체성을 부여받게 된다. 그들이 친히 랍비[58]라고 불렀던 이가 바로 그들에 의해 선지자들보다 높여진 것이다. 그는 "그리스도, 주님"이 되었다.

첫 번째 교회

〈사도행전〉은 부활 후 50일이 지나서 사도들이 한 집에 모여 있을 때 갑자가 벽을 흔들 정도의 큰 소리가 났다고 기록하고 있다. "오순절 날이 이미 이르매 저희가 다 같이 한 곳에 모였더니 홀연히 하늘로부터 급하고 강한 바람 같은 소리가 있어 저희 앉은 온 집에 가득하며, 불의 혀 같이 갈라지는 것이 저희에게 보여 각 사람 위에 임하여 있더니 저희가 다 성령의 충만함을 받고 성령이 말하게 하심을 따라 다른 방언으로 말하기를 시작하니라."(사도행전 2:1~4) 이들에게로 모여 온 사람들, 이 '이스라엘 사람들'에게 베드로는 예수가 다윗보다 더 높은 분이라고 말한다. "너희가 십자가에 못박은 이 예수를 하나님이 주와 그리스도가 되게 하셨느니라."(사도행전 2:36) 그 즉시 예수의 이름을 믿는 자들이 생겨났고, 사도들은 "아버지와 아들과 성령의 이름으로" 복음을 전하기 시작했다.

　이렇게 해서 예루살렘에서 교회가 생겨났다. 그것은 유대인 예수에 의해 만들어진 교회가 아니라 오직 예수만을 토대로 세워진 교회였다. 매우 일찍부터 그리스도의 이름으로 모인 초기 공동체들이 스스로를 지칭하기 위해 사용한 그리스어 '에클레시아(ekklesia)'는 원래 시민들의 모임을 지칭하는 단어로, 그리스어 *kyrike*, 즉 주님을 의미하는 *Kyrios*에 속하는 사람들을 나타내는 말이다. 성서의 그리스어 번역본인 70인역에서는 이 단어가 광야에서 모세에 의해 모인 선택받은 민족을 지칭하는 데에도 사용되었다. 초기 기독교인들 역시 성서에 기록된 광야에서의 사건을 근거로 자신들을 이 단어로 지칭한 것으로 보인다.

　베드로가 이 예루살렘 교회의 지도자 자리에 오르게 되었고, 그 뒤를 '예수의 형제'인 야고보가 받쳤으며, 다른 사도들 역시 그들을 보좌했다. 사도행전 2:42~4:36에 자세히 묘사되어 있는 이 공동체는 예수가 그러했듯이 사실상 유대인의 공동체였다. 공동체 구성원들은 모두 할례 받은 사람들로, 율법을 따르고 안식일을 지켰으며, 성전에서 각종 의식들을 행하는 사람들이었다. 그들은 또한 유대인의 여러 축제들에도 참여했으며, 말 그대로 유대 민족에 속한 사람들이었다. 이와 동시에 그들은 재산의 공유에 근거한 공동체 생활을 했으며, "사도들의 가르침을 듣고 따르는" 사람들이었다. 사도들은 그들에게 예수의 말씀과 그의 삶의 이야기들을 전해주었다.(이와 관련된 가르침들이 훗날 복음서로 기록된 것이다.) 그들은 또한 안식일 다음날, 즉 요즘으로 하면 일요일에 예수의 부활을 기념하는 예식을 가졌다. 이 자리에서 그들은 예수가 직접 행했던 대로 빵과 포도주를 나누는 예식을 거행했다. 그들은 예수의 재림을 기다렸으며, "마라나 타(Marana tha)"라는 기도를 드렸다. 이 기도는 "우리의 주여, 오시옵소서"라는 의미이다. "마라나 타"는 당시 유대인들이 일상적으로 사용하던 아람어 표현으로 훗날 이 언어를 모르는 공동체에서까지 사용될 것이다. 심지어 바울 역시 오직 그리스어만 할 줄 알던 고린도 성도들에게 그리스어로 보낸 편지에서도 이 표현을 그대로 사용하고 있다.(고린도전서 16:22)

예루살렘은 디아스포라 상태의 유대인들의 집결 도시로서, 각처에 퍼져 살던 유대인들은 예루살렘 성전으로 순례 여행을 오곤 했다. 사도들, 특히 베드로와 요한은 거리는 물론이고 심지어 성전 안뜰에서까지 예루살렘에 온 유대인들에게 설교를 했다. 그들은 예수의 죽음에 긍정적 의미를 부여함으로 그 의미를 재해석했으며, 주 예수 그리스도께서 하나님의 나라를 전하기 위해 오셨다고 전했다. 이렇게 해서 기독교 교리가 서서히 모습을 드러내기 시작한 것이다. 예루살렘에 순례차 왔던 많은 유대인들이 그리스도의 이름으로 세례를 받고 유대-기독교인들로 변화하기 시작했다.(사도행전 2:38, 8:16…) 이들은 각자 자신들의 도시에서 새로운 공동체들을 만들었다. 욥바, 리다, 티레(두로), 다마스쿠스(다메섹)의 공동체들이 이렇게 만들어졌다. 그들은 예수를 믿음의 '머릿돌'로 삼았으며(마가복음 12:10~11), "주님은 곧 예수 그리스도이시다"라는 말은 이 믿음의 고백이 되었다.(빌립보서 2:11; 로마서 10:9…) 이 예수는 한 명의 사람 이상의 존재라는 믿음이 근간이 되었다. 즉 예수는 실제로 하나님의 독생자이며, 부활하여 "능력"으로 하나님의 아들로 인정되었다(로마서 1:4)는 것이다.

예루살렘 공동체를 이끌던 열두 명의 사도들 외에도 그리스어를 사용하는 신도들을 대상으로 같은 역할을 맡을 일곱 명이 선택되었는데, 스데반, 빌립, 브로고로, 니가노르, 디몬, 바메나, 니골라[59]가 그들이었다.(사도행전 6:5) 12사도와 일곱 명의 집사들 가운데에는 생각의 차이도 있었다. 물론 그리스도에 대한 핵심적인 생각들에 있어서는 차이가 없었지만, 예루살렘 성전에 대한 견해에 있어서는 분명 다른 점이 있었다. 특히 헬라파 신도들은 예루살렘 성전과의 관계에 있어서 비판적인 입장을 보였으며, 이로 인해 그들은 예수의 죽음 이후 뒤따르는 몇 해 동안 박해를 당하고 곳곳으로 흩어지게 되었다. 이들과 예루살렘 교회, 그리고 유대교와의 관계가 매우 빠른 시간 안에 단절되었기 때문에 이들의 구체적인 활동에 대해서는 우리에게 알려진 바가 거의 없다. 〈사도행전〉에서는 이들이 성령의 은사를 받지 못한 채 세례만 받았을 뿐임을 지적하고 있기도 하지만(8:16), 빌립의 선교 열매와 "베니게(페니키아), 구브로(키프로스), 안디옥(안티오키아)에까지 복음을 전한" 헬라파 신도들(11:19)의 열매를 인정하고 있기도 하다. 헬라파 신도들은 그리스 문화에 익숙한 사유 방식을 이용해 그리스인들에게 접근할 수 있는 장점을 가지고 있었으며, 이러한 장점을 바탕으로 로마, 알렉산드리아에 이어 제국에서 세 번째로 번창한 도시였던 안티오키아에서 큰 규모의 신앙 공동체를 형성하게 되었다. 이 공동체는 얼마 지나지 않아 예루살렘 공동체에 흡수되었으나 이후에도 그들만의 고유한 특징은 계속해서 유지해 나갔다. 특히 바울은 헬라파 공동체의 이러한 특징들을 미래의 교회가 갖추어야 할 모습으로 다듬어 나갔다.

다소의 바울

그리스도의 신성에 대한 해석에 있어서 매우 중요한 역할을 담당했으며, 결국 유대교로부터 교회를 해방시키는 데 결정적인 공헌을 세운 한 사람이 있었다. 바로 바울이라는 사람으로, 그는 다소 출신의 바리새인이었으며, 아마도 젤로트 당원[60]이었던 것으로 여겨진다. 젤로트 당은 하나님의 이름으로 사람을 죽일 수도 있다고 주장할 만큼 급진적인 유대교 통합주의자들의 모임이었다.[61] 서기 10년에 태어나 예수(그가 직접 예수를 대면한 적은 없었다)와 그의 제자들과 동시대를 살았던 이 엄격한 율법의 수호자는 성서에서 비롯한 사울이라는 이름과 로마식의 바울이라는 두 가지 이름을 가지고 있었으며, 랍비들의 교육과 그리스 학파의 교육을 동시에 받고 자란 사람이었다.(그리스어는 그의 모국어이기도 했다.) 예루살렘에서 그는 교회에 대한 "과격한 박해"로 유명한 인물이었으며(갈라디아서 1:13), 서기 30년대 중반 (예수의 수난 3~4년 후) 다메섹에 가서 막 생겨나기 시작한 교회 공동체를 박해하고 관련자들을 잡아들이라는 명령을 받게 되었다. 〈사도행전〉에 따르면 이 도시에 가까이 가던 중 그는 갑자기 눈을 멀게 할 만큼 강렬한 빛을 보았으며, "나사렛 예수"의 다음과 같은 음성을 들었다. "사울아, 사울아, 왜 나를 박해하느냐?" 그것은 곧 계시였다. 다메섹에 이른 바울은 그곳에서 유대 그리스도인이었던 아나니아를 만나 기적적으로 눈을 치유 받게 되었다. 그리고 그는 자신의 죄를 회개하고 예수의 이름으로 세례를 받았다.(사도행전 22:6~16) 예루살렘으로 돌아온 그는 두 번째 계시를 받게 되는데, 곧 유대인이 아닌 '이방 사람들'에게 복음을 전하라는 사명이 그것이다.(사도행전 22:21)

베드로와 야고보와의 짧은 만남 이후 바울은 강력한 전도 활동을 시작한다. 지나는 도시마다 그는 교회 공동체를 세웠으며, 이 공동체들은 바울을 자신들의 사도로 여기게 되었다. 바울은 이후에도 서신을 통해 이 공동체들과 꾸준히 연락을 유지했다. 그의 서신들 중 남아 있는 7편은 신약 성서에 포함되었으며, 〈사도행전〉의 절반이 그의 활동에 대한 기록에 할애되었다. 당시 예루살렘 교회가 거의 유대인들만을 대상으로 활동했던 반면, 바울은 자신이 받은 두 번째 계시에 충실하여 유대인들뿐만 아니라 이방인들에게도 세례를 베풀었다. "사람이 의롭게 되는 것은 율법의 행위를 통해서가 아니라 오직 예수 그리스도를 믿음을 통해서라고"(갈라디아서 2:16) 확신했던 그는 개종한 이방인들에게 할례를 포함한 유대인들의 율법 수행을 면제해 주었다. 바울은 안티오키아에서 최초의 혼합된 유대-그리스도인 공동체들의 탄생에 결정적인 역할을 수행했으며, 이 공동체들은 서로간의 교류를 이루어 나갔다. 다양한 출신을 가진 신도들이 한 자리에 모여 기도했으며, 그리스도의 부활을 기념하는 주일 예배를 포함한 모든 집회에 함께 했다.

예루살렘에서는 이러한 혁신이 유대-그리스도인들 사이에서 파장을 가져왔다. 이들은 여전히 유대인으로서의 정결함을 보전하는 일에 신경을 쓰고 있었으며, 이방인들과의 접촉으로 인해 이 정결함이 심하게 훼손될 수 있다고 생각했다. 44년경 잠시 동안 감금되었던 베드로의 뒤를 이어 예루살렘 교회의 지도자 자리에 오른 '예수의 형제' 야고보는 예루살렘에서 첫 번째 교회 회의를 소집했다. 매우 소란스러운 분위기 속에서 열린 이 회의에는 그리스도를 믿는 모든 공동체들의 책임자들이 참석했다. 바울은 이렇게 주장한다. "유대인이나 헬라인이나 차별이 없음이라. 한 주께서 모든 사람의 주가 되사 저를 부르는 모든 사람에게 부요하시도다."(로마서 10:12) 엄격한 유대인이자 예루살렘 성전에 규칙적으로 나가던 야고보는 하나의 타협안을 제시한다. 그리스도교로 개종한 이방인들에게는 율법의 준수를 면해주되, 유대인 개종자들에게는 율법의 준수가 유지되어야 한다는 것이다. 이 같은 타협안은 교회 공동체들 사이의 교류의 금지를 암시하는 것이기도 했다. 또한 야고보는 사명의 영역을 나누어 분배했다. 할례 받은 사람들, 즉 유대인들에게는 베드로가, 할례 받지 않은 사람들, 즉 이방인들에게는 바울이 복음을 전하라는 것이다. 베드로와 바울은 이후 단 한 번 재회하게 되는데, 49년경 아나톨리아(어쩌면 로마)를 향해 가던 베드로가 안티오키아에 잠시 휴식차 들렀을 때였다.

바울은 물론 예루살렘 교회의 우월성을 온전히 인정했지만, 이 회의의 결과에 대해서는 강경한 입장을 보였다. 그는 정말로 단호했다. "그리스도는 모든 믿는 자에게 의를 이루기 위하여 율법의 마침이 되시니라."(로마서 10:4) 하지만 그는 신도들의 헌금을 모아 예루살렘에 보내는 일은 계속했다. 야고보는 효과적인 구호 활동을 위하여 재산을 공동체 나름대로 사용하는 것을 금하고 있었다. "만일 이방인들이 그들의 신령한 것을 나눠 가졌으면 육신의 것으로 그들을 섬기는 것이 마땅하니라."(로마서 15:27) 예루살렘과 이방인 교회 사이의 단절은 58년경에 이루어졌다. 때는 바울이 선교 활동의 성과를 보고하기 위해 예루살렘에 갔던 때였다. 야고보는 그를 차갑게 맞이하면서 개종한 이방인들에 대한 그의 태도를 비판했고, 그에게 성전에 가서 정결 예식을 행할 것을 요구했다. 그리고 바로 그곳에서 바울은 체포되어 가이사랴로 이송되었으며, 63년경 로마로 가게 된다. 이렇게 로마로 압송된 그는 그 다음 해, 그러니까 네로 황제에 의한 박해가 극심할 당시 그곳에서 순교당한 것으로 알려져 있다. "그런즉 하나님의 이 구원을 이방인에게로 보내신 줄 알라. 저희는 또한 들으리라 하더라."(사도행전 28:28)

자신의 우월성을 주장하던(다른 모든 공동체들도 인정해 주던) 예루살렘 교회는 바울이 사라진 상황을 자신들에게 유리하게 이용하여 디아스포라 상태의 유대인들을 보다 엄격한 규율 아래로 모으려고 했다. 특히 이방인 공동체와의 교류와 서로 간의 혼인이 금지되었다. 하지만 일련의 비극적 사건들로 인해 이 계획은 성취되지 못했다. 62년경 로마 총독의 휴가 기간을 틈타 대제사장 한나 2세(Hanna II)가 주재하던 산헤드린은 야고보를 투석형에 처했다. 이것은 심각한 종교적인 위법행위에 대한 벌이었다.[62] 야고보의 계승자이자 예수의 사촌이었던 시므온은 자신의 권위를 확립할 시간을 가질 수 없었다. 66년, 유대의 저항이 시작되었을 때, 젤로트 당원들은 유대-기독교인들을 예루살렘에서 쫓아내어 버렸다. 70년에는 예루살렘 성전이 로마인들에 의해 파괴되었다. 잠니아(Jamnia)에 은거해 있던 예루살렘 랍비 조하난 벤 자카이(Zohanan ben Zakaï)에 의해 정통 유대교에 속하지 않은 모든 그룹들이 분류되고 철저히 배척당했으며, 거기에는 유대-기독교인들도 포함되어 있었다.

예루살렘 교회의 종말은 바울 사상의 보편화와 더불어 이루어졌다. 70~90년 사이 바울이 이미 '에클레시아'라는 이름——예루살렘 교회 사람들은 이 이름을 오직 자신들의 것으로만 삼고 있었다——을 부여했던 여러 공동체들 사이의 교류가 일반화되었다. 그리스도의 사도들은 그야말로 새로운 종교의 추종자들로 인식되었고, 스스로도 그렇게 인식하고 있었다. 그들에게는 따라서 "유대교인(judaismos)"이라는 명칭 말고 새로운 명칭이 필요했는데, 바로 "그리스도인(christianimos)"이라는 명칭이 그것이다.

신적인 로고스

　예수 당시의 상황을 살펴보면, 팔레스타인 지역의 유대인들은 민족주의적 감정에 열중하여 그 감정을 메시아 사상에 대한 열광적인 찬동 속에서 표현했던 반면, 디아스포라 상태의 유대인들은 여전히 예루살렘 성전을 중심으로 한 삶에 충실하면서도 당시 지배적이었던 그리스 문화에도 상당히 개방되어 있었다. 그들은 그리스어를 사용할 줄 알았을 뿐만 아니라, 그리스 식의 사유 양식과 철학적 개념들에 대해서도 정통한 사람들이었다. 몇 세기 전부터 그리스의 여러 학파들은 이 세상의 의미에 대해 성찰해 왔으며, 이 세상 속에서 인간이 차지하는 역할에 대해 논쟁을 벌여왔다. 에베소(에페소스)의 헤라클레이토스와 함께 기원전 4세기경 이후 서구 사상의 근간을 제공하게 될 중요한 개념이 모습을 드러냈는데, 바로 '로고스(Logos)'라는 개념이다. 헤라클레이토스에게 있어서 로고스란 인간 사유의 기원에 자리 잡은 것이었다. 하지만 그것이 다가 아니다. "사람들은 이 단어를 결코 완전히 이해할 수 없다." 왜냐하면 이 단어는 말이라는 문자 그대로의 의미, 즉 현실에 대한 추상적인 재현[63]이라는 의미를 훨씬 넘어서기 때문이다. 그런데 이 말이라는 것은 우리가 이 세상에 살면서 이 세상을 지칭하기 위해 사용하는 단어들이다. 이처럼 이 세상을 말로 지칭하면서 우리는 그것을 논리적 법칙으로 해석하는 것이다. 이러한 점에서 로고스는 단지 지식의 근원일 뿐만 아니라, 의미들의 창조적 '이유', 즉 현실을 창조하는 '근원'도 될 수 있는 것이다. 헤라클레이토스의 뒤를 이어 그리스 철학은 이처럼 말과 원인으로 동시에 정의되는 '로고스'라는 개념을 통해 세상을 주관하는 합리성을 지칭하게 되었다.

1세기 초엽 알렉산드리아에서는 유대인 철학자 필론(Philon : 기원전 12~54년)이 플라톤과 스토아학파의 이론을 도입하여 유대교를 다시 해석하는 작업을 수행했다. 플라톤으로부터 그는 정신이 물질보다 먼저 존재한다는 생각을 받아들였다. 필론에 따르면 이 정신이 곧 '로고스'이다. 필론은 '로고스'를 '프뉴마(pneuma)', 즉 생명을 부여하는 신의 숨결을 주된 요소로 하는 '신의 사유' 혹은 '신의 말'로 해석했다. 그리스 철학의 '로고스'가 히브리의 일신교 사상의 틀 속에서 다시 해석되어 신의 창조하는 능력과 동시에 인간과 신의 중개자로 해석된 것이다. 그것은 이스라엘의 하나님의 본질적 요소들을 통합하고 있는 활동적인 힘이다. 뿐만 아니라 필론은 로고스에 정의로운 사람들을 '방문할 수 있는' 능력의 의미도 부여하고 있다.

로마 제국에서는 이러한 사상들과 개념들이 매우 빠르게 전파되었다. 분명한 것은 1세기 말에 그 총론에 있어서 매우 혁신적이었던 필론의 위와 같은 사유가 그리스 사유를 받아들인 유대 공동체들과 유대교와 관계를 단절한 지 얼마 되지 않는 기독교인들에게 익히 알려져 있었을 것이라는 사실이다. 특히 필론의 사유가 사도 요한에게 영향을 끼친 것은 거의 분명해 보인다. 사실상 요한에 대해서 알려진 것은 그리 많지 않다. 기독교 전통에 따르면 그는 세베데의 아들로 열두 제자 중 한 명이었으며, 서기 70년 성전이 파괴된 이후 예수의 어머니 마리아를 모시고 에베소로 피신했던 것으로 알려져 있다. 주석가들은 〈요한복음〉의 저자 (혹은 저자들)——이렇게 말하는 이유는 이 복음서가 다른 복음서들보다 늦은 시기인 서기 100년 혹은 110년경에 씌어졌기 때문이며, 이러한 점에서 요한을 가까이에서 모시던 제자들이나 공동체 일원들이 요한이 직접 해준 이야기를 모아서 기록했을 수도 있기 때문이다——가 〈마가복음〉과 〈마태복음〉을 읽은 뒤, 이 복음서들에 포함되어 있는 팔레스타인적인 요소들을 새로운 사유의 도구들을 통해 해석하고 있다고 생각한다. 특히 세례 요한을 따르는 공동체들과 대립되는 지식에 근거한 해석이 돋보인다는 것이다.

매우 숭고한 텍스트인 〈요한복음〉은 사실상 그 서문에서부터 전체 내용이 요약되어 있다. 〈요한복음〉과 함께 기독교 사상에 있어서 중대한 전환점이 마련되었다고 말해도 과언이 아니다. 처음으로 예수의 메시아성이나 신적인 혈연관계가 아니라 그리스도 자신의 신성이 주장되었던 것이다. 〈요한복음〉은 바로 이 사실을 전하기 위해 하나님으로부터 보냄을 받은 세례 요한에 의해 이미 그리스도의 신성이 예고되고 있다고 밝히고 있다.(요한복음 1:6~7) 〈요한복음〉의 서문은 '로고스'에 대한 정의로 시작하고 있다. 로고스란 곧 모든 것의 기원에 있는 말씀이라는 것이다. "태초에 말씀이 계시니라. 이 말씀이 하나님과 함께 계셨으니 이 말씀은 곧 하나님이시니라. 그가 태초에 하나님과 함께 계셨고 만물이 그로 말미암아 지은 바 되었으니 지은 것이 하나도 그가 없이는 된 것이 없느니라."(1:1~3) 이어서 요한은 로고스, 즉 "참된 빛"(1:9)을 예수의 인격과 동일시하고 있다. "말씀이 육신이 되었다."(1:14) 그러니까 예수는 육화한 신의 로고스라는 것이다. 이에 대해 세례 요한은 이렇게 외쳤다. "그가 나보다 먼저 계셨다."(1:15) 예수 역시 같은 말을 한 것으로 기록되어 있다. "아브라함이 있기 전부터 내가 있었다."(8:58) 이 외에도 요한은 그리스도의 말 중 그의 신성을 확증해 주는 부분들을 여러 번 인용하고 있다. "나는 길이요, 진리요, 생명이니"(14:6), "내가 아버지 안에 있고 아버지가 내 안에 계시느니라."(14:11)

그리스도에 대한 논쟁

그리스 문화의 그리스도인들은 그리스도의 신성, 즉 그리스도·로고스 개념을 가장 먼저 받아들였다. 로고스를 신적인 차원에서 이 세상을 지배하는 합리성으로 정의하는 철학에 익숙했던 그들은 이러한 개념이 유대-기독교의 절대적 일신론을 침해한다고 생각하지 않았다. 또한 헬레니즘에 있어서 로고스가 활동하는 기능을 가지고 있다는 점에서, 그들은 이 '말씀'이 인간으로 육화했다는 사실도 거리낌 없이 받아들일 수 있었다. 이러한 로고스 개념, 즉 육화된 말씀이라는 개념 정의에 근거한 기독교 철학 사상이 만들어진 것은 알렉산드리아의 신학 학교였던 '디다스칼로스(Didascalée)'에서였다. 알렉산드리아의 클레멘트(Clément)는 약 150년경에 태어나 플라톤 사상으로 교육 받은 철학자로서, 필론이 성서와 이성의 도구들을 연결시켰던 것과 같은 방식으로 그리스의 지혜와 기독교의 길을 결합시키려고 했다. 처음으로 그는 사유의 도식들을 차용했다. 다음으로 그는 신적인 로고스, 즉 여러 철학자들의 연구 대상이자 예수 안에서 계시된 참 하나님으로 향하는 길을 닦은 성서의 선지자들이 찾았던 대상인 신적인 로고스가 그리스도의 인격 속에 나타났다고 주장했다. 클레멘트는 하나님과 그리스도·로고스에 대해 이렇게 확언한다. "하나님과 그리스도는 단 하나를 이루고 있으며, 같은 분, 즉 하나님이다. 성경에 '태초에 말씀이 계시니라 이 말씀이 하나님과 함께 계셨으니 이 말씀은 곧 하나님이시니라'[64]고 기록되어 있듯이 말이다."

하지만 이러한 주장은 자연스럽게 받아들여지지 않았다. 이로 인해 그리스도의 본성에 대한 논쟁이 일어났으며, 이러한 논쟁들은 싸움과 이단 고발, 제명 등으로 변질되어 갔다. 정통 교리에 반하는 초기 운동들 중 하나로 그리스도 가현설(docétisme)⁶⁵을 들 수 있는데, 이 이론은 그리스도의 육신은 단지 하나의 환영에 지나지 않았으며, 그가 십자가에 달린 것도 마찬가지라고 주장하며 강생 자체를 부인하는 것이었다. 그노시스 파의 주장과 매우 닮아 있는 이러한 이론의 반작용으로 이번에는 보통의 인간이었던 예수가 성령으로 신의 아들이 되었다고 주장하는 양자론(adoptianisme)이 나타났다. 양자론은 하나님의 아들 예수는 사실상 하나님께 입양된 한 명의 사람일 뿐이라고 주장하면서 그리스도의 신성을 완전히 부정하는 이론이다. 양자론을 주장한 데오도토스(Théodote)의 제자들인 데오도티안들은 주로 로마에서 활동하며 자신들의 주장을 펼쳐나갔다. 즉 예수는 분명 세례를 받던 날 성령을 받았으며, 그 성령이 그에게 기적을 일으킬 수 있는 능력을 부여해주었다는 것이다. 또한 그들은 예수가 신적인 성질을 얻게 된 것은 부활 이후였다고 주장했다.(이 이론은 198년 교황 빅토르Victor에 의해 단죄될 것이다.) 단일신론자들(monarchianistes)로도 알려졌던 양식론자들(modalistes)은 하나님과 예수는 단 하나의 동일한 인격일 뿐이며, 따라서 예수는 자신만의 정체성을 가지고 있지 않다고 주장했다. 즉 하나님께서 직접 십자가에 달리셨다는 것이다. 그들의 주장은 상당한 인기를 누렸으며(많은 감독들도 그들의 의견에 동참했다), 이로 인해 교회의 초대 교부들 중 한 명인 테르툴리아누스(Tertullien: 160~240)는 『프락세아스에 대항하여 Contre Praxéas』라는 제목의 장문의 편지를 통해 양식론의 창시자가 "예언을 폐하고", "아버지를 십자가에 못박음으로써" "악마에게 이중의 봉사를 했다"⁶⁶고 비판했다.

이러한 상황에서 2세기 중엽 야고보의 〈원복음서(Protoévangile)〉가 모습을 드러냈다. 이것은 매우 짧은 위경으로서, 예수의 유년기에 대한 이야기를 담고 있다. 그리스도의 인간적이고 신적인 본성을 옹호하는 이 위경의 저자는 그리스도의 수태가 기적적으로 이루어졌다는 사실과 성모 마리아의 지속적인 처녀성을 주장한다. 또한 예수는 절대적인 순수성을 가진 부인의 품에서 "성령으로 잉태되었다"(19:1)고 주장한다. 비록 정경(正經)에 포함되지는 못했지만 이 특별한 이야기는 그리스도가 이중의 본성, 즉 인간적 본성과 신적인 본성을 모두 가지고 있다고 주장했던 사람들에게 훌륭한 논거로 사용될 수 있었다. 또한 야고보의 원복음서는 훗날 성모 마리아 신학에 지대한 영향을 주게 된다. 성모 마리아 신학은 분명 그리스도의 신성에 대한 수많은 해석이 여러 신앙 공동체나 신학 학파들에서 경쟁적으로 쏟아져 나왔던 초창기 교리 논쟁 중에 전개된 이론으로 여겨진다.[67]

순교자들

신학 논쟁이 계속되고 있는 한편, 그리스도인들은 황제 숭배와 로마의 여러 신들에 대한 숭배를 거부함으로써 처참한 박해의 희생양이 되고 있었다. 점차 유대교에서 벗어남에 따라 기독교는 나름의 순교의 신학을 정립하기에 이르렀는데, 하나님과 그를 향한 믿음을 위해 자신의 생명을 바치는 것이 곧 순교라는 것이다. 사도행전에서는 순교자들이 그리스어 martus의 문자 그대로의 의미대로 '증인들'로 그려지고 있다. "오직 성령이 너희에게 임하시면 너희가 권능을 받고 예루살렘과 온 유대와 사마리아와 땅 끝까지 이르러 내 증인이 되리라."(사도행전 1:8) 신약 성서 텍스트들 중에서도 늦은 시기에 기록된 〈요한계시록〉에서 비로소 이 martus라는 단어가 처음으로 자신의 종교적 신념을 위해 생명을 바치는 사람과 연결되는 것을 볼 수 있다. "네가 어디 사는 것을 내가 아노니 거기는 사단의 위가 있는 데라. 네가 내 이름을 굳게 잡아서 내 충성된 증인 안디바가 너희 가운데 곧 사단의 거하는 곳에서 죽임을 당할 때에도 나를 믿는 믿음을 저버리지 아니하였도다."(요한계시록 2:13)

그러니까 예루살렘에서 맹렬한 유대인들에 의해 돌에 맞아 죽은—돌을 던지는 무리 중에는 변화되기 전 바울도 있었다—스데반(프랑스어로는 '에티엔Étienne'이다)이 교회의 첫 번째 순교자로, 다시 말해 그리스도를 버리기보다는 자신의 삶을 버리는 것을 선택했던 첫 번째 사람으로서의 위상을 갖추게 된 것은 '이후에' 일어난 일이었던 것이다. 몇몇 사도들도 같은 운명을 맞이하게 되었다. 기독교 역사에 의하면 베드로와 바울은 둘 다 네로가 기독교인들이 로마에 불을 질렀다는 혐의를 씌워 자행한 박해 당시에 로마에서 순교한 것으로 알려져 있다. 이때부터 기독교인들은 이러한 죽음을 하나의 이상으로 삼게 되었다. 이와 관련해 로마에서 소아시아 공동체로 보내진 한 문서—날짜는 정확하지 않다—에는 이렇게 기록되어 있다. "여러분을 시험하기 위해 여러분에게 쏟아지는 큰 재앙을 마치 기괴한 일이 일어나는 양 혼란스럽게 받아들이지 마십시오. 반대로 그리스도의 고난에 여러분 자신을 하나로 묶어, 언젠가 그 분의 영광의 계시 속에서 찬란하게 빛나게 될 그 날을 기뻐하십시오."[68] 실제로 그리스도의 제자들은 순교를 예수가 전한 메시지의 성취로 받아들였으며, 기쁜 마음으로 그 자리에 서기도 했다. 2세기 초엽 원형 경기장에서 사자들에 의해 순교당한 안티오키아의 주교였던 이그나티우스의 현재 남아 있는 여섯 통의 편지 중 한 통은 이와 같은 사실을 보여주는 대표적인 예가 될 수 있다. 자비의 이름으로 이그나티우스는 로마에 있는 신앙의 동지들에게 자신을 구출하려고 애쓰지 말 것을 권하고 있다. "사실을 말하자면 저는 바로 여러분들의 자비의 마음에 대해 오히려 걱정스럽습니다. 여러분은 (저를 구해내기 위해) 위험을 무릅쓰지 마십시오. 만약 육체적인 우정의 이유로 제 말에 공감하지 않는다면, 오히려 제가 하나님께 이르기 어려울지도 모릅니다. (…) 저는 이보다 더 좋은 기회를 얻기 어려울 것입니다. 여러분 역시 그냥 잠자코 있어 주는 자비를 가져준다면, 저에 대한 최고의 도움이 될 것입니다. 여러분들이 아무 말도 하지 않아 주면, 저는 하나님께 속한 사람이 될 것입니다. 반대로 여러분이 육적인 차원에서 저에 대한 사랑을 표시한다면, 저는 다시 한 번 싸움에 휘말리게 될 것입니다. 제단이 마련되었으니, 제가 희생의 제물이 되도록 내버려두십시오. 그리고 자비의 마음으로 함께 모여 그리스도 안에 계신 아버지 하나님께 이렇게 찬송하십시오. '하나님께서 시리아의 주교를 해뜨는 곳에서부터 해지는 곳으로 보내셨도다!' (…) 교회들에 부탁합니다. 모든 분들에게 말씀드립니다. 만약 여러분들이 저를 방해하지 않는다면, 저는 하나님을 위해 죽을 것을 확신합니다. 적절치 않은 애정을 내게 보이지 말아줄 것을 당부합니다. 제가 맹수의 밥이 되도록 내버려두십시오. 그러면 저는 하나님 나라를 누리게 될 것입니다. 저는 하나님의 밀알입니다. 맹수들의 이빨로 가루가 된 후에 저는 비로소 그리스도의 순수한 빵이 될 것입니다. 오히려 그 맹수들을 쓰다듬어 주십시오. 그것들이 제 무덤이 될 수 있게 말입니다. 그것들이 제 육체의 한 부분도 남겨 두지 않게 말입니다. 제 장례식이 어느 누구에게도 부담이 되지 않도록 말입니다. 이처럼 세상이 제 육신을 더 이상 볼 수 없게 되었을 때 저는 진정한 그리스도의 제자가 될 것입니다. (…) 저는 저를 위해 예비된 맹수들 앞에 설 것입니다.

아무쪼록 좋은 기분으로 그것들을 만날 수 있기를 희망합니다. 필요하다면 저는 그것들을 제 손으로 쓰다듬어 줄 것입니다. 그 즉시 그 맹수들이 나를 삼키도록, 건드리기조차 겁내하는 어떤 사람들에게 한 것처럼 내게 하지 않도록 말입니다. 그것들이 악의를 나타내 보일 수 있다면, 나는 그렇게 할 것입니다. (…) 불과 십자가, 맹수떼, 조각난 뼈, 사지의 절단, 으깨어진 몸, 악마의 이 모든 고통들이 내게 쏟아지기를, 그렇게 해서 내가 예수 그리스도를 누릴 수 있기를 바랍니다."[69]

초대 교회는 매우 빠른 시간 안에 순교자들에 대한 숭배를 발전시켜 나갔으며, 그들은 성인들로 불리게 되었다. 그들이 묻힌 무덤이 확인될 경우, 그곳은 순례객들이 모여드는 장소가 되었을 뿐만 아니라, 바로 그 자리가 묘지의 중심이 되었다. 그리스도인들은 죽어서까지도 성인들의 은총과 특히 그들의 중재를 힘입기 위해 그들의 곁에 묻히길 바랐다. 로마 제국에서 박해의 사건들이 연속해서 일어날수록 수 없이 많은 순교자들에게 헌정된 순교록과 책력의 내용은 더욱 풍부해져 갔다. 177년 리옹의 원형 경기장에서 사자들에게 넘겨진 블란디나(Blandine), 258년 숯불 위에서 사형 당한 로렌티우스(Laurent), 수많은 감독들과 파비아누스(250), 스테파누스(257), 식스투스 2세 등과 같은 몇몇 교황들도 그 목록에 포함되었다.

박해의 마감과 삼위일체 신학

이 새로운 종교는 매우 일찍부터 가톨릭(그리스어로 *katholicos*), 즉 보편 교회로 인식되었다. 이 말이 처음으로 쓰인 것은 이그나티우스가 죽기 얼마 전인 106년에 스미르나(Smyrne)의 주민들에게 보낸 편지에서였다. "감독이 있는 곳, 공동체가 있는 곳, 즉 예수 그리스도가 있는 곳, 바로 그곳에 가톨릭(보편) 교회가 있습니다."[70] 예수 그리스도에 대한 신앙은 매우 빨리 전파되었으며, 특히 도시 중심지에서 그러했다. 소아시아, 이탈리아, 북아프리카, 그리스에 이어 이 신앙은 골(Gaule) 지역(리옹은 177년 첫 번째 순교자를 배출했다)과 스페인, 그리고 3세기에는 영국까지 전파되었다. 각각의 공동체는 자신들의 episcopos, 즉 감독을 중심으로 형성되었다. 감독들은 성찬식을 거행하고, 교리를 지켜나가기 위해 애썼으며, 다른 감독들과의 관계를 유지해 나갔다.

예루살렘 교회가 사라진 이후 여러 핍박에도 불구하고 자신의 우월성을 확립하는 데 성공한 로마 교회는 정통 교리를 확립하기 위해 노력한다. 2세기 후반 로마 교회는 다음과 같은 사도신경(신앙 고백)을 확립한다. "전능하신 하나님 아버지를 믿사오며, 그 외아들 우리 주 예수 그리스도를 믿사오니, 이는 성령으로 잉태하사 동정녀 마리아에게서 나셨으며, 본디오 빌라도에게 고난을 받으사 십자가에 못박혀 죽으시고, 장사한 지 사흘 만에 죽은 자 가운데서 다시 살아나시며, 하늘에 오르사 전능하신 하나님 우편에 앉아 계시다가 저리로서 산 자와 죽은 자를 심판하러 오시리라. 성령을 믿사오며, 거룩한 교회와, 죄를 사하여 주시는 것과, 몸이 다시 사는 것을 믿사옵나이다."[71] 교회의 책임자들은 파문의 권한을 갖게 되었다. 첫 번째 파문은 144년에 있었던 마르키온(Marcion)의 파문이었으며, 다른 기독교 중심지들도 마찬가지로 힘을 갖게 되었다. 그리스의 알렉산드리아, 북아프리카 교회(216년에 열린 공의회에는 71명의 아프리카 감독들이 참석했다)의 중요한 근거지였던 카르타고, 로마 제국의 세 번째 대도시였던 안티오키아 등이 그러하다. 로마는 정통 교리에 대한 자신의 관점을 만천하에 주입하는 데에는 이르지 못했다. 반대로 3세기 말에 들어서 그리스도인들 사이의 교리 분열이 확대되었다. 특히 이 당시에는 그리스도의 본질에 대한 논쟁 말고도 또 다른 논란거리가 생겨났는데, 바로 아버지와 아들, 그리고 아버지와 성령 사이의 관계의 본질과 관련된 문제, 즉 삼위일체와 관련된 문제가 그것이었다.

정치적인 측면에서 교회는 예배의 자유를 허용한 갈리에누스 황제의 칙령에 힘입어 260년부터 평화의 시기로 접어들게 되었다. 그리스도에 대한 신앙은 사회 고위층까지 파고들었으며, 신도들의 기부를 통해 교회의 재산도 증대되었다. 평안은 43년 동안 지속되었으며, 이 기간에 로마 제국은 여러 내적인 문제들을 비롯하여 야만족들과 페르시아인들의 국경 침략에 시달려야 했다. 303년 기독교의 성장에 맞서 국가의 종교를 보호하고자 했던 디오클레티아누스 황제는 갑작스레 이러한 평안을 깨뜨렸다. 그는 교회의 재산과 물품들을 몰수하라고 명령했으며, 성직자들의 체포령을 내리기도 했다. 그는 또한 각 지방의 총독과 원로원 의원을 포함한 자신의 신하들 중 예수를 믿는 사람은 더 이상 나라를 위해 일하지 못하게 했으며, 기독교인들에 대항하여 군대를 일으키기도 했다. 뿐만 아니라 군대 내에서 기독교로 개종한 병사들을 모조리 죽이기도 했다. 이처럼 거대한 핍박은 결과적으로 제국을 더욱 약화시키는 결과를 가져왔으며, 312년 10월 콘스탄티누스 황제가 즉위할 때까지 지속되었다.

이 새로운 황제는 지속되는 박해와 교회 내적인 분열 속에서 자기 제국이 약화될 수 있는 추가적인 원인을 발견했다. 뿐만 아니라 그는 몇몇 가까운 지인들에 의해 개인적으로 기독교에 관심을 가지고 있었다. 특히 과거에 태양 일신교를 신봉하는 장군이었던 그의 아버지는 훗날 기독교인들의 보호자로 명성을 떨치게 되었다. 그리스도인들의 도덕적 엄격성에 대해 알고 있었던 콘스탄티누스는 이들을 통해 자신의 제국을 쇠약하게 만드는 쾌락주의와 개인주의에 맞서 싸우기를 원했다. 313년 6월 13일 그는 밀라노에서 관용 칙령을 공포했다. 이 칙령은 예배의 자유를 인정하는 것이었다. 그는 또한 로마 교회 감독의 우월성에 힘을 실어줌으로써 그로 하여금 교회의 분열을 막고 교회 전체를 더욱 잘 다스릴 수 있도록 했다. 불과 2년 전만 해도 카타콤에서 숨어 살았던 로마 감독 밀티아데스(Miltiade)는 314년 라트란 궁전을 자신의 소유로 받게 되었으며, 콘스탄티누스는 그를 위해 아를르 공의회를 소집하여 도나파의 분열 행위를 종식시키려 했다. 318년 기독교인들과의 관계를 강화하기 위하여 콘스탄티누스는 이교도들의 사적인 희생 제의를 금했으며, 그 다음해에는 바티칸의 성 베드로 대성당 건축을 시작하였다. 집정관 법정(Prétoire)의 총독(정부의 수장과도 맞먹는)과 같은 제국의 최고위직에는 그리스도인들이 자리하게 되었다.

바로 이 당시에, 정확히 말해 320년경, 알렉산드리아로부터 수도승 아리우스(Arius)에 의해 주도된 강력한 신학 흐름이 전개되었다. 이 이론은 로마 교회의 정통 교리에 반하는 것으로서, 아들 혹은 로고스는 창조의 부차적 원인으로 작용하도록 아버지에 의해 만들어졌으며, 오직 아버지만이 하나님의 정의에 부합된다고 주장하는 것이었다. 다시 말해 그리스도는 서열 2위의 하나님이라는 것이다. 일단의 감독들, 특히 안티오키아의 감독들이 아리우스의 이론을 신봉하기 시작했다. 스스로 "외부의 감독"이라고 자칭했던 콘스탄티누스(실제로 그는 죽기 직전 침상에서 세례를 받았다)는 325년 니케아에서 첫 번째 만국공의회를 소집했다. 이 공의회에서는 "예수 그리스도는 하나님의 아들이며, 만들어진 존재가 아니다. 그는 아버지와 동등 본체이다"라는 사실이 정론으로 확정되었다. 아리우스는 거의 만장일치로(공의회 결정에 순복하지 않는 감독들 역시 황제에 의해 보복의 위협을 받았다) 단죄되었다. 하지만 아리우스주의는 이후에도 계속해서 유지되었다.

동등 본체(동일한 실체)라는 개념의 도입은 교리 논쟁을 격화시키는 결과를 가져왔다. 이와 관련된 논쟁은 신학자들의 범주를 넘어서 길거리에까지 넘쳐나게 되었다. 문제는 일신교 논리와 삼위를 가진 신의 존재를 어떻게 결합하느냐는 데 있었다. 역사가 아미아누스 마르첼리누스(Ammien Marcellin: 330~400)는 『역사Res Gestoe』에서 그리스도인들이 "마치 야수들처럼"[72] 서로 싸우고 있다고 개탄했다. 또한 383년 콘스탄티노플에서 행해진 유명한 복음서 강론에서 니사의 그레고리우스(Grégoire de Nysse: 341~394)는 이렇게 한탄하기도 했다. "잔돈을 달라고 하면 상인은 신학에 대해 이야기하기 시작한다. **창조된 자와 창조되지 않은 자**에 대해서 말이다. 빵의 가격이 얼마냐고 물으면, 다음과 같은 대답이 돌아올 것이다. '아버지가 보다 크고 아들은 그보다 아래입니다.' 당신의 목욕물이 준비되었는지를 알려고 하면, 집사는 아들은 중요치 않다고 주장한다."[73]

이후로 반세기나 지난 381년에 콘스탄티노플에서 제2차 만국공의회가 열렸으며, 이 자리에서 삼위일체 교리가 정식화되었다. "하나님의 독생자는 진짜 하나님이시다. 그는 아버지로부터 창조된 것이 아니라 비롯되었으며, 아버지와 동일한 실체를 갖고 계시다. 성령은 아버지와 아들로부터 발현되며, 아버지와 아들 모두로부터 경애와 영화를 받는다." 이렇게 해서 삼위를 가진 유일신 하나님의 존재가 이론적으로 확립되었다. 이 하나님은 철저하게 삼위의 관계 속에서만 존재하며, 하나로써 활동하신다는 것이다.

그리스도의 존재와 관련된 또 다른 논쟁이 생겨나 첫 번째 교회 분열로 이어지게 되었다. 이 논쟁은 콘스탄티노플의 감독이었던 네스토리우스(Nestorius)에 의해 촉발되었다. 428년에 네스토리우스는 마리아가 하나님의 어머니(Theotokos)가 아니며, 단지 "아들이자 주님인" 예수의 어머니(Christotokos)라고 주장했으며, 이는 예수의 신성을 부인하는 것으로 이어졌다. 이 주장에 대한 반응으로 알렉산드리아 교회는 그리스도의 두 가지 본성이 서로 분리될 수 없이 연합되어 있다고 주장했다. "마치 한 방울의 꿀이 물 속에서 용해되듯이" 그리스도의 인간적인 본질은 그의 수태 시에 신적인 본질에 의해 완전히 흡수되었다는 것이다. 이것이 바로 그리스도의 단 한 가지 본질, 즉 신적인 본질만을 인정하는 단성론(monophysite)의 교리이다. 451년에 열린 칼케도니아 공의회에서는 네스토리우스주의와 단성론이 모두 단죄되었다. 이 공의회는 그리스도가 완전히 하나님이시고 완전히 인간이시라는 주장이 공인되었으며, 이는 오늘날 대부분의 그리스도인들이 인정하고 있는 신앙 고백의 내용과 같다. 알렉산드리아 교회는 따로 분리되어 나가 콥트(copte) 교회라는 이름으로 불리게 되었다. 동양의 다른 교회들이 그 뒤를 따라 단성론 교리를 채택했으며, 그 중에는 안티오키아의 야콥파 교회(시리아 정교회라고 불리는)와 아르메니아 교회, 인도의 시리아 · 말라바르 교회가 있었다. 네스토리우스의 제자들은 자신들의 교회에서 따로 모임을 조직했으며, 오늘날에도 특히 이라크를 중심으로 몇몇 네스토리우스주의 공동체가 남아 있다.

지금까지 우리는 기독교의 탄생과 관련해 매우 빠르고 대략적인 검토를 해보았다. 이 과정에서 우리는 이 새 종교의 진정한 창시자가 누구인지, 즉 베드로인지, 바울인지, 야고보인지, 아니면 콘스탄티누스인지를 알려고 하는 노력 자체가 무익하다는 것을 확신할 수 있게 되었다. 바울은 분명 결정적인 역할을 담당했다. 특히 그리스도교가 유대교와 단절하고 새로운 공동체가 확장되는 데 있어서 그의 역할은 결정적이었다. 하지만 그보다 앞서 사도들이 모여 이룬 교회가 존재했던 것이 사실이며, 바울 역시 이미 존재하던 그리스도교 전통에 의지했던 것도 사실이다. 콘스탄티누스는 이 새로운 종교를 단단히 세우는 데 결정적인 역할을 담당했다. 그는 그리스도교의 이론적 안정성을 확립했다. 이것은 그의 제국의 사회적 융화를 위해서도 반드시 필요한 일이었기 때문이다. 이를 통해 그는 기독교의 전파를 용이하게 해주었다. 하지만 그는 교회에 교권정치의 유혹이라는 해로운 벌레를 유입시키기도 했으며, 이 벌레는 갈수록 그리스도의 메시지를 변질시키게 될 것이다.

제4장

그리스도교 사회

　313년 콘스탄티누스라는 한 사람의 의지에 의해 기독교는 일정한 중간 단계도 없이 갑작스럽게 박해당하는 종교의 위치에서 인정받은 종교, 그것도 지중해 유역과 유럽의 거의 대부분에 이를 만큼 광활한 로마 제국에서 특별히 선호되는 종교의 위치에 오르게 되었다. 신도들의 기부에 힘입어 버텨 나갔던 교회 역시 황제의 막대한 기부를 통해 갑작스럽게 지극히 부유한 재산을 갖게 되었다. 로마는 사도들과 순교자들에게 바쳐진 대성당으로 뒤덮였다. 베들레헴과 예루살렘에는 콘스탄티누스의 어머니인 헬레나에 의해 예수 탄생 장소와 무덤이 있던 장소에 교회가 세워졌으며, 팔레스타인 지역의 그리스도교도 인정받게 되었다. 324년 콘스탄티누스는 자신의 주재 하에 동·서 로마 제국의 제후들을 한 자리에 모아 교회의 힘과 특권을 확장시켰다. 330년에 그는 정치적인 이유들로 인해 수도를 비잔틴으로 옮기고 그곳의 이름을 콘스탄티노플이라고 칭했다. 이렇게 해서 로마에서는 교황이 자유롭게 지배력을 행사할 수 있게 되었으며, 그곳을 교회의 중심지로 만들어 나가게 되었다. 어제만 해도 박해를 받던 사람들이 어떠한 싸움도 없이 지배자의 자리에 앉게 된 것이다. 그들은 권력의 신임을 받았다. 얼마 지나지 않아 그들은 보다 직접적으로 권력을 얻게 되었으며, 그리스도의 가르침과 그리스도가 드러내 보여주었던 가치들, 즉 평등, 정의, 자비와 같은 가치들에 따라 이 힘을 행사할 수 있게 되었다.

공식 종교

기독교에 대한 콘스탄티누스의 관심은 수많은 엘리트들이 이 새로운 종교로 귀의하게끔 했으며, 자연스레 이 종교는 나라의 고위직과 특권층에 이를 수 있는 경로가 되었다. 로마의 법도 기독교적 가치들을 통합하는 방식으로 변화되었다. 이와 관련된 첫 번째 법령은 316년에 발표된 것으로서, 범죄자의 얼굴에 낙인을 찍는 행위를 금하는 내용을 담고 있었다. 왜냐하면 범죄자의 얼굴 역시 "천상의 아름다움의 이미지를 따라 만들어졌던 것이기" 때문이다. 복음서에서 예수가 비판한 것으로 기록되어 있는 이혼은 엄격한 제한을 받게 되었다. 325년에는 유혈이 낭자한─그래도 로마 제국에서 매우 큰 인기를 끌었던─원형 경기장에서의 투기가 금지되었다. 축제들도 기독교화되었다. *Dies Solis*, 즉 태양의 존엄한 날로 일컬어졌던 일요일은 마침 그리스도인들이 예수의 죽음과 부활을 기념하기 위해 모이던 날과 일치했으며, 이러한 이유로 '주의 날'로 불리게 되었다. 또한 *Solis invicti*, 즉 무적의 태양이라고 불리던 축제, 태양신 미트라(Mithra) 숭배와 연결되었던 12월 25일의 동지 축제는 예수 탄생의 축제로 바뀌었다.

교회를 보호해주고, 로마의 감독, 즉 교황의 우월성을 지지해주는 대가로 콘스탄티누스는 로마 교회와 관련된 일에 직접 개입하기도 했다. 특히 그는 교회 내의 교리 논쟁에 적극적으로 개입했는데, 이 논쟁들이 분열을 불러일으킬 것을 염려했기 때문이다. 여기에서 정확히 해 둘 것이 하나 있는데, 바로 교황이라는 칭호(pape), 문자 그대로 '아버지'라는 의미를 가진 이 칭호는 당시에 영적인 측면의 아버지와 같은 분에 대한 존경의 표시로 모든 감독들에게 붙여졌던 칭호였다. 로마 교회의 감독만이 이 칭호를 독점하게 된 것은 훗날 그레고리우스 VII세(1030~1085) 때였다. 권력을 장악한 지 2년도 채 되지 않았던 314년 콘스탄티누스 황제는 도나파의 분열에 종지부를 찍기 위해 아를르(Arles)에서 지역 공의회를 소집했으며, 이 자리에서 교황에 의한 도나파 주교들의 파면에는 반대 입장을 나타냈다. 325년에도 역시 그는 같은 방식으로 니케아 공의회를 소집했다. 이 공의회에서 그는 사도 신경을 로마 제국 전체에 공포하였다. 감독들은 이러한 그의 행보에 거부감을 느끼기 보다는 이와 같은 정치와 종교의 융화를 하나님의 뜻으로 해석했다. 많은 감독들이 콘스탄티누스에 대한 찬사를 늘어놓았다. 가이사랴의 유세비우스 같은 이는 황제를 일컬어 이렇게 말하기도 했다. "마치 그 자신의 광명함으로부터 꿰뚫는 듯한 빛이 나오듯이 자신의 왕국 저 멀리에서도 신하 제후들의 존재를 통해 태양과도 같이 빛나는 황제이다. (…) 하늘의 하나님이 한 분 뿐이시듯, 이 땅의 왕도 한 분이시다."[74]

콘스탄티누스는 그리스도의 가르침보다는 교회와 그 교회의 정통성을 더욱 확고히 지지했다. 이전 황제들처럼 그 역시 제국의 국경을 지키기 위한 전쟁을 수행했으며, 자신의 왕좌와 안위, 명예를 지키기 위해

암살을 명령하기도 했다. 일례로 그는 동방의 황제였던 루시우스(Lucius)와 그의 아들을 연이어 교살하도록 했다. 또한 음모에 대한 두려움에 사로잡힌 나머지 자신의 아들이었던 크리스푸스(Crispus)와 부인 파우스타(Fausta)도 살해했다. 흥미로운 것은 니케아 공의회에서 아리우스주의에 반대하는 입장을 취했던 콘스탄티누스가 죽음을 앞두고 아리우스주의적인 입장을 취한다는 이유로 추방시켰던 두 명의 감독들 중 한 명인 니코미디아의 유세비우스로부터 세례를 받았다는 것이다. 337년 콘스탄티누스가 죽은 뒤, 역시 세례를 받은 그리스도인들이었던 그의 아들들은 교회에 특권을 허용하는 정책—이러한 정책은 그들의 후계자들도 그대로 따르게 된다—을 이어나갔다. 비록 당시의 그리스도인들이 전체 인구 중 소수에 불과했으며, 대부분은 이교도이거나 유대인이었음에도 말이다. 각 도시마다 감독이 자리하게 되었는데, 이들은 "교회의 남편"으로서 죽을 때까지 자신의 자리를 유지할 수 있었으며, 최고의 권위를 가지고 행동할 수 있었다.

새로운 사회적 응집력

로마 제국에 있어서 4세기는 연속된 기아의 문제로 특징지어진다. 이로 인해 수많은 농민들이 도시로 이주했으며, 빈곤의 문제가 심각하게 대두되었다. 반면에 교회의 입장에서는 이러한 재해가 긍정적인 결과로 작용했다. 가난한 자와 배척당한 자에 대한 사랑이라는 복음의 원칙에 따라 감독들이 직접 나서서 구호 체제를 조직함으로써 교회는 그 영향력을 더욱 확대시켜 나갈 수 있었다. 각 도시의 감독관저에는 '마트리쿨라(matricula)'라는 가난한 자들의 등록부가 비치되었으며, 이 등록부에 기록된 이들은 각종 보조를 받을 수 있었다. 어려운 처지에 있는 자들을 돕기 위해서만큼이나 그 대가로 주어지는 황제의 선물과 개인들의 기부금을 받기 위해서도 감독관저들 사이에 경쟁이 생겨났다. 2세기경에 작성된 익명의 짧은 텍스트로 예수와 그의 사도들의 가르침을 16개 장으로 요약해 놓은 '디다케(Didachè)'——문자 그대로 가르침이라는 의미를 가지고 있다——의 한 대목이 주로 인용되곤 했다. "네 손으로 수고하여 무엇인가를 소유하고 있다면, 그것을 줌으로써 너의 죄를 대속하라. 주는 것을 주저하지 말라. 불평 없이 주어라."[75] 기부는 "신앙심의 기탁물"[76]로 불렸다. 감독들은 병자들과 소외된 사람들을 돌볼 수 있는 여러 보호 시설들을 건립했다. 그 중에서도 가이사랴의 바실리우스(Basile)는 특히 눈길을 끄는 모습을 보여주었다. 그는 370년대 초반 자신이 감독하는 도시 주변에 거의 한 도시의 규모에 맞먹을 만하다고 일컬어지는 '바실레이아스(Basileias)'라는 이름의 거대한 규모의 나병환자 수용소를 건립했다.

이러한 사회적 구호 활동들로 인해 기근이 일으킬 수 있는 여러 문제들이 해결될 수 있었다. 동시에 부자와 가난한 자를 막론하고 모든 사람들이 형제애를 중심으로 하는 단 하나의 인간 조건에 속해 있다는 사실을 내세움으로써, 교회는 도시의 주민들 내에서 그 영향력을 갈수록 넓혀 나갈 수 있었다. 황제들도 교회의 이러한 힘에 복종하였다. 379년 그라티아누스(Gratien) 황제는 최고 승원장을 의미하는 '폰티펙스 막시무스(Pontifex Maximus)'라는 칭호를 포기했으며, 이후로 이 칭호는 감독들에게로 돌아갔다가, 종국에는 로마의 감독 한 사람의 몫으로 주어지게 되었다. 이 칭호를 받은 로마의 감독은 로마 원로원에 있는 승리의 동상을 없애버렸다. 391년 그라티아누스의 계승자인 테오도시우스(Théodose) 1세는 기독교를 로마 제국의 국교로 정하고, 각종 제재 조치들을 통해 이교 예식을 금지시켰다. 그 보답으로 교회는 황제 숭배를 문제 삼지 않았다. 테오도시우스 황제 치하의 군대에서는 황제 숭배가 "신의 뜻에 의해 정해진 것으로, 인류가 마땅히 지켜야 하는 것"임을 나타내는 맹세를 하기도 했다. 어제의 박해자들은 입장이 바뀌어 기독교인들로부터의 억압과 재산 몰수의 대상이 되었다. 과거에 박해를 당했던 사람들은 이제 자신들의 새로운 지위를 나타내는 표징들을 보란 듯이 과시하고 다니게 되었다. 기독교의 이와 같은 탈선을 비판하는 사람은 거의 없었다. 역사학자 술피스 세베레우스(Sulpice Sévère: 360~429)는 이러한 상황을 유머와 분노를 뒤섞어 다음과 같이 표현하고 있다. "행적이나 미덕에 있어서 내세울 만한 것이 하나도 없는 한 사람이 있다. 그런데 이 사람이 어느 날 성직자가 되었다. 성직자가 되자마자 그는 옷의 술장식을 길게 늘어뜨리고는 사람들로부터 인사를 받는 일을 즐기기 시작한다. 방문객들을 맞을 때마다 그의 가슴은 자만심으로 부풀어 오르며, 될 수 있으면 사람들이 있는 곳에 모습을 드러내려 애쓴다. 예전에 그는 걸어서 길을 가거나 나귀를 타고 길을 갔지만, 보다 고귀한 자리에 오른 지금은 거품을 뿜는 말들이 끄는 마차를 이용한다. 예전에 그는 작고 별 볼일 없는 방 하나로 만족했지만, 지금은 다르다. 그는 대리석으로 내벽을 두른 천장이 높은 방을 선호하고, 많은 방들을 개조하도록 하고, 문을 조각으로 장식하며, 옷장에 그림을 그려 넣도록 한다. 세련되지 않은 옷들은 거들떠보지도 않으며, 고급 옷감으로 된 옷만을 입고자 한다. 이를 위해 그는 친애하는 친구들인 과부와 처녀들에게 더 높은 연공조세를 부과한다."[77]

테오도시우스 황제가 이른바 '감독중재청문절차(episcopalis audientia)'라는 제도를 통해 감독들에게 종교와 무관한 것을 포함한 모든 소송의 중재권을 맡김으로써, 사회에 대한 성직자 계급의 영향력은 더욱 증가했다. 그렇다고 소송에 필요한 세금이 더 올라간 것도 아니었으며, 로마법에 따라 중재하는 감독들은 대체적으로 공평무사한 판결로 높은 인정을 받게 되었다. 예를 들어 성 아우구스티누스(Augustin)는 그의 법정에서 중재를 받고자 하는 사람이 하도 많은 나머지 휴식 시간에도 히포(Hippone)에서 자리를 비우지 못했다고 한다. 역사상 처음으로 가난한 자들도 그리스도교로 개종만 한다면 법정에 소송을 제기할 수 있게 되었다. 실제로 그리스도 교인이 됨으로써 얻을 수 있는 모든 이익을 누리기 위해 개종을 선택하는 사람들이 갈수록 많아졌으며, 이에 반해 국가의 각종 서비스들은 갈수록 위축되어 갔다.

국가의 권력보다 교회의 권력이 우월해짐에 따라 조상(statue)의 위기와 같은 일이 일어나게 되었다. 386년에 일어난 이 사건은 기근이 극성을 부리던 시기에 더 많은 세금이 부과된 것에 불만을 품은 백성들이 안티오키아에서 테오도시우스 황제와 그의 부인의 상을 뒤집어엎어 버린 일이었다. 심각한 상황이 도래할 수도 있는 시기에 밀라노의 감독이었던 암브로시우스(Ambroise)의 중재를 통해 황제의 분노를 가까스로 누그러뜨릴 수 있었다. 이에 대해 요한 크리소스토무스(Jean Chrysostome)는 이렇게 전하고 있다. "기독교의 힘은 정말이지 대단하다. 지구상에서 비할 데가 없는 한 사람, 모든 것을 파괴하고 황폐화시킬 수 있을 만큼 강력한 힘을 가진 군주를 제지하여 잠잠케 할 수 있고, 그에게 이러한 철학을 실천에 옮기도록 가르칠 수 있는 힘을 가졌으니 말이다."[78] 면책특권을 부여받은 그리스도 교인들은 성직자들의 주도에 따라 이교 사원을 공격하여 훼손시킬 뿐만 아니라 그곳을 교회로 바꾸었다. 정부 당국은 이에 대해 개입하지 않았고, 그리스도 교인들의 비관용은 유대인들에게로 향해 갔다. 유대인들에 대한 반감은 438년에 그 절정에 달했다. 이 해에 유대인들이 장막절을 지키기 위해 모인 예루살렘의 에우도시아(Eudocie) 황후 궁전 앞에서 그리스도 교인 시위자들이 "십자가가 이겼다"라는 구호를 외치며 행진했던 것이다.

테오도시우스 황제가 죽은 395년에 로마 제국은 다시 한 번 동로마와 서로마로 나뉘게 되었다. 이후에도 동로마 제국은 1453년 콘스탄티노플이 함락될 때까지 유지될 것이지만, 서로마 제국은 이미 그 마지막 시기를 맞이하고 있었다. 고트족, 반달족, 프랑크족, 훈족을 비롯한 기타 야만족들——대부분 울필라스(Ulfilas) 주교에 의해 아리우스주의 기독교로 개종했던——이 서로마의 국경을 넘어왔다.(고트족은 410년 로마를 점령했다.) 제국의 각종 제도들은 경직화 되었으며, 국가 권력이 부재한 상태에서 오직 교회의 권위만 남게 되었다. 서로마 제국에서 감독들은 야만족들과 협상을 벌이고 도시를 관리할 수 있는 유일한 사람들이었다. 그들은 점차 이 야만족들의 고문 역할을 담당하게 되었다. 476년 로마 제국의 마지막 황제인 로물루스 아우구스툴루스(Romulus Augustulus)는 라벤나(Ravenne)로 유배되었다.

동방 정교회

서로마 제국의 쇠락과 붕괴가 교황으로 하여금 세속의 문제들에 간섭할 권리를 부여해 주었다면, 동로마의 상황은 이와 달랐다. 동로마에서는 황제의 권력이 몇 세기 더 지속되었기 때문이다. 에페소스 공의회(381)와 칼케도니아 공의회(451)를 통해 콘스탄티노플에 로마와 "동등한 명예"가 주어졌지만, 옛 비잔틴은 사도에 의해 토대가 마련된 대주교의 직위를 내세울 수 없었으며, 같은 공의회에서 인정받은 다른 도시들, 즉 알렉산드리아, 안티오키아, 예루살렘의 교회에 대한 자신의 우월성을 내세울 만한 근거를 갖고 있지 못했다. 특히 동방 교회는 교리 문제에 개입할 뿐만 아니라 주교들을 임명하고 강등시킬 수 있는 특권을 가진 비잔틴 황제에게 복종하고 있다는 점에서 더욱 그러했다.

6세기에 유스티니아누스(Justinien: 526~565) 황제는 로마를 홀로 지배하기 위한 전략으로 총대주교가 있는 다섯 도시들(네 곳의 도시와 로마)을 통한 이른바 교회의 5두정치를 확립하고자 했으며, 제국의 국경 바깥에 위치한 교회들, 특히 페르시아, 아르메니아, 조르지아 교회들에게는 독립적인 지위를 허용했다. 유스티니아누스의 조직화는 그리 오래 지속되지 못했다. 문화적으로, 심지어 언어적으로까지 서로 달랐으며, 각기 강력한 개성을 가진 대주교에 의해 인도되던 교회들은 비록 유스티니아누스 황제에 의해 하나로 묶이긴 했지만, 서로 엇갈리는 교리 문제에 있어서 독립적인 입장을 유지해 나가고자 했다. 이러한 상황은 7세기 중엽부터 이슬람 군대가 몰려옴과 동시에 제국이 쇠락하기 시작함에 따라 더욱 강화되었다. 상대적으로 고립되어 있던 동방의 교회, 즉 정교회는 각 교회가 위치해 있는 지역을 다스리는 왕의 보호 하에 놓이게 되었다. 오직 콘스탄티노플만이 1,000년에 걸쳐 로마와 지속적으로 싸움을 벌이게 된다. 그 과정에서 몇 번에 걸쳐 결정적인 단절의 위기를 넘기면서 말이다.

기독교의 반격

313년부터 시작된 정치 권력과 종교 권력 사이의 혼합과 교회가 자신의 특권을 지키기 위해 받아들였을 뿐만 아니라 요구하기까지 했던 정치 권력과의 타협은 특정 그리스도인들에게는 혼란을 불러일으켰다. 그들은 이러한 타협에서 본디오 빌라도에게 예수가 했던 말과 일치되지 않는 모습을 보았던 것이다. "내 나라는 이 세상에 속한 것이 아니다." (요한복음 18:36) 예수의 가르침에 따르고자 과거에는 순교까지 마다하지 않았던 그들은 어쨌든 황제나 감독들에 맞서 대항할 생각은 하지 않았다. 바울은 로마인들에게 보내는 편지에서 이렇게 주장하고 있다. "각 사람은 위에 있는 권세들에게 굴복하라. 권세는 하나님께로 나지 않음이 없나니 모든 권세는 다 하나님의 정하신 바라. 그러므로 권세를 거스리는 자는 하나님의 명을 거스림이니 거스리는 자들은 심판을 자취하리라."(로마서 13:1~2) 결국 그들은 세상을 등지고 교회로부터 멀리 떠나 자신들의 믿음을 지킬 수 있는 생활을 찾아 떠나게 되었다.

수도원 제도 : 복음의 이상과 문화의 수호
기독교의 역사를 살펴보면 수도원 제도를 낳은 아버지와 같은 역할을 한 사람을 만날 수 있다. 그는 바로 안토니우스(Antoine)이다. 부유한 가정의 상속자였던 그는 4세기 초 자신의 모든 재산을 버리고 소란한 세상에서 멀리 떨어져 오직 하나님과의 대면 속에서 살기 위해 이집트의 사막으로 들어간다. 비록 예수가 직접 이러한 삶의 방식을 권장한 적은 없었지만, 첫 3세기 동안 오직 그리스도에게 헌신하기 위해 속세를 떠나는 사람들은 끊이지 않았다. 물론 당시까지만 해도 이러한 금욕 생

활을 실천한 사람들의 수가 그리 많지 않았으며, 그리스도인들은 오히려 자신의 믿음의 요구를 증거하기 위해 순교의 길을 택하곤 했다. 하지만 박해의 시기가 끝나자 이러한 극단적인 선택 자체가 더 이상 불가능하게 되었다. 여러 제자들이 안토니우스를 따르게 되었으며, 이들 역시 스승이 칩거한 곳과 지근거리에 있는 동굴에서 각자 금식과 끝없는 기도에 매진하며 은둔 생활을 했다. 이렇게 해서 최초의 수도 공동체가 형성된 것이다. 이 공동체의 명성은 알렉산드리아 주교였던 아타나시우스(Athanase)에 의해 전파되어 기독교 세계 전체로 확산되었으며, 기독교인들은 이 공동체에 찬탄을 보냈다. 일례로 성 아우구스티누스는 386년 안토니우스의 생활에 대해 이렇게 기록한 바 있다. "교육을 받지 못한 자가 높이 세움 받아 하늘을 향해 나아가는 동안 우리는 그 모든 학문을 가지고도 살과 피 속에서 어쩔 줄 모르는 상태로 남아 있다."[79]

이집트와 시리아의 사막은 혼자 살거나 혹은 작은 공동체를 이루어 사는 은둔자들로 넘쳐났으며, 감독들은 이들을 통제하고자 했다. 카이사레아의 바실리우스(Basile: 329~379)는 수도 생활의 규칙에 대한 초기 저작들 중 하나를 집필하기도 했다. 카파도키아의 수도사들을 대상으로 한 이 책에서 바실리우스는 틀에 박힌 육체의 금욕보다는 생활 규율을 더 강조하고 있으며, 그리스도인의 의무인 자비에 대한 결핍으로 귀결될 수밖에 없는 완전한 고립 생활을 비판하고 있다. 또한 수도사의 생활이 근본적으로 기도에 바쳐진 것이라는 것을 인정하면서도 그 삶 속에 노동의 시간을 도입할 것을 권하고 있다.

서양에서는 주로 예루살렘으로부터 돌아온 순례자들에 의해 고행자들과 수도사들에 대한 이야기가 전해졌으며, 이들의 이야기는 교회가 세상과 타협하기 시작한 이후로 점점 사라져버렸던 온전한 순수함에 대한 기독교의 이상을 복권시켰다. 수도 생활이 그 모범으로 여겨진 것이다. 416년에는 서양 최초의 수도원 중의 하나인 생 빅토르(Saint-Victor) 수도원이 장 카시앙(Jean Cassien)에 의해 마르세유 근방에서 설립되었다. 장 카시앙은 팔레스타인과 이집트에서 금욕 생활을 실천해 온 사람이었다. 420년에는 아를르의 감독 오노라(Honorat)가 레렝(Lérins) 섬에 거대한 규모의 수도원을 건립했다. 각기 다른 사명을 내세운 여러 수도원들이 곳곳에서 모습을 드러냈으며, 이 수도원들은 각자 자신들만의 생활 규칙을 가지고 있었다.

두 명의 이탈리아인들이 거의 비슷한 시기에 서구적인 수도원 생활의 형성에 기여하게 된다. 이들에 의해 수립된 모델은 곧 전 유럽으로 확산될 것이다. 먼저 누르시아(Nursie)의 베네딕투스(Benoît)를 들 수 있다. 480년에 태어난 그는 529년 로마와 나폴리 사이 라티움(Latium)에 몬테카시노(mont Cassin) 수도원을 설립했다. 그곳에서 그는 한 명의 수도원장을 중심으로 이루어지는 공동체의 공동수도생활 양식을 정립시켰다. 그는 자신의 수도원을 위해 매우 엄격한 규율을 제정했는데, 그에 따르면 수도원 일과는 철저히 잠자는 시간, 기도시간, 독서, 휴식, 육체 노동 시간으로만 이루어졌다. 베네딕투스는 활동과 기도 사이의 균형을 강조했으며, 규범, 순종, 절제를 중요시했다. 이렇게 해서 그 유명한 베네딕트 수도회가 생겨났으며, 이 수도회의 모델은 많은 추종자들을 생겨나게 했다. 수도원들의 수도 비약적으로 늘어났으며, 베네딕트회 수도사들은 얼마 지나지 않아 서양 전역에서 찾아볼 수 있게 되었다. 베네딕투스보다는 덜 알려져 있지만 서구의 수도원 모델이 가진 특정주의적 모형 제작에 있어 크게 기여한 두 번째 인물로 마그누스 플라비우스 카시오도루스(Magnus Flavius Cassiodore)를 들 수 있다. 원래 로마의 귀족이

자 고전 문화의 영향을 받은 뛰어난 학자였던 그는 530년 자기의 영토인 칼라브리아(Calabre)에 있는 한 수도원에 들어가 칩거생활을 했다. 하지만 그는 삶 전체를 오로지 기도에만 바친 채 철저한 무지 속에서 살아가는 수도사들의 모습에 분개한 나머지 그들에게 문화의 토대를 가르치고자 결심했다. 이렇게 해서 그는 수도사들에게 수학과 음악뿐만 아니라 한창 사라져가고 있었으며 로마 제국 말기부터 각 지방 방언으로 대치되고 있던 언어인 라틴어도 가르쳤다. 고대인들의 공헌을 확실히 전달받기 위한 방편으로, 카시오도루스는 매일의 삶 가운데 몇 시간씩을 수사본——기독교적인 것이든 세속적인 것이든——의 필사에 할애하도록 했다.

베네딕트 수도회의 규율은 그다지 높은 문화적 수준을 요하는 것은 아니었다. 수도사들은 식사 시간이나 사순절 기간 동안 정신을 집중할 수 있도록 간단한 독서 훈련만 하면 되었다. 각각의 수도원에는 도서관이 비치되었다. 대부분 문맹 상태에 있었던 대중들보다는 교육 수준이 높았던 베네딕트회 수도사들은 매우 빨리 카시오도루스 수도회의 원칙들에 매력을 느끼게 되었다. 그 원칙으로부터 그들은 매우 훌륭한 교육 매뉴얼과 필사의 취향을 받아들였다. 그들은 점차 육체노동보다는 필사 작업을 선호하게 되었다. 수도원들의 도서관에는 '스크립토리아(scriptoria)', 즉 필사 작업실이 마련되었으며, 그곳에서 수사본의 기술이 발전해 나갔다. 필사자들은 박학다식한 학자들과는 거리가 멀었지만, 지적인 무기력함 속에 빠져 있던 서양에서 수도원은 교부들의 기독교 신학과 영성의 진정한 보고로 자리 잡을 수 있었다. 뿐만 아니라 수도원은 서양을 만들어내었다고 할 수 있는 그리스 · 로마 문화의 보고 역할도 하게 되었다.

476년 로마 제국이 공식적으로 멸망하기 이전에도 야만족들은 서양의 여러 도시들을 침범하고 약탈했다. 그 이후 중세 시대가 시작한 이래로 옛 로마가 그랬듯이 예술, 놀이, 기마창 시합, 학교 등을 세워나가고 장려했던 국가는 더 이상 나타나지 않았다. 남아 있는 유일한 교육 시스템은 오직 수도원에서만 찾아볼 수 있었다. 공부를 하기 원하는 성직자들은 여전히 로마로 향했다. 로마에서는 대중의 복음화를 확고히 하고, 특히 감독들이 주요 고문역을 담당하고 있는 야만족 왕자들을 지속적으로 돕기 위하여, 교황권에 의해 지적인 교육 작업이 심도 있게 이루어졌다. 신도들과 마찬가지로 문맹 상태에 있던 성직자들은 세속과 관련된 일들을 담당하였다. 옛 제국의 주민들은 침략의 공포, 창궐하는 기근의 공포, 그것에 동반된 질병의 공포 속에서 살아갔다. 이로 인해 수도사들의 이미지는 더욱 부각될 수 있었다. 물질적인 측면에서뿐만 아니라 도덕적이고 정신적인 황폐함 속에서 그들은 지식과 성실함, 꾸준한 기도 생활, 자비의 실천 등으로 명성을 쌓아 나갔다. 엘리트 계층이 세속적 삶과 재속 성직자들에 대해 약간의 불신감을 갖고 있었던 것에 비해 이들 수도사들은 성서가 표현하고 있는 기독교적 삶의 이상을 구현하는 인물들로 여겨졌다.

하지만, 전파의 부족으로 인해 민중들 사이에서의 기독교 신앙은 쇠퇴하기 시작했다. 샘물 주변에서는 비록 성인들에게 바쳐진다는 명목 하에 기독교화되긴 했지만 엄연히 이교적인 예식들이 또다시 이루어지기 시작했으며, 심지어 중세 시대에 몹시 성행했던 순교자들의 무덤 순례시에도 그러한 모습을 볼 수 있었다. 로마의 교회도 동방 교회로부터 영향을 받아 성인들의 유골을 캐내어 새로운 교회들이 건립될 때마다 —혹은 이교 사원을 교회로 바꿀 때마다—그 유물을 나누어 가졌다.

성인들과 순교자들에 대한 숭배가 장려되었으며, 그들의 삶의 이야기들은 수도원의 필사실에서 옮겨졌다.(종종 미화되었다.) 530년경, 사제들의 무지 상태를 심각하게 여긴 감독들에 의해 최초의 감독 학교 혹은 대성당 부속학교가 설립되었다. 이러한 이름이 붙은 것은 이 학교들이 감독들과 직접적으로 연결되어 있었기 때문이며, 학교의 목적이 성직자 양성에 있었기 때문이다. 이제 교회의 테두리를 벗어나서는 더 이상 학식 있는 사람을 찾을 수 없게 되었다. 이 시기와 관련하여 오늘날 남아 있는 모든 문서들은 수도사들이나 감독들의 작품이다.

교회와 권력

5세기 중엽부터 동으로는 부르군트 족의 침략과 남으로는 서고트 족의 침략이 계속되자 교회는 로마의 귀족 계층과 함께 제국의 남은 유산을 지켜내고자 했다. 486년 클로비스(Clovis) 황제가 수아송(Soissons) 전투에서 승리를 거두고 골(Gaule) 지방으로 진격해 들어올 때만 해도 프랑크 족은 자신들이 섬기던 게르만 신에 대한 숭배 전통을 그대로 가지고 있었다. 하지만 교회는 클로비스를 지지했는데, 이 이교도 지도자에게서 당시 야만족들 사이에서 위세를 떨치던 아리우스주의와 맞서 싸울 유일한 방법을 보았기 때문이다. 이에 대한 보답이자 새로운 동맹을 확인하기 위한 방편으로 클로비스는 496년 혹은 500년경 자신의 신하들 3,000명과 함께[80] 화려한 예식 속에서 세례를 받았다. 서양 교회에 있어서 이 사건은 313년 콘스탄티누스에 의해 발표된 밀라노 관용 칙령만큼이나 중요한 사건이었다.

511년 7월, 죽기 몇 달 전에 클로비스는 예전 로마의 황제들이 성직자들의 비판 없이 거의 관례적으로 행했던 일을 시도하게 되는데, 바로 오를레앙에서 공의회를 소집, 주재한 것이다. 서고트 족에 최근에 포함된 아키텐(Aquitaine) 감독을 포함하여 프랑크 왕국에 소속된 32명의 감독들이 이 공의회에 참석했다. 공의회에서는 아리우스주의가 단죄되었으며, 교회와 왕 사이의 관계에 대한 규칙이 후자 쪽에 조금 더 유리한 방식으로 규정되었다. 이제 감독들과 수도원의 사제들은 왕에 의해 임명받게 되었다. 그 보답으로 교회는 세금을 면제 받았으며, 성직자들은 어떤 범법 행위를 저지른다 해도 시민법에 의해 처벌받지 않고 감독 법정에서만 그 잘잘못을 가리게 되었다. 또한 이 공의회에서는 누구든지 교회에 몸을 피신한 사람에 대해서는 불가침권이 주어졌으며, 감독의 명령이 있으면 주인이 모르는 사이에라도 노예가 해방될 수 있는 권리가 주어졌다. 물론 이후에 주인은 감독으로부터 그에 상응하는 보상을 받게 될 것이다. 6세기 전반부 동안 로마는 비잔틴과 롬바르디아 군대에 의해 차례로 침략을 당해 황폐화되었던 반면, 갈로 로망 교회는 계속해서 프랑크 왕국의 왕들과 동맹 관계를 유지해 나갔다. 클로비스의 후계자들을 통해 오를레앙에서 세 차례의 골 지방 공의회가 소집되었으며, 이 공의회들을 통해 왕과 감독들 사이의, 그리고 두 제도들, 즉 교회와 국가 사이의 상호 보호가 더욱 강화되었다. 예를 들어 제3차 공의회(538)에서는 주일에 들에서 일하는 것이 금지되었으며, 제4차 공의회는 전체적으로 반 유대적 조치들에 바쳐졌다. 이후로 유대인은 더 이상 그리스도인 노예를 소유할 수 없게 되었으며(그 반대의 경우는 가능했다), 부활절 기간—골 족 전체에 이미 각인되어 있던—에는 바깥에 모습을 드러낼 수도 없게 되었다.

7세기에 들어서 동방의 교회는 이슬람 세력의 침략으로 인해 급격히 그 힘을 상실하게 되었다. 특히 한 세기 전부터 이론적으로는 로마 교회──오직 교황들에 의해서만 다스려지던──가 종속되어 있던 비잔틴 교회의 영향력 감소는 심각했다. 예루살렘과 안티오키아(638), 알렉산드리아(642), 카르타고(698)가 잇달아 아랍인들의 수중에 들어갔으며, 그들은 톨레도(711)까지 진격하여 프랑크 왕국에까지 침입하려고 하였다. 이러한 이슬람 군대의 진격은 732년 푸아티에(Poitiers)에서 멈추어졌다. 이들의 진격을 막아낸 인물은 거의 끝나 가던 메로빙거 왕조의 궁중 감독관이었던 샤를르 마르텔(Charles Martel)로, 그는 아키텐, 프로방스(Provence), 부르고뉴(Bourgogne) 지방을 차례로 굴복시키고, 프랑크 왕국의 통일을 복원시켰다. 롬바르디아 족들로부터 위협을 받던 로마도 기독교의 새로운 수호자로 여겨진 사람에게 도움을 구하게 되었다. 그는 바로 샤를르 마르텔의 아들인 페펭 르 브레프(Pépin le Bref)였으며, 그는 로마 교회를 크게 돕게 된다. 카롤링거 왕조를 시작한 페펭 왕은 자신의 새로운 권위를 확고히 하기 위해 교회의 지지를 필요로 했다. 그는 이탈리아의 도시들을 점령했지만, 콘스탄티누스가 교황에게 광대한 영토를 물려주었다는 내용의 유언이 거짓인지를 논하는 논쟁에 대해서는 아예 관심도 두지 않았다. 라벤나에서 페루즈(Pérouse)에 이르기까지 페펭은 중심 도시들을 성 베드로의 무덤, 즉 로마의 지배 하에 두게 되었다. 754년 교황 스테파노 2세(Étienne II)는 그의 이러한 교회 보호 조치에 대한 보답으로 프랑스에 있는 생 드니(Saint-Denis)에 와서 그를 축성해 주었다. 그로부터 2년 후, 롬바르디아인들로부터 빼앗은 땅은 "성 베드로의 재산"이 되었다. 교황은 **교황령**의 지도자가 되었으며, 이 교황령은 1870년까지 지속될 것이다. 교황권과 왕권 사이의 동맹은 확고

해졌으며, 스스로 지상에서의 신의 대리자라고 생각했던 왕은 교회의 첫 번째 수호자 역할을 담당했다. 주교들은 왕의 권위의 중계자 역을 담당했으며, 그의 권력의 주요 주체들이 되었다. 이러한 상황과 관련하여 13세기에 단테는 『지옥편』에서 다음과 같은 에피소드를 기록하기도 했다. "아!, 콘스탄티누스여, 그대는 얼마나 많은 죄를 낳았던가! 그대의 개종이 아니라, 초기 교회 지도자가 그대로부터 받은 지참금이 말이다."[81]

페펭의 아들인 샤를마뉴(Charlemagne)가 800년 "하나님으로부터 기름부음 받은 아우구스투스"라는 군중의 갈채 소리 속에서 로마에서 즉위했다. 그를 통해 통일된 그리스도교 제국의 복원을 꿈꾸었던 교회는 어떠한 타협에도 굴하지 않았다. 왕은 측근들 가운데에서 자신의 "거룩한 게르만 로마 제국"의 주교들과 사제들을 임명했으며, 그들은 땅과 재산을 받는 대가로 그에게 충성을 맹세했다. 이러한 관행은 샤를마뉴의 후계자들 시대에도 지속되지만, 힘의 관계는 역전될 것이다. 왕들을 축성하는 주교들은 황제들에 대한 감독권까지 요구하게 될 것이다. 교회와 국가 사이의 구분이 이처럼 모호했던 만큼, 843년 카롤링거 왕조의 분열과 그 국경에서 급증하던 공격은 국가에 대해서만큼이나 교회에 대해서도 영향을 끼치게 되었다. 국가와 교회가 함께 새로운 위기의 시대로 접어든 것이다. 교황령의 통치에 집중하고 교황 자리에 오르기 위해 벌어지던 음모와 권력 투쟁에 혼미해져 있던 교황들은 복음의 메시지와는 거의 관계가 없는 사람들이 되고 말았다. 9세기 후반부에 소집된 각종 지역 공의회들도 공허한 결과만을 가져왔을 뿐이다. 유럽 전역에서 주교들은 자신들의 도시의 영주로 행세하기 시작했다. 그들은 도시 가운데 있는 성채에서 지냈던 반면, 대다수 민중들은 성 바깥 들판에서 살고 있었다. 침략의 피해를 벗어나 있던 수도원들은 종종 평신도 사제들에 의해 주관되었으며, 부의 축적의 상징이 되었다. 이처럼 세속화된 교회에서는 대부분의 경우 초창기 영적인 메시지란 찾아보기 힘들었다.

그리스어를 사용하고 있던 동방 교회와의 관계는 여전히 긴장 상태에 있었다. 우선 교황이 있어야 할 곳에 대한 논쟁이 두 교회 사이에서 일어났다. 로마는 지역 교회들에 대한 사법적 권한의 행사를 통해 표현되는 자신의 우월성을 주장했던 반면, 콘스탄티노플에서는 로마 교회의 도덕적 권위만을 인정할 뿐이었다. 뿐만 아니라 신학적인 측면에서도 논쟁이 일어났다. 필리오쿠에(Filioque), 즉 "그리고 성자로부터"라는 뜻의 덧붙여진 구절이 문제가 되었다. 381년 니케아 공의회에서 정해진 신조에 있던 "성령은 아버지로부터 발현한다"는 구절에 13세기 들어 서방 교회가 바로 위의 구절을 덧붙였던 것이다. 동방과 서방 교회 사이의 관계 단절과 상호간의 파문이 난무하던 가운데, 둘 사이의 관계가 결정적으로 끊어진 것은 1054년 콘스탄티노플 총주교 미카엘 켈룰라리오스(Michel Cérulaire)와 교황 레오(Léon) 9세 때였다.

기독교 유럽

9세기 초반 도덕적이고 영적인 타락의 맥락 속에서 예수의 가르침으로 돌아가야 한다는 자성의 목소리가 나오기 시작했고, 이러한 주장은 점차 강렬해졌다. 아키텐 공작인 기욤(Guillaume)은 909년 자기 소유의 땅을 바쳐 마콩(Mâcon) 가까이에 있는 클뤼니(Cluny)에 수도원을 건립했으며, 5년마다 교황에게 세금을 내는 대신에 이 수도원을 오직 교황의 보호 아래 둔다는 의무 조항을 만들었다.

클뤼니 수도회와 그레고리우스의 개혁

이처럼 세속 권력의 관할로부터 벗어난 클뤼니 수도회에는 베네딕트 수도회의 규율이 다시 한 번 적용되었다. 수도사들은 순결함과 청빈함, 순종의 삶을 맹세했으며, 그들의 삶은 학문적인 연구를 포함한 모든 노동을 배제한 채 오로지 침묵과 기도에만 집중되었다. 그들의 유일한 목적은 숭고한 예식 속에서 하나님을 찬양하는 데 있었다. 931년, 교황 요한 11세는 모든 세속 권력에 대한 클뤼니의 독립성을 인정했으며, 자신의 감독권 아래에서 다른 지역에 수도원을 건립할 수 있도록 허용해 주었다. 이후 몇십 년 동안 프랑스 지역에 있는 대부분의 수도원들이 클뤼니 수도회로 복속되었으며, 독일, 스페인, 영국 등 전 유럽에 걸쳐 수도원 운동이 펼쳐졌다. 이들 나라의 수도원들은 비록 엄밀한 의미에서 클뤼니 수도회의 규율을 그대로 채택한 것은 아니었지만, 어쨌든 클뤼니에서 영감을 받은 영적 개혁 운동에 동참한 것은 사실이었다. 12세기 초 영향력이 절정에 이른 클뤼니 수도회에는 무려 1만 명 이상의 수도사들이 소속되어 있었으며, 왕과 교황의 후원으로 세워진 수도원만 수백 개에 달했다. 이 수도원들은 모두 건축술에 있어서나 그 안에 비치된 예술 작품에 있어서 매우 화려한 면모를 갖추고 있었다. 특히 성스러운 미의 기준에 부합하는 수도원 비치 예술 작품들은 신의 영광에 대한 찬양임과 동시에 신과의 합일에 이르는 수단으로 인식되었다. 수도사들의 경건한 신앙생활에 대한 평판은 급속도로 전파되었으며, 이는 자연스레 기독교의 부흥으로 이어졌다. 일반 민중들 역시 수도사들의 열정과 영성을 통해 자신들이 믿는 종교를 재발견할 수 있었다. 시골에도 곳곳마다 교회가 세워졌으며, 주교들——수도원을 통해 배출된 주교들도 있었다——은 재속 성직자들의 개혁을 위해 힘썼다. 재속 성직자들은 교황 클레멘트 2세 때인 1046년 이래로 공식적으로 교황들의 후원을 받게 되었다. 수도원들을 통해 형성된 모델을 기반으로 교황권은 교회에 대한 세속의 영향력을 축소시키려고 노력했다. 1059년 교황 니콜라스(Nicolas) 2세는 황제가 교황의 선출에 개입하지 못하도록 하는 조치를 마련했으며, 이후로 교황의 선출은 오직 추기경들에게 맡겨졌다. 서임(주교들과 사제들의 임명)을 둘러싼 논쟁은 교황 그레고리우스 7세에 의해 1075년 정리되었다. 그 자신 클뤼니 수도회 출신이었던 그레고리우스 7세는 세속 권력에 대한 교황권의 우월성을 확고히 함으로써, 서임을 전적으로 교황권 아래에 두게 되었다. 그는 또한 이른바 그레고리우스 개혁을 시작하여 교회를 세속 왕권으로부터 해방시켰다. 그가 제정한 27개의 짧은 항목들로 이루어진 '교황의 훈령(Dictatus papae)'에는 "교황이야말로 세속의 왕들이 그 발에 입을 맞추어야 할 유일한 사람"이라는 것, "교황은 황제들을 퇴위시킬 수 있으며", 나아가 왕들에 대한 "충성 서약으로부터 신하들을 해방시킬 수 있다"는 것이 명시되어 있었다.[82] 이처럼 권위가 대폭 강화된 교황은 서구 성직 사회의 위계에 있어서 유일한 주권자의 자리에 오르게 되었다. 하지만 이로 인해 세속 권력과의 서열 분쟁이 완전히 종식되었다고 할 수는 없으며, 이후 몇십 년 동안 그레고리우스 7세의 후계자들은 여전히 성직자의 임명과 교회 재산의 수여와 관련하여 통제권을 휘두르는 세속 권력과 타협을 하지 않을 수 없었다.

신의 휴전

클뤼니 수도회의 개혁을 통해 이른바 '신의 휴전(Treuga Dei)' 운동이 시작되었다. 989년 샤루(Charroux) 공의회에서 제정된 '신의 휴전'은 교회와 농민들, 그리고 무장하지 않은 사람에 대한 폭력을 금지하는 것으로, 이를 위반하면 파문에 처한다는 규정이다. 일반 대중들뿐만 아니라 자신과 신분이 같은 사람들에 대해서도 별다른 이유 없이 잔인한 폭력 행위를 일삼던 귀족들과 기사들은 교회의 이러한 명령에 성심껏 복종했다. 이후로 용기와 충성심, 약자들과 여성들에 대한 헌신적 보호라는 덕목들로 이루어진 기사도의 새로운 이상이 자리 잡게 되었으며, 이 이상은 폴란드, 헝가리, 스칸디나비아에 이르기까지 유럽의 기독교 사회 전체에 전파되었다. 젊은 귀족들은 청소년기에 종교적인 서품식을 통해 기사로 서임되었으며, 서임식에 앞서 하룻밤을 기도로 보내야 했다. 서임식은 성인들이나 순교자들의 성유물 곁 제단에 무기들을 올려 놓은 채 드리는 축성 미사의 형식으로 진행되었다. 기독교 신앙의 수호를 사명으로 부여받은 수많은 기사들이 이슬람 무어인들에 맞서 싸우기 위해 스페인으로 향했다. 1063년에는 교황 알렉산드르(Alexandre) 2세에 의해 바르바스트로(Barbastro)와 아라공(Aragon) 시의 수복을 위한 전투에 참여한 자들에 대한 전면적인 면죄가 적용되었다.

교회에 의해 시작되어 1054년 나르본(Narbonne) 공의회에서 확정된 '신의 휴전'은 결과적으로 기독교 세계였던 유럽 전체를 평화롭게 만드는 데 일조했으며, 이로 인해 여러 왕과 제후들의 적극적인 지지를 받을 수 있었다. 수많은 전쟁으로 인해 심각하게 분열되어 있던 유럽 대륙은 종교의 중개를 통해 하나가 될 수 있었다. 사회 전체와 그 사회 속에서 살아가는 개인들은 교황과 교회로 상징되는 성스러움의 기호 아래에 놓이게 되었다. 왕들로부터 평범한 농민에 이르기까지 모든 사람들이 같은 믿음을 공유했고, 같은 책력에 따라 살았으며, 같은 도덕적 가치들을 옹호했다. 중세 초기만 해도 주교의 특권이었던 설교를 들을 길이 없었던 민중들을 대상으로 한 종교적 교육은 성직자 계층에 의해 강조되었다. 성직자들은 성인들과 순교자들의 삶을 통해 기독교의 덕목들을 가르쳤는데, 이들의 삶에 대한 이야기는 동일한 전설과 성상과 함께 거의 모든 공동체에서 공유하고 있었기 때문이다. 2세기부터 존재해온 성인들에 대한 숭배 역시 점차 진전되어 중세 시대에는 신앙생활에 있어서 중요한 부분을 차지하게 되었다. 성인들이 태어난 날 혹은 죽은 날에 맞추어 그들의 무덤에는 여러 순례 행렬이 이어졌으며, 특히 중요한 성인의 경우 전 유럽의 신도들을 끌어모으고 있었다고 해도 과언이 아니다.

청빈함과 자비

교회는 또한 소외당한 자들에 대한 자비와 환대라는 복음의 개념을 다시 강조하기 시작했다. 사실 이 개념은 가난한 자들의 교회라고 일컬어졌던 초대 교회의 특징 중 하나였지만, 오랜 세월에 걸쳐 권력과 물질에 대한 욕망으로 인해 희석되었던 것이었다. 복음서들은 공히 청빈한 삶을 높이 평가하고 있다. 그런 이유로 청빈함은 그 자체로 중요한 영적인 가치가 되었다. 물론 여기에는 어쩔 수 없이 그 상태를 겪어야 하는 것이 아니라 그 상태를 스스로 원해서 선택할 경우라는 조건이 뒤따랐다. 이는 곧 겸손함과 물질적 재산에의 거부를 일부러 선택했던 예수의 삶을 모방하는 길로 여겨졌다. 자비는 구원의 경제학 속에 도입되었다. 부자들은 기부 활동에 초대받았으며, 권력을 가진 자들의 헌금도 죄를 대속한다는 목적 하에 갈수록 늘어났다. 특히 의심스러운 방법으로 부를 획득한 경우에는 더욱 그러했다. 이에 대해 브로니슬로우 게레메크(Bronislaw Geremek)는 이렇게 이야기한다. "청빈함의 에도스(ethos)[83]와 영적 엘리트들에 의한 이 에도스의 실천을 통해 부의 위치가 사회 구조 속에 종교적이고도 거의 마술적으로 확립될 수 있었다."[84] 직접적인 기부가 권장되었으며, 교회와 교회에서 행하는 사회 활동에 대한 기부가 선호되었다. 교회에 대한 기부가 너무나 넘쳐난 나머지, 성직자들은 "머리 둘 곳조차 없으셨던"(누가복음 9:58) 가난한 그리스도를 찬양하면서 스스로 부귀를 누리게 되었다. 각종 구호 활동도 활발하게 이루어졌다. 직접적인 헌금을 제외하고도, 여러 의료 기관들이 도시(첫 번째 파리 병원은 1175년에 세워졌다)와 순례자들이 다니는 길에 세워져 가난한 자들과 여행자들을 맞아들였다. 이렇게 해서 자비의 신학이 정립되어 갔다. 이 신학은 기부 자체보다도 그 행위를 통해 기부자의 영적인 삶에 전해질 은혜에 초점이 맞추어져 있었으며, 자비 행위는 인간을 구원하기 위한 하나님의 계획의 일부로 여겨졌다.

문화의 발전과 대학의 설립

동시에 교육은 교회의 특권이 되었다. 유럽 국경 지역에서 안정을 찾은 교회는 이 상황을 '진정한' 기독교, 다시 말해 로마 가톨릭 교리 교육에 적합한 도구로 삼고자 했다. 주교 학교들의 건립은 9세기 초 샤를마뉴에 의해 시작되었으며, 11세기 말에는 각 도시의 주교관 지근거리에 세워진 이 학교들이 대단한 명성과 함께 농촌의 수도원 학교들을 대치하게 되었다. 하지만 교회의 테두리를 벗어나서는 문화가 존재하지 않았다. 모든 지적인 성찰은 신학과 관련된 것이었으며, 예술 창작 활동도 전적으로 신과 성서와 관련된 주제에만 바쳐졌다. 피에르 아벨라르

(Pierre Abélard: 1079~1142)와 같은 몇몇 뛰어난 지성의 소유자들도 나타났지만, 그 역시 신앙의 해석에 있어서 논리적 추론의 체계적인 사용을 지지했다는 이유로 1140년 교황의 단죄를 받게 된다.

보다 수월한 교리의 수호를 위해 교황들은 독립적인 스승을 중심으로 형성된 비정형의 학문 그룹들을 대신해 공의의 이름으로 가난한 학생들을 대상으로 하는 무상 대학들을 설립할 것을 권장했다. 라트란(Latran) 3차 공의회에서는 특별히 이 무상의 개념이 강조되었다. "이러한 조치를 위반할 용기가 있는 자는 교회의 은혜를 받지 못하게 될 것이다. 하나님의 교회에서 자기 영혼의 탐욕으로 인해 교육 허가를 돈을 받고 팔고, 이렇게 함으로써 교회의 발전을 저해하려고 하는 자는 일할 권리를 박탈당하는 것이 정당하다."[85] 첫 번째 대학은 1120년 볼로냐(Bologne)에 세워졌으며, 이곳에서는 교회법에 대한 교육이 이루어졌다. 1170년에는 파리와 옥스퍼드에서 두 개의 신학대학이 문을 열었으며, 1180년에는 몽펠리에(Montpellier)에 의과대학이 세워졌다. 그 뒤를 이어 발렌시아, 리스본, 파도바, 나폴리, 로마, 앙제, 툴루즈 등지에도 대학들이 들어섰다. 부자와 귀족들은 경쟁적으로 학교들의 재정지원에 앞장섰다. 이 학교들은 원래 가난한 학생들을 맞이하기 위한 목적으로 세워졌지만, 이러한 풍토 속에서 급속도로 지성의 장으로 자리를 잡아갔으며, 이 장에서 학생들은 각종 논쟁에 대비한 훈련을 받을 수 있었다. 선생들이 학생들에게 자신이 가진 지식을 아낌없이 가르쳐주었던 것은 물론이다. 1257년 루이 9세의 궁정신부였던 로베르 드 소르봉(Robert de Sorbon)은 약 20여 명의 학생들에게 신학을 가르칠 목적으로 학교를 세웠는데, 이것이 미래의 소르본(Sorbonne) 대학이다.

시토 수도회의 개혁과 탁발 수도회의 탄생

클뤼니 수도회의 개혁 2년 후, 수도원들은 자신들에게 집중된 권력으로 인해 부패의 길에 들어서게 되었으며, 찬연한 영광의 원동력이었던 지고의 이상으로부터 점차 멀어져 갔다. 하지만 그리스도의 가르침은 여전히 개인들을 끌어당기는 강한 힘을 가지고 있었다. 1098년 베네딕트회 수도사였던 베르나르(Bernard)가 시토(Cîteaux)에 있는 수도원에 들어갔다. 이 수도원은 클뤼니 수도원의 정신적인 해이 상태에 맞서 얼마 전에 세워진 곳이었다. 그는 근처에 있는 클레르보(Clairvaux)에 마찬가지로 "시토"라는 이름을 붙인 작은 수도원 공동체를 설립한 후, 보다 엄격한 계율을 적용했다. 이렇게 태어난 시토 수도회는 노동을 강조했고, 청빈함과 겸손함과 같은 가치들로의 획기적인 전환을 장려했다. 이러한 가치들은 수도원의 간소한 모습에도 반영되어 있었다. 얼마 지나지 않아 시토 수도사들은 하나의 일파를 이루게 되었으며, 1153년 클레르보의 베르나르가 죽었을 당시에는 350개 이상의 시토 수도회가 서방 곳곳에 세워져 있었다. 물론 대부분의 경우 시토 수도회는 도시에서 멀리 떨어진 곳에 세워졌다.

먼저 이탈리아에서 시작되어 서유럽 전체로 확산된 이와 같은 운동, 즉 그리스도의 진정성으로 돌아가자는 정신 속에서 그리스도인들은 다시 한 번 은둔 생활의 매력을 발견하게 되었다. 그들은 사막을 대신하여 밀림 속에 들어가 가난과 금욕 속에서 살아갔다. 이러한 하나님의 사람들은 살아 있는 성인들로서의 명성을 얻게 되었으며, 각 인물들을 중심으로 신앙 운동이 구체화되었다. 대중들은 그들을 직접 보고, 그들의 말을 듣기 위해 모여들었다. 이처럼 카리스마 있는 인물들을 중심으로 은둔 공동체들이 형성되었는데, 그들 중에는 라벤나의 로무알도(Romuald:

950~1027), 장 구알베르(Jean Gualbert: 990~1073), 혹은 성 브루노(saint Bruno) 등이 있었다. 특히 성 브루노는 1084년 '그랑드 샤르트뢰즈(Grande Chartreuse)'라는 이름의 수도원을 세웠는데, 이곳에서는 주로 샤르트뢰(Chartreux) 수도원 출신으로 은둔 생활을 하고 있는 수도사들이 모여 공동체 생활을 했다.

또한 복음서의 가르침—교회 제도는 그 가르침에서 점점 멀어져 가고 있었다—을 따르기 위해 탁발 수도회들이 생겨났다. 부유한 상인의 아들이었던 아시스의 프란체스코(François d'Assise)는 1208년 세상을 등지고 절대적인 청빈의 삶을 시작했다. 그는 예수의 가르침을 따르기 위해 극빈한 수도사의 삶을 살아갔다. 예수와 마찬가지로 그는 문둥병자들과 어울렸으며, 길거리에서 설교를 전했다. 전설에 따르면 수도 생활을 마땅치 않게 보고 강력하게 비판했던 교황 이노센트(Innocent) 3세는 꿈에서 프란체스코가 폐허 상태에 있는 라트란의 성 요한(Saint-Jean) 대성당을 떠받치고 있는 모습을 보았다고 한다. 이 전설의 내용으로 미루어 보아 당시 "그리스도의 대리자(Vicarius Christii)"라는 칭호를 스스로에게 부여했던 교황은 이 카리스마에 넘치는 설교자를 자기 편으로 삼고 싶어 했던 것으로 보이며, 그의 권위를 힘입어 여러 가지 교회 분리 운동에 맞서 싸우고자 했던 것으로 보인다. 당시의 교회 분리 운동은 수도사들의 문제보다 교회에 훨씬 더 큰 위험 요소로 작용하고 있었다. 예를 들면 오직 복음서의 권위만을 인정했던 리옹의 바우도스파(Vaudois)와 북이탈리아의 우밀리아티(Umiliati) 수도사들을 들 수 있다. 프란체스코는 자신의 이름을 딴 수도회를 창설했다. 프란체스코회 수도사들은 오로지 기도와 전도에만 전념했고, 자신들을 위해서나 공동체를 위해서나 재산을 축적하지 않기로 다짐했으며, 노동과 헌금을 통해서만 살아갔다. 프란체스코의 친척이었던 아시스의 클라리스(Claire d'Assise)에 의해 프란체스코 수도회의 여성 버전이라고 할 수 있는 클라리스 수도회도 만들어졌다.

1216년, 도미니크(Dominique)는 또 다른 수도원을 창설했는데, 이 수도회는 그의 이름을 따 도미니크 수도회라고 불렸으며, 설교자 형제들 수도회라고도 불렸다. 프란체스코 수도회와 마찬가지로 도미니크회 수도사들도 겸양과 청빈의 삶을 권장하고 실천했다. 하지만 프란체스코가 지적인 것들을 경계하고, 연구보다는 신비의 체험에 중점을 두었던 반면, 도미니크는 지식과 수도사들의 지적인 삶의 중요성을 강조했다. 3세기 전, 클뤼니의 개혁으로부터 생겨났던 여러 수도회들이 그랬던 것처럼 당시의 탁발 수도회들은 진정한 종교적 요구에 부응함으로써, 세상사에 파묻혀 있던 재속 성직자들의 영적인 태만함을 일시적으로나마 보완할 수 있었다.

교회, 그리스도의 군대

"의를 위하여 핍박을 받은 자는 복이 있나니 천국이 저희 것임이라. 나를 인하여 너희를 욕하고 핍박하고 거짓으로 너희를 거슬러 모든 악한 말을 할 때에는 너희에게 복이 있나니 기뻐하고 즐거워하라. 하늘에서 너희의 상이 큼이라. 너희 전에 있던 선지자들을 이같이 핍박하였느니라." 예수는 이렇게 말했다. (마태복음 5:10~12)

처음 2세기 동안 사회적 소수에 불과했던 교회는 평화주의적 원칙들을 끊임없이 고수해 나갔으며, 그 과정에서 신도들과 감독들은 스스로 순교의 길로 나아갔다. 교회가 고수했던 평화주의적 원칙은 철저하게 다음과 같은 그리스도의 가르침을 따른 것이었다. "너희 원수를 사랑하며, 너희를 미워하는 자들을 선대하라…"(누가복음 6:27) 그러다가 콘스탄티누스의 의지를 통해 권력의 자리에 다가서자 교회는 스스로 원수라고 여긴 이들, 즉 이교도들을 경계하기 시작했다. 하지만 당시만 해도 교회는 직접 피를 흘리는 일에 가담하기를 꺼려했다. 국가가 교회의 군대 역할을 맡아 "문제를 일으키는 자들"을 억압하는 일을 담당했다. 국가는 그들의 재산을 몰수하거나, 그들을 추방하기도 했으며, 경우에 따라서는 그들을 죽이기까지 했다.

아우구스티누스와 정의로운 전쟁

정의로운 전쟁의 신학적 조건들을 정의내리기 위한 경우를 제외하면, 신의 이름으로 이루어지는 폭력이 논쟁을 불러일으키는 경우는 거의 없었다. 푸아티에의 힐라리우스(Hilaire)는 이러한 폭력을 비판한 몇 안 되는 사람들 중 하나였다. 그는 365년경, 자비의 원칙을 내세워 이러한 폭력을 비판했다. 400년경, 얼마 동안 마니교 교리에 빠지기도 했던 아우구스티누스는 이 교리에 맞서 돌아섰으며, 『파우스투스에 반하여 *Contre Faustus*』라는 짧은 개론서를 발간했다. 이 개론서에서 그는 선의 이름으로 이단자들에 대해 힘을 사용하는 것은 정당한 행위라고 주장하고 있다. 하나님의 뜻에 따라 그들을 하나님의 길로 다시 인도함으로써 그들의 행복을 보장해 주어야 한다는 것이다. 아우구스티누스는 성서에서 자신의 논거를 이끌어낸다. "파우스투스는 도대체 무슨 구실로 이집트인들에 대한 약탈에 반대한 것인가? 모세는 이 일을 함으로써는 죄를 범하지 않았지만, 만약 이 일을 행하지 않았다면 죄를 범했을 것이다.

왜냐하면 그는 이 일에 대한 하나님의 명령을 받았기 때문이다. 하나님은 분명 행위를 따라서가 아니라 인간의 마음에 따라서 판단하신다. 바로 각자가 받아야 하는 고통과 누구를 통해 그 고통이 전해져야 하는지를 말이다. (…) 하나님의 명령에는 순종함으로 따라야 한다. 그의 명령에 논쟁함으로 맞서서는 안 된다."[86] 그리고 그는 성스러운 폭력을 비판하는 자들을 공격한다. "오직 하나님은 사람이 아무런 이유 없이 고통 받는 것을 허락지 않으신다. 인간이 스스로 선한 척 하는 마음은 거짓된 것임과 동시에 무지한 것으로서, 그리스도를 적대하는 자리에 위치하는 것이다. 그러한 마음은 불경한 자들을 처벌하기 위한 선하신 하나님의 명령을 수행하는 것을 방해한다."[87] 아우구스티누스의 주장은 결정적인 역할을 수행했으며, 전쟁에 대한 기독교 신학에 강한 영향을 주었다. "이게 유한하고, 타락했으며, 올바로 판단할 능력을 갖추고 있지 않은 인간의 지성이 열정 혹은 경솔함에 의해 행동하는 것과 하나님의 명령에 순종하는 것 사이에 놓인 차이를 이해할 수 있다면, 그 하나님이 허락 혹은 명령하신 것이 무엇인지, 언제, 누구에게 명령하신 것인지, 또한 각자가 어떤 일을 행하고 혹은 고통받는 것이 합당한지를 깨닫게 될 것이다. 이제부터 인간의 지성은 모세가 행한 전쟁에 대해 경탄이나 두려움을 느끼지 않게 될 것이다. 그것은 잔인함에서 비롯된 일이 아니라 순종으로 말미암은 일이기 때문이다. 또한 하나님께서 친히 죄인들을 정당하게 처벌하고, 공의를 경외감 속에 바로 세우셨기 때문이다. 사실상, 전쟁에 있어서 비난할 것이 무엇인가? 언젠가는 죽게 마련인 인간들이 승리를 통해 평화를 세우기 위해 죽는 것인가? 비겁한 자는 바로 이 점을 들어 비판하지만, 신실한 사람은 결코 그렇지 않다. 또한 이러한 극단적 광신을 처벌하기 위해, 폭력에 저항하기 위해 선의 사람들은 하나님의 명령이나 합법적인 기관의 명령에 의해 전쟁을 수행하는 것이다. 그들이 명령을 내리는 주체이든, 명령을 수행하는 입장이든 간에, 명령 자체가 피치 못할 상황일 때는 특히 그러하다."[88]

누가가 전한 예수의 말씀("한쪽 뺨을 때리거든, 다른 쪽 뺨도 내어주라")에 대해서 아우구스티누스는 다음과 같이 설명한다. "이러한 처분은 육체에 관한 것이 아니라 영혼에 관한 것이다. 사실상 바로 거기에 미덕의 성스러운 안식처가 있다. 우리의 선조들, 즉 옛 공의로운 자들에게서 찾아볼 수 있었던 미덕 말이다."[89] 417년, 도나파의 제거를 책임지고 있던 군 사령관 보니파시오(Boniface)에게 보낸 편지에서 아우구스티누스는 이렇게 덧붙이고 있다. "부정의한 박해가 있습니다. 그것은 바로 불경한 자들이 그리스도의 교회에 가하는 박해입니다. 반면 정의로운 박해가 있습니다. 그것은 그리스도의 교회가 불경한 자들에게 가하는 박해입니다 (…) 교회는 사랑에 의해 박해하지만 불경한 자들은 잔인함에 의해 박해합니다 (…) 교회가 적들을 박해하는 것, 그들을 끝까지 추적하여 그들의 교만함과 허영심 속에서 무릎 꿇게 만드는 것은 그들로 하여금 진리의 은혜를 누릴 수 있게 해주기 위함입니다 (…) 교회는 자비 속에서 그들을 타락으로부터 구해내고, 사망으로부터 건져내기 위해 애쓰고 있습니다."[90] 십자군 원정과 종교재판으로 이어지는 논리가 작동되기 시작한 것이다.

십자군 원정

853년, 레오 4세는 아우구스티누스의 논증을 이용하여 불신자들, 즉 무슬림들에 대해 신앙의 수호라는 명분으로 싸울 것을 명하는 첫 번째 교황령을 선포했다. 이후로 그의 뒤를 이은 교황들은 이 동원령에 전사들에 대한 전면적인 면죄의 약속을 추가한다. 즉 영생의 삶에 들어갈 때에 완전한 형벌의 면제를 약속한다는 것이다. 1095년 11월 27일, 유럽의 주교들, 사제들, 왕과 영주들이 모여 클레르몽(Clermont)에서 개최한 공의회에서 교황 우리바니우스 2세는 동방의 그리스도교도들을 구원하고 예루살렘을 불신자들로부터 해방시키기 위한 십자군 원정 명령을 선포한다. 당시 예루살렘은 서방 그리스도교도들이 죄를 대속하기 위한 순례지로 가장 많이 선택하던 곳이었다. "하나님의 군사들이여, 검을 꺼내 예루살렘의 원수들을 용감하게 쳐부수라. 하나님께서 그것을 원하신다." 기독교 유럽, 특히 클뤼니의 개혁과 신의 휴전 적용으로 활력을 되찾은 기독교 유럽에서 군중들은 이러한 교황의 소집령을 진심으로 받아들였으며, 원정복으로 정해진 십자가 형상이 그려진 옷을 앞다투어 입고자 했다. 자신들의 정신적 지도자이자 교황의 대리자였던 아데마르 드 몽테유(Adhémar de Monteil)의 인솔을 받은 십자군 병사들은 메츠, 트레브, 마이앙스, 콜로뉴, 라스티본 등지에서 유대인 공동체를 함몰시킴으로써 서양의 국경을 건너기도 전부터 그들의 거룩한 전쟁을 시작했다. 예루살렘은 1099년 7월 15일 금요일 함락되었다. 예수가 십자가 처형을 받은 날을 기념하여 선택된 이 날, 예루살렘 전역에서 "하나님이 이것을 원하신다"는 외침이 울려 퍼졌다. 자신들의 지도자가 예수의 무덤에 찬미하기 위해 가있는 동안, 이른바 순례자들(peregrini)이라고 불리던 전사들은 3일에 걸쳐 불신자들, 유대인들, 무슬림들을 가리지 않고 강하게 공격했다.

1095년부터 1270년 사이 여덟 차례의 십자군 원정이 이루어졌다. 열렬한 신앙심과 안티오키아에서 예수를 찔렀던 성스러운 창을 '발견'했던 것과 같은 기적들로 점철되었던 첫 번째 원정은 교회로 하여금 "하나님이 원하시는" 이 전쟁의 정신적 계율을 확립할 수 있도록 해주었다. 병사들은 파문의 위협 아래에서 영원한 맹세를 해야 했으며, 그 자신은 물론이거니와 그의 가족과 재산까지 교회의 보호 아래 들어가게 되었다. 각각의 병사들마다 신성성이 인정되었다. 그들에게는 전면적인 면죄가 부여되었으며, 그리스도의 이름으로 영원한 구원의 약속도 주어졌다. 2차 원정이 끝날 무렵 성 베르나르도(Bernard)는 서방의 패배가 죄인들에게 가해진 하나님의 벌이라고 설명하기도 했다. 1024년 4차 원정이 시작되었다. 이 원정은 또 다른 그리스도교도들을 대상으로 이루어졌다. 그 결과 콘스탄티노플이 점령되었고, 그곳에서 살인을 동반한 약탈이 행해졌다. 하지만 파문당한 군주였던 프레데릭 2세가 앞장서 예루살렘을 정복했던 6차 원정이 있을 무렵에는 교황들에 의해 이 원정이 하나님께 기쁨을 드리는 일이라는 설명이 지속되었음에도 불구하고 민중들은 더 이상 이 원정을 영적인 모험으로 받아들이지 않았다. 원정대의 자금을 지원하기 위해 로마는 병역면제 자격의 매입을 허용했으며, 원정대의 특권을 물질적으로 기여한 사람들에게까지 확대시켜 주었다. 또한 로마 당국은 유대인들의 재산을 빼앗았다. 1248년 루이 4세(미래의 성 루이)에 의해 이루어진 7차 원정은 실패로 끝났으며, 카르타고를 넘지 못한 8차 원정 역시 마찬가지였다.

이성과 신앙

정치 · 종교적으로 재앙이었던 십자군 원정은 그럼에도 불구하고 신학을 포함한 서구 사상에 있어서 중요한 분기점이 되었다. 한창 황금기에 있던 이슬람 문명, 특히 서구에서는 로마 제국의 멸망 이후 잊혀졌던 그리스 사상가들의 책을 번역하고 연구했던 문명과의 만남이 이러한 분

기점 역할을 하게 되었다. 아리스토텔레스, 플라톤, 프톨레마이오스, 유클리데스를 비롯하여 여러 스토아 학자들의 재발견은 다음과 같은 아랍 학자들을 통해서 이루어질 수 있었다. 처음으로 플라톤과 아리스토텔레스를 종합하려 했던 알 파라비(al-Farabi: 872~950), 형이상학에 논리학과 수학을 적용시켰던 아비센나(Avicenne: 980~1037), 고전 철학에 맞서 싸우기 위해 그것을 설명했던 신비주의자 알 가잘리(al-Ghazali: 1059~1111), 특히 아리스토텔레스를 서양에 다시 소개한 아베로에스(Averroès: 1126~1198)와 안달루시아 유대인이었던 모세 마이모니데스(Moïse Maimonides: 1135~1204)가 그들이었다.

모두 교회에 소속된 사람들이었던 중세 사상가들은 고전 문화의 풍요로움에 매력을 느꼈다. 이때부터 그들은 그리스 철학과 기독교 교리, 신앙과 이성을 결합시키기 위해 노력하게 되었다. 이러한 노력은 주로 알렉산드리아의 클레멘트(Clément d'Alexandrie), 오리게네스(Origène)를 비롯해 2, 3세기 호교론을 주도했던 교부들, 나아가 4세기의 카파도키아인들, 예를 들면 나지안주스의 그레고리우스(Grégoire de Nazianze), 카이사레아의 바실리우스(Basile de Césarée), 니사의 그레고리우스 등과 같은 선조들이 보여주었던 사유의 흐름 속에서 이루어졌다. 고대 철학자들의 책이 아랍어에서 라틴어로 다시 번역되기 시작했다. 유럽의 학교와 대학들은 다시 한 번 신학 지성의 비등의 장소가 되었다. 옛날 알렉산드리아와 로마가 그러했던 것처럼 말이다. 신학의 얼굴을 바꾸어놓게 될 이러한 혼합이 이루어지던 여러 기관들을 준거로 하여, 이러한 흐름은 스콜라 신학이라는 이름을 갖게 되었으며, 알베르투스 마그누스(Albert le Grand: 1206~80)와 토마스 아퀴나스(Thomas d'Aquin: 1225~74) 등과 같은 걸출한 대표 사상가들을 배출하게 된다. 특히 아퀴나스는 아리스토텔레스로부터 이성과 신앙을 화해시킬 수 있는 수단들을 끌어낸 것으로 유명하다. 교회는 교리에 대립되지 않는 한 이러한 연구를 지원했다. 그때까지만 해도 교회는 이러한 지적 혁명의 영향력이 얼마나 클 것인지에 대해서, 나아가 15세기 이후로 이러한 흐름으로부터 위대한 휴머니스트들이 나오게 될 것이라는 사실에 대해서 짐작하지 못하고 있었다.

이교에 대한 투쟁

다형의 유대교라는 부식토에서 태어난 기독교는 처음부터 내적으로 여러 다양한 흐름을 보여주었다. 때로는 중심적인 신학적 문제들에 대해서도 다양한 의견이 엇갈렸으며, 경우에 따라 이러한 다양성은 오래 동안의 분열로 이어지기도 했다. 로마 제국의 인정을 받기 전부터 이미 로마 교회는 스스로를 베드로의 유일한 후계자라고 인식하고 있었으며, 바로 이러한 자격으로 그리스도의 가르침의 수호자라고 생각하고 있었다. 이를 통해 로마 교회는 영적, 교리적 우월성을 스스로에게 부여했으며, 이는 특히 동로마가 건설된 이후 다른 교회들과의 논쟁과 분열의 위기로 이어졌다. 이미 3세기 초엽에 테르툴리아누스는 분노한 어조로 교황 칼릭스투스(Calixte)에게 다음과 같이 써 보낸 바 있다. "당신은 도대체 어떤 사람이오? 베드로에게 개인적으로 주어진 이 은혜를 스스로에게 부여하다니 말이오. 이는 주님의 명백한 의도를 완전히 뒤집고 변화시키는 것 아니겠소?"[91]

중세 시기에 서양 기독교는 거의 모든 영역에서 사회를 하나로 묶어 주는 역할을 담당했으며, 이러한 역할은 특히 이교들을 제거하면서 강화되었다. 이교를 제거하는 방식은 갈수록 폭력적인 양상을 띠어 갔다.

최초의 화형대는 11세기 오를레앙(Orléans)에서 마니교인들을 처형하기 위해 세워졌다. 이들은 독일과 프랑스 북부에 정착해 있던 비기독교인들로 그들에 대한 처벌의 필요성을 확신한 주민들에 의해 성직자들에게 넘겨졌다. 곧이어 그리스도의 제자들이라고 불리던 무리, 종종 독립적인 설교자를 중심으로 작은 그룹 형태로 모였던 이들이 폭력의 희생자가 되었다. 이들은 권력과 부의 추구를 통해 혼미해진 성직자 계급의 도덕적 타락에 맞서 청빈과 겸양, 이웃 사랑의 복음적 가치로 되돌아갈 것을 주장했으며, 결국에는 교리와 의식에 대한 이의 제기까지 하게 되었다. 1139년 열린 제2차 라트란 공의회에서는 세속 권력이 이교도들의 억압에 있어서 교회를 도울 의무가 있음이 확인되었다. 1163년 투르(Tours) 공의회에서는 교황에 의해 의심스러운 이교도들이 있을 경우 어떤 양태의 조사를 벌여야 하는지가 규정되었다. 1179년 거룩한 땅으로의 제2차 십자군 원정이 실패로 끝나 그리스도교 대중들의 확신이 흔들리게 되었을 즈음에 제3차 라트란 공의회가 열렸다. 이 공의회에서는 이교에 맞선 투쟁과 불산자들에 맞선 십자군 원정을 동일시하는 결론이 내려졌다. 1184년 교황 루시우스 3세는 각각의 교구마다 상설 법정을 설치하고, 이교도들을 밀고한 사람에게는 3년 동안의 면죄를 제공해 주었다.

    1198년 교황 이노센트 3세의 선출과 함께 이교도 문제도 잠시 동안의 휴지 기간에 들어간다. 이노센트 3세는 카타리파와 같은 이교 종파를 설복시키려고 노력했다. 그러한 노력의 일환으로 그는 카타리파에 성 도미니크와 같은 정통 설교자들을 보내어 그들을 가톨릭 교리로 다시 귀환시키고자 했다. 하지만 이러한 잠시 동안의 휴전은 1208년 교황의 특사였던 피에르 드 카스텔노(Pierre de Castelnau)의 살인 사건으로 끝나게 되었다. 그 이듬해 교회는 알비 종파 사람들에 대한 첫 번째 십자군 원정을 조직한다. 1215년 제4차 라트란 공의회에서 이노센트 3세는 주교들에게 각종 이교들을 "저주의 길"로 비난할 의무가 있음을 상기시켰다. 하지만 이러한 명령을 통해 가톨릭 교리에 저항하는 그리스도인들의 활동을 완전히 막을 수는 없었다. 이들은 발도파[92]의 예에서 영감을 받아 성경을 각 지방어로 번역해 유통시켰으며, 공동체를 형성하여 그 성경을 읽고 주해하기에 힘썼다.

종교재판

1232년 2월 8일, '*Ille humani generi*'라는 교황 그레고리우스 9세의 교서가 내려졌다. 이 교서는 종교재판소(l'Inquisition, 라틴어로는 *inquisito*로 '조사'를 뜻한다)의 설치를 명하고 있으며, 그 권한을 도미니크회 수도사들에게 맡기고 있다. 도미니크회는 약 4반세기 전에 설립된 수도회였다. 그 이듬해 프란체스코회 수도사들도 이 일과 관련을 맺게 되었다. 물론 종교재판은 엄격히 말해 유일한 재판관인 교황의 직접적인 관할 하에 놓여진 일이었다. 교황은 자신의 대리자들에게 권한 대행 서한을 맡기고, 각 지역의 주교들은 "이 대리자들을 호의적으로 영접하고, 그들을 훌륭히 대접하며, 각종 편의와 조언, 원조를 통해 그들을 도울" 임무를 가지고 있었다. 1244년 이노센트 4세의 교서 *Ad extirpanda*는 교회에 의해 수행되는 재판 절차 가운데 고문을 허용했으며, 1261년 우르바니우스 4세는 종교재판관들이 직접 고문을 할 수 있도록 허용해 주었다.

종교재판의 틀이 이렇게 정해졌다. 그것은 세례를 받은 그리스도인들만이 관계되는 그리스도 교회의 일이었으며, 저명한 신학자들 가운데에서도 아무런 반대 의견이 없었다. 이 신학자들은 모두 토마스 아퀴나스(1225~74)의 다음과 같은 평결에 동의하는 사람들이었다. "이교도들은 마땅히 죽음을 통해 이 세상과 분리되어야 한다. 실제로 일시적인 필요에 대처하기 위해 돈을 위조하는 것보다 영혼의 삶을 타락시키는 것이 훨씬 더 심각한 문제이기 때문이다."[93] 중세 종교재판관들의 준엄한 재판 절차는 고발당한 그리스도인을 향한 "사랑과 자비"의 감정과 정신 속에서 그들의 구원을 위해 행동한다는 확신에 의해 고무되었다. 재판 절차는 서양 어디에서나 동일했다. 재판은 우선 공중이 그리스도 안에서의 신앙 고백과 복음서의 원칙들을 서약하는 것으로 시작된다. 그리고 나면 이교도들로 하여금 자수를 할 수 있고, 민중들에게는 그들을 고발할 수 있도록 하기 위해 종교재판관이 일정한 유예 기간을 선포한다. 민중들이 이 고발의 의무를 다하지 않을 시에는 파문을 당할 수도 있었다. 이교 행위에 대한 본질적인 증거는 자백으로 주어졌다. 물론 피고인의 자백은 많은 경우 고문에 의해 강요되기도 했다. 고문이 행해지는 재판 회기는 교회의 규정에 따라 "단 한 번의 회기"여야만 했으며, 경우에 따라서는 종교재판 지침에 규정된 시간 용례에 따라 며칠씩 "하나의 회기가 지속되기도" 했다. 그 결과가 유효하고 완전하기 위해서 자백은 고문이 없는 상황에서 다시 반복되어야 했으며, 공모자들의 이름도 포함하고 있어야 했다. 종교재판관이 내릴 수 있는 판결의 종류도 다양했다. 단식, 순례, 벌금, 공중 태형, 의복에 별 모양을 항구적으로 달고 다니는 벌, 감금형 등이 그것이다. 사형은 민간 권력 당국의 권한으로 남아 있었다. 이 경우 피고인으로부터 교회의 보호가 박탈되고, 피고인은 화형대로 이끌려가게 된다. 사형은 주로 축제일에 집행되었는데, 대중들이 그 자리에 참석할 수 있도록 하기 위해서였다. 사형장은 수도사들에 둘러싸여 있었는데, 수도사들은 마지막 순간까지 죄수의 영혼을 악마로부터 구원하기 위해 노력하였다.

희생자들의 목록은 길다. 카타리파와 발도파, 독립적인 설교자들 말고도 이른바 영적 프란체스코회 수도사들도 종교재판의 희생자가 되었다. 이들은 자신들의 수도원이 망각하고 있던 청렴함이라는 복음적 이상으로의 회귀를 주장했던 사람들이다. 뿐만 아니라 베긴 교단의 여신도들, 기도와 청빈함 속에서 공동체를 이루어 살아가던 세속 신비주의자들, 얀 후스(Jean Hus)와 같은 개혁자들도 공격의 대상이 되었으며, 마녀들과 마법사들에 대해서도 마찬가지였다. 15세기 이후로 종교재판관들은 마녀와 마법사들에 대해서는 직접적으로 사형을 공포했다.

조금 더 늦은 시기에 시작된 에스파냐의 종교재판 역시 같은 규칙을 따랐다. 하지만 실제 적용에서 에스파냐의 종교재판은 유대인과 이슬람 공동체들도 공격의 대상으로 삼았다. 14세기 에스파냐에서는 다른 종교 공동체들에 대한 기독교인들의 폭력이 심화되었으며, 사제들의 명령에 따라 약탈이 자행되었다. 유대인들과 무슬림들은 기독교로 개종을 하거나, 고향을 떠나 망명길에 오르는 것 외에 다른 선택의 여지가 없었다. 하지만 개종자들(conversos)이라고 해서 완전한 그리스도교도로서의 자격을 갖춘 것으로 여겨지지는 않았다. 15세기 초에는 1455년 시성된 도미니크회 금욕주의자 뱅상 페리에(Vincent Ferrier)의 주도로 유대교인들과 무슬림들뿐만 아니라 그들의 후손들에 대한 처분이 결정되었으며, 그들은 여러 가지 사회적 기능에 제약을 받게 되었다. 종교재판소는 이들의 가계를 추적하는 책임도 갖게 되었다. 1478년 교황 식수투스(Sixte) 4세는 교서 *Exigit sincer devotionis*를 통해 아라곤(Aragon)의 페르디난드(Ferdinand) 왕과 이사벨라(Isabelle) 여왕[94]에게 "적어도 40세 이상이 되었고" "하나님을 두려워하는" 사제들로 하여금 개종을 했으면서도 여전히 마음으로는 유대인으로 남아 있으며, "신앙에 반하는 죄"를 저지른 개종자들의 추적에 대한 책임을 맡게 할 권한을 부여했다. 1492년 추방령이 공표될 때까지 개종하지 않은 유대인들은 종교재판에 회부되지 않았다. 하지만 이때를 기점으로 에스파냐에 머물고 있는 유대인들은 세례를 받은 자들, 즉 개종자들로 간주되었다. 1483년 도미니크회 수도사이자 여왕의 고해 신부로서 엄격한 기질과 신학적 학식으로 명망이 높았던 토마스 데 토르케마다(Tomás de Torquemada)가 아라곤의 종교재판관으로 임명되었다. 이후로 그가 사망한 1498년까지 10만 건 이상의 재판이 이루어졌다.

에스파냐의 종교재판은 3세기 반 동안 지속되었다. 개종자에 대한 마지막 판결은 1756년 톨레도에서 이루어졌다. 에스파냐의 종교재판은 주로 유대인들을 대상으로 이루어졌으며, 이후에는 세례를 받은 무어인들에게까지 그 범위가 확대되었다. 뿐만 아니라 "종교적 죄악들", 그리고 "가증스러운 죄"라고 불린 성적인 범죄를 저지른 개혁주의 이교도들에게도 맹위를 떨쳤다. 신앙의 복수성이 허용되던 몇 세기를 거친 뒤 에스파냐는 준엄한 종교재판의 실행을 통해 가톨릭교에 대한 충성심을 드러내 보이고자 했다. 이러한 점에서 에스파냐의 종교재판은 서양 기독교 국가 어느 곳에서보다 더욱 눈에 띄는 종교적 의식과 함께 이루어졌다. 그 이유는 오랜 기간 동안 비 기독교인들과의 공동생활을 통해 '타락한' 기독교인들의 교육을 위해 이러한 의식이 필요하다는 의식에 있었다. 재판과 각종 제재 조치들의 판결에는 미사와 설교가 동반되었다. 저명한 신학자들이 종교재판관들을 도와 가짜 신앙 논리들에 대한 정보를 제공해 주었다. 그 과정에서 그리스도의 가르침에 반대되는 행동을 정당화시키기 위한 잘못된 절차도 있었으며, 그 정점은 분명 1598년 출판된 루이스 데 파라모(Louis de Paramo)의 『거룩한 종교재판의 직무적 기원과 발전에 대하여 De origine et progressu Officii Sanctae Inquisitionis』라는 저작이었다고 할 수 있다. 이 신학자는 아주 단순히 종교재판의 기원이 하나님께로 거슬러 올라간다는 것과 종교재판관들은 예수 그리스도의 모방이라는 유일한 목표만을 가지고 있을 뿐이라는 것을 증명하고자 했다. 그에 따르면 역사상 최초의 종교재판은 하나님 자신에 의해 아담과 이브를 대상으로 이루어졌다는 것이다. 또한 예수 역시 이 작업을 계속해서 수행했으며, 이 고통스럽지만 성스러운 임무를 사도들, 그리고 그들의 계승자들인 교황과 주교들에게 전달했다는 것이다.

1542년, 교황에 의해 최초의 로마 교황청 성성(congrégation)이 설립되었다. 그 이름은 로마와 전세계를 향한 "성스러운 종교재판 성성"으로, 매우 웅변적인 것이었다. 이것이 훗날 비오 10세에 의해 성청(Saint-Office)으로 변화한(1908) 기관의 원형이며, 2차 바티칸 공의회(1965) 이후로 "신앙교리성성"이라는 이름을 갖게 되었다. 성성의 임무는 설립 당시부터 그리스도의 진리, 적어도 로마 가톨릭 교회에 의해 확증된 진리를 더럽히는 그 어떤 일탈도 생기지 않도록 감시하는 데 있었다.

인디언들에게도 영혼이 있는가?

1492년 그라나다의 함락으로 인해 에스파냐에서의 무슬림들의 존재는 그 끝을 맞이하게 되었다. 토르케마다의 보호 아래 종교재판이 가장 맹위를 떨치던 시기에, 크리스토프 콜럼버스(Christophe Colomb)가 생도맹그(Saint-Domingue) 섬을 향해 출항했다. 이것이 곧 아메리카 대륙과 그곳의 엄청난 부를 향한 식민 역사의 시작이었다. 곧 이어 두 번째 원정도 이어졌다. 1454년에 교황 니콜라스 5세는 포르투갈 사람들에 의한 노예무역을 승인했다. 최초의 식민지 개척자들을 태운 범선들에는 흑인들도 승선되었다.

아메리카는 황금의 땅이었을 뿐만 아니라 "야만인"들의 땅이었다. 신세계가 전해주는 장밋빛 미래에 끌려 단체로 이곳저곳을 답지하던 식민 개척자들은 그곳에서 낯선 원주민들과 만나게 되었다. 에스파냐 왕은 개간할 땅과 함께 이 원주민들까지 개척자들의 소유로 할 수 있도록 허용했다. 단 그들을 먹여주고, 가톨릭 신앙으로 개종시킨다는 조건 하에서 말이다. 이때부터 인디언들은 진정한 대량 학살의 희생양이 되었다. 남자들과 어린이들은 과도한 노동에 시달려 죽어갔으며, 여자들과 젖먹이 아기들은 아무 이유 없는 폭력, 종종 유희의 형태로 행해진 극단적인 폭력에 희생되었다.

1510년, 도미니크회 수도사인 바르톨로메 데 라스 카사스(Bartolomé de Las Casas)가 생 도맹그의 사제로 임명되었다. 그는 콜럼버스와 함께 여행을 했던 동료의 아들로 그 자신도 이미 두 차례에 걸쳐 아메리카를 방문했던 경험이 있었다. 사제로 부임하자마자 그는 그곳에서 자행되는 일에 분노를 느꼈다. 그의 표현에 따르면 그것은 "악마의 폭정"과도 같았다. 50년이 지난 후 그는 궁정의 귀족들에게 보내는 편지에서 이 일에 대해 길게 서술하게 되는데, 그 목적은 "입을 다묾으로써 셀 수 없을 정도로 많은 영혼과 육신의 파멸에 대해 같은 죄를 짓지 않도록 하기 위해서"임과 동시에 식민지 개척자들이 빠져버린 "자연과 하나님의 법"을 침해하는 죄를 범하지 않도록 하기 위해서였다. 인디언 원주민들과 대비해 서구 기독교인들의 관습을 묵시록적으로 묘사하고 있는 서두에서 그는 이렇게 적고 있다. "에스파냐에서 이곳으로 온 사람들, 자칭 기독교인이라고 하는 사람들은 두 가지 일반적이고 주요한 방법을 사용해

이 불쌍한 사람들을 지구상에서 근절하고 없애버리려고 했습니다. 그 하나는 전쟁입니다. 부당하고, 잔인하고, 유혈이 낭자하며, 포학한 전쟁입니다. 또한 자유를 추구하고, 희망하고, 심지어 자유를 생각이라도 할 수 있을 만한 사람들, 나아가 모든 고통을 참고 버텨나갈 만한 사람들을 모두 죽이고 난 뒤에, 가장 힘들고 끔찍한 방식으로 그들을 억압하는 것, 지금까지 사람에게나 혹은 짐승에게나 강요된 적이 한 번도 없었을 만큼 잔혹한 노예 상태로 그들을 끌어들이는 것이 또 다른 수단입니다."[95]

아메리카와 관련된 이야기들에 분개했던 몽테뉴(Montaigne)와 같은 소수의 휴머니스트들을 제외하면, 바르톨로메 데 라스 카사스는 인디언들도 같은 사람이고, 모든 인류에게 주어진 존엄성을 그들 역시 가지고 있으며, 그렇기 때문에 그리스도인들과 동등한 자격을 가지고 있고, "그리스도 안에서 형제"들이라고 주장했던 거의 유일한 사람이었다. 당시 대부분의 신학자들에게 있어서 인디언들은 좋게 봐 주어야 열등한 인간들에 불과했다. 이미 1,500년 전에 세상에 전해진 예수의 가르침을 접해 보지도 못한 인간들, 그렇기 때문에 하나님으로부터 잊혀진 인간들이라고 여겼던 것이다. 라스 카사스 주교는 몇 차례에 걸쳐 에스파냐로 돌아가 가톨릭 왕들에게 자신의 생각을 펼쳐 보였으며, 원주민들을 흑인들——그 역시 흑인들을 노예로 부리는 것은 인정하고 있었다——로 대치시켜 줄 것을 요구했다. 하지만 왕과 교회의 금고를 채워주는 세금과 10분의 1세 앞에서 그의 주장은 아무런 힘도 가질 수 없었다.

1530년대 말, 라스 카사스 주교는 『인도인들의 일반 역사*Histoire générale des Indes*』라는 제목의 책을 펴냈는데, 긴 분량의 이 책은 그가 30년 전부터 가까이 지내온 사람들의 삶과 관습에 바쳐진 책이었다. 이 책은 유럽에서 대단한 성공을 거두었으며, 그 결과 1542년 라스 카사스 주교는 카를 5세(Charles Quint)를 대면하여 자신의 주장을 관철시킴으로써 노예제를 폐지한다는 내용의 새로운 법률의 공포를 이끌어냈다. 하지만 이 법은 이후로 시행되지는 못했다. 치아파스(Chiapas)의 주교로 임명받은 라스 카사스는 그의 영향으로 만들어진 법률에 반대하는 식민주의자들의 저항으로 인해 1546년 자신의 주교구를 떠나게 된다.

바야돌리드(Valladolid) 논쟁

이러한 상황 속에서 1550년 바야돌리드 논쟁이 펼쳐졌다. 이 논쟁은 교황 요한 3세가 스스로 아메리카 인디언들의 진정한 본성에 대한 결정[96]을 내릴 수 있는 권한을 요구함에 따라 이루어졌다. 라스 카사스 주교와 신학자이자 황제의 연대기 작가였던 후안 히네스 데 세풀베다(Juan Gines de Sepulveda) 사이의 첨예한 대립을 중재하기 위해 교황의 특사가 파견되었다. 세풀베다는 아리스토텔레스에 의거하여 이 영혼이 없는 피조물들은 단지 인간의 외관만 가지고 있을 뿐이며, 따라서 기독교인이 이 피조물들을 노예로 삼는다고 해서 죄가 될 것은 없다는 주장을 펼쳤다. 1550년 8월 15일, 다수의 법률가와 신학자들, 그리고 카를 5세의 대리인 앞에서 교황의 특사는 다음과 같이 논쟁의 문을 열었다. "교황께서는 다음과 같은 정확한 임무와 함께 저를 여러분에게로 보내셨습니다. 바로 여러분들의 도움을 받아 이 원주민들이 완전하고 진정한 인간 존재들인지, 즉 하나님의 피조물로써 아담의 후손에 들어가는 우리의 형제들인지, 아니면 이와는 반대로 우리와는 별개의 존재들인지, 심지어 악의 제국의 신하들인지를 결정하라는 임무가 그것입니다."

논쟁은 정확히 말해 원주민들의 복음화와 관련된 것이었다. 이러한 점에서 논쟁의 두 주역들은 자신의 주장을 펼침에 있어서 "참 그리스도인", "실제 그리스도인"이라는 표현을 자주 사용했다. "교회의 위엄 있고 정당한 억압에 의해 보다 확실히 증명된 이교도들에 대한 전쟁의 정당성"(3번째 반론)의 수호자였던 세풀베다에게 있어서, "사도의 참 기능은 그들을 개종시키고, 그들에게 복음을 전하고자 애쓰는 데 있다. 뿐만 아니라 이러한 목적을 위해서라면 모든 유용한 수단을 사용할 수 있어야 한다."(5번째 반론) 그는 또한 이렇게 덧붙였다. 교황은 "그리스도의 위임을 통해 그들이 복음을 듣도록 강제할 수 있는 힘을 가지고 있다." (10번째 반론) 그는 이렇게 설명한다. "교육을 제대로 받지 못한 젊은이가 자신에게 벌을 주는 스승에 대해 그런 것처럼, 정신착란자는 자신을 돌봐주는 의사에 대해서도 증오의 감정을 느낀다. 그럼에도 둘 모두 여전히 유익한 존재이며, 그들을 포기해서는 안 된다."(9번째 반론) 자신의 논거를 확증하기 위해 그는 성 아우구스티누스를 인용한다. "만약 우리가 불신자들을 가르치지 않고, 단지 그들을 공포에 떨게만 한다면, 그것은 잔인한 폭정에 다를 바 없다. 반대로 고질적인 습관 가운데 뿌리 내리고 있는 그들에게 조금의 두려움도 주지 못한 채 그들을 가르치는 데서만 그친다면, 그들이 구원에 이르는 길로 나아가기란 매우 어려워질 것이다."[97]

라스 카사스 주교는 곧바로 "하나님과 그 분의 영광에 관계된 일"의 옹호자로서의 입장을 취했다. 그리고 그는 사랑을 주된 논거로 내세웠다. "우리의 주재이신 예수 그리스도께서는 당신의 백성들을 성직자들과 교황에게 맡기셨습니다. 교황은 예수께로부터 영적인 힘을 부여받았으며, 결과적으로 이 세상에서의 권한을 위임받았습니다. 예수께서는 성직자들과 교황에게 당신의 백성들을 거룩한 신앙의 길로 이끌고, 평화와 사랑, 그리고 그리스도인으로서의 헌신을 통해 그들을 교회 안으로 이끌어 들일 것을 명령하셨습니다. 비록 그들이 늑대 같을지라도, 그들을 온순한 양처럼 대하면서 말입니다."(4번째 반박) 그는 또한 자신의 상대자가 성경적 전쟁을 통해 논거를 끌어냈던 바로 그 복음서를 환기시켰다. "하나님의 아들이신 그리스도께서는 사도들로 하여금 전도를 하러 보내시면서 그들의 말을 듣고자 하지 않는 사람들을 강제로 억압할 것을 명령하시지 않으셨습니다. 오히려 발에 묻은 먼지를 떨어버리고, 평화롭게 그 마을 혹은 그 도시를 떠나라고 하셨습니다. 이렇게 함으로써 그들이 받을 벌을 심판의 날로 미루어두라는 것이지요. 마태복음 10장을 보시면 알 수 있습니다."(10번째 반박)

라스 카사스 주교의 죽음 4년 후인 1570년, 포르투갈 왕은 인디언들의 노예화를 금지시켰다. 1517년 루터가 면죄에 대한 95개조 반박문을 개제했던 유럽에서는 신교가 옛 가톨릭 국가였던 곳마다 전파되었다. 신교는 스웨덴(1527), 덴마크(1536)의 국교가 되었다. 영국에서는 왕이 영국 교회의 유일한 수장임을 선포했으며(1534), 개혁 교회 공동체들은 독일, 스위스, 프랑스로도 영역을 확장시켜 나갔다. 프랑스의 경우 1562년 5월 1일 봐시(Wassy)에서 신교도들에 대한 학살이 자행되었으며, 이는 종교 전쟁의 시작을 알렸다. 신교도들은 로마를 비판하는 데 있어서 바로 바르톨로메 데 라스 카사스 주교의 주장과 논거를 사용하게 되었다. 1659년 종교재판소는 라스 카사스 주교의 『인도 사람들의 파괴에 대한 매우 간략한 보고서 *Très Brève Relation de la destruction des Indes*』를 금서로 지정하게 된다.

제5장

기독교 휴머니즘에서 무신론적 휴머니즘으로

유럽 사회에 대한 로마 교회의 종교적 독점권에 문제를 제기한 프로테스탄트 개혁의 거대한 파고는 사실상 프로테스탄트와 가톨릭 사이의 갈등의 신학적 범주를 넘어서는 사상의 태동으로부터 시작되었다고 할 수 있는데, 그것은 곧 휴머니즘이다. 휴머니스트 사유의 운동은 인간의 존엄성과 자유, 지적 능력을 확증함으로써 인간을 모든 것의 중심에 세우고자 하는 데 있었다. 일반적으로 이러한 운동은 14세기 말 페트라르카(Pétrarque)와 함께 이탈리아에서 시작된 것으로 알려져 있다. 이후로 이 흐름은 15세기 전체에 걸쳐 발전하게 되었다. 이러한 흐름은 기독교 발전의 내적 요인—토마스 아퀴나스의 이성적 신학의 영향 하에서 이루어진 이성의 발전과 성직자 계급의 지배에 맞서 개인적 자유를 수호하기 위해 사용된 복음서 메시지들의 준거—과 새로운 요인들로 인해 나타났다고 할 수 있다. 특히 새로운 요인들 중 두 가지를 결정적인 것으로 볼 수 있는데, 그 하나는 그리스와 로마의 위대한 작가들의 번역과 함께 유럽인들의 지적 지평을 확장시킨 고대의 발견이고, 다른 하나는 지식의 대폭적인 확산을 가능하게 해 준 인쇄술의 발명이었다.

시간이 지날수록 휴머니스트적 기도는 발전을 거듭하여 종교의 감독으로부터 개인과 사회를 해방시키는 데까지 이르렀다. 하지만 흔히 생각하는 것과는 달리 이 흐름은 기독교 사상이나 신의 개념에 반대하여 태동한 것은 아니다. 휴머니즘의 첫 번째 계기, 즉 르네상스 시기는 여전히 기독교적 세계관에 깊이 뿌리내리고 있었다. 휴머니스트들은 복음서의 원칙을 근거로 인간에게 더 높은 가치를 부여했으며, 각종 성직 제도의 권한 남용을 비판했다. 그들은 복음서의 원칙을 고대인들의 사유와 조화시키려고 했다. 이후 두 번째 계기인 18세기 계몽주의 시기에 들어서자 휴머니즘은 더욱 급진적인 성격을 띠어 갔으며, 종교적 제도들에 대한 비판도 더욱 강해졌다. 하지만 대부분의 계몽주의 철학자들은 여전히 그리스도인들이었고, 암묵적으로든 명시적으로든 복음서 윤리에 근거하여 사회를 교회의 지배로부터 결정적으로 해방시키고, 비종교적인 도덕을 세워나가고자 했다. 그들은 또한 이성과 신앙 사이의 필수적인 구분을 강조했으며, 이성을 신학의 지평으로부터 해방시켰다. 하지만 그들은 이성과 신앙이라는 두 질서를 서로 대립시켰던 것은 아니었다. 여기에서 더 나아가 종교를 일종의 소외(aliénation)로 간주하여 인간을 모든 종교적 믿음으로부터 벗어나게 하려는 사상가들의 주장은 휴머니즘의 세 번째 시기인 19세기 중반에 가서야 모습을 나타내게 된다. 그때서야 비로소 휴머니즘과 기독교 사이의 실질적인 단절, 신앙과 이성 사이의 급격한 대립의 시기가 시작되었던 것이다.

르네상스 휴머니즘과 개혁

　역사가들에 의해 최초의 휴머니스트로 평가받는 이탈리아의 시인 페트라르카는 평생을 유럽 전역에서 고대인들의 육필 원고를 수집하는 데 바쳤다. 비록 그가 대학의 도서관들과 수도원의 다락방들에서 찾아낸 여러 그리스, 라틴 작가들의 소중한 작품들에 매혹되었던 것은 사실이지만, 그로 하여금 자기 성찰(introspection)의 노력을 통해 인간에게 다시 초점을 맞출 필요성을 확신하도록 해준 책은 따로 있었다. 자체로 기독교 서적이라고는 할 수 없었던 그 책은 바로 성 아우구스티누스의 『고백록Confessions』이었다. 『사적인 편지들Lettres familières』 제4부의 첫 부분에서 페트라르카는 직접 일화 하나를 소개하고 있다. 그는 동생과 함께 방투(Ventoux) 산을 오르기 시작했다. 정상에 다다르자 그는 이 책(아우구스티누스의 고백록)을 꺼내어 아무 곳이나 집히는 대로 펼쳐 들었다. "이 책은 주먹만 한 크기의 작은 판형으로 만들어졌지만 그 안에는 무한한 감미로움으로 가득 차 있는 책이었다. 나는 그 책을 무턱대고 펼쳐서 눈에 닿는 곳의 내용을 읽고자 했다. 경건한 마음과 충만한 신앙심 외에 그 책에서 무엇을 찾을 기대를 할 수 있었겠는가? 내 눈은 우연히 제10부에 가서 멈췄다. 내 입에서 아우구스티누스의 말씀이 나오길 기다리고 있던 동생은 열심히 귀를 기울이고 있었다. 그 자리에 함께 있었던 동생과 하나님께 맹세코 나는 그 책을 펼쳐 들고 내 눈에 들어온 첫 구절을 읽었다. 그것은 다음과 같은 구절이었다. '인간들이 산꼭대기, 바다의 강력한 파도, 폭 넓은 강의 굽이치는 물결, 대양의 꾸불꾸불한 해변, 별들의 공전에 대해서는 찬탄을 마지아니하면서도, 정작 자기 자신들을 바라보려는 노력을 하지 않고 있다니!' (…) 이 산을 보고 있다는 것에 만족감을 느낀 나는 이제 내 정신의 눈을 나 자신을 향해 돌리기 시작했다…."

종종 신비적이기까지 한 개성을 가진 열렬한 그리스도인이었던 페트라르카는 기독교란 특히 인간 존재의 깊은 곳, 즉 그의 내면에 대해 말해준다는 점에서 큰 가치를 가지고 있음을 보여주었다. 이러한 점에서 그는 인간을 이해하려고 애썼던 고대 작가들의 지혜와 합류한다. 기독교와 고대의 지혜는 서로 대립하지 않는다. 서로 다른 출발점에서 시작했지만 같은 담론을 이야기하고 있다. 르네상스 휴머니스트들의 신조는 바로 이렇게 표명되었다. 끊임없이 복음서의 메시지와 고대인들의 지혜를 "일치시키고자" 했던 그들은 이 두 가지를 성직자들의 지배욕과 교조주의에 대립시키는 것도 서슴지 않았다.

자유와 인식

기독교와 고대 철학 사이의 이와 같은 종합을 통해 근대 휴머니즘 사유 속에 두 가지 중요한 테마가 나타나게 되었다. 즉 인간의 자유와 보편적 지식을 갈구하는 이성의 중요성이 그것이다. 15세기에 이러한 야심을 완벽하게 집약해 보였던 한 뛰어난 정신의 소유자가 있었는데, 그는 바로 지오바니 피코델라미란돌라(Giovanni Pico della Mirandola)였다. 청소년 시절부터 당시 사용되고 있던 언어와 고대의 수많은 언어들을 배웠던 그는 인류의 모든 지식을 습득하고 조직하겠다는 엄청난 기도에 열중한다. 그는 성경뿐만 아니라 그리스 현자들의 가르침, 오르페우스교의 비의, 조로아스터교, 유대교의 카발라, 아랍 철학, 교회법, 신비주의 신학 등에 대해 거침없는 공부를 해나갔다. 23세에 그는 자신의 연구 성과들을 아홉 개의 명제로 간추려 선보였다. 그는 이 아홉 가지 명제를 놓고 당대의 모든 지식인들과 토론을 벌이길 원했으며, 이를 위해 자신의 돈을 들여 당대의 학자들을 로마로 초청하고자 했다. 하지만 그의 명제들이 교황에 의해 단죄됨으로써 이러한 그의 계획은 실패로 끝나고 만다. 결국 메디치 가의 로렌초 대공(Laurent de Médicis)의 보호를 받게 된 그는 1494년 31세의 나이에 플로렌스(Florence)에서 죽었다. 로렌초 대공은 할아버지였던 코스메(Cosme)의 뒤를 이어 휴머니스트 사유의 발전에 있어서 결정적인 역할을 담당했던 인물이었다.

  사유의 역사에 있어서 이 젊은 천재의 기여는 결정적인 것이었다. 왜냐하면 그는 루소(Rousseau)보다 3세기나 앞서 존재를 결정하게 될 고유의 본성이 없는 유일한 살아 있는 존재라는 사실에서 인간의 존엄성이 기인한다는 점을 보여주고자 했기 때문이다. 본성에 의해 결정되어 있지 않기 때문에 인간은 '자유로운' 동시에 '개선될 수 있는' 존재이다. 인간은 선과 악 사이에서 선택을 할 수 있으며, 천사처럼 살 수도 있고 짐승처럼 살 수도 있다. 인간은 자기 자신의 삶을 만들어나갈 수 있으며, 자신이 원하는 대로 될 수 있다. 바로 이와 같은 본질적인 비결정이 인간의 존엄성을 구성하고 있는 것이다. 하지만 피코델라미란돌라에게 있어서 이러한 자유는 하나님의 선물이었다. 그 유명한 아홉 가지 명제를 이끄는 서론 역할을 한 텍스트에서 그는 창조자 하나님이 인간 존재에게 다음과 같은 말씀을 하시는 장면을 삽입시킨다. "내가 너를 매개자적인 위치로 이 세상에 만들어 놓은 것은, 네가 보다 자유롭게 주변 세상에 있는 모든 것을 알아볼 수 있게 하기 위함이다. 내가 너를 천상의 존재로도, 완전한 지상의 존재로도, 멸망의 존재로도, 완전한 불멸의 존재로도 짓지 않은 것은, 너 자신을 만들어 나갈 수 있는 중재 가능한 힘, 그 명예로운 힘을 가지고 너 자신의 선호를 이루게 될 형식을 스스로 부여할 수 있게 하기 위함이다. 너는 열등한 존재, 짐승 같은 존재로 타락할 수도 있다. 또한 너는 네 정신의 결정으로 보다 나은 존재, 신적인 존재의 형상으로 너 자신을 변화시킬 수도 있다."[98]

피코델라미란돌라는 자유의 근대적 개념을 등장시켰지만, 그 자유를 신적인 근원에서 분리시킨 것은 아니었다. 이러한 점에 있어서 그는 자유에 대한 그리스도의 가르침에 충실한 사람이었다. 결국 그가 한 것은 이 가르침을 극단까지 밀고 나가고, 자신의 이성을 사용하여 그것을 새로운 방식으로 드러낸 것에 불과하다. 기독교 휴머니즘은 분명 개인의 자율성을 확증한다. 하나님은 인간이 자연의 결정론에 대해 자유롭기를 바라셨다. 따라서 그런 하나님이 외적인 제약들과 관련해서도 인간이 자유롭기를 바라신다고 생각하는 것이 논리적일 것이다. 결국 기독교 휴머니즘은 이러한 자유를 근본에서부터 해치고 있던 종교 당국들로부터의 해방의 요구로 이어지게 된다. 15세기에는 성직 사회의 권력이 너무나 강한 나머지 이러한 요구가 명확하게 표명되기 어려웠다. 따라서 그리스도의 가르침에 내재되어 있는 이러한 논리가 새로이 받아들여져 개인들의 진정하고 구체적인 해방으로 나아가기 위해서는 조금 더 기다려야만 했다. 바로 르네상스 시기와 그 시기를 살았던 사상가들의 출현까지 말이다.

16세기 또 한 명의 중요한 휴머니스트가 활동했는데, 그가 바로 에라스무스(Érasme)이다. 이 책의 서두에서 이미 언급한 바 있는 이 인물은 위의 논리를 받아들여 다음과 같은 주장을 펼쳤다. 즉 "인간은 인간으로 태어나는 것이 아니라, 인간이 되는 것"[99]이라는 주장이다. 이로부터 교육의 중요성이 대두되었다. 교육은 아이들로 하여금 완전한 성숙에 이를 수 있게 해주고, 잠재적 능력을 계발시켜주며, 못된 기질들을 고칠 수 있게 해준다. 에라스무스는 몇 권의 교육론을 집필했는데, 그 책들에서는 스승 역시 학생의 '고유성'을 존중해주고, 그의 감성, 자유의지, 그가 가진 지성의 특별한 형식을 존중해야 한다고 강조되어 있다. 마찬가지로 그는 아이들에게 다양하고 많은 고대 작가들의 책을 줘서 공부하게 해야 한다고 주장했다. 그러면 아이들은 고대 작가들을 모방하려고 할 것이고, 이 과정에서 하나의 틀 속에 갇히기보다는 자기만의 스타일을 만들어낼 수 있게 되리라는 것이다.

사실 18, 19세기 작가들에게 매우 중요한 테마였던 이와 같은 교육의 테마, 고유한 개인과 일반적인 인류의 테마는 이미 르네상스 시대부터 태동한 것이었다. 하지만 르네상스 시기의 작가들 중 이성의 노력을 통한 이와 같은 자기 완성 과정이 어떠한 점에서건 기독교에 대립된다고 생각하는 사람은 없었다. 적어도 복음서의 가르침에 있어서는 말이다. 반대로 그리스도는 인류 최고의 교육가(Christus magister)는 아니라 하더라도 중요한 교육가들 중 한 명으로 부각되었다. 그리스도는 인간의 자유와 존엄성을 드러내 보여주었을 뿐만 아니라, 인간으로 하여금 정의롭고 자애로운 삶을 살도록 고무했으며, 인간이 이러한 삶에 도달할 수 있도록 끊임없는 은혜로 그를 도와주고 있다는 것이다. 에라스무스와 같이 자유와 이성의 발전을 주장했던 철학자들의 뒤에는 항상 그리스도인의 모습이 자리 잡고 있었다. "네 모든 삶의 유일한 목적으로 네 앞에 그리스도를 모시라." 하지만 이 시대 사상가들에게 있어서 예수 그리스도를 바라본다는 것이 꼭 경건하게 그를 경외하고 그의 영광을 위해 각종 예식을 집전하는 것만을 의미하지는 않았다. 그리스도인이라면 그리스도를 모방하기 위해 노력해야 한다. 또한 그의 가르침을 실천하면서 그의 발자취를 따라가기 위해 애써야 한다는 것이 그들의 생각이었다.

"그리스도로부터 헛된 말은 하나도 들을 수 없다. 자비, 검소한 삶, 인내, 정결함 등, 그가 가르친 모든 것이 그렇다."[100]

이러한 복음서의 요구는 에라스무스뿐만 아니라 르네상스 시기의 다른 휴머니스트들의 사유 중심에 자리 잡고 있었으며, 이들은 성직자들의 일탈을 비판하기 위해 끊임없이 복음서의 가르침에 의지했다. 에라스무스는 계속해서 다음과 같이 주장했다. "정의와 법을 내세워 폭정을 행하는 것보다, 종교가 이득을 챙기는 수단으로 사용되는 것보다, 교회를 수호한다는 명분 아래 정작 권력을 탐하는 것보다, 그리스도의 이익과 관련된다는 이유로 그리스도의 가르침에서 가장 멀리 떨어진 것을 명령하는 것보다" 더 가증스러운 것은 없다.[101]

한편, 에라스무스도, 페트라르카도, 단테도, 마르실리오 피치노 (Marsile Ficin)도, 피코델라미란돌라도, 레오나르도 다 빈치도 그 외의 수많은 휴머니스트들도 비록 제도에 대해 비판적이긴 했다 할지라도 가톨릭 교회와의 단절을 원하거나 시도하지는 않았다. 하지만 그들은 인간과 그의 자유, 이성에 대한 재조명 운동을 시작했으며, 복음서의 메시지가 담고 있는 진리로 돌아갈 것을 주장했다. 이러한 운동은 훗날 서구 역사에 있어서 실로 거대한 영향을 끼치게 될 것이었다. 실제로 이 운동의 영향으로 서구에서는 이른바 "근대적 주체"라고 불릴 수 있는 개념이 출현할 수 있었다. 근대적 주체란 곧 자유롭고 독립적인 개인을 말하는 것으로, 자신의 비판적 이성을 사용하고자 하며, 삶의 규칙이 외부로부터 일방적으로 주어지는 것을 더 이상 용납하지 않는 개인을 말한다.

프로테스탄트 개혁

에라스무스가 살아 있을 동안에 일어나기 시작한 프로테스탄트 개혁은 가톨릭 교회를 뒤흔들어 놓았을 뿐만 아니라, 그 교회가 안고 있는 모순을 적나라하게 드러내 보였던 근대 시기의 첫 번째 거대한 저항 운동이었다. 사실상 개혁이라는 것 자체가 충분히 예상 가능했을 만큼 당시의 교회 조직은 타락한 상태에 있었다. 교황, 주교, 사제, 나아가 수도사들은 자신들의 입으로 비난해 마지않던 온갖 악행들——탐욕, 정욕, 지배, 게으름, 자만, 식탐, 허영, 그 외 여러 가지 악행들——을 몸소 실천에 옮겼으며, 누구라도 기독교 자체와 이러한 그릇된 모습을 분리지어 생각할 수 있었다. 나아가 사람들은 그리스도의 지상 대리인들이라고 불리는 이들의 성스러움에 대해 심각하게 의심하기 시작했으며, 뿐만 아니라 제도로서의 교회 자체의 성스러움에 대해서도 회의를 갖기 시작했다. 교리에 있어서 교회의 무류성에 대한 담론(몇 세기에 걸쳐 지속되었던 교회 무흠 이론이 1870년에는 교황의 무류성을 정식 교리로 인정하는 데까지 이어지게 된다)은 더 이상 내부의 비판 제기를 막지 못했다. 사실상 개혁가들은 당시 기독교 사회 전체를 감싸고 있던 뿌리 깊은 저항의 움직임을 구체화시킨 것에 불과했다. 그것은 단지 성직자들의 타락한 생활과 종교재판을 통해 표현되었던 그들의 폭정과 관련된 저항일 뿐만 아니라, 자신들은 틀림없이 참된 것만을 말한다는 그들의 주장과 관련된 저항이기도 했다.

꽃병의 물을 넘치게 만든 결정적인 한 방울은 바로 면죄의 실행이었다. 세월이 지남에 따라 성직자들은 신자들로부터 세례에서 결혼을 지나 장례에 이르기까지 기독교인으로서의 삶의 각 단계마다 필요한 예식을 치르고 그에 상응하는 돈을 요구하는 것으로는 만족하지 못하게 되었다. 파문이나 기독교식 장례의 거부 위협을 통해 고인이 남긴 유산의 일부나 상속자의 재산 일부를 요구하는 것으로는 성에 차지 않았던 것이다. 그렇다. 그들은 자신들의 지상에서의 안락한 삶을 확고히 하기 위해 보다 번뜩이는 무엇인가를 개발해 냈다. 그것은 바로 내세의 삶을 파는 것이었다. 아이디어는 매우 간단하다. 중세 이후로 교회는 연옥의 존재를 가르쳐 왔다. 연옥이란 성인이나 영벌을 받은 사람을 제외한 대부분의 신자들이 죽은 뒤 향하는 곳으로, 그곳에서 그들은 천국에 가기 전까지 자신이 지은 죄를 속죄해야 한다. 그런데 교회는 하나님의 이름으로 이들의 죄를 사면해줄 권한을 부여받았다는 것이다. 바로 이러한 논리에서 신자들에게 연옥에서 받을 고통을 면해주는 권한을 팔 생각을 하게 되었던 것이다. 이것은 무식하고 탐욕스러우며 가난한 사제들이 펼친 일, 마치 길가에서 허가 없이 물건을 파는 장사 같은 일이 아니었다. 오히려 이것은 교회 제도의 증명서를 가지고 정식으로 이루어진 매매였다. 교회는 스스로 성스럽고 흠이 없다는 점을 내세워 신자들에게 내세에서 고통을 감면당할 수 있음을 보증했다. 부자들이여 평안하라! 하늘나라는 그대들의 것이니 말이다!

    1517년 10월 31일, 35세의 수도승이었던 마르틴 루터(Martin Luther)가 작스(Saxe)의 비텐베르크(Wittenberg) 성당 문에 면죄와 관련된 부정함을 고발한 95개조 반박문을 게시했다. "그들, 즉 자신의 금궤에 돈이 떨어지는 소리가 들리자마자 영혼이 연옥에서 날아오른다고 주장하는 자들은 인간이 만들어낸 것을 설교하고 있는 것이다."(27번째 명제) 그의 이러한 비판은 교회 제도를 모든 급진적 비판과 문제제기로부터 보호하고 있던 울타리, 즉 결점이 없는 권위라는 울타리에 커다란 틈을 열어 놓게 되었다. 루터의 비판은 점차 다른 영역으로까지 확대되었으며 ─ 성사, 로마 주교(교황)의 우월성, 종교적 삶, 구원의 문제 등 ─ 당연한 결론일 수도 있지만, 결국 가톨릭 교회와의 완전한 단절로까지 이어졌다.(루터는 1521년 파문당했다.) 개혁주의자들은 유일한 권위의 근원으로써 성경 말씀으로 돌아갈 것을 주장했다. 바로 이러한 이유에서 그들은 성경을 토착어(독일어, 프랑스어, 영어 등)로 번역했다. 이제부터 모든 신도들은 자신의 비판적 정신을 사용하여 텍스트에 기록된 내용을 검증하고, 이를 통해 스스로 그리스도의 말씀의 유일한 통역자로 자처했던 가톨릭 교회의 주장에 맞설 수 있게 된 것이다. 신도들은 모일 때마다 목사의 지도 아래 함께 성경을 읽었다. 또한 신교도들은 기존의 일곱 가지 성사 중에서 두 가지만을 지켰는데, 바로 세례와 성찬식이 그것이다. 이 두 예식에 대해 그들은 상징적인 의미를 부여하고 있었다. 중개자로서의 종교 제도는 더 이상 필요치 않게 되었다. 오직 믿음만이 구원의 근거였던 것이다.

불과 몇 세기 전이었다면, 이러한 개혁의 필요성은 제기되었을지 몰라도, 실제의 개혁 작업은 거의 불가능했을 것이다. 그때였다면 루터는 아마 화형대에서 생을 마감했을지도 모른다. 그간에 일어난 유럽의 정치적 발전과 각국 왕과 제후들 사이의 경쟁 관계가 이와 같은 개혁의 출현과 수행을 허용하는 밑거름이 되어 주었다. 그렇다고 어떤 환상에 빠질 필요는 없다. 신교도들은 교회의 세속적인 영향력에서 벗어날 방법을 발견한 왕들의 보호를 받았던 것이다. 그리고 종교 전쟁—머지않아 유럽을 핏빛 전투로 몰아 넣게 될—역시 종교적 논리만큼이나 정치적 논리에 의한 전쟁이기도 했다. 개혁의 도래와 더불어 기독교의 본질적 특성 자체는 변한 것이 없으나, 로마 교회는 콘스탄티누스 이래로 유지해 온 서구 사회에서의 독점권을 상실했다. 이제 각국은 가톨릭이든 프로테스탄트이든 나름의 공식 종교를 갖게 되었다. 그 기반에는 *cujus regio, ejus religio*(왕마다 각자의 종교를)이라는 원칙이 자리 잡고 있었다.

이것은 단지 유럽에서 가톨릭 교회의 독점권이 끝났음을 의미할 뿐만 아니라, 교회 권력에 대한 세속 권력의 승리를 의미하기도 했다. 왜냐하면 이후로는 심지어 가톨릭 국가들에서조차 왕들이 교황의 권위에 일방적으로 복종하지 않게 되었기 때문이다.

계몽주의 휴머니즘

르네상스의 휴머니즘이 자유와 비판적 정신의 도약에 기여하여, 종교개혁의 태동에 일조를 한 것은 분명하다. 하지만 비록 구교와 신교로 분열되었으면서도, 그리스도교는 여전히 유럽 모든 사람들이 믿는 종교였다. 뒤이은 2세기에 걸쳐 다음과 같은 두 가지 객관적 원칙 아래 해방의 움직임이 추구되었다. 구성원들이 가진 믿음의 다양성을 존중하고 보장하는 공평무사한 국가를 건설하여 개인과 사회를 종교로부터 결정적으로 해방시키는 것과 자유로우며 권리에 있어서 평등한 개인에 근거한 민주 사회를 건설하는 것이다. 이것이야말로 계몽주의 시대의 중요한 임무가 될 것이었다. 그 과정에서 제일 먼저 개인과 그룹 사이의 오래된 관계, 과거, 현재, 미래에 대한 이해 사이의 오래된 관계가 동요하게 되었다.[102]

전통에 맞선 근대 세계

그리스도의 혁신적 메시지와 관련하여 앞서 언급한 바와 같이 전통적 세계에서는 개인이 집단 내에서 어떤 특별한 자리를 차지하는지에 따라 그 개인의 존재가 결정되었다. 그리고 집단 내에서 개인의 위치는 사회적 위계 속에서 종종 탄생과 함께 주어지곤 했다. 개인은 집단의 믿음, 규칙, 규범, 즉 모두에 의해 공유된 표상의 세계에 순복했다. 사실상 이 세계는 반박의 가능성 자체가 없는 것으로, 그것이 "위로부터"(초월이 사회적 관계에 토대를 제공한다) 비롯된 것일 뿐 아니라, "이미"(신화적 과거는 높이 평가되었다) 주어진 것이기 때문이다. 이제 막 태동하기 시작한——그리스도의 메시지가 아직 온전히 받아들여지지 않았고 사람들은 여전히 전통의 지평 속에 머물고 있었다——근대적 세계에서 개인은 자기 삶의 입법자가 되고 싶은 마음을 갖기 시작했으며, 마땅히 평등해야 하는 사회 내에서 자신의 재능으로 자리를 차지하고자 했다. 개인은 자신의 신념을 선택하고, 다원적 세계, 즉 서로 모순되는 가치들——물론 모든 가치들은 이성의 비판을 거쳐야 한다——이 공존할 수 있는 세계 내에서 자신의 고유한 가치의 토대를 마련하는 데 있어서 자유롭기를 원했다. 과거는 더 이상 완성의 지평으로서의 절대적인 준거로 작용할 수 없게 되었다. 오히려 과거는 불완전한 세계로 인식되기 시작했다. 반대로 미래는 완성의 약속으로 받아들여졌다. 이 특징이야말로 핵심이 되는 것으로서, 이러한 인식으로부터 인간성에 대한 관점이 완전히 변하게 될 것이다. 인간성은 더 이상 전락의 상태로서가 아니라, 완성의 과정으로 이해될 것이다. (개인적이고 사회적인) 변화는 진보의 요인으로 작용했으며, 바로 이러한 점에서 철학자 마르셀 고셰(Marcel Gauchet)는 "변화의 명령"을 우리가 살고 있는 근대 사회의 원동력으로 파악하기도 한다. 더 나은 것은 항상 뒤에 올 것이다. 변화의 역동성은 바로 이러한 점에서 높이 평가되었다. 즉 근대인들이야 말로 이후에 살고 있다는 이유로 고대인들보다 더 잘 사유할 수 있다는 것이다. 마찬가지로 고대인들 역시 그들의 선조들보다는 나은 사유를 펼쳤을 것이다.

계몽주의 시대로 특징되는 근대성의 이 두 번째 계기 속에서 근대적 세계는 전통적 세계와의 단절로 이해되었다. 18세기 전체에 걸쳐 이러한 생각이 유럽인들의 정신을 지배했으며, 사유의 흐름(우리가 "계몽"이라고 부르는)과 정치, 사회적 혁명이라는 두 가지 형태로 표출되었다. 이와 관련해 역사학자 알퐁스 뒤프롱(Alphonse Dupront)은 이렇게 주장한다. "계몽과 프랑스 혁명의 세계는 보다 전체적인 하나의 관점의 두 가지 표현이라고 할 수 있다. 즉 신화도, 종교도(전통적인 의미에서의) 없는 독립적 인간들의 사회라는 정의, 과거도, 전통도 없는 현재의 사회, 모든 것이 미래를 향해 열려 있는 근대적 사회라는 정의가 그것이다."[103]

비판적 이성과 주체의 자율성

과거를 "일소"하고자 하는 이러한 의지는 바로 르네 데카르트(René Descartes: 1596~1650)의 철학적 기도의 중심에 자리한 것이었다. 데카르트의 결정적인 역할은 두말할 필요도 없을 것이다. 그는 기존에 획득된 모든 지식에 대한 체계적인 회의와 문제 제기, 비판적 분석이라는 방법을 철학에 도입했다. 이러한 방법뿐만 아니라, 그의 사유가 가진 두 가지 핵심적인 요소들 역시 사유의 역사에서 결정적인 의미를 갖게 될 것이었다. 곧 그가 주체를 반성적 의식과 동일시했다는 사실——그 유명한 "나는 생각한다. 따라서 나는 존재한다(Cogito, ergo sum)"——과 인식의 합리적 토대와 수학적 인식 모델에 기반한 보편적 앎을 추구했다는 사실이 그것이다. 이성의 질서와 믿음의 질서를 급격히 분리시키면서 데카르트는 철학을 신학으로부터 결정적으로 해방시켰으며, 근대 과학의 인식론적 토대를 제공했다. 바로 이러한 점에서 헤겔(Hegel)은 데카르트를 근대성의 토대를 마련한 철학자로 평가했던 것이다. 물론 최선의 경우이든, 최악의 경우이든, 인간을 "자연의 주인이자 소유자"(『방법서설Discours de la méthode』, 6)로 파악한 데카르트식의 사유가 가져온 환경에 대한 거의 재앙에 비견될 만한 좋지 않은 영향에 대해서는 지적을 해야 한다는 생각이 들지만 말이다.

휴머니즘의 기반 위에서 "비판적 이성"과 "주체의 자율성"은 계몽주의 시대의 두 가지 중심 언어가 되었다. 사실상 이 용어들은 그 자체로 내밀한 관련을 가지고 있다. 비판적 이성을 통해서 개인, 즉 주체는 해방될 수 있으며, 오랫동안 신과 교회의 손에 맡겨두었던 것을 다시 자신의 것으로 삼을 수 있게 되는 것이다. 계몽주의 시대 철학자들에게 있어서 이성은 진정한 인류의 공동 자산으로 받아들여졌다. 이성은 보편적이고, 과학적 인식을 통해 표현된다. 또한 이성은 모든 사람들의 평등과 민주주의를 요구하며, 법치 국가 내에서 주체로 인정받는 각 사람의 자유 의지와 자율성에 정당성을 부여해준다.

근대성의 이 두 번째 계기는 오직 인간의 힘을 통해서 인간의 국가를 건설하려는 의지, 완강하고, 집요하고, 호전적이고, 용맹하며, 강렬한 의지——프랑스 혁명에 동반했던 공포정치가 보여주듯 때로는 매우 광적이기까지 했던——를 통해 특징지워질 수 있다. 사람들은 더 이상 비판적 이성에 의해 검증되지 않은 어떠한 외적인 질서, 즉 "타율"이나 신의 법 혹은 전통에 의존하고자 하지 않았다. 사람들은 자신의 힘으로 홀로 서고자 했으며, 이성의 빛 외에 다른 어떤 보호자도 두려 하지 않았다. 한 마디로 말해 사람들은 어른이 되고자 했던 것이다. 18세기 말 "Aufklärung(독일 계몽주의)"의 대표적인 장인 중 한 명으로 여겨지는 임마누엘 칸트(Immanuel Kant)는 이성에 기반한 이와 같은 자율성의 기도를 더할 나위 없이 명백하게 표현한 바 있다. "계몽이란 무엇인가? 인간이 스스로 책임을 질 수밖에 없는 미성년기로부터 벗어나는 것을 의미한다. 미성년기란 타인의 지도 없이는 자신의 오성을 사용할 능력이 없는 시기를 말하며, 그 책임은 전적으로 인간 자신에게 있다. 그것의 원인이 오성의 결핍에 있는 것이 아니라, 타인의 지도 없이 그 오성을 사용하고자 하는 결심과 용기의 부족에 있기 때문이다. Sapere aude! 용기를 내어 너 스스로의 오성을 사용하라! 이것이야 말로 계몽주의의 좌우명이다."[104]

앞서 살펴보았듯이 계몽의 의지에 의해 직접적인 타격을 받은 것은 합리적 인식을 성서와 교회의 권위 아래 복속시키려 했던 교회의 의도라고 할 수 있다. 가톨릭 교회가 성서로부터 물려받은 나름의 세계관을 보호하기 위해 이성의 객관적 진보에 반대한다는 것을 명백히 드러내 보여준 갈릴레이 사건은 계몽주의 사상가들에게 있어서 이성과 믿음을 분리시킬 필요성, 철학과 과학을 기독교 신학으로부터 해방시킬 필요성을 정당화시키는 본보기로 사용되었다. 비판적 이성은 또한 성서 텍스트의 자유로운 독서에도 도입되었으며, 이 텍스트들을 "탈신화화하는" 시도로도 이어졌다. 교회 개혁주의자들로부터 시작된 이러한 시도, 즉 성서 텍스트의 비판적 다시 읽기의 시도는 종교적 제도들의 권위의 근간을 뒤흔들게 되었다. 이러한 현상은 단지 기독교에만 국한된 것은 아니었다. 예를 들어 바루흐 스피노자(Baruch Spinoza)는 모세의 계시에 대해 문제를 제기하고 토라(Torah)에 대한 이성적 독서를 제안했다는 이유로 1656년 7월 27일 랍비들에 의해 유대교에서 제명되었다.

기독교 계몽주의와 비종교적 계몽주의

앞서 언급했던 바와 같이 분명한 것은 계몽주의 철학자들의 대부분은 무신론자가 아니었다는 것이다. 그들은 하나님을 믿는 사람들이었다. 다만 그들이 믿는 하나님은 성직자들의 담론으로부터, 그리고 대부분의 경우 "미신"적인 차원으로 환원되던 가톨릭 예식으로부터 멀리 떨어져 있으며 낯선 하나님이었다. 합리적이고 너그러운 것으로 이해된 자연 종교의 신봉자였던 그들은 신의 이름으로 이야기하면서 모든 종류의 도그마를 생성해 낸 성직 사회의 시도를 "몽매주의(obscurantisme)"라고 비판했으며, 그것에 맞서 싸워 이성을 해방시켜야 한다고 생각했다. 예를 들어 볼테르(Voltaire)는 평생에 걸쳐 스스로 "치욕스러운 것"이라고 불렀던 것, 즉 인간적 정열에 투사된 신의 개념, 제도적인 것, 성직자들의 폭정을 정당화하는 신학 담론 등에 맞서 싸우게 될 것이다. 그가 주창하는 자연 종교는 지고의 **존재**에 대한 믿음과 그리스도의 가르침에서 영감을 받은 보편적 윤리에 대한 믿음으로 제한된다. 이러한 이유에서 그의 작품에는 복음서를 인용한 문장들이 자주 등장하고 있으며, 이를 통해 그는 교회가 자신의 토대가 되는 예수 그리스도의 가르침으로부터 얼마나 벗어나 있는지를 보여주고자 했다. "조금만 주의를 기울여 보면 가톨릭 교회, 로마 교회, 교황 중심 교회가 모든 예식과 교리에 있어서 예수의 종교와 얼마나 대립되는지를 알 수 있을 것이다."[105] 키르케고르와 엘륄도 다른 것을 말한 철학자들이 아니었다.

  계몽주의 사상가들이 그리스도의 메시지를 끊임없이 참고하면서 자신들의 담론을 관용의 원칙 위에 세우려 했던 것도 이러한 이유에서이다. 르네상스 시기의 첫 번째 휴머니스트들에게서 이미 사용되었던 이 관용 개념은 종교적 소수파들이 희생양이 되곤 했던 폭력에 맞서 급속도로 발전해 나갔다. 이 개념은 무엇보다도 주권자의 관점에서 볼 때는 잘못되고 정도를 벗어난 것으로 여겨지지만 대부분의 사회 그룹들에 의해서 공유되고 있는 종교적 의견들에 대한 억압의 부재를 전제로 한다. 그러니까 관용은 종교적인 것과의 관계 속에서 나타나는 정치적 권위와 연관된 것이다. 『평화에 대한 호소*Querela pacis*』(1517)에서 억압의 폭력적 성격이 형제애와 이웃 사랑이라는 그리스도의 가르침에 얼마나 위배되는지를 보여주었던 에라스무스의 뒤를 이어 수많은 17, 18세기 철학자들이 같은 노선을 따르게 되었다. 존 로크(John Locke)는 그 유명한 『관용에 대한 편지*Lettres sur la tolérance*』(1689)를 모든 형태의 종교적 제약에 대한 생각을 비판했던 그리스도의 평화주의적 가르침에 대한 긴 고찰로 시작하고 있으며, 나아가 의식의 자유의 원칙과 종교에 있어서 다른 견해를 가진 사람들에 대한 관용의 원칙이 "예수 그리스도의 복음에" 완벽히 "일치되는" 것이라고 주장했다. 마찬가지로 볼테르는 자신의 『관용론*Traité sur la tolérance*』의 한 장 전체를 그리스도의 행동과 말씀에 할애한 뒤 이렇게 결론짓고 있다. "바로 이 시점에서 질문을 던지고 싶다. 관용과 비관용 중 어떤 것이 신의 법에 속하는 것인지 말이다. 여러분들이 예수 그리스도를 닮고자 한다면, 집행자들이 아니라 순교자들이 되어야 할 것이다."[106]

칸트의 도덕

한편 그리스도의 가르침에 대한 명백한 수많은 준거 외에도 계몽주의의 기도는 암묵적 방식을 통해서 역시 유대교와 그리스도교의 윤리의 정수를 흡수함으로써 훨씬 더 멀리까지 나아갈 수 있었다. 그리스도는 자유, 평등, 형제애, 권력의 분리를 가르쳤는가? 정말 그렇다고 근대인들은 대답한다. 이 훌륭한 원칙들 전부를 휴머니스트적 관점에서 살펴보자. 다시 말해 신에 대한 준거 없이 믿음이 아닌 이성의 잣대로 바라보면서 말이다. 훗날 니체(Nietzsche)가 일종의 속임수라고 비난한 대상은 실제로 그렇게 부조리한 것이 아니었음을 알 수 있다. 모세가 십계명을 전했다고 해서, 그리고 예수가 하나님의 이름으로 가르침을 전했다고 해서, 그들이 궁극적으로 이성에 근거하지 않았던 것은 아니다. 거의 대부분 신자들이었던 계몽주의 철학자들에게 있어서 믿음이 몇 세기에 걸쳐 그 자체로 뿌리 깊게 합리적인 메시지만을 전해왔을 뿐이라는 사실은 결코 충격적인 사실이 아니었다. 그들이 볼 때 하나님은 **지고의 이성** 그 자체였다. 그는 엄격한 물리적 법칙에 따라 세상을 창조했을 뿐만 아니라, 인간 의식의 가장 깊은 곳에 보편적 도덕 법칙을 새겨 놓았다. 학자들이 하는 일이 결국 자연의 찬탄할 만한 법칙들을 드러내 보여주는 것에 지나지 않는 것과 마찬가지로, 철학자들 역시 인간 속에 각인되어 있는 도덕적 규칙들을 명백히 드러내 보여주는 임무를 가진 사람들에 다름 아니다. 인간 존재는 자신의 이성을 사용함으로써 성서의 계시를 넘어서 이러한 도덕적 법칙을 재발견할 수 있다. 1785년 출간된 『풍습의 형이상학적 토대들 Fondements de la métaphysique des mœurs』에서 이 독일 철학자는 성서에 의해 공표된 신적인 법들을 이성에 의해 제어되는 "정언적 명령"으로 대치시켰다. "보편적 법칙이 되기를 바랄 수 있는 규범에 따라 행동하라." "인간성, 즉 너 자신과 타인의 인간성을 단순히 수단으로서가 아니라 목적으로 사용하는 방식으로 행동하라." "네 의지가 스스로의 규범들 속에서 보편적 입법자로 여겨질 수 있도록 행동하라."

당대의 주요 사상가들, 정치인들, 특히 프랑스 혁명가들과 밀접한 친분이 있었던 칸트는 유럽의 새로운 모럴 구축에 있어서 결정적인 영향을 행사하게 된다. 이 새로운 모럴이란 결연히 비종교적인 길로 나아가는 것이었지만, 동시에 성경의 가르침과 혈연관계 속에 있는 것으로서 모든 시민들——유대인, 기독교인, 불가지론자 혹은 무신론자를 막론하고——에게 적용될 수 있는 것이었다. 사실상 공화주의의 좌우명이었던 "자유, 평등, 박애"는 기독교에서 영감을 받은 가치들에 다름 아니다. 다만 혁명가들에게 있어서 이것은 이성에 기초를 둔 보편적 규범으로 여겨졌던 것이다.

근대인들의 기도에 있어서 진정코 새롭고도 중요한 것이 있다면 바로 종교적 거대 원칙들을 이성의 검증 작업을 거쳐 국가의 제도와 법에 도입했다는 것이다. 계몽주의 철학 운동의 명백한 결과라면, 인간 내적인 자유(르네상스 시기의 용어로 말하면 "정신적인")보다는 법률 속에서 구현된 구체적 사회 해방이었다고 할 수 있다. 18세기부터 철학자들과 법률가들의 공동 작업을 통해 윤리적 거대 원칙들의 법률적 해석이 이루어졌고, 이는 권력의 분리, 법 앞에서 만인의 평등함, 노예제와 고문의 폐지, 믿음의 자유 등으로 구체화되었다. 계몽주의 철학자들은 단지 훌륭한 의지를 표명하는 데서 만족하지 않았다. 물론 영국과 미국의 "권리 장전(Bills of rights)"들이나 "인간과 시민 권리 선언(Déclaration des droits de l'homme et du citoyen)"(1789. 8. 26)의 17개 조항이 보여주듯 의지의 표명 그 자체만으로도 매우 중요한 일이긴 하지만 말이다. 그들은 보다 나아가 사회의 조직 체계를 근본적으로 변화시키려 하였다. 이러한 시도는 그 체계를 보다 정의롭게 만들고, 개인으로 하여금 지배자들이나 가장 강력한 힘을 가진 자들의 독단과 폭정, 그들만의 법으로부터 피할 수 있게 해주며, 세습을 통해서가 아니라 개인적 자질을 통해 자신의 자리를 차지할 수 있게 해주고자 하는 목적을 가지고 있었다. 이렇게 해서 근대 민주주의가 태어나게 되었던 것이다.

무신론적 휴머니즘

르네상스와 계몽주의 철학자들은 비록 로마 교회에 대해 비판을 하고 때로는 맞서 싸우기도 했지만, 극히 예외적인 경우를 제외하고는 기독교 자체나 하나님에 대한 믿음을 문제 삼지는 않았다. 오히려 그들은 기독교로부터 폭넓은 영감을 받고 있었으며, 대부분 신에 대한 믿음 역시 가지고 있었다. 그들 대부분은 무신론을 해로운 것으로 여겼다. 그 이유는 단지 그들이 무신론자들의 확신을 공유하지 않았기 때문일 뿐만 아니라, 종교——자연 종교, 관용적인 종교——가 개인과 사회에 유익하다고 믿고 있었기 때문이었다. 어떤 이들은——신의 존재에 대해 이야기하는 것 자체를 거부했던 불가지론자들과 달리——모든 신성을 "과격히 거부"하는 무신론자들이야말로 가톨릭교도만큼이나 사회 통합에 있어서 위험한 존재들이라고 생각하기도 했다. 로크는 교황주의자들에 대해서와 마찬가지로 무신론자들 역시 관용의 범주에서 배제시켜야 할 자들로 평가하는 데 주저하지 않았다. "결국, 신의 존재를 부인하는 자들은 관용의 대상이 되어서는 안 된다. 왜냐하면 시민 사회의 주요 관계 요소들인 약속, 계약, 서약, 선의 등도 무신론자로 하여금 자신의 말을 지키도록 할 수 없기 때문이다."[107] 볼테르도 같은 생각을 공유했으며, 무신론자들에 대해 조금의 존중도 표하지 않았다. 그가 보기에 무신론자들은 "대부분의 현자들의 입장에서 볼 때 잘못된 것을 설파하는 무모하고도 정신 나간 사람들이다." 볼테르는 또한 무신론자들을 양산해 낸 종교 당국에 대한 비판도 그치지 않는다. "무신론자들이 존재한다면, 그 책임을 누구에게 돌려 마땅하겠는가? 우리로 하여금 그 교활함에 맞서 저항하지 않을 수 없게 만든 돈을 목적으로 하는 영혼의 압제자들, 몇몇 유약한 정신의 소유자들로 하여금 그들의 괴물 같은 행태로 영광이 가려진 하나님을 부인하게 만든 그들에게 돌리지 않으면 말이다."[108]

무신론에 대한 이러한 비판은 너무나도 신랄한 것이어서 콩도르세(Condorcet)나 튀르고(Turgot)처럼 마음속으로 무신론적 의견을 견지하고 있던 이들도 당시 유행하던 다음과 같은 격언에 따라 신중하게 행동하지 않을 수 없었다. "종교를 갖지 않은 사람은 스스로를 무신론자라고 칭해서는 안 된다." 하지만 이러한 상황은 19세기 들어 완전히 달라진다. 드러내 놓고 스스로가 무신론자임을 그것도 강력하게 표명하는 자들은 메슬리에(Meslier: 1664~1729) 신부나 돌바흐(d'Holbach: 1723~89) 남작과 같이 더 이상 고립된 정신의 소유자들이 아니라, 문화적 엘리트 계층을 이루게 되었다. 유럽의 위대한 지성인들 대부분——계몽주의 시대와는 달리 이번에는 독일인들을 필두로 해서——은 종교와 신에 대한 믿음이 개인과 사회의 진정한 발전 구현에 중대한 장애물로 작용한다는 신념을 갖게 되었다. 바로 이러한 상황에서 근대성(이 단어 역시 이 시기에 등장했다)의 가장 영향력 있는 사상가 네 명——콩트(Comte), 포이어바흐(Feuerbach), 마르크스(Marx), 프로이트(Freud)——은 기독교에 대한 급진적인 비판을 수행함과 동시에 개인적이고 집단적인 소외로서의 종교의 가면을 벗기고자 했던 것이다. 이들의 무신론은 휴머니즘에 근거한 것이었지만, 정확히 말해 이들은 휴머니즘을 교회뿐만 아니라 그리스도와 하나님으로부터도 떼어내려 했던 것이다.

콩트 : 지적인 소외로서의 종교

튀르고로부터 인류 발전의 3단계 이론을 빌려온 오귀스트 콩트(Auguste Comte)는 자신의 『실증철학 강의 Cours de philosophie positive』

(1830~42)에서 인류가 신학적 단계에서 형이상학적 단계로, 그리고 과학적 혹은 실증적 단계로 발전해 나간다고 주장했다. 문화는 첫 번째 단계에서부터 나타나지만, 그 단계에서 인간은 세계를 자신의 상상력을 통해 해석하며, 신화, 믿음, 마술적 행위들에 의존한다. 콩트는 이 신학적 단계 내에서도 또 세 가지 단계를 구분하는데, 물신숭배, 다신교, 일신교가 그것이다. 인류의 두 번째 단계는 비판적 이성과 추상적 관념의 성장으로 특징지어진다. 즉 인간은 세계를 철학적으로 이해하게 되는 것이다. 하지만 인간이 마침내 "무엇 때문에"라는 어린애 같은 질문을 포기하고 사실들과 사물의 "어떻게 된 것", 즉 과학의 속성을 이루는 것에만 관심을 갖게 되는 것은 세 번째 단계에 이르러서이다. 이 실증주의적 단계는 모든 인류의 활동들──정치, 법, 도덕, 경제──이 오직 관찰과 실험이라는 과학적 방법에 토대를 두게 될 때에 완전히 실현될 것이다.

실증주의 철학은 실증적 단계로의 이러한 이행을 더욱 앞당기게 될 것이고, 모든 개별 학문들을 포괄하는 사회에 대한 학문을 장려하게 될 것이다. 콩트는 이 학문을 "사회학"이라 불렀다. 이때 사회학이라는 용어는 사회의 기능을 분석하는 개별학문으로서의 의미가 아니라 하나의 "사회적 물리학", 즉 완전히 합리적이고, 생산적이고, 평화적이며, 종교(신학적 단계)나 민중(철학적 단계)에 의해 서임받은 주권자가 아니라 실증적 과학 엘리트들과 기술 엘리트들에 의해 다스려지는 사회에 이를 수 있게 해주는 최고의 학문으로서의 의미를 가진 것이었다. 콩트의 후기 저작들에서는 실증주의가 매우 열광적이고 신비스러운 색조를 띠어가며, 자체의 교리, 예배, 성인들(인류의 진보를 안내하는 학자들)을 가진 하나의 진정한 종교로 변모한다. 오귀스트 콩트는 신을 인류로, 가톨릭 교회를 실증주의로 대치할 것을 주장하며 이 새로운 종교의 교황이 되었다.

포이어바흐 : 인류학적 소외로서의 종교

독일 철학자인 루트비히 포이어바흐(Ludwig Feuerbach)는 종교의 근본적 메커니즘을 드러내고, 합리적 방법을 통해 종교의 "본질"을 구성하는 것을 밝혀내려는 시도를 통해 종교에 더욱 강력한 공격을 가하고자 했다. 기독교를 예로 든 그는 종교라는 것이 결국 신이라는 관념 위에 인간의 본질 자체를 투사한 것에 불과하다는 주장을 개진한다. 신의 속성들은 기실 인간의 본질적인 자질들에 다름 아니며, 인간은 자신들의 이러한 속성을 스스로 박탈하여 상상 속에서 만든 지고의 존재에게 부여했다는 것이다. 1841년에 출판된 『기독교의 본질*Essence du christianisme*』에서 그는 이렇게 기록하고 있다. "종교는 인간 속에 감추어진 보물의 숭고한 드러냄, 인간 자신의 가장 내밀한 생각들의 고백, 사랑의 비밀들에 대한 공개적 고백이다." "당신은 스스로 사랑을 하고 있기 때문에 신의 자질을 믿는 만큼이나 사랑의 존재도 믿는다. 마찬가지로 신이 지혜롭고 선하다고 믿는 이유는 당신 자신의 내면에서 선함과 오성보다 더 좋은 것을 알지 못하기 때문이다." 결국 인간은 자신의 고유한 자질들을 떼어내어 신을 객관화시켰으며, 이것이 바로 포이어바흐가 그토록 열렬하게 분석하고자 했던 인류학적 소외의 본질적 메커니즘이었다. "신을 풍요롭게 하기 위해 인간은 빈곤해져야 한다. 신이 모든 것이 될 수 있기 위해 인간은 아무것도 아닌 존재가 되어야 한다."

이러한 인류학적 소외로부터 벗어나기 위해서 인간은 신성에 투사했던 자질들을 다시 자신의 것으로 삼아야 한다. 인간은 그 모든 자질들이 자신의 것이었음을 발견해야 하며, 그 자질들을 발전시키고 사용할 권리가 자신에게 있음을 알아야 한다. 그렇게 되면 인간은 더 이상 신에 대한 믿음이나 종교를 필요로 하지 않게 될 것이다. 신의 개념을 만들어 내고, 그 신을 숭배하면서 인류는 스스로도 알지 못한 채 인간 자신을 신격화 하고 영광스럽게 했던 것에 다름 아니었다. 사회 발전의 진화론적 관점에서 포이어바흐는 "종교란 인류의 유아적 본질"이라고 설명한다. 이어서 철학적 성숙함의 시기가 오게 되며, 이 시기에 인간은 의식하지 못한 상태에서 상상의 존재에게 투사했던 것을 마침내 의식적으로 다시 소유하게 될 것이라는 주장이다.[109]

마르크스 : 경제적 소외로서의 종교

포이어바흐의 동시대인이자 그의 저서를 깊이 있게 읽은 독자이기도 했던 카를 마르크스(Karl Marx)는 그의 분석, 즉 인간은 자신의 외부에 하나의 강력한 존재를 만들어냈지만, 그 존재의 힘이 자신의 것임을 알지 못하고 그를 섬겼을 뿐이라는 분석에 지지를 나타낸다. 하지만 그가 볼 때에 포이어바흐의 주장은 정당한 것이긴 했지만 충분한 것은 아니었다. 중요한 것은 무엇 때문에 인간이 종교 속에서 스스로를 소외시켰으며, 어떻게 해서 그 소외로부터 벗어날 수 있는지를 이해하는 것이었다. 마르크스는 이렇게 해서 종교적 소외를 만들어낸 사회들에 대한 역사적이고 경제학적인 분석에 초점을 맞춘다. 1844년에 출간된 유명한 텍스트에서 마르크스는 종교가 비록 기만적인 것이긴 해도, 사회·경제적 압제에 대한 실질적인 저항을 구성한다고 설명한다. "종교적 고뇌는 한편으로는 실제적 고뇌의 표현이지만, 다른 한편으로는 실제적 고뇌에 대한 저항이기도 하다. 종교는 압제받는 피조물의 한숨이며, 심장 없는 세계의 영혼이다. 종교는 정신이 추방된 사회 조건의 정신이다. 그것은 민중의 아편이다. 민중의 기만적 행복으로서의 종교의 폐기는 민중의 실질적 행복이 표명하는 요구이다. 자신의 상황에 대한 환상의 포기를 요구하는 것은 곧 환상을 필요로 하는 상황을 포기하는 것이다."[110]

마르크스는 종교에 대한 철학적 비판에서 부당한 사회에 대한 정치적 비판으로 이행하고자 했다. 즉 불행을 만들어내기 때문에 종교를 만들어낼 수밖에 없는 사회에 대한 비판이 그것이다. 악의 근원, 즉 인간에 의한 인간의 경제적 수탈을 해결하여 더 이상 수탈당하는 자들이 없게 되면 종교적 환상은 그 자체로 사라지게 될 것이라는 것이 그의 생각이었다. 이제부터 본질적인 것은 사회를 변화시키는 데 있다. 사회 계층 간 투쟁에 근거한 정밀한 사회·경제적 분석을 개진하면서 마르크스는 역사의 선적이고 진보주의적인 관점에 머무른다. 그는 예언자와도 같이 프롤레타리아 혁명의 도래(비록 혁명의 개념이 역사 속에 불연속성을 도입한다 할지라도)와 계급 없는 사회 건설(공산주의)을 예고한다. 그러한 사회에서는 종교와 맞서 싸울 필요도 없을 것이다. 왜냐하면 종교가 표현하는 사회·경제적 소외가 사라지게 될 것이기 때문이다. 신을 만들어낸 역사적 조건의 종말과 함께 신도 사라지게 될 것이었다.

프로이트 : 심리적 소외로서의 종교

마르크스와 마찬가지로 정신분석학의 천재적인 창시자인 지그문트 프로이트(Sigmund Freud)도 포이어바흐에 대한 빚을 인정하고 있다. 실제로 포이어바흐는 프로이트의 지적 형성에 있어서 가장 큰 영향을 준 철학자였다. 『토템과 터부』(1912)에서 『환상의 미래』(1927), 『모세와 일신교』(1939)에 이르기까지 프로이트는 종교에 대한 강력한 비판을 수행해 나간다. 그는 포이어바흐에게서 영감을 받아 종교적 속성의 유아적이고 소외시키는 특징을 주장했으며, 궁극적으로 종교를 보다 우월한 힘에 대한 인간의 심리 기제 투사로 인식했다. 마르크스가 사회들에 대한 경제적 분석과 사회적 갈등 속에서 이러한 종교적 속성을 설명하려 했다면, 프로이트는 인간 심리 기제의 갈등 연구를 통해 그 속성을 밝히려 하였다. 치료학자로서의 경험적 연구로부터 출발하여 그는 무의식의 법칙들을 점차 이론화시켰으며, 이를 통해 종교의 뿌리 깊은 환상적 특성을 드러낼 논거를 발견하게 되었다. 프로이트 자신이 만들어낸 카테고리에 따르면, 이 특성은 신경증적인 측면과 정신병적 측면을 가지고 있다.

프로이트는 우선 아버지에 대한 아들의 전형적인 신경증적 갈등이라고 할 수 있는 "부성 콤플렉스"라는 심리학적 문제틀을 중심으로 종교의 탄생에 대한 이론을 만들어 나간다. 부성 콤플렉스는 아들의 아버지에 대한 동일시와 아버지의 죽음에 대한 욕망의 혼재, 아버지를 죽이고/동화하고 난 이후에 나타나는 이상화된 아버지에 대한 아들의 욕망 체계, 죄책감과 거세 공포의 혼재 등으로 나타난다. 인간 사회의 선적인 진보의 개념에 충실했던 프로이트는 어른이 된 아들이 자신의 무의식적 심리 갈등을 해결하려고 시도하는 것과 마찬가지로 인류 역시 초기의 유아적 단계를 극복하려고 한다고 생각했다. "종교는 인류의 보편적 제약의 신경증이라고 할 수 있다. 어린 아이의 경우와 마찬가지로 종교는 아버지와의 관계에 대한 콤플렉스인 오이디푸스 콤플렉스에서 발생한 것으로 보인다. 이 가설에 따르면, 종교로부터의 벗어남은 성장 과정의 운명적인 냉혹함과 함께 이루어질 수밖에 없으며, 오늘날 우리는 발전의 바로 이 단계에 머물러 있다는 것을 알 수 있다."[111]

프로이트는 하지만 신경증 도식과의 유비만으로는 종교의 본질이 고갈될 수 없다는 것을 인정했다. 1910년 1월 2일, 그는 자신의 제자였던 융(Jung)에게 이렇게 써 보냈다. "종교가 필요한 마지막 근거로 인해 나는 놀라지 않을 수 없었다. '탈취(Hilflosigkeit)'가 동물에게 있어서만큼이나 인간에게도 크게 작용한다는 것을 알았기 때문이다. 그 순간부터 부모 없는 세계를 표상하기란 불가능하게 되며, 정의로운 신이 모습을 드러내는 것이다."[112] 문제틀을 부모와 관련된 영역으로, 더 좁게는 아버지의 영역으로 확대시킴으로써 프로이트는 다음과 같은 점을 보여주고자 했다. 즉 아이는 외부 세계에서 자신을 위협하는 불확실한 위험들로부터 자신을 보호해줄 초자연적 힘에 대한 믿음을 만들어낼 필요가 있다는 것이다. 따라서 종교의 기원에 있는 것은 죄책감이 아니라 불안이라고 할 수 있다. 불안함으로부터 스스로를 지키기 위해 인간은 역시 결함이 있다고 느끼는 부모의 보호에 대한 진정한 대체물로서의 선한 신을 만들어내며, 영원한 삶에 대한 믿음을 갖게 된다는 것이다. 종교의 심리학적 기원에 대한 이와 같은 두 번째 해석은 정신병의 유형에 속한다. 즉 종교는 현실 바깥으로의 도피, 실제와 고통의 거부, 죽음과 불확실성 앞에서 느끼는 두려움을 극복할 수 없는 무능력함, 다시 말해 핑계에 불과하다는 것이다. 이렇게 해서 프로이트는 "종교적 표상들의 심리적 기원"을 "환상, 인류의 가장 오래되었고, 가장 강력하며, 가장 집요한 소원의 구현"이라고 해석하게 되었다. "이 힘의 비밀은, 곧 이러한 소원들의 힘에서 찾을 수 있다. 이미 알고 있듯이 어린 아이의 탈취와 관련된 공포의 인상은 아버지의 도움에 다름 아닌 보호—사랑에 의한 보호—의 필요성을 일깨워준다. 이러한 탈취가 인생 전체에 걸쳐 지속된다는 사실의 인정이야말로 아버지의 존재—정말이지 이후로는 더욱 강력해진——에 대한 강력한 집착의 원인이다. 자비로운 신의 섭리가 세계를 다스린다는 사실로부터 인생의 위험 앞에서의 불안은 완화되는 것이다."[113]

과학의 발전을 통해 인류가 결국 종교가 구성하는 이와 같은 환상으로부터 벗어나게 될 것이라고 확신했던 프로이트는 신에 대한 믿음이 만들어내는 개인과 공동체의 소외에 맞서 공개적으로 싸움을 벌였다. "인간 존재는 영원히 아이로 남아 있을 수 없다. 인간은 언젠가 적대적인 인생과의 대면을 위해 혼자 힘으로 나서는 용기를 발휘해야 할 것이다."[114]

제6장

근대 세계의 모태

무엇보다 확실한 사실은 다음과 같다. 비판적 이성과 개인의 해방을 통해 근대성이 종교적 제도들을 뒤흔들어 놓았다는 것이다. 그 중에서도 가톨릭 신앙이 가장 많은 공격의 대상이 되었으며, 가장 많은 손상을 입었다. 여러 유럽 나라들에서 가톨릭이 차지하고 있는 지배적인 위치와 가톨릭의 제도적 장치들의 위치를 감안하면 납득할 수 있는 현상이기도 하다. 근대 세계는 교회의 권위에 대립하면서, 그리고 종교로부터 해방의 길을 가면서 일정 부분 형성되었다고도 할 수 있다.

지금부터는 조금 더 멀리 나아가서 역사의 이러한 급변의 원인, 용어의 화학적 의미에서의 "침전"의 원인을 살펴볼 필요가 있다. 근대 세계가 하필이면 그 장소에서 그 시기에 형성된 원인에 대해서 말이다. 흔히 근대성이라고 불리는 것이 다른 곳, 예를 들면 중국이나 인도, 혹은 오토만 제국에서는 꽃피우지 못한 이유는 무엇일까? 또한 역사의 다른 시기에 꽃피우지 못한 이유는 무엇인가? 이 문제는 매우 중요하다. 서구의 근대성과 그 주된 구성 요소들——비판적 이성, 주체의 자율성, 보편성, 세속성——은 그것들이 개화하고 서로 간에 연결될 수 있도록 하는 요인들이 한 데 모인 특별한 세계 내에서만 이루어질 수 있었다. 역사적으로 보아 이 특별한 세계란 곧 기독교 세계를 말한다. 근대적 정신과 종교적 제도들이 서로 대립각을 세운 것은 사실이지만——그래서 더욱 다음과 같은 사실이 모순적으로 보이는 것도 사실이다——근대성은 고유한 종교적 모태, 즉 기독교라는 모태 내에서 오랜 기간 동안 성숙의 시기를 지나고 난 뒤에야 발전할 수 있었으며, 그 단계가 지난 이후에야 종교적 모태로부터의 돌아섬이 가능할 수 있었다. 서구 역사의 본질적인 측면은 바로 이와 같이 놀라운 사실들의 연쇄 고리 속에 집약될 수 있다. 그렇다면 이러한 상황이 어떻게 가능할 수 있었는가?

앞선 논의에서 우리는 이미 이 문제에 대해 많은 것을 살펴보았다. 근대의 주요 원칙들——평등, 개인의 자유, 인류의 박애, 교권과 세속권의 분리——이 필자가 그리스도의 철학이라고 부른 것 속에 이미 명시적으로 포함되어 있었다는 사실을 우리는 이미 살펴보았다. 우리는 또한 로마 제국의 개종과 그 결과로 두 층위의 권력이 혼합된 이래 오랫동안 잊혀져 온——교회가 모른 척했거나, 교회에 의해 왜곡 혹은 변형되었던——이 원칙들이 르네상스 시기에 되살아나기 시작했다는 것을 살펴보았다. 나아가 계몽주의 휴머니스트들이 개인과 사회를 종교의 감독으로부터 해방시키기 위해 이 원칙들로부터 어떤 영감을 받았었는지에 대해서도 보았다. 그들이 그리스도의 메시지에 중대한 변화를 가져왔다는 것은 분명하다. 즉 윤리학의 토대를 더 이상 신이 아니라 인간의 이성에서 찾게 된 것이다. 사실상 그들은 '정통성의 전이'를 수행한 것이나 다름없다. 그리스도가 자유와 평등 혹은 박애를 전파하기 위해 스스로

"아버지"라 부른 존재에게 의지했던 반면, 휴머니스트들은 이성과 법을 토대로 삼았다. 이러한 점에서 그들은 그리스도의 영적인 윤리학에 물질적인 구현—육체라고도 말할 수 있을 것이다—을 부여했다고도 할 수 있다. 정치적 혹은 종교적인 압제자가 그것의 행사를 가로막을 수 있다면, 인간 자유의 설파가 실제로 무슨 소용이 있겠는가? 근대 철학자들은 그리스도의 더할 수 없이 보편적인 가르침을 조금도 거부하지 않았을 뿐만 아니라, 이와 같은 정통성의 전이를 실행함으로써 그 가르침을 지속적으로 지상의 나라들에 이식시켰다. 그들이 보기에 이러한 전이를 통해서만 신학적 해석의 독재로부터 벗어날 수 있었던 것이다. 실제로 그 어떤 제도라고 해도 저마다 신의 이름으로 말할 수 있기 때문이다. 만약 역사를 통해 기독교가 온전히 복음의 메시지에 충실했다면, 또한 그리스도의 가르침을 사회 속에 온전히 구현했다면, 사람들은 결코 그 가르침을 작동시키기 위해 종교적 맥락으로부터 떼어내야 할 필요를 느끼지 못했을 것이다. 실제로 서구의 여정을 살펴보면 종교적 제도들의 압제로 인해 이성과 법에의 의지가 필연적인 것이 되었음을 볼 수 있다. 앞서 살펴본 바와 같이 칸트의 모든 윤리학적 기도는 이러한 논리 속에서 형성된 것이었다.

이 책의 중심 주제라고 할 수 있는 이 테마에 대해 더 이상은 물고 늘어지지 않으려 한다. 유럽의 "기독교적 뿌리"에 대한 논쟁의 여지가 있는 문제를 논하기에 앞서, 단지 복음서에만 해당되는 것이 아니라 보다 넓게는 유대-기독교 전체에 해당되는 두 가지 사항을 살펴보려고 한다. 필자는 이 문제를 앞선 저작[115]에서 언급한 바 있지만, 이 부분에서 이 문제를 다시 떠올려보는 것도 적절하다고 여겨진다.

기독교라는 모태로부터의 해방이라는 시도를 이루기 위해서 근대인들은 분명 원동력이 되어줄 수 있는 신화와 효율적인 도구를 필요로 했다. 즉 하나의 믿음과 하나의 무기가 필요했던 것이다. *진보*는 근대인들의 이 거대한 시도를 뒷받침해주는 본질적인 믿음이었다. 그것은 곧 근대성의 거대한 신화였다. '이성'은 근대인들이 의지했던 본질적인 도구, 즉 근대성의 도구였다. 한편, 이 두 가지 핵심 개념들은 유대의 사고와 그리스도교 사고에 깊이 뿌리 내린 것으로, 실로 오랜 역사를 가진 개념들이라고 할 수 있다. 그것이 없었다면 근대성이라는 개념 자체가 이해될 수 없었을 역사적 여정의 이 거대한 흐름들을 요약해 보자.

역사와 진보

진보는 근대인들의 본질적인 기도를 조명해주는 핵심 용어라 할 수 있다. 진보는 곧 이성을 힘입어 개인과 사회를 완성을 향한 무한한 개선의 길로 인도하며, 행복과 자유의 세계를 만들어나가는 것을 의미한다. 근대성의 사상가들——비록 그들이 무신론자라 하더라도——이 품었던 믿음, 열정, 희망 등을 이해하는 데 있어서 이 개념은 매우 중요하다. 그렇다면 개인과 사회의 선적이고도 무한한 개선이라는 이러한 사상, 힌두교도나 중국인에게 있어서는 완전히 낯선 것일 수밖에 없는 이 사상은 어디에서 비롯된 것일까? 또한 이러한 사상이 비롯될 수밖에 없었던 이유는 어디에 있을까?

진보라는 근대적 사상의 태동

『고대인들과 근대인들에 대한 여담*Digressions sur les Anciens et les*

Modernes』(1688)을 쓴 베르나르 르 보비에 드 퐁트넬(Bernard Le Bovier de Fontenelle)은 분명 최초로 진보라는 근대적 개념의 근간을 제공한 사상가 중 한 명이다. 이 책에서 그는 다음과 같은 주장을 펼치고 있다. 만약 근대인들이 고대인들보다 우월하다면, 그것은 아주 단순히 그들이 앞선 시대를 살았던 사람들이 이루어 놓은 업적을 이용할 수 있기 때문이며, 이성의 빛에 의지하여 도래할 진보의 전조들을 무한한 과정 속에 투사할 수 있기 때문이라는 것이다. 그가 고대 사람들에 대한 근대인들의 우월성을 확증하는 논거는 다음과 같은 세 가지 가설에서 찾아볼 수 있다. 1) 시간은 선적으로 흘러간다(시간의 화살). 2) 인간은 이성에 힘입어 무한히 개선 가능하다. 3) 역사는 필연적으로 불완전한 상태에서 완전한 상태로 나아갈 수밖에 없는 인류의 진보가 무르익는 장소이다. 반 세기 후 아베 생 피에르(abbé Saint-Pierre)는 『보편적 이성의 지속적인 진보에 대한 고찰Observations sur le progrès continu de la raison universelle』(1737)에서 진정한 하나의 법칙으로 이해된 진보는 인간 정신의 인식에만 관계되는 것이 아니며, 사회에도 적용 가능한 것이라고 주장한다. 생 피에르는 인간 삶의 여러 시기들과의 유비를 통해 사회 역시 완성화의 법칙에 따라 진보한다는 사실을 증명하고자 했다. 다른 점이 있다면 사회는 죽지도 않고 늙지도 않는다는 것이다. 이러한 점에서 완성을 향한 개선의 과정은 무한하다.

    18세기 전체에 걸쳐 계몽주의 철학자들——루소로 대표되는 예외적인 경우를 제외하면——은 역사 철학의 전개를 통해 이와 같은 근대의 신조를 받아들이고 발전시켜 나갔다. 레싱(Lessing)은 여전히 종교적 관점 속에서 집필한 『인류의 교육Éducation du genre humain』(1780)에서 완성화라는 것은 처음부터 존재해 온 개념이 아니며, 이성의 활용과 함께 점차적으로 도래한 개념이라고 설명한다. 나아가 그는 교육의 혜택을 통해 언젠가 인간은 황금 시대라는 신의 약속을 실현하게 될 것이라고 주장한다. 같은 관점에서 알퐁스 뒤프롱(Alphonse Dupront)은 이렇게 강조한다. "이제부터 낙원은 더 이상 잃어버린 것이 아니다. 낙원은 약속된 것, 특히 인간이 스스로를 위해 예비하는 낙원이 될 것이다."[116]

사실상 독일의 계몽주의가 기독교 신학——선하고 자비로운 신이 점차 인간을 교육시킨다는 사상——과 역사 철학——이성을 인류 진보의 본질적 원동력으로 바라본——을 조화시키고자 했다면, 프랑스 계몽주의는 신의 계시와 은총과는 무관하게 오직 인간의 노력만으로 이러한 황금 시대의 실현을 이루고자 하였다. 나아가 프랑스 계몽주의는 종교로부터 벗어남으로써 인류가 이러한 목적에 도달할 가능성을 가질 수 있다고 여겼다. 『인간 정신 진보의 역사적 초안*Esquisse d'un tableau historique des progrès de l'esprit humain*』(1793)에서 콩도르세(Condorcet)는 이와 관련해 더 할 수 없이 명확한 입장을 보여주고 있다. "그러니까 태양이 지상에서 오직 자유로운 인간들, 자신의 이성 이외의 다른 주인을 가지고 있지 않은 인간들만을 비추게 될 때가 도래할 것이다. 압제자들 혹은 노예들, 사제들과 그들의 어리석거나 위선적인 도구들이 역사 속과 극장에서만 존재하게 될 때가 올 것이다. 그들의 희생자들과 그들에게 속은 사람들을 옹호하고, 만약 미신과 압제의 싹이 다시 나타나려 할 경우 이성의 힘을 통해 그것을 알아보고 억누르기 위해서만 그것에 대해 신경 쓰게 될 때가 올 것이다."[117] 즉 인간 사회는 그리스도교의 척출을 통해서 마침내 무한한 완성화의 법칙을 지속시키고 가속화할 수 있을 것이라는 주장이다. 『담론*Discours*』(1750)에서 튀르고(Turgot)는 이미 보다 덜 격렬하지만 마찬가지로 급진적인 방식으로 인류 발전의 세 단계

―초자연적 단계, 철학적 단계, 과학적 단계―라는 개념을 구상한 바 있다. 그는 과학적 단계로 향해 나가는 역사의 가속화 과정 속에서 세계를 종교적으로 설명하는 것은 완전히 폐지될 것이라고 주장하고 있다.

진보 신화의 비약과 비판

18세기 말에서 20세기 중, 후반에 이르는 약 150여 년 동안 개인과 인간 사회의 필연적인 진보라는 개념은 유럽 사회의 이데올로기적 원동력으로 작용했다. 이 개념의 추종자들은 이성, 과학, 기술의 발전, 정치학, 민족 국가 등의 개념에 의지하여 정의롭고 조화로운 사회에서 살아가게 될 어른이 된 개인의 시대가 필연적으로 도래하게 될 것이라고 여겼다.

이곳저곳에서 소란스럽게 이야기되었던 것에 반하여, 실제로 인간 사회의 역사적 진보에 대한 이해는 합리적인 측면을 가지고 있지 못했다. 인간의 완성 가능성을 수없이 강조했던 루소는 진보의 개념에 대해서는 신뢰하지 않았다. 이와 관련하여 그는 다음과 같이 지적하고 있다. 부인할 수 없는 인식과 기술의 진보가 필연적으로 개인의 개선과 정의롭고 조화로운 사회의 실현으로 이어지리라는 것을 무엇으로 증명할 수 있는가? 18세기부터 명확하게 드러난 과학과 기술의 선적이고 누가적인 진보는 인간의 도덕적, 철학적, 정신적 진보를 내포하는 것이 아니며, 인간이 그 자체로 존재할 수 있다는 사실을 증명해주지도 못한다. 이것은 개인적 차원에서뿐만 아니라 집단의 차원에서도 마찬가지로 사실이다. 인간적인 차원에서 볼 때 우리는 동시에 위대한 과학자이자 형편없는 개인이 될 수도 있고, 기술의 거장이면서 동시에 몹쓸 인간일 수도 있는 것이다.

마찬가지로 정치적, 과학적, 기술적 혁명을 통해 도래할 더 나은 세계를 노래하던 내일에 대한 약속은 20세기 전반에 걸쳐 가혹한 반증을 감내해야 했다. 진보에 대한 믿음은 제2차 세계대전 동안 목숨을 잃은 6,000만 명의 희생자들, 히로시마, 굴락, 아우슈비츠 등과 함께 상당 부분 붕괴되었다. 이처럼 수많은 끔찍한 경험들을 통해 현대인들은 소위 "합리적"이라고 불리던 근대 사회가 과거 사회의 야만적 작태들과 비교해 크게 달라진 것이 없다는 사실을 의식하게 되었다. 또한 과학과 기술 발전의 본질적인 모호함, 관료주의 체제의 끔찍한 시행착오들에 대해서도 명백히 알게 되었다. 19세기에 공공연히 표방되었던 확실성, 즉 근대성의 발전이 필연적으로 종교적인 것의 제거로 나아가게 될 것이라는 확실성 역시 오늘날에는 상당 부분 이데올로기화된 신념이자 주술적인 신념이었던 것으로 드러나게 되었다. 다음 장에서 보게 되겠지만, 종교는 여전히 제자리를 지키고 있다. 다만 근대성 속에서 그 성격이 변형을 거쳐 개인화되었을 뿐이다.

본질적으로 유대-기독교적인 "종교적 신화"를 제거하고자 했던 유럽의 사회들은 스스로 인식하지 못한 채 또 다른 신화를 만들어내었던 것이다. 사실상 진보라는 개념은 근대성의 탄생과 발전을 밑받침하고, 이를 통해 근대인들에게 하나의 '희망'을 제공했던 강력한 하나의 신화였다. 근대인들의 희망이란 곧 인간의 힘만으로 지상의 낙원을 건설하려는 것이었다. 세계를 탈신화화하고 각성시킬 도구들로 여겨졌던 요소들(비판적 이성, 정치학, 과학)이 오히려 신화화, 주술화되어 버렸다. 19세기 동안 이 요소들은 진정한 "세속적 종교"로 변모했다. 이러한 상황은 무엇보다도 진보의 근대적 개념이 뿌리 깊은 종교적 문제틀을 세속화한 결과라는 사실에 기인한다.

진보 개념의 종교적 기원 : 구원의 역사와 지복천년설

근대의 신화는 사실상 "종교적 신화"에 대한 극단적인 대립을 통해 형성되었다. 하지만 사실을 말하자면 근대의 신화는 스스로 비판의 대상으로 삼았던 종교의 전형적인 특징들을 그대로 받아들이고 있었다. 즉 에너지의 결집과 "절대화"(이성, 과학, 프롤레타리아, 민족 국가의), "악마화"(전통, 종교, 부르주아 계층, 다른 민족의), "유토피아화"(도래할 더 나은 세계에 대한 약속)라는 세 가지 현상을 통한 사회관계의 창조가 그것이다. 여기에 더해 이러한 세속 종교와 그리스도교 신학 사이의 유사점, 특히 믿음, 소망, 사랑이라는 신학적 덕목을 중심으로 나타나는 유사점을 눈여겨볼 필요가 있다. 사랑과 박애는 여전히 모든 사람들이 추구해야 할 이상으로 남아 있다. 신에 대한 믿음은 인간 이성에 대한 믿음으로 대치되었으며, 하늘나라에 대한 소망은 지상 낙원에 대한 소망으로 대치되었다. 이것은 그 무엇보다도 중요한 사실이라고 할 수 있다. 우리가 앞서 살펴보았던 진보의 개념, 근대의 세속 종교들의 밑바탕이 되었던 이 개념은 명백히 유대-기독교의 중심 사상에서 비롯된 것이다.

기원전 5세기 경 바벨론에서 "성서 문서집(corpus biblicum)"을 편찬했던 유대 율법학자들이야말로 하나님과 그의 민족 사이의 하나의 "역사"를 통해 구현되는 시간의 선적인 이해를 최초로 구상했던 사람들이었다. 아브라함과 언약을 맺은 하나님은 그의 자손으로 하여금 하늘의 별과 같이 창대하게 해주겠다고 약속했다.(창세기 15:5) 모세에게 이 언약을 다시 한 번 확인한 하나님은 히브리 민족을 "비옥하고 광대한 땅, 젖과 꿀이 흐르는 땅으로"(출애굽기 3:8) 인도하기 위해 직접 개입한다. 이후로 여러 선지자들은 언제일지 알 수 없는 미래에 구원자인 메시아가 올 것이며, 예루살렘에 진정한 지상의 낙원, 즉 "더 이상 우는 소리와 부르짖는 소리가 들리지 않으며""이리와 어린 양이 함께 먹을"(이사야 65:19~25) 낙원이 도래할 것을 예언했다. 신의 약속과 예언들을 통해 시간의 선적인 개념──한 지점에서 출발하여 다른 지점에 이르게 된다는──이 확립될 수 있었다. 이 개념은 당시까지 지배적이던 시간의 순환적 개념과 분명히 구분되는 것으로, 인류의 모험에 '하나의 의미'를 부여하는 것이었다.

역사에 대한 이와 같은 이해는 다음과 같은 두 가지 요인에서 유래한 것이었다. 즉 시간의 구체적인 한 순간에 신으로부터 "선택받은 민족"이 메시아 시대의 도래와 함께 이루어질 궁극적인 실현의 상태를 향해 나아가고 있다는 것이다. 기독교인들은 이러한 사상을 받아들임과 동시에 그리스도의 사건을 가톨릭 신자들이 일컫는 "성스러운 역사", 신교도들이 일컫는 "구원의 역사"(예수는 기다려온 메시아임과 동시에 하나님의 육화로 받아들여졌다)에 있어서 결정적인 순간이라고 생각했으며, 이를 통해 선민의 개념을 인류 전체로 확장시켰다.

교육적 '성숙 과정'으로서의 역사 신학이 모습을 나타낸 것은 아우구스티누스(354~430)로부터였다. 그에 따르면 하나님은 인류를 마치 한 명의 개인처럼 서서히 훈련시키셔서 완전한 성숙의 단계로 인도하신다. 바로 이와 같은 선적인 시간의 사상, 인류의 무한한 개선 가능성과 완성 가능성의 사상으로부터 18세기 역사 철학자들이 진보의 근대적 개념을 정립할 수 있었던 것이다. 명백히 종교적이었던 레싱(Lessing)의 사상에 영감을 받아 탄생한 진보의 개념은 점차 세속화의 길을 걷기 시작했고, 콩도르세와 함께 공개적으로 반종교적 태도를 표방하게 되었다. 이렇게 해서 19세기 무신론 체제가 나타나게 되었던 것이다. 즉 인간 사회의 필연적인 진보는 종교의 종말로 통하게 되어있다는 생각 말이다.

역사에 대한 성경적 이해에는 근대의 거대 이데올로기 형성에 있어서 중요한 영향을 끼치게 될 또 다른 요소가 포함되어 있는데, 그것은 바로 지복천년설이다. 대부분의 종교적 신화들은 시간을 신성화하는 과정 속에서 세상의 초석이 놓여진 첫 순간, 시작의 찬란함, 잃어버린 낙원, 기원의 극복될 수 없는 가치 등을 강조한다. 사회 질서는 바로 이러한 과거에의 준거를 바탕으로 형성된다. 뿐만 아니라 시간의 선적인 이해 속에서는 세계와 역사의 결정적인 종말의 개념도 형성된다. 자유롭게 세상을 창조하고 역사를 시작하기로 결정한 것과 마찬가지로 신은 언젠가 '시간의 종말'을 결정하게 될 것이다. 이러한 일반적인 도식 내에서 성서는 보다 복잡한 시나리오, 수많은 해석의 장이 되어 왔고, 지금도 여전히 수많은 논쟁의 장이 되고 있는 시나리오를 보여주고 있는데, 바로 메시아니즘과 지복천년설이 그것이다.

유대 선지자들은 구원의 메시아가 와서 이 땅에 공의와 평화가 가득한 새로운 세상을 펼칠 것이라고 예언해 왔다. 하지만 사도들에 의해 메시아로 여겨진 예수는 지상의 낙원을 건설한 것이 아니라 세상의 종말이 임박했다는 것과 자신이 영광스러운 모습으로 재림할 것, 그리고 "이 세상 바깥에서" 하나님의 나라가 도래할 것을 예언했다. 전통적으로 사도 요한에 의해 기록된 것으로 알려져 있으며, 그리스도의 계시를 담고 있는 성경의 마지막 책인 〈계시록〉은 세상의 종말에 앞서 천년 동안 지속될 평화와 행복의 시대가 있을 것이라고 전하고 있는 것처럼 보인다. 즉 그리스도의 가르침에 유대의 묵시록이 가지고 있는 메시아적 사상의 요소들을 재도입하고 있는 것이다. 텍스트 자체가 매우 난해하고 복잡하기 때문에 계시록에 기록된 종말론적 사건들에 대해서는 수많은 해석이 행해지고 있다. 천년 동안의 평안의 시기 이전에 뿌리 깊은 혼란과 거대한 동요의 시기가 있을 것임을 강조하는 해석도 그 중 하나로 볼 수 있다.

예수의 죽음 이후 이어진 4세기 동안 그리스도교인들은 즉각적인 종말의 도래와 그리스도의 영광스러운 귀환(재림)에 대한 기다림 혹은 지복천년(천년 동안의 낙원)의 기다림 사이를 오고 갔다. 사회의 동요가 있을 때마다 혹자는 세상의 종말이 임박했다는 징조로, 혹자는 천년 왕국의 도래에 대한 징조로 해석했다.

성 아우구스티누스는 이 점에 있어서 성서에 대한 또 다른 해석을 제시함으로써 결정적인 역할을 수행했다. 『하나님의 나라 La Cité de Dieu』 (413년에서 426년에 걸쳐 집필된 22권짜리 저작)에서 아우구스티누스는 역사에 대한 매우 섬세한 신학을 전개시키는데, 그에 따르면 하나님에 의한 인류의 점진적 교육은 크게 두 시기로 나뉘어진다. 하나는 태초부터 그리스도에 의한 대속에 이르기까지의 시기이고, 다른 하나는 그리스도의 대속에서 종말까지의 시기이다. 첫 번째 시기 동안 하나님은 율법을 주어 유대 민족을 교육시켰다. 두 번째 시기 동안 하나님은 그리스도의 은총을 통해 교회를 매개로 인류 전체를 교육시킬 것이다. 〈계시록〉에서 예언된 지상에서의 행복한 천년의 시기는 지상 교회의 시기를 상징적으로 의미하고 있는 것이다. 이 시기는 하나님만이 아시는 순간에 이루어질 그리스도의 재림과 최후의 심판을 통해 끝나게 될 것이다. 이처럼 상징적인 의미로 해석됨으로써 지복천년설은 점차 공식 그리스도교 신학에서 모습을 감추게 되었다.

하지만 지복천년설이 완전히 사라진 것은 아니었다. 중세 시기 동안 교회에 의해 배척된 여러 신비적인 예언의 형태로 이 가설은 계속해서 모습을 드러냈다. 그 중 가장 큰 영향력을 행사했던 인물로 요아킴 드

플로르(Joachim de Flore)를 꼽을 수 있다. 13세기에 활동했던 그는 성령의 시대가 도래했음과(성부와 성자의 시대를 뒤이어), 인류가 마침내 악에서 해방될 것을 예언했다. 근대에 가까워질수록 지복천년설을 따르는 여러 경향들은 점차 세속화되어 결국에는 기존 질서에 저항하는 정치·종교적 경향의 모습을 띠게 되었다. 그 대표적인 예로 16세기 토마스 뮌처(Thomas Münzer)에 의해 이루어진 "농민 전쟁" 혹은 재침례파 운동을 들 수 있다. 루터의 동시대인으로 독일 종교개혁가였던 토마스 뮌처는 농민들을 규합하여 봉건 제도에 저항하는 저항 운동을 일으켰으며, 이 운동에 지상에서의 하나님 왕국의 건설이라는 묵시록적 십자군의 성격을 부여했다. 그는 1525년 독일 제후들에 의해 처형되었다. 한편, 억압받는 사회 계층들의 여러 저항 운동은 〈요한 계시록〉에서 직접적인 영감을 받은 것이었다고 할 수 있다. 이 운동들은 정의롭고 조화로운 세상의 도래를 찬양하며, 기존 질서와의 확실한 단절을 실행함으로써 천년 왕국에 앞서 있을 것으로 여겨지는 혼란의 시기에 대한 예언을 실현시키려고 했다. 그들이 실천한 단절의 도구는 바로 '혁명'이었다.

혁명의 사상은 세속화되어 순전히 비종교적인 영역에서 발전해 나가기에 앞서 이미 다음과 같은 두 가지 차원에서 지복천년설의 종교적 상상력 속에 뿌리를 두고 있었다. 혁명이 뿌리 내리고 있는 두 가지 차원이란 곧 기존 질서와의 급격한 단절과 새로운 세계의 약속, 그리고 모두가 행복한 새로운 질서의 확립을 위한 일시적인 혼란의 감내이다. 이러한 관점에서 여러 학자들은 공산주의와 지복천년설 사이의 놀라운 혈연관계에 대해 지적한 바 있으며, 보다 넓게는 공산주의와 구원의 종교로서의 성서적 모델이 비교되기도 했다. 즉 구원의 메시아의 도래는 혁명

프롤레타리아 계급의 도래와 비견되었고, 보다 우월한 "내세"에서의 삶, 하지만 구원의 순간에 분명히 각인되어 있는 삶은 해방된 인류와 "찬란한 내일"에 대한 진정한 약속인 혁명과 비견되었다. 기독교와 마찬가지로 공산주의 역시 이러한 이상의 실현을 위해 몸과 영혼을 바칠 준비가 된 투사들, 순교자들, 영웅들뿐만 아니라 압제자들 박해자들도 가지고 있었다. 공산주의와 유대-기독교의 종말론 사이의 이러한 유비 관계는 유물론자이면서 무신론자였던 몇몇 사회주의 지도자들에 의해서도 공공연히 여러 차례에 걸쳐 원용되곤 했다. 예를 들어 로자 룩셈부르크(Rosa Luxemburg)는 교부들의 유산을 원용하여 "공산주의적"인 독트린에 비유했으며, 사회주의 운동이 평등과 이웃 사랑이라는 복음서의 명분을 이어받아 이 땅에서의 **왕국** 도래를 실현시킬 것이라고 주장했다.[118]

이성

이제 근대 세계의 역사적 도래에 있어서 가장 결정적인 역할을 수행한 요소에 대해 살펴보기로 하자. 그것은 바로 비판적 이성이다. 인류의 공통적 자산인 이성은 시간과 공간을 막론하고 언제나 존재한다. 신석기 시대 이후로 모든 문명은 조직, 법률, 세계를 설명하는 체계 등 다양한 차원에 있어서 고도로 합리적인 모습을 보여 왔다. 하지만 하필이면 서양 세계에서, 그것도 역사의 바로 그 순간에 과학, 자본주의, 전례 없는 기술적 발전, 종교와 민간 권력의 완전한 분리, 인권 등을 동시에 태동시키는 방식으로 합리성이 발전하게 된 것에 대해서는 어떻게 설명해야 할 것인가? 이 문제에 대해서는 수많은 해석이 시도되어 왔지만, 이 점에 있어서 또한 유대-기독교의 역할은 매우 중요해 보인다.

니체와 신의 죽음

비판적 이성의 기독교적 기원이라는 주제는 사실상 기독교에 대해 호의적이었다고 할 수 없는 한 사상가에게서도 매우 본원적인 방식으로 자리 잡고 있다. 그는 바로 프리드리히 니체(Friedrich Nietzsche)로, 우리는 그의 유명한 단상에 대해 알고 있다. "신을 매몰시키는 파괴자들의 소란함이 들리지 않는가? 신의 부패가 느껴지지 않는가? 신은 죽었다! 신은 여전히 죽어 있다! 그리고 신을 죽인 것은 다름 아닌 바로 우리들이다!"[119] 니체의 생각에서 신을 죽인 자들은 누구인가? 기독교 신앙의 적대자들인가? 다른 종교를 가진 사람들인가? 전혀 그렇지 않다. "신을 죽인 것은 다름 아닌 바로 우리들이다." "우리들", 기독교인들, 기독교의 상속인들이라는 것이다. 유일신을 위해 고대의 여러 신들을 죽인 후 유대-기독교는 자신들의 신을 파괴하고 말았다. 이러한 상황이 도대체 어떻게 일어난 것인가?

니체가 볼 때 기독교 도덕은 신자들의 의식의 통찰력을 강화시킴으로써 근대 무신론의 도래에 적합한 조건들을 만들어내었다. "기독교의 신에 대해 승리를 거둔 것이 무엇인지를 우리는 알고 있다. 그것은 바로 기독교의 도덕성 그 자체이다. 갈수록 엄격한 방식으로 포착되는 진실성의 개념, 종교 교육을 통해 강화된 기독교인의 의식의 명석함, 과학적 의식으로 표현되고 승화되어 그 무엇과도 바꿀 수 없는 지적인 명료함에까지 이르게 된 의식의 명석함이다."[120] 이처럼 수많은 자기 성찰과 자기 자신에 대한 비판적 정신의 사용을 통해 기독교인의 의식은 섬세해지고, 이성은 날이 서게 되었으며, 결국에는 신이라는 개념 자체가 본래적으로 믿을 수 없는 것이라는 사실을 발견하기까지 이르게 되었다는 것이다. 무엇보다도 신의 개념이 너무도 인간적이기 때문이다. 따라서 무신론은 기독교의 최후의 변형이자 궁극적인 결말이라는 것이다. 무신론은 "진리를 향한 2,000년 동안의 훈련을 요구한 *재앙*, 결국에는 *신에 대한 믿음이라는 거짓말*을 스스로에게 금하게 된 재앙이다."(이탤릭체는 니체에 의한 것이다.) 이처럼 별 볼일 없고, 편협한 신, 순전히 인간 정신의 투사에 불과한 신을 받아들일 수 없었던 근대 지성은 결국 기독교 도덕의 요구로부터 태어난 것이었다. 이러한 요구의 끝까지 나아감으로써 도덕적 합리성은 마침내 "너무도 인간적인" 이 신에 대한 믿음과 교리를 파괴하기에 이르렀다는 것이다.

막스 베버와 합리화

니체는 도덕적 의식의 이와 같은 세련화 과정 속에서 '합리성'의 중요한 역할을 지적했다. 그는 또한 합리성의 비판적 성격을 강조한다. 19세기 후반과 20세기 초반에 걸쳐 니체의 그것과 유사한 주장을 펼쳤던 또 한 명의 독일 사상가가 있는데, 그가 바로 막스 베버(Max Weber)이다. 사회학의 주요 창시자 중 한 명으로 여겨지는 베버는 근대성에까지 이르게 된 유대교, 그리고 기독교 내부의 역사적 변천 과정을 보다 체계적이고 튼튼한 기초를 바탕으로 드러내 보여주었다. 오랜 기간 동안의 이러한 역사적 흐름은 그가 "합리화(rationalisation)"라고 부른 과정에 의해 이루어졌다. 베버는 이 "합리화"라는 개념 속에서 실존의 다양한 영역에서 펼쳐지는 "목적 합리성(Zweckrationalität)", 즉 추구된 목적을 향한 수단들의 조정의 전개를 이야기하고자 했다. 보다 폭넓은 효율성과 보다 나은 이익을 목표로 하는 목적 합리성은 "기능적 차별화", 즉 앎과 실존의 다양한 영역들에 대한 구분과 특수화를 조직하고, 분류하고, 만들어낸다. 베버는 유명한 『프로테스탄트 윤리와 자본주의 정신』에서 바로 이러한 합리화의 과정을 통해 과학과 기술의 비약적 발전뿐만 아니라 자본주의도 태동하게 되었음을 보여주고자 했다. 한편 이 독일 사회학자가 보기에 서구 근대성의 주요 매개물이 되었던 이 합리화 과정은 다름 아닌 유대-기독교에 의해 생겨난 것이었다.

베버는 두 가지 유형의 인물상을 서로 대립시켰는데, 마술사와 선지자의 인물상이 그것이다. 마술사가 사람들로 하여금 세계에 대한 주술적이고 비합리적이며 마술적인 관계 속에 머물게 한다면, 선지자는 윤리학적 관점을 제시하면서 합리화의 과정을 시작한다. 이 윤리적 관점이야 말로 합리성의 결정적인 진보를 가져오는 요소이다. 예언, 율법, 우주의 창조자이자 주관자로서의 유일신에 대한 이해와 함께 세계는 신비한 마법의 정원으로 제시되기를 멈출 수 있다. 반대로 세계는 "명백한 방식으로 정돈된 총체성"[121]으로 나타난다. 이것이 바로 그 유명한 "세계의 각성(Entzauberung des Welt)" 이론이다. "예언이야말로 세계를 마법으로부터 벗어나게 하고, 이를 통해 우리의 근대 과학, 기술, 자본주의의 토대를 마련했다고 할 수 있다."[122] 이처럼 베버는 유대교를 통해 일상의 삶의 윤리학, "매우 합리적인, 다시 말해 모든 비합리적인 구원에의 추구로부터 만큼이나 모든 마법으로부터 자유로운"[123] 윤리학이 발전할 수 있었다고 주장한다. 구원의 개념을 이 세계 바깥에서 도입해 온 기독교 신앙의 보다 비합리적인 특성에도 불구하고, 베버는 유대교로부터 계승된 이러한 합리적 윤리학이 기독교 내에서도 새로운 형태로 지속되어 왔다고 생각한다. 이는 우선 가톨릭 수도원 제도의 합리적 금욕주의를 통해서 가능했고, 다음으로는 프로테스탄트 개혁을 통해 가능했다. 특히 종교개혁은 합리적 금욕주의를 수도원 바깥으로 꺼내어 이 세계 속에서의 능동적인 삶에 적용시키는 결과를 가져왔다. 자본주의의 탄생을 설명하기 위해 베버는 칼뱅 사상에서 영감을 받은 청교도 윤리의 합리적 금욕주의와 서구 자본주의 기업가 정신 사이에 존재하는 선택 친화력을 드러내 보이고자 했다. 행동의 수단으로써 화폐 비축분을 만들어 내는 기업가의 행동은 완전히 합리적인 것임과 동시에 뿌리 깊은 비합리성에 근거하고 있는 것이기도 하다. 특히 지상에서의 최고 임무가 금욕주의적이고 합리적인 방식으로 쉼 없이 일하는 것이라고 믿는다는 점에 있어서 그러하다. 사회학자 장 폴 빌렘(Jean-Paul Willaime)은 이와 관련해 이렇게 주장하고 있다. "베버가 관심을 가졌던 문제는 경제적 행동의 놀랄 만한 합리화의 토대에 자리 잡고 있는 이러한 비합리적 요소의 기원을 찾는 일이었다."[124]

우선 기독교적 이상을 수도 생활과 같은 관조적인 삶이 아니라 사명으로 인식된 노동을 통해 세계 속에서의 실제적인 삶의 영역으로 옮겨 놓았다는 점에서 종교개혁은 매우 중요한 역할을 수행했음에 틀림없다. 이후 칼뱅의 영향을 받은 청교도주의는 직업적인 성공을 선택받음의 기호로 받아들임으로써 이러한 사명의 사상을 더욱 강화시켰다. 칼뱅은 예정설을 믿었다. 예정설이란 곧 개인의 구원이 영원 전부터 결정되어 있으며, 오직 신의 선한 의지에 달려 있을 뿐, 인간의 어떠한 행위와는 상관없다는 이론이다. 오직 신만이 선택된 자와 그렇지 못한 자를 알고 있다고 할 때, 신자는 단순히 자신의 선택 받음을 믿고, 스스로 그러한 확신 속에서 살아가는 것 외에 다른 의무를 갖지 않는다. 그리고 이 세상에서의 성공은 그에 대한 신의 은혜, 즉 그가 선택 받은 존재라는 기호로 읽혀질 수 있다는 것이다. 신자에게 있어서 직업 활동의 끈기 있고 금욕적인 투자는 거룩한 삶을 영위하고 자신의 선택 받음을 확증할 수 있는 가장 좋은 수단이 되었다.

이와 같은 직업-소명-선택의 3단계 속에서 우리는 프로테스탄트 신자의 에도스와 자본주의 기업가의 에도스가 서로 연결되는 것을 알 수 있다. 여기에 이러한 덕의 사이클을 보충해 주는 다른 요소들이 덧붙여지는데, 바로 청교도들에게서 영감을 받은 신뢰(상업에 대해 호의적인 신뢰)와 고결한 금욕주의라고 할 수 있다. 이러한 금욕주의를 통해 청교도들은 단순히 쉼 없이 일하는 것에만 만족하지 않고, 획득한 부를 삶의 향유를 위해 써버리는 것이 아니라 다시 투자할 수 있는 자본의 형태로 만드는 경향을 갖게 되었다. 이처럼 서구에서 자본주의가 종교개혁으로부터 비롯된 환경에서 태어나게 되었다는 사실을 가르쳐 주는 요소들은 많이 있다. 한편 베버는 자본주의가 발전해 나가는 과정에서 더 이상 이러한 영적인 이상을 필요로 하지 않게 될 것이라고 주장했다. 그 토대가 일단 마련되고 나면, 자본주의는 세속적인 방식으로 계속해서 전개되어 나갈 것이며, "윤리·종교적 의미에서 벗어난 부의 추구는 순전히 불가지론적인 열정들과 연합하여 이 일 자체에 하나의 스포츠 같은 성격을 부여하게 될 것이다."[125]

베버의 이와 같은 주장에 대해서는 그 동안 수많은 부연 설명과 수정 작업이 행해져 왔다. 비판자들은 특히 베버가 자본주의의 도래에 있어서 가톨릭 수도원 제도의 역할을 경시했다는 점을 강조하며, 종교개혁 이전에 이미 자본주의의 씨앗이 자리 잡고 있었다고 주장한다. 그럼에도 불구하고 베버가 합리화의 과정을 통해 유대-기독교와 근대성 사이의 밀접한 관계를 명확히 밝혀내었다는 점에는 이론의 여지가 없다. 니체가 심리학적 영역과 자기와의 관계(도덕적 의식의 진실성)을 강조했다면, 베버는 무엇보다 세계와의 관계에 관심을 기울였다. 니체가 기독교에서 믿는 신의 탈신비화에 더 주력했다면, 베버는 세계의 탈마법화에 주력했다. 사실상 이 두 학자의 분석은 모두 유효한 측면을 가지고 있으며, 서로 상보적인 관계에 있다고도 할 수 있다. 실제로 탈신비화와 탈마법화(각성) 작업이 존재했으며, 이 두 가지 현상은 유대-기독교의 내부에서 오랜 과정을 거친 뒤 자신의 기반을 떠나 오히려 그것에 반대하는 입장에 서게 되었던 것이다.

의문하는 이성

이성이 서구에서 매우 특별한 방식으로 발전하게 된 것을 이해하기 위해서는 앞서 살펴본 설명의 두 가지 큰 축에 결정적인 종교적 요인 하나를 덧붙여야 할 것으로 보인다. 그것은 유대교와 기독교가 차례로 신의 계시를 이해한 방식과 관련된다. 기독교인들과 마찬가지로 유대인들도 성서 텍스트를 신의 손으로 직접 쓰어진 것으로 인식하지 않았다. 그것은 신의 영감을 받은 사람에 의해 쓰어진 것이었다. 아퀴나스의 스콜라 신학이 주장하는 바와 같이 인간들은 자신이 가진 이해의 제한적인 방식에 따라 신의 영감을 받아들일 수밖에 없다.(지각된 모든 것은 지각한 자의 방식에 따른다.) 이것은 성서 텍스트가 반드시 완전한 것은 아니며, 그 이해에 있어서 해석되고 의미가 풍요로워질 수 있음을 의미한다. 초기 유대 선지자의 가르침과 탈무드 독서의 방식은 이러한 요구에 부응한 것이었다. 기독교 신학도 1세기 이래로 마찬가지 작업을 수행해 왔다.

물론 이와 같은 해석의 노력은 강력한 저항과 한계를 낳게 되었다.

실망스러운 상황이 이어짐에 따라——바벨론 유수, 로마의 침공, 성전의 파괴, 디아스포라 상태 등——이 선택받은 민족은 자신들의 가장 소중한 자산, 즉 모세오경에 해당하는 토라에 집중하게 되었으며, 그것에 최소한의 말로 표현된 신에 의한 계시라는 위상을 부여하게 되었다. 이로부터 이른바 근본주의적인 독서의 시도가 생겨나게 되었다. 예수는 이러한 근본주의적 독서를 비판했으며, 이후 몇몇 랍비들 역시 이러한 독서 방식을 피해 성서 의미의 다양성을 드러내고자 했다. 히브리 언어의 모음 부재가 이러한 의미의 다양성을 용이하게 할 수 있었다는 것이다. (동일한 자음의 뿌리가 복수의 서로 다른 단어를 형성할 수 있다.) 마찬가지로 기독교 내에서는 종교개혁이 일어나기 전까지 종교 당국이 오직 자신들에게만 성서 해석의 권리가 있다고 주장했으며, 이는 신학자들의 자유를 제한하는 것이었다. 하지만 기독교 역사 전체에 있어서 해석의 시도는 계속해서 이루어져 왔다.

나아가 복음의 메시지는 신자들로 하여금 텍스트의 문자 그대로의 의미 이상으로 나아갈 수 있도록 해주었다. 앞서 살펴본 바와 같이 예수는 성서 텍스트의 정신을 이해하려고 하기보다는 문자 그대로 읽고자 했던 사람들을 비판했다. 한편, 정신을 통한 이해는 각각의 신자들로 하여금 개인적인 노력을 기울이게 하고, 텍스트 뒤에 자리 잡고 있는 신의 의도를 더 잘 이해하기 위해 자신의 이성을 사용할 것을 권유하는 것이다. 기독교 사상의 역사와 관련하여 다음과 같은 그리스도의 말은 매우 결정적인 역할을 수행했다고 할 수 있다. "내가 아직도 너희에게 이를 것이 많으나 지금은 너희가 감당치 못하리라. 그러나 진리의 성령이 오시면 그가 너희를 모든 진리 가운데로 인도하시리니 그가 자의로 말하지 않고 오직 듣는 것을 말하시며 장래 일을 너희에게 알리시리라."

(요한복음 16:12~13)

　여기에서 우리는 무엇 때문에 예수가 스스로 글을 남기지 않았는지를 이해할 수 있다. 예수는 근본주의를 극복하고자 했으며, 아무리 보편적인 것처럼 보이는 텍스트라 할지라도 특정한 맥락과 연결되어 있다는 점에서 어떤 텍스트도 그 자체로 결정적인 것은 아니라는 사실을 보여주고자 했다. 하지만 이러한 가르침에도 불구하고 만약 그가 글을 남겼더라면, 그의 텍스트는 근본주의적 독서를 낳게 되었을 것이다. 따라서 예수는 대화 상대자들이 거의 이해할 수 있을 만한 말만 남겼다. 또한 자신의 말을 대리석에 새기기보다는, 성령이 오셔서 시간의 흐름 속에서 신자들의 이해의 지평을 넓혀주시고, 보다 폭넓고 깊이 있는 이해의 길로 인도하시리라고 예고하고 있다.

　이러한 점에서 기독교 성서는 이미 그 안에 진보의 가능성을 포함하고 있다. 기독교 성서는 계시가 완결된 것이 아니며, 모든 것이 말해진 것이 아니라고 가르친다. 오히려 신자들로 하여금 성령의 도움을 받아 텍스트 그 자체보다 더 멀리 나아가게끔 하고 있다. 이로부터 수세기 동안 그리스도를 따르는 사람들을 고무시켰던 믿을 수 없을 만큼의 신학적 생산 작업을 이해할 수 있다. 한편, 여기에서 잊지 말아야 할 것이 있는데, 바로 이 작업이 이성에 근거한 작업이었다는 것이다. 물론 이때의 이성은 믿음을 위해 사용되는 이성이었다. 하지만 성서를 해석하고, 모순되어 보이는 점들을 해결하며, 성서의 잠재적 의미를 극단까지 추구해 나가고자 하는 끊임없는 노력 속에서 합리성이 발전되고 강화되어 간 것은 사실이다. 초기의 신학자들——4복음서의 저자들을 필두로——이 성서의 말씀을 합리적으로 깊이 있게 파악하고 명백하게 설명하기 위해 그리스 철학의 유산을 활용했던 것도 이러한 이유에서이다.(그리스인들은 이성의 진보라는 개념을 창안했었다.) 2세기 이후로 알렉산드리아—고대 세계의 진정한 지적 중심지였던—의 교부들은 이성의 활용을 끊임없이 격려했으며, 바로 이들에 의해 태동하고 있는 신학을 지칭하는 데 있어서 "그리스도의 철학(philosophia Christi)"이라는 표현이 사용되기 시작했다. 알렉산드리아의 클레멘트(Clément: 150~220)는 그리스인들의 이성과 그리스도의 말씀 사이의 연속성을 구축하고자 했다. "일반적으로 우리의 삶에 필요하고 유용한 모든 것들이 하나님께로부터 온 것이라면, 철학 역시 그들과 하나님 사이의 고유한 언약으로서 그리스인들에게 주어진 것이라고 할 수 있다. 다시 말해 그리스도의 철학의 사다리와 같이 말이다."[126]

전통 율법의 해석이 무엇보다도 다가올 미래보다 과거의 우월성에 대한 확신에 근거한다면—이것이 바로 전통적 사유의 고유한 속성이었으며, 근대 세계에서 같은 태도가 다시 나타날 때마다 사람들은 "전통주의적"이라는 수식어를 붙이게 될 것이다—합리적인 신학적 해석은 그와는 상반되는 확신, 즉 "온전한 진리"는 앞으로 도래할 것이기 때문에 미래가 과거보다 나을 것이라는 확신에 근거를 두고 있다. 여기에서 우리는 또 다른 틀 속에서 앞서 언급했던 진보의 개념을 볼 수 있다. 믿음의 이해에 있어서의 진보는 그리스도의 약속이다. 초기 기독교인들은 그것이 이성의 사용 없이는 이루어질 수 없다는 것을 알고 있었다. 믿음—이성의 세트는 이후 15세기 동안 서구 사상사의 원동력이 되었다. 데카르트에 이르러서야 이 세트가 서로 분리되어—그렇다고 서로 대립하게 된 것은 아니었다—이성이 종교의 영역 바깥으로 날아오르게 되었던 것이다. 하지만 17세기에 이처럼 해방을 맞이하여 근대 과학을 탄생시켰던 이성은 그 자체로 순수한 하나의 경향이거나 어떠한 것도 새겨지지 않은 백지 상태의 것이 아니었다. 이성은 이미 기독교 신학 ─특히 3세기 이래로─과 아퀴나스의 종합을 통해 엄청난 완성화의 길을 걸어왔던 것이다. 아퀴나스는 계시의 이해에 있어서 더욱 멀리 나아가기 위해 아리스토텔레스 철학의 범주들을 사용한 바 있다. 철학사가들은 토마스 아퀴나스에서 데카르트에 이르는 혈연 관계, 종종 개념들을 통해서도 명확히 드러나는 관계에 대해 많은 것을 보여주었다. 아퀴나스에서 데카르트에 이르는 관계 사이에 연결 고리로는 무엇보다 스페인의 프란시스코 수아레즈(Francisco Suárez)와 같은 위대한 스콜라 사상가들을 들 수 있다. 특히 수아레즈의 경우 데카르트가 스콜라 학파의 "제1철학", 즉 아리스토텔레스의 철학에 토대를 두고 있는 형이상학을 비판함에 있어서 의지했던 학자였다. 근대 세계 초기의 위대한 학자들─코페르니쿠스(Copernic), 티코 브라헤(Tycho Brahe), 케플러(Kepler), 갈릴레이, 뉴턴(Newton)─은 비록 당시 종교 제도와 불편한 관계에 있었지만, 스스로를 선한 그리스도인들로 믿고 있었다. 사실상 그들은 합리적인 방법을 통해 자연의 법칙, 다름 아닌 하나님에 의해 정립된 법칙을 해석하려 했던 것이다. 예를 들어 뉴턴은 이렇게 주장한 바 있다. "오늘날 천체의 움직임이 어떤 하나의 독립된 자연적 근원으로부터 생겨났으리라고 생각할 수는 없는 일이다. 그 운동은 하나의 지적인 주체에 의해 강제된 것이다."[127]

이처럼 초기 근대 사상가들에게 있어서는 신앙과 이성 사이의 어떠한 대립도 찾아볼 수 없다. 그들은 자신들의 지성을 신의 육화 혹은 삼위 일체 하나님의 신비를 푸는 데 사용하기보다는─신학이 어느 정도까지 이성적 추론과 논리학적 방법을 활용했는지를 보기 위해서는 토마스 아퀴나스를 읽어보아야 할 것이다—주로 자연의 법칙들을 밝혀내기 위해 지성을 사용했을 뿐이다. 문제는 바뀌었지만, 지성은 그만큼 강화되었다. 인간 지성은 무르익었을 뿐만 아니라 앎 자체를 갈망하게 되었다. 근대 세계 초기의 과학자들에게 있어서 창조된 세계는 해석되어야 하는 한 권의 책과도 같았다. '과학의 욕망'이 과학보다 앞서며, 기독교 세계에 있어서 이러한 욕망은 결코 낯선 것이 아니었다. 오히려 그 반대였다.

여전히 한 가지 미묘한 역설이 남아 있다. 과학이 자신의 가르침에 역행한다고 여겨지자 로마 교회는 과학 연구에 대립된 입장을 보였다. 하지만 로마 교회가 과학적 연구 자체를 비난했던 것은 아니다. 사실상 과학적 연구는 하나님과 그 분에 의한 창조의 신비를 보다 더 잘 이해하고자 하는 그리스도교적 기도 속에 깊이 각인되어 있는 것이었기 때문이다. 이 점에 있어서 갈릴레이의 재판은 좋은 예를 보여준다. 갈릴레이는 천체가 어떻게 움직이는지를 알려고 했다는 이유로 정죄당한 것이 아니었다. 로마 당국은 그가 하늘을 관측하는 것을 금지하지 않았다. 다만 참사원이었던 니콜라스 코페르니쿠스(Nicolas Copernic)의 뒤를 이어 그 관찰로부터 로마 교회가 지지하는 것과 완전히 대립되는 결론을 끌어내었다는 것이 문제였다. 당시 로마 교회는 성서적 우주생성이론과 고대 철학자들, 특히 프톨레마이오스와 아리스토텔레스의 권위를 내세워 자신들의 입장을 고수했었다. 가톨릭 교회 내부의 이와 같은 모순적 입장으로 인해 문제가 더욱 불투명해졌다. 한편으로 가톨릭 교회는 그리스도의 가르침을 내세워 이성의 진보를 장려했지만, 다른 한편으로는 그리스도의 가르침과 모순을 이루는 전통과 교리의 권위를 내세워 그것을 제한하고 있었던 것이다. 데카르트가 제대로 이해했던 것과 같이 바로 이러한 이유 때문에 이성의 질서와 신앙의 질서를 분리시킴으로써, 또한 모든 권위의 논거들을 버림으로써만 이성이 인간과 세계의 탐구라는 길로 더욱 멀리 나아갈 수 있는 상황이었다.

논의를 더욱 전개시키기 전에 잠시 이슬람 세계에 대해 살펴보기로 하자. 토마스 아퀴나스는 이슬람 사상가들의 중개를 통해 아리스토텔레스를 다시 발견할 수 있었다. 이는 곧 당시 이슬람 사상가들이 그리스의 합리적 사유를 거부하지 않았다는 것을 보여준다. 사실을 말하자면 그 반대라고 할 수 있다.

7세기 중엽 이집트와 시리아에 도달한 이슬람 정복자들은 그리스 사상가들의 책이 읽혀지고 논의되던 알렉산드리아 학파와 시리아 수도원들의 지적 풍요로움을 발견하게 되었다. 초기에 이들은 이슬람의 우월성을 증명하기 위한 목적으로 그리스 사상가들의 책을 읽고 번역했다.

8세기 중엽 바그다드에 압바스 왕조가 자리 잡게 되었고, 군주들의 자극 하에 지식의 추구는 열정적으로 이루어졌다. 실제 당시 군주들은 아랍어로 번역된 수사본들을 사기 위해 엄청난 돈을 들이기도 했다. 서구에는 문화적 빈곤이 몰아닥쳤을 무렵, 바그다드——이어서 코르도바(Cordoue)가 그 뒤를 따르게 될 것이다——는 지식의 중심이 되었다. 다시 말하지만 이러한 상황에는 다양한 방면, 다양한 종교의 모든 학자들을 궁정에 불러 모았던 군주들의 의지가 큰 역할을 했다고 할 수 있다. 그들의 궁정에서는 유대인, 기독교인, 이슬람교도들이 한 자리에 모여 철학, 천문학, 점성학, 수학, 자연 과학, 식물학 등에 대해 토론하곤 했다. 무타질리(mutazilite) 학파가 형성된 것도 바로 이 시기였다. 무타질리 학파는 신학과 합리성을 결합시켰고, 코란이 창조된 책이라고 생각했으며 (정통 이슬람 교리는 영원한 신의 말씀인 코란의 비창조라는 입장을 가지고 있다), 개인의 자유 의지를 지지했다.(이는 *qadar*, 즉 운명 혹은 숙명을 나타내는 코란의 개념과 대립되는 것이었다.) 무타질리 학파의 입장은 827~848년 사이 압바스 왕조의 공식적인 믿음이 되었으나, 이후 이슬람 수니파에 의해 금지되었다. 이들의 입장은 11세기까지 시아파 교도들에 의해 지속되다가 사라지게 되었다.

바로 이 시기부터 이슬람은 점차 폐쇄적인 모습으로 변해갔다. 스페인과 십자군 원정길 등지에서 겪은 여러 군사적 공격의 피해로 인해 이슬람 정통 교리가 갈수록 강화되어 갔으며, 그 결과 종교에 대한 합리적인 해석은 금지되었다. 이렇게 이슬람 수호의 시기가 도래했으며, 이를 통해 근본주의와 종교적 엄격주의가 생겨났다. 그리고 바로 이 시절부터 이슬람 세계는 천천히 쇠퇴하기 시작했다. 레지 드브레(Régis Debray)의 표현을 빌자면, 이슬람은 중세 시기 이전에 이미 르네상스를 경험한 것이었다.

오늘날 서구에 살고 있는 혹은 서구 사상의 영향을 받은 이슬람 사상가들은 그 옛날 찬란한 문명을 꽃피웠던 황금시대의 기호와도 같던 합리적 비판 의식에 대한 개방을 추구하기 위해 노력하고 있다.

유럽의 "기독교적 뿌리"에 대한 논쟁

기독교가 아니었다면 유럽과 서구 사회는 지금의 모습을 갖추지 못했을 것이라는 사실을 논하기 위해 더 이상의 논리 전개는 불필요할 것으로 보인다. 복음적 메시지의 영향뿐만 아니라 기독교 신학의 영향은 유럽의 역사 전체에 있어서 결정적인 것이었다. 특히 개인과 이성이 종교 당국으로부터 해방될 수 있게 해주었던 근대성의 개화와 관련해서도 그러하다. 프랑스의 경우 반종교적 정신이 여전히 강하게 남아 있는 만큼 다소 민감한 주제가 될 수도 있겠지만, 어쨌든 위의 사실만큼은 부정하기 어렵다. 사실 프랑스의 경우 1985년 마르셀 고셰의 『세계의 각성 *Désenchantement du monde*』이 출판되기 전만 해도 지식인들 사이에서 이 문제는 거의 금기시되고 있었다. 역사학자이자 철학자이고 『논쟁*Débat*』지의 편집장이기도 한 고셰는 근대성이 도래한 순간에 대한 **훌륭한 고찰**을 보여준 바 있다. 즉 그는 근대인들에 의해 버려졌던 기독교가 사실은 근대성의 주된 요소들을 낳은 모태였음을 보여주었으며, 역사적으로 볼 때 기독교가 어떠한 식으로 "종교로부터 탈출을 가능하게 해준 종교"[128]가 되었는지를 보여주었다.

보다 최근에는 뤽 페리(Luc Ferry)가 철학사 입문서에서 기독교에 긴 분량을 할애하면서 다음과 같은 주장을 기탄없이 펼치기도 했다. "인간의 정의, 그리고 사랑에 대한 전대미문의 사유에 의지함으로써 기독교는 사유의 역사에 있어서 그 무엇과도 비교할 수 없는 족적을 남기게 되었다. 기독교의 흔적을 이해하지 못한다는 것은 곧 우리가 오늘날 살아가고 있는 지적이고 도덕적인 세계에 대해 아무것도 이해하지 못한다는 것을 의미한다. 한 가지 예만 들어봐도 이 사실을 명확히 알 수 있다. 만약 인간, 있는 그대로서의 개인에 대한 전형적으로 기독교적인 가치 부여가 없었다면, 오늘날 우리가 그토록이나 소중히 생각하는 인권에 대한 철학은 결코 빛을 보지 못했을 것이다."[129]

이러한 영향력은 거의 사유의 역사를 넘어서는 것이라고 할 수 있다. 로마 제국의 잔해 위에서 유럽은 오랜 세월에 걸쳐 기독교 사회의 건설이라는 공동의 목표를 통해 자신의 정체성을 형성해 왔다. 중세가 끝날 무렵 대학들과 수도원들은 스페인에서 스칸디나비아 국가들에 이르기까지, 영국에서 우크라이나에 이르기까지 실로 방대한 영역에 걸쳐 라틴어라는 동일한 언어를 통해 공통의 지식을 전달하는 거대한 망을 형성하고 있었다. 동일한 상징들과 예술의 규준들, 즉 기독교 정신과 관련된 상징과 규준들이 유럽 곳곳에서 통용되었다. 기독교는 유럽을 낳았다고 할 수 있다. 마치 미국을 낳았듯이 말이다. 이 사실에 이의를 제기할 미국인은 없지 않은가!

어쨌든 이 부분에서 두 가지 중대한 사실을 덧붙일 필요가 있다. 정확히 말해 유럽의 "뿌리"는 기독교적인 것이 아니었다. 그것은 그리스, 유대, 로마, 켈트⋯ 더 거슬러 올라가면 이집트, 메소포타미아, 페르시아적인 것이었다. 하지만 뿌리를 찾아가는 계보학적 연구는 필시 아득한 시간의 심연 속으로 파묻히게 마련이다. 분명한 것은 기독교가 고대 세계의 유산들을 자기 안에 흡수함으로써 유럽의 모태가 되었다는 사실이다. 기독교는 새로운 종합──물론 새롭고 결정적인 요소들을 가져옴과 동시에──을 통해 유대교 신앙과 그리스적 이성, 로마의 법, 켈트, 발트, 게르만 민족의 고대 종교가 가지고 있던 몇몇 신화와 숭배 의식을 흡수했던 것이다.

유럽 헌법 초안 작성과 관련해 여러 지식인들을 흔들어 놓았던 논쟁의 틀에서 필자의 생각을 말해 보면 "유럽의 기독교적 뿌리"를 언급하는 것은 그다지 온당하지 않아 보인다. 이 표현 자체가 부적절하며, 고대의 근원들이 무시되고 있다는 인상을 남기기 때문이다. 오히려 유럽의 정체성 형성 과정에서 기독교가 수행한 결정적인 역할에 대해 이야기하는 것이 더욱 적절할 것이다. 우리가 살고 있는 근대 세계의 도래에 있어서 기독교가 결정적인 역할을 수행한 것은 분명한 사실이지만, 오늘날 자기 자신을 유럽인이라고 인식하기 위해서 반드시 기독교의 메시지를 알아야 하거나 기독교 신자가 될 필요는 없기 때문이다. 유럽은 자신의 모태에서 완전히 벗어났다고 할 수 있다. 물론 그 모태와 관련된 수많은 문화적 흔적을 여전히 간직하고 있지만 말이다.(여기에 대해서는 다음 장에서 살펴볼 것이다.) 오늘날 사회적 관계와 유럽의 시민성을 근거 짓는 것은 더 이상 기독교 신앙이 아니라, 이성과 세속 법률이라고 할 수 있다. 그것은 분명한 사실이다. 하지만 그렇다고 해서 또 다른 자명한 사실이 사라지는 것은 아니다. 즉 우리 유럽인들 모두는 각자의 종교적 신념이 어떠하건 간에—유대교도이건, 기독교인이건, 무슬림이건, 불교 신자이건, 무신론자 혹은 불가지론자이건—기독교 유럽의 상속자들이라는 사실이다.

  어떤 이들은 무엇 때문에 이러한 역사적 사실을 받아들이기를 힘들어 하는 것일까? 사실이 자명할 뿐만 아니라, 여러 대학 교수들과 위대한 사상가들, 심지어 니체와 같이 기독교에 적대적이었던 사상가들조차 사실로 인정했던 문제가 그토록이나 민감하고 논쟁적인 주제가 되는 이유는 무엇일까? 내 생각에 이러한 현상은 다음과 같은 단순한 이유에 기인하는 것으로 보인다. 즉 가톨릭 교회의 즉각적인 거부와 전선의 변화가 그것이다. 다시 말해 기독교가 가톨릭 제도와 동일시되어 개인을 억압하고, 이성에 대립하며, 근대성의 가치들을 거부하는 것으로 여겨졌기 때문이다. 따라서 이 문제를 보다 면밀히 살펴볼 필요가 있다.

가톨릭 교회와 근대 세계

세대를 거듭할수록 로마 교회는 "그리스도의 신부"로서의 빛나는 얼굴이 아니라, 마치 안개가 자욱한 화면과도 같이 기독교의 진정한 본질을 감추는 모습으로 비추어졌다. 로마 교회의 이러한 모습은 근대인의 의식 속에서 실제적인 사실, 즉 근대성이 기독교와 대립되는 것이 아니며, 오히려 상당 부분 기독교의 영향을 받아 형성되었다는 사실을 받아들이지 못하게 막는 장애물로 작용했다. 근대인들은 개인과 사회를 해방시킨다는 목적으로 가톨릭 교회 제도에 맞서 격렬한 투쟁을 벌였으며, 가톨릭 교회 또한 전력을 다해 근대성의 원칙들에 맞서왔다. 이러한 갈등의 연속 속에서 사람들의 마음에는 이 둘 사이의 본질적인 대립이 자리 잡게 되었던 것이다.

근대적 사상들에 대한 비판

근대성의 발전은 가톨릭 교회가 가진 세속적 권력을 축소시키는 새롭고도 궁극적인 요인으로 여겨졌으며, 실제로 이러한 근대적 정신에 의해 직접적인 공격의 대상이 되었던 가톨릭 제도는 모든 힘을 다해서 "근대적 사상들"을 단죄하려고 노력했다. 이러한 노력은 '반 종교개혁'(16세기) 운동 이후로 시작되어 19세기에 그 절정에 달했다. 가톨릭 교회의 입장에서는 근대적 사상들이 상당 부분 기독교로부터 영감을 받은 것이라는 사실은 중요치 않았다. 가톨릭은 근대적 사상을 통해 무엇보다 자신들의 세속적 지배권의 종말을 보았던 것이다. 특히 이러한 상황은 교황령이 점차 줄어들어 결국 바티칸 시티로만 축소되는 국면을 통해 확연히 드러났다. 물론 자신의 신도들이 희생양이 되었던 학살에 대해—특히 프랑스 혁명 당시의—혹은 폭력적인 방식으로 수도사들이 수도원에서 내몰리게 된 상황에 대해 가톨릭 교회가 분노를 표한 것이 잘못은 아니다. 하지만 가톨릭 교회에게 있어서 무엇보다 중요하게 여겨졌던 것은 콘스탄티누스 시대 이래로 세속 권력과 자신들이 유지하고 있던 관계의 결정적인 전복이었다. 교권과 세속권의 분리, 그리고 민주주의적 공화정의 도래를 통해 가톨릭 교회는 오히려 자신의 역할을 실질적으로, 즉 영적인 차원에서 재정립할 기회를 가질 수도 있었을 것이다. 하지만 사실은 그렇지 않았다.

프로테스탄트 개혁으로 인해 이미 심각한 내상을 입었던 로마 교회는 트렌트(Trente) 공의회(1543~63)를 통해 시작된 강력한 "반 종교개혁" 운동에 돌입했다. 물론 가톨릭 교회 역시 성직자들의 풍속을 교화할 필요성을 이해하고 있었고, 이와 관련하여 새로운 수도원들의 창설과 함께 영적인 부흥 운동이 일어났던 것은 사실이다. 하지만 반 종교개혁 운동을 통해 가톨릭은 스스로에 대한 방어적 내향의 움직임에 더욱 중점을 두었으며, 이는 교리를 보다 완고하게 만들고, 휴머니즘과 마찬가지로 프로테스탄티즘을 체계적으로 비판하는 모습으로 나타났다. 트렌트 공의회는 참가한 신부들의 다음과 같은 외침으로 막을 내렸다. "모든 이단자들에게 파문을!" 에밀 풀라(Émile Poulat)가 사용한 매우 적절해 보이는 용어를 빌리자면, 르네상스 이후로 반복된 가톨릭 교회에 대한 공격은 결국 가톨릭 자체의 "완고함(intransigeance)"을 강화시키는 결과로 이어졌다.

이처럼 방어적이고 완고한 입장은 19세기 중엽 교황 비오 9세(Pie IX)의 오랜 재위 기간에 걸쳐 그 정점에 달했다. 비오 9세의 여러 텍스트들을 읽어보면 당시 보수적 가톨릭교도들에 의해 공유되던 가히 편집증적인 경향이 어느 정도였는지를 짐작해 볼 수 있다. 이들은 사회주의자들, 프리메이슨 단원들, 공산주의자들, 자유 사상가들, 철학자들, 나아가 자유주의적 가톨릭교도들이 악마의 영감을 받아 선동한 전세계적 음모에 로마 교회가 희생당하고 있다고 생각했다. 교황은 "*Qui Pluribus*"라는 제목의 회칙(1846년 11월 9일 발표된)에서 이렇게 주장하고 있다. "존자 형제 여러분들 중 그 누구도 이 개탄할 만한 시대에 벌어지고 있는 끔찍하고 맹렬한 전쟁에 대해 모르는 분은 없을 것입니다. 이 전쟁은 온전한 교리를 받아들이지 못하고 진리에 귀를 닫아 버린 족속들이 자신들 사이에서 범죄적인 연합을 형성함으로써 가톨릭 신앙 체계에 반대하여 꾸며낸 전쟁입니다. 이들은 가장 끔찍한 사상들이 감추어져 있던 어둠의 속성을 되살리는 데 조금도 두려움이 없는 자들입니다. 이들은 모든 힘을 다해 이 더러운 사상들을 축적한 뒤 자신들의 더러운 선전에 호의를 보이는 모든 사람들에게 이 사상을 전파하고 있습니다."

제1차 바티칸 공의회를 소집하고(장소의 선택도 매우 상징적이었다), 교황의 무류성 교리를 공표하는 것으로(1870년) 자신의 재위를 마무리했던 비오 9세는 그에 앞서 1864년 그 내용이 너무나 완고하여 공화주의적 입장을 보이던 여러 가톨릭 지식인들조차 가톨릭 교회를 떠나거나 로마와의 관계에서 심각하게 거리 두기를 고민하게 만들었던 한 텍스트를 발표한다. 『근대의 오류들 선집*Syllabus errorum modernorum*』이라는 제목의 이 텍스트에서 교황은 자신이 발표했던 앞선 회칙들의 내용을 간결한 양식으로 정리한 후 양심과 예배의 자유, 인권, 표현의 자유, 시장 앞에서 올리는 결혼식, 교회와 국가의 분리, 철학, 무신론, 프로테스탄티즘, 사회주의 등에 대해 무차별적인 공격을 가한다. 그러면서 그는 가톨릭 교회 바깥에는 어떠한 구원도 없고, 가톨릭 교회는 지상에서의 권력과 소유지를 가져야 마땅하며, 자신의 힘을 사용할 수 있어야 한다는 입장을 재천명한다. 특히 마지막 항목은 이 텍스트 전체의 정신과 문자 그대로의 뜻을 집약적으로 보여주고 있다. 이 항목은 "로마 교황이 진보, 자유주의, 근대 문명과 화해하고 협력할 수 있고, 또 그래야 한다"는 제안을 단호하게 비판하고 있다.(art. LXXX)

가톨릭 교회의 완고한 모습에 대한 명백한 또 하나의 징후가 있다면 금서(단죄된 저작물)목록을 들 수 있을 것이다. 금서목록에는 이단으로 간주된 수많은 신학자들뿐만 아니라, 코페르니쿠스나 갈릴레이와 같은 위대한 과학자들, 스피노자에서부터 데카르트, 파스칼, 홉스, 로크, 볼테르, 루소, 몽테스키외, 프로이트, 혹은 칸트(순수이성비판으로 인해)를 거쳐 사르트르와 시몬 드 보부아르에 이르기까지 거의 대부분의 철학자들의 저작이 포함되었다. 나아가서 비오 9세의 표현을 빌자면 "근대 사상이라는 페스트"를 전염시킨 작가들—그중에는 참여적 가톨릭 교도들도 있었다—역시 금지목록에 이름을 올렸다. 예를 들면 위고, 뒤마, 졸라, 라마르틴, 발작, 플로베르, 르낭, 지드, 카잔차키스(Kazantzakis) 등이 그들이다. 조금이라도 자유로운 정신을 갖고자 하는 작가는 교황청의 이 엄청난 금서목록에 자신의 작품이 포함되지 않을까 걱정해야만 했을 정도였다. 실제로 금서목록에는 유럽의 거의 모든 깊이 있는 사상가와 재능 있는 작가들이 포함되어 있다. 반면 현대의 가장 큰 범죄자들이라고 할 수 있는 두 명의 이름은 금서목록에서 찾아볼 수 없는데, 바로 히틀러와 스탈린이 그들이다. 바티칸의 입장에서 보면 『나의 투쟁 Mein Kampf』보다 『보바리 부인 Madame Bovary』이 더 위험해 보였던 것이다.

제2차 바티칸 공의회

가톨릭 교회가 이 끊임없는 금서 지정 작업을 포기하는 것을 보기 위해서는 1966년까지 기다려야 할 것이다. 그때는 제2차 바티칸 공의회가 완료된 시점으로, 이 공의회를 통해 가톨릭 교회는 하나의 기독교 사회를 단념했음을 보여주었다. 1957년 비오 12세의 뒤를 이어 요한 23세가 교황으로 즉위했다. 그는 특히 보수주의적인 교황으로, 쇼아(Shoah)에 대해서는 침묵을 유지했지만, 노동 사제들의 시도를 필두로 "이 시대의 오류들"(Humani generis, 1950) 모두를 가차없이 비판했다. 가톨릭 교회가 이러한 파벌적인 입장에 갇혀 있을 수 없다는 사실을 깨달은 새 교황은 근대 세계에서 가톨릭 교회의 상황을 전면적으로 다시 검토할 목적으로 공의회를 소집했다. 1962년에 소집되어 바오로 6세에 의해 1965년 폐막된 제2차 바티칸 공의회는 가톨릭 교회 역사에 있어서 중대한 전환점이 되었다. 바로 이러한 점 때문에 몇몇 주요 인사들은 이 공의회를 트렌트 공의회로부터 시작된 비타협적 논리로부터의 탈출일 뿐만 아니라, 콘스탄티누스 시대의 종결로 바라보기도 했다.

4세기 이후 처음으로 가톨릭 교회는 온전히 영적인 측면에 집중된 자신의 임무와 교회와 국가 사이의 분리를 정식으로 인정했고, 인간의 권리들을 용인했으며, 종교적 자유를 받아들였다. 교회는 더 이상 "근대 세계의 오류들"을 통틀어 비판하지 않게 되었으며, 건설적이고 비판적인 판별력을 장려하게 되었다. 가장 의미심장한 변화는 양심의 자유와 관련된 것이다. "바티칸 공의회는 인간이 종교적 자유의 권리를 갖는다고 선언했다. 이 자유는 모든 인간이 개인의 차원에서건 사회 집단의 차원에서건 그 어떤 제약에도 종속되어서는 안 되며, 그 어떤 권력에도 종속되어서는 안 된다는 것을 골자로 한다. 즉 종교와 관련해서도 그 누구도 자신의 양심에 반하게 행동하도록 강요당해서는 안 되며, 자신의 양심에 따라 행동하는 것을—물론 적당한 한계 내에서—방해받아서는 안 된다."[130] 가톨릭 교회는 시민권을 인정한 후 거의 2세기 만에 이처럼 근대 사회의 근본 원칙을 수용하게 되었다. 결론 부분에서 보게 되겠지만 사실상 이 원칙은 그리스도의 가르침 속에 포함되어 있는 것이었다. 한편 이러한 극적인 입장 변화는 교회 내의 분열을 가져왔다. 예를 들어 몬시뇰 르페브르(Mgr Lefebvre)는 라틴어 미사의 포기(베네딕토 16세 즉위와 함께 다시 시작되었다)뿐만 아니라, 근대의 복수주의, 상대주의 앞에서 교회가 포기했다고 여겨지는 것들을 받아들이지 않았다.

사실상 현실은 보다 복잡하다. 분명 가톨릭 교회는 괄목할 만한 입장 변화를 보여주었으며, 자유주의적 정신을 가진 사람들도 더 이상 가톨릭 교회가 과거처럼 사회를 지배하려 한다고 비판할 수 없게 되었다. 신도들과 상당수의 성직자들은 개인의 선택의 자유와 같은 근대 세계의 핵심 가치들을 내재화하게 되었다. 한편, 교회 제도는 여전히 교조적인 모습(예를 들면 해방신학의 단죄)으로 비추어졌으며, 특히 피임을 단죄하고 있는 바오로 6세의 회칙 *Humanae vitae*(1975)에서부터 결혼한 사람에 대한 신품 성사와 재혼한 사람의 성체 성사에 대한 교회의 반대 입장을 재천명한 베네딕토 16세의 담론에 이르기까지 도덕적이고 규율적인 측면에서 매우 규범적인 모습을 보여주었다. 제2차 바티칸 공의회 이후로도 가톨릭 제도와 근대 세계 사이의 관계는 여전히 많은 부분에 있어서 위축된 상태로 남아 있는 것이다.

한편 제2차 바티칸 공의회 법령을 자세히 읽어보면 가톨릭 교회가 그 근본에 있어서는 스스로를 완전한 진리의 수탁자로 바라보기를 멈추지 않았다는 것을 알 수 있다. 종교의 자유에 대한 법령에서조차 공의회 참석 사제들은 다음과 같은 사실을 세심하게 명시하고 있다. "공의회는 천주님께서 스스로 인류에게 자신을 알게 하신다고 선언한다. 이는 사람들이 그 분을 섬기는 방식을 통해 가능하며, 바로 이 길을 통해 사람들은 구원을 얻고 천복에 이를 수 있다. 이처럼 유일하고도 진정한 종교, 우리는 그것이 가톨릭 교회, 즉 사도 교회 안에 있음을 믿는다. 또한 주 예수께서 모든 사람들에게 당신을 알게 할 책무를 가톨릭 교회에 맡겨주셨음을 믿는다."[131]

가톨릭 교회는 결국 비 가톨릭교도 전부를 지옥으로 밀어 넣는 일을 포기하게 되었다. 자비의 실천에 이르게 되었던 것이다. 가톨릭은 다른 종교들과의 대화에 스스로를 개방했다. 과거와는 달리 가톨릭은 "이 종교들 속에 있는 참되고 성스러운 것들을 부정하지 않는다. 가톨릭은 그들 나름의 행동하고 사는 방법들, 그들의 규칙과 교리를 진심으로 존중한다. 비록 그것이 여러 가지 면에서 가톨릭 교회가 지켜오고 가르쳐온 것과는 다르다 할지라도, 그 안에는 모든 사람들을 비추어 주는 진리의 빛이 포함되어 있기 때문이다."[132] 하지만 공의회 결정 사항 중 가장 중요한 교회에 대한 교리 교서가 지적하고 있듯이 로마 가톨릭 교회는 여전히 신비스러운 방식으로, 그리고 신의 뜻에 따라 인간이 그리스도의 은총을 얻고 완전한 구원을 얻을 수 있는 길로 남아 있다. 가톨릭 교회는 비록 성령의 인도함을 받는 선한 의지를 가진 모든 사람들이 구원의 길을 갈 수 있다고 인정했지만, 동시에 가톨릭 교회를 제외한 그 어떤 종교도—동방 정교회나 프로테스탄트 교회도—구원과 올바른 진리에 이르는 궁극적인 매개자의 역할을 자처할 수 없다는 입장을 고수했다. 가톨릭은 본질적으로 교회란 "하나님의 백성"이라는 것을, 즉 신약의 여러 서신이 말하고 있듯 이성을 초월하는 그리스도의 신부로서의 교회라는 것을 인정하고 있다. 이러한 점에서 "이 세계 속에서 구성되고 조직된 사회로서의 이와 같은 교회는 베드로의 후계자, 그리고 그 후계자와 일체를 이루는 주교들에 의해 다스림을 받는 가톨릭 교회 속에서 그 모습을 찾을 수 있다"[133]고 공의회는 명시하고 있다. 이와 같은 신념은 2007년 7월 10일 신앙 교리를 위해 바티칸 성성에서 발표한 문서에서도 다시 한 번 강조되고 있다. "서로 분리된 이 교회들과 공동체들은 비록 약간의 부족함을 가지고 있지만, 어쨌든 구원의 신비에 있어서 의미와 가치를 가지고 있다. 그리스도의 영은 이 교회들을 구원의 수단으로 사용하시기를 거부하지 않으신다. 하지만 그 구원의 힘은 가톨릭 교회에 맡겨진 충만한 은혜와 진리로부터 발산된다."[134]

이처럼 가톨릭 교회는 근대 세계의 관용 정신에 대한 자신들의 개방성(개혁 반대주의자들을 제외하고는 어느 누구도 비 가톨릭교도라면 누구나 지옥불에 떨어지게 될 것이라고 믿지 않는다)과 가톨릭 교회는 진리를 수용하는 장소라는 매우 오래된 가르침을 여전히 견지하고 있음을 동시에 보여주고자 했다. 즉 가톨릭 교회는 구원에 대한 배타주의적인 이해(나의 바깥에 있는 모든 자들은 잃어버린 자들이다)로부터 포괄주의적인 이해(나를 통해 모두가 구원받을 수 있다)로 이행하면서도 동시에 자신만의 고유한 특성, 예를 들면 베드로의 후계자는 흠이 없다는 교황의 무류성과 같은 특성——우리는 앞서 이 개념이 역사 속에서 얼마나 많은 문제를 일으켰는지 살펴본 적이 있다——은 지켜내고자 했던 것이다.

어려운 문제제기

확실히 가톨릭 교회는 더 이상 종교재판을 수행하지 않고 있지만, 그렇다고 해서 제도적 실천으로서의 종교재판을 비판한 적도 없다. 내가 철학과 학생이었을 당시 한 신학자가 매우 심각하게 다음과 같이 설명해준 적이 있다. 즉 당시의 역사적 맥락 속에 들어가 보면, 종교재판을 완벽히 이해하고 받아들일 수 있을 것이라는 말이었다. 이후 이 신학자는 주교의 자리에 오르게 되었다. 교황 요한 바오로 2세는 역사 속에서 그리스도교인들이 저지른 과오에 대해 회개한 첫 번째 교황이었다. 물론 이것은 그 자체로 대단히 중요한 시도였다. 하지만 그 역시 가톨릭 제도 자체가 이처럼 일탈에 빠졌었다는 사실을 인정하는데 까지는 이르지 못했다. *Tertio millennio adveniente*라는 제목의 교서[135]에서 그는 "특정 세기에 진리를 위한 섬김에 있어서 비관용적이고 심지어 폭력적인 방식에 합의가 모아졌었다는 사실"을 언급한 바 있는데, 이는 종교재판에 대한 명백한 암시로 읽힐 수 있다. 이어서 교황은 다음과 같이 기술하고 있다. "당시의 상황을 참작한다고 해도 교회는 그 얼굴을 변형시켰던 몇몇 자녀들의 연약함에 대해 깊은 유감을 표하지 않을 수 없다."[136] 앞서 언급한 신학자와는 달리 요한 바오로 2세는 그리스도의 가르침에 비추어 볼 때 역사적 맥락이라는 이유만으로는 이러한 행위들을 정당화시킬 수 없음을 인정했던 것이다. 하지만 그 역시 가톨릭 제도 자체에 책임이 있는 것이 아니라, 그 구성원들에게 책임이 있다는 입장을 견지했다. 그 구성원들이 5세기에 걸쳐 일탈했었다는 것이다.

   과거의 잘못을 단순히 인정하는 데 있어서 가톨릭 교회가 겪는 어려움은 최근 들어 다시 한 번 드러났는데, 바로 교황 베네딕토 16세의 라스티본(Ratisbonne) 담화를 통해서이다. 교황은 비잔틴 황제 마누엘 2세 팔레오로구스(Manuel II Paléologue)와 한 페르시아 학자 사이의 논쟁을 예로 들며 한 손에 칼을 들고 믿음을 전파한 이슬람을 비판했으며, 이러한 야만적 종교에 유대교의 믿음과 그리스의 이성이 아름답게 조화를 이룬 그리스도교의 모델을 대립시켰다. 그것은 그렇다고 치자. 그렇다면 수세기에 걸쳐 가톨릭 교회에 의해 행해졌던 일은 어떻게 받아들이란 말인가? 여러 가지 중에 단 한 가지 예만 들어보기로 하자. 교황이 언급한 그 논쟁이 벌어졌던 1391년은 스페인에서 유대인에 대한 대규모 박해가 시작된 해였다. 실제로 당시 세비야, 바야돌리드(Valladolid), 제로나(Gérone) 등지에서는 잔인한 박해로 인해 그곳에 살고 있던 유대인들의 약 20퍼센트가 죽임을 당했다. 이는 분명 교황이 주장했던 것과는 반대되는 사실이다. 가톨릭 교회로 하여금 이와 같은 폭력을 단념하게끔 했던 것은 분명 그리스 이성과의 관계도, 창시자의 평화주의적 가르침도 아니었다. 수세기에——토마스 아퀴나스의 합리주의 신학의 전성기를 포함하여——걸쳐 가톨릭 교회 제도가 행사했던 폭력은 결국 세속 국가가 자리 잡으면서 그치게 되었던 것이다.

그렇다고 해서 가톨릭 교회 역사의 부정적인 면만 바라보고 가톨릭을 우리 역사의 모든 악덕에 대한 희생양으로 모는 것은 지극히 부당한 일이다.

가톨릭 교회는 한 문명이 발전하고 번영할 수 있게 해주었다. 또한 셀 수 없을 만큼 많은 자선 활동——구제원, 고아원, 보건진료소——도 가톨릭 교회와 함께 시작되었다. 여러 정신적 경향들과 끊임없이 복음의 원칙으로 돌아갈 필요성을 제기했던 수도회들의 탄생도 마찬가지이다. 역사적으로 볼 때 가톨릭 교회는 일정한 틀 안에서 다음과 같은 핵심적인 사상들이 발전할 수 있게 해주었다. 즉 이성, 평등, 개인, 인간 존엄성, 보편성 등과 같은 사상들이다. 이러한 점에서 비록 제도적인 차원에서 갈릴레이의 단죄나 종교재판과 같은 우를 범하긴 했지만, 가톨릭 교회는 근대 세계의 모태 역할을 담당했으며, 복음을 그 문 앞에까지 갖다놓았다고 할 수 있다. 이것이야 말로 작은 기적이 아니겠는가!

하지만 바티칸의 교리와 규율에 관한 완고함으로 인해(사실상 이러한 면은 교회 내에서 이루어지는 설교를 통해서 보다는 세속 미디어를 통해 훨씬 더 잘 전해지고 있다) 여전히 많은 대중들——그리스도인이건 아니건——의 마음속에서는 근대 세계와 그리스도교 사이의 강한 대립의 관념이 자리 잡고 있는 것도 사실이다.

제7장

우리들 속에 남아 있는 기독교적인 것은 무엇인가?

 1,000년 이상 우리 문명의 주축이었던 이 종교가 오늘날 서구에 남겨 놓은 것은 무엇일까? 유럽의 기독교는 이미 30여 년 전에 거의 빈사 상태에 빠져 있다는 진단을 받았다. 사실상 20세기 내내 교회의 쇠퇴는 점점 더 사적인 영역에 틀어박힌 종교의 개인주의화라는 맥락 속에서 가속화되었을 뿐이다. 경험에 기초한 소여들은 실제로 종교적인 체제들의 위기와 사회의 세속화가 근대성과 병행하여 진행되는 것처럼 보인다는 점을 드러내고 있다. 그러자 문화적이면서도 예배적인 면모의 기독교적 흔적이 제거된 "유럽적 모델"이 결국에는 아메리카 대륙을, 나아가 세계 전체를 수중에 넣게 될 것이라는 확신이 만들어졌다. 이러한 진단은 오늘날 다수의 사회학자들에 의해서 다시 문제시되고 있다. 피터 버거(Peter Berger)¹³⁷의 말을 빌리면, 단순히 "세계는 과거에 항상 그러했던 것처럼 극도로 종교적인 모습을 간직하고 있을" 뿐만 아니라, 심

지어 다음과 같이 보여지기도 한다는 것이다. 즉 우리는 여러 유럽 국가들에서 주요한 종교적인 지표들이라는 기반이 침체에 빠져 있다는 사실과 더불어, 가톨릭에 속한 교회들('세계청년대회JMJ'[138]의 성공), 신교에 속한 교회들(복음주의 그룹의 성장), 그리고 특히 정교에 속한 교회들(구 공산주의 국가들에서의 대규모 신앙 부흥) 내부에서 어떤 부흥의 기운까지도 목도하고 있다는 것이다. 이 모든 움직임들에도 불구하고 기독교는 이미 오래 전부터 더 이상 유럽 사회의 사회적 관계에 있어서 주요한 매개자가 되지 못하고 있다. 그리고 오늘날에는 더 이상 단순히 사회만 세속화되는 것이 아니라, 정신적인 영역도 세속화되고 있기 때문에, 그토록 많은 근본적인 기독교적 준거들을 젊은 세대들에게서는 찾아볼 수 없게 되었다.

기독교의 미래는 미국에서 훨씬 더 안정되어 있는 것처럼 보이며, 나아가 기독교가 매우 큰 성장을 경험한 라틴아메리카와 아프리카에서, 그리고 아시아에서도 마찬가지 모습을 볼 수 있다. 1900년에 기독교는 전 세계 인구의 약 3분의 1 정도를 차지했었으며, 그 대부분이 서구인들이었다. 2000년에 기독교는 신자들의 수가 20억 명을(그 중 절반은 가톨릭 신자이다) 약간 넘어서고 있으며, 과거와 동일한 비율을 보이고 있다. 하지만 유럽과 미국의 기독교인들은 전체의 4분의 1에 불과한 실정이다. 독일은 세례를 받은 신자들이 가장 많은 서유럽 국가이다. 하지만 독일의 신자 수는 세계적으로는 미국, 브라질, 멕시코, 중국, 러시아, 필리핀 및 인도에 뒤이어 7위에 그치고 있다. 오동 발레(Odon Vallet)가 말하고 있듯이 "신은 죽지 않았다. 단지 주소를 바꾸었을 뿐이다."

따라서 만일 종교로서의 기독교가 더 이상 유럽에서는 그 미래를 확보할 수 없다고 할 때 유럽인들에게 기독교(Christianisme)는——필자가

이 책에서 그 거대한 유기적 결합관계에 대해 정리하고자 노력했던—그 긴 역사적 흐름의 종착역에서 어떠한 모습을 가지고 있는가? 이러한 질문에 정확하게 대답해보기 위해서는 기독교의 세 가지 형태를 구분하는 것이 적절해 보인다. 먼저, 종교적이고 예배적인 기독교이다. 이는 매우 다양한 면모를 가지고 있는 소수의 신자들과 관련되어 있다. 다음으로, 문화적인 기독교이다. 이는 우리의 역사·문화·언어라는 총체적인 틀과 민속적인 여러 축제들에 영향을 미치고 있다. 마지막으로 "비가시적인" 기독교이다. 이는 우리의 근대성과 세속적인 도덕성을 인도하는 등대와 같은 가치로서의 기독교이다. 이 근대성과 세속적인 도덕성은 그 모태로부터 자양분을 취하고 있다. 하지만 이러한 세 가지 관점들을 상술하기에 앞서서, 우리는 근대 세계의 주요한 매개자들이—개인의 자율성, 비판적 이성과 같은—기독교적인 모태에서 일단 벗어났음에도 불구하고, 그 매개자들 자체가 어떻게 신앙과 서구인의 종교적인 행동에 깊은 영향을 주었는지를 환기할 필요가 있다.

근대성 속의 기독교

오늘날 기독교 교회들은 과거 수 세기 동안 여러 사회들에서 행사했던 영향력을 상실했다. 교회들은 더 이상 자신의 세계관, 계율의 준수, 도덕성을 강요할 수 없게 되었다. 교회들은 여러 목소리들 중의 한 목소리가 되었고, 민족적인 혹은 사회적인 여러 주제들에 대해서 자신들의 목소리를 분명하게 표현하고 있지만, 그 목소리는 더 이상 유일하고 독특한 것과는 관련이 없게 되었다. 좀 더 심층적으로 보자면, 교회는 신자들의 종교심에 대한 주요한 준거들을 전체로 모으는 데에는 이르지 못하고 있다. 그 주요한 준거들이란 믿음, 계율 준수, 소속감, 도덕성, 교리 등등을 말하며, 예전에는 다소간 서로 연결되어 있었던 이 모든 것들이 오늘날에는 분해되어 버렸다. 예를 들어 오늘날에는 소속되어 있지 않고서도 믿을 수 있고, 믿지 않으면서도 소속될 수 있으며, 계율을 준수하지 않으면서도 믿을 수 있을 정도이다. 게다가 심지어 믿지 않으면서도 계율을 준수하기도 한다! 그렇기 때문에 지난 수십 년 동안 끊임없이 가속화되어 온 개인주인화의 과정은 모든 교육적 장치들 깊이 침식하고 있으며, 그 과정은 필자가 "사적인 종교(religion personnelle)"라고, 다시 말해 한 명의 동일한 개인에게 있어서 자신의 욕구에 따라서 변동할 수 있는, 선택되고 구성된 하나의 종교라고 부르는 것의 발전을 조장하고 있다. 근대 세계 속에서, 종교적인 선택들은 "개별적 참여", "개인적 선택"이라는 용어들로 언급되었다. 이러한 표현들은 단순히 대다수의 냉담한 신자들에게만 해당하는 것만이 아니라, 로마식 옷깃의 칼라를 달고 있는 가톨릭 신학생들과 베일을 두른 젊은 이슬람교 여자들에게도 해당되는 표현들이다.

    다른 식으로 말하자면, 우리는 종교적 신념에 있어서 코페르니쿠스적인 혁명을 목도했다. 즉 더 이상 전통이 개인을 주조하는 것이 아니라, 개인이 전통 속에서 자신에게 적합한 것을 취하고 나머지는 버리게 될 것이다. 이러한 사적인 종교의 구축은 종교적인 공급을 엄청나게 확장시킨 근대화의 과정에 의해서 가속화되었다. 오늘날 유럽인은 선과 같은 명상, 유대인의 카발라를 실천할 수 있으며, 혹은 자신의 거주지를 벗어나지 않고서도 이슬람에 가입할 수 있다.

다원주의와 회의주의

여러 종교들의 이와 같은 경합이 갖는, 그리고 또한 비판적 이성의 도약이 갖는 또 다른 결과가 있다. 즉 종교적 다원주의의 수용이라는 결과가 그것이다. 오늘날에는 유럽에서건 미국에서건 간에, 하나의 유일하고도 진정한 종교가 있을 뿐이라고 생각하는 개인들은 기껏 10퍼센트 정도다. 서양인들 중 절반을 크게 넘어서는 사람들을 지배하고 있는 생각은 "여러 종교들 속에 근본적인 복수의 진리들이 존재한다"[139]는 것이다. 가톨릭 교회들의 저항에도 불구하고, 이러한 다원주의적인 시각이 압도하고 있으며, 이러한 관점은 신자들에게서도 찾아볼 수 있다. 프랑스 가톨릭 신자들을 대상으로 최근에 실시된 한 조사에 따르면, 프랑스의 가톨릭 신자들 중 단지 7퍼센트만이 가톨릭이 "유일하고도 진정한 종교"라고 생각하고 있으며, 50퍼센트는 "모든 종교들 속에서 여러 진리들을 찾을 수 있다"고 생각하고 있고, 39퍼센트는 심지어 "모든 종교들이 우열이 없다"[140]고 확신하고 있다는 것을 보여주고 있다. 따라서 근대성 속의 종교는 우리의 여러 사회들이 보이는 전형적인 관용에 그 문을 열어주고 있는 회의주의라는 낙인이 찍혀 있으며, 이러한 사회들은 철학적 및 종교적 시스템들의 다원성을 정당한 것으로 간주했던 것이다. 이러한 사실에 대해서 철학자 마르셀 콩슈(Marcel Conche)는 다음과 같이 매우 적절하게 표현하고 있다. "나는 의심하는 자들에 속하지 않습니다. 하지만 나는 나의 절대적인 것들을 끝까지 밀고나가지는 않습니다. 나의 절대적인 것들은 나를 위해 가치가 있는 것들입니다. 하지만 그것들이 타자를 위해서도 가치가 있습니까? 이 질문에 대답한다는 것은 그 타자를 위해 생각하는 것이 될 것입니다. 하지만 죽는다는 것 이외에 그 무엇도 타인을 위해 철학할 수 있는 것은 없습니다."[141]

오늘날 서양인들이 경험하고 있는 것과 같은 것으로서 기독교의 또 다른 특징은 개연성이 확실성들을 대체해버렸다는 것이다. 이렇게 해서 신앙은 점점 더 유동적인 것이 되었다. 다시 말해 '신'의 실존은 확실한 것이라기보다는 '그럴 수도 있는 것'으로 판단되고 있으며, 기도의 효능도 '가능할 수 있는 것'으로 판단되고 있다. 에드가 모랭의 표현에 따르면, 신앙 또한 "깜박거리는 전등과 같은 것"이다. '신' 혹은 '신의 섭리'를 믿는 것은 삶의 여러 사건들에 따라 빛을 발하거나 혹은 꺼져버리기도 한다.

위·아래가 뒤바뀐 신앙

믿음의 내용 자체도 엄청난 혼란에 빠졌다. 이제 대다수의 기독교인들은 '대속', '삼위일체', 혹은 '무염수태'와 같은 교리들이 담고 있는 것에 대해 아주 잘 알지는 못하거나, 혹은 전혀 알지 못 한다. 전통적인 신앙은 동양적인 신앙과 혼합되고 있으며(예를 들면 종종 발생하는 '부활'과 '환생'에 대한 혼동), 신앙의 내용은 각각의 신자에 의해서 전체적으로 재배치된 나머지, 종종 그 실체가 총체적으로 공허해져 버릴 위험에 처해 있다. 필자는 다른 부분에서 다음과 같은 점을 제시한 바 있다. 즉 우리는 '신'의 재현들에 대한 삼중의 변신을 목도하고 있다는 것이 그것이다.[142] 다시 말해 우리는 외부의 '신'보다는 내부의 '신'을 더 믿으며, 재판관이자 전형적으로 남성적인 '신'보다는 사랑스럽고 여성적인 '신'을 더 믿으며, 특히 인격적인 '신'보다는 비인격적인 '신'을 더 믿는다는 것이다. 그렇기 때문에 사람들은 신 보다는 신적인 것에 대해 더 쉽사리 말을 꺼내고, '아버지'에 대해서 말하기보다는 어떤 에너지에 관해서 더 말을 한다. 1999년에 유럽 전체 차원에서 진행된 한 여론조사는 신자들 중에서 분명하게 하나의 인격신을 믿는다고 응답한 신자들이 단지 38퍼센트에 불과하다는 사실을 보여주고 있다.[143] 이보다 좀 더 최근에 프랑스 가톨릭 신자들을 대상으로 실시된 앙케이트는 프랑스 가톨릭 신자들 중 79퍼센트가 신을 "어떤 힘, 에너지, 영"으로 생각한다는 사실을 보여주고 있으며, 반면에 18퍼센트만이 신을 "내가 개인적인 관계를 맺을 수 있는 신"으로 간주한다는 것을 보여주었다. 이러한 사실은 전통적인 기독교적 개념에 비교해 볼 때 매우 두드러진 후퇴를 드러내고 있다.

구원과 관련된 시각들 또한 변했다. 오랫동안 기독교 신자는 적어도 이론적으로는 지상에서의 행복보다는 '신의 왕국'에서의 영원한 행복에 더 가치를 부여했다. 낙원으로서의 천국에 대한 희망은 설교 강론들을 통해 종종 구원의 증거로 제시되어온 현재 삶의 사소하거나 커다란 불행들에 초연할 수 있도록 해주었다. 다시 말해 당신들의 천국을 위해서는 이곳 세상에서 고통을 당하라! 와 같은 식이었다. 종교개혁은 예정설과 전적으로 은총에 의한 구원설을 기반으로 하여 그와 같은 확실성에 최초의 타격을 가하게 된다. 다시 말해 인간 개인은 자신의 구원을 위해서 아무것도 할 수 없으며, 구원은 신에 속한 일이지만, 만일 인간이 덕있는 삶을 산다면, 그리고 만일 그 인간이 선택된 자들에 속한다면, 그는 이미 그리고 즉시 신의 자비를 향유할 수 있다는 것이 그것이다. 매우 분명한 것은 바로 이와 같은 루터식 사유의 결과로 인하여 가톨릭 설교자들이 자신들이 행하는 설교에서 지옥과 천국의 자리를 점차로 축소시켰다는 것이며, 이는 현 세계에서의 기독교적인 행동, 다시 말해 복음주의적인 도덕성과 신과 이웃에 대한 사랑으로 고무된 행동에 대한 강조로 이어졌다.

이렇게 해서 사람들은 기독교적인 서구에서 종교를 지상의 행복 추구와 연계시키기에 이르렀다. 이것이 바로 복음주의적 흐름이 전세계를 통해 엄청나게 발전한 이유를 밝혀낼 수 있는 열쇠들 중의 하나라고 할 수 있다. 이러한 흐름은 그만큼 신앙의 구체적인 자비를 강조하고 있으며, 기도의 효율성을 사회적이고 물질적인 성공이라는 용어를 통해 강조하고 있다. 그리고 이제 서구 기독교 신자는 자신의 영적인 삶의 은혜를 자신의 전체 존재 속에서 느끼기를 원한다. 이는 불신, 즉 오랫동안 엄격하고도 종종 강박적인 계율을 더 조장해 온 기독교에 의해서 수 세기 동안 유지된 육체에 대한 경멸과 반대되는 것이다. 기독교는 육체에 대한 영혼의 절대적인 통제를 목표로 했으며, 육체는 모든 유혹의 장소, 즉 가능한 모든 죄악의 장소로 간주되었던 것이다.

확실성의 회귀

이와 같은 개인주의화, 그리고 종교의 지구촌화에 직면해서, 우리는 1980년대 이후 정체성의 자성이라는 성향의 출현을 목도하고 있다. 게다가 이러한 현상은 기독교에서만 특별한 지위를 차지하고 있는 것이 아니라, 유대교와 이슬람교도 또한 관련된 것이며, 키파,[144] 수염 혹은 베일, 혹은 감춰 있거나 정결한(halal)[145] 회복의 장소의 증가와 같은 구분된 기호들은 이러한 자성을 더욱 가시적인 것으로 만들어 주고 있다. 좀 더 비밀스러움에도 불구하고 수많은 기독교적인 종교성은 또한 아주 빈번하게도 준거들과 확실성들의 추구로 변모하게 되는 동일성의 욕구에 의해서 점철되었다. 다시 말해 사람들은 주변에 경계를 그릴 수 있는 하나의 강력한 공동체로 복귀하는 것이다. 그 공동체 속에서 사람들은 '진리'를 찾았다고 생각하며, 현대 세계의 종교적 혹은 영적인 타락을 모면할 수 있다고 생각하는 것이다. 이러한 현상이 가톨릭 신자들에서는 교조적인 그룹의 도약을 통해서 표현되며, 프로테스탄트 신자들에게서는 팬티코스트 그룹[146]의 도약으로 표현된다. 이와 같은 현상은 위협적인 무신론과 유물론 및 기독교의 근간 자체를 뒤흔드는 교리상의 혼란의 대두에 직면한 종교적 각성의 전위부대로서 제시되었다.

그렇기 때문에 우리는 미국에서 "다시 태어난 자들(born again)"——물론 신앙으로——현상의 폭발을 목도하게 된다. 이들은 종종 종의 진화라는 다윈의 이론을 다시 문제 삼기에 이를 정도로 근본주의자와 같은 입장을 채택하고 있다. 프랑스의 경우, 이러한 변화는 2007년에 프랑스 역사상 처음으로 복음주의 운동 출신의 대통령을 선출하기 위한 프로테스탄트 연맹의 결성으로 향했다. 그 지도부에 속하는 자들은 당시까지도 주도적 세력, 즉 "고전적인" 개혁파 프로테스탄트주의 출신이었다.

이와 같은 새로운 보수주의는 우리 사회의 회의주의에 대한 분명한 반응이다. 간단한 수치만으로도 실제로 유럽에서 기독교가 얼마나 후퇴했는지 그 폭을 가늠할 수 있도록 해준다. 그 수치는 프랑스 가톨릭 성직자와 관련된 것이다. 1970년에서 2004년 사이에, 신부의 수는 절반이 줄어들어서 4만 5,059명에서 2만 2,185명이 되었다. 게다가 신부의 평균 나이는 68세였다. 견진성사의 횟수가 적다는 점을 미루어 보아 향후 여러 해 동안 사제의 수는 상당히 감소될 것으로 보인다. 2005년에는 서품식이 142회 있었는데, 이는 과거 10년 동안 가장 많은 횟수였다. 이것이 세상의 종말은 아니다. 그것은 한 세상의 종말, 즉 소교구들 주변에 조직되어 '신'을 공유하는 신앙의 리듬에 따라 살아가는 한 사회의 종말인 것이다.

예배드리는 종교인으로서의 기독교 신자들

이제부터는 '한 교회에 속해 있다', '단순히 믿는다', 그리고 '교회에 충실한 신자다'라는 종교심의 세 가지 큰 기준들을 통해 유럽과 미국에서의 기독교의 현황에 대한 매우 간결한 통계적인 평가에 착수해 보기로 하자.

한 교회에 속한다

유럽의 경우, 자신을 기독교 신자라고 밝히는 경우가 점점 더 줄어드는 성향을 보이고 있다. 1999년에는 70퍼센트의 유럽인들이 가톨릭이든 프로테스탄트이든 간에 자신이 기독교에 속해 있다고 밝혔는데, 반면에 1981년에는 그 비율이 80퍼센트에 달했었다.[147] 2003년 미국의 경우에는 76퍼센트가 이러한 소속감을 밝힌 바 있다.(이 수치는 1992년 이후 안정적인 상태이다.)[148]

프랑스의 경우, 2007년에 실시된 앙케이트에 따르면 좀 더 인상적인 수치를 볼 수 있다. 즉 역사적으로 대다수가 가톨릭 신자들로 이루어진 이 나라에서 기껏해야 두 명 중의 한 명의 프랑스인이 여전히 자신이 가톨릭 신자라고 말하고 있으며, 삼분의 일은 종교가 없다고 밝히고 있다.[149] 이러한 퇴보는 삶의 중요한 단계들에서 큰 위치를 차지하고 있는 성당에 대한 프랑스인들의 의존도를 염두에 둘 경우 매우 두드러진 현상으로 보인다. 1975년에는 결혼식의 73퍼센트가 종교적인 의례에 따라 이루어졌었다. 하지만 2004년에는 불과 34퍼센트의 결혼식만이 종교적으로 행해졌다. 게다가 결혼식의 수 자체도 동거 관계의 선호 때문에 급격히 감소되었다. 30년 전에는 38만 7,400쌍이 결혼식을 올렸는

데 비해 2004년에는 27만 1,600쌍이 결혼했다. 1975년에는 거의 자동적으로 이루어지던 세례식의 경우도(유아의 80퍼센트 정도가 세례를 받았다), 이제는 극소수의 부모들에 의해서만 요구되고 있을 뿐으로, 2004년에는 46.5퍼센트의 유아들만 세례를 받았다. 유일하게 장례식만이 여전히 성당의 도움을 받고 있는 실정이다. 다시 말해 장례식의 80퍼센트 이상이 종교적 예식으로 이루어지고 있다. 다음과 같은 사실을 확인하게 된 점은 매우 흥미로운데, 즉 근대성이 갖는 해체적인 행동에 가장 저항하는 종교적 행위가 노인들의 종교적인 태도의 근간 자체에 속하는 행동이라는 점이다. 즉 죽음의 의례화가 그것이다.

단순히 믿는다

미국인들은 믿음에 있어서 기록을 보유하고 있다. 다시 말해 2007년 실시된 갤럽의 여론조사에 따르면, 미국인들의 94퍼센트가 신을 믿고 있다.(86퍼센트가 신의 실존을 확신하고 있다.) 유럽의 경우, 2005년에 실시된 한 연구에 따르면 70퍼센트가—국가별로 매우 민감한 차이를 동반하면서도—신을 믿고 있다고 확신하고 있다.[150] 폴란드의 경우 97퍼센트가 믿고 있으며 터키의 경우 37퍼센트가 신을 믿고 있다.[151]

또 다른 근본적인 믿음, 즉 사후 세계의 삶에 대한 믿음과 관련해서 보자면, 비슷한 순서가 확인되고 있다. 미국인들은 89퍼센트가 사후 세계를 믿는다고 하여 수위를 차지하고 있다.(이들 중 81퍼센트는 사후 세계의 실존을 확신하고 있다.) 2007년 갤럽의 여론조사 결과는 다음과 같다. 유럽인들은 불과 53퍼센트만이 영혼의 존속을 믿고 있다.[152] 폴란드가 여전히 상위를 차지하고 있으며(81퍼센트), 체코가 마지막을 차지하고 있고(37퍼센트), 프랑스는 43퍼센트를 차지하고 있다. 그럼에도 응답자들의 상당수 비율이 부활이라는 기독교의 교리에는 동의하지 않고 있다. 즉 환생에 대한 믿음이 점점 더 동의를 얻고 있으며, 이는 저 너머 세상의 재현에 대한 총체적인 부재를 인정하고 있는 것과도 맥락을 같이하는 것이다.

예배에 참석하는 열성적인 신자다

종교에 대한 유럽의 부인은 특히 매주 이루어지는 예배 참석의 차원에서 표현되고 있다. 반면에 성찬 예식은 여전히 기독교적인 삶의 중심을 차지하고 있다. 프랑스의 경우, 가톨릭 신자라고 밝힌 사람들 중에서 52퍼센트는 전혀 종교 예식에 참석하지 않는다. 단 세례식, 결혼 혹은 장례식과 같은 예식은 예외로 한다. 게다가 겨우 17퍼센트만이 최소한 한 달에 한 번 성당에 가고 있다.[153] 유럽 차원에서 보자면, 유럽 위원회의 의회는 『국가, 종교, 세속과 인권』이라는 제목의 2007년 보고서에서 이러한 썰물과도 같은 흐름을 공식적으로 확인한 바 있다.[154] "지난 20년 동안에, 예배 참석과 같은 종교적 신앙의 실천은 유럽에서 현저하게 후퇴하였다. 다섯 명의 유럽인들 중에서 한 사람도 안 되는 사람이 적어도 일주일에 한 차례 종교 의식에 참여하고 있다. 반면 20년 전에는 그 수치가 이보다는 두 배였다." 이와는 반대로, 미국인들의 63퍼센트가 한 교회의 일원으로 속해 있다.(혹은 유대교 회당에 속해 있다. 이러한 언급은 예배 참석과 관련해 미국에서 실시되는 대부분의 여론조사에 포함되어 있다.) 다시 말해서 미국인들은 이러한 소교구를 전적으로 요구하고 있는 것이다. 미국식 심층 전통 속에서 보자면 이러한 소교구가 어린이들에게는 스포츠 시합이 이루어지거나, 부모들에게는 요리와 뜨개질이 행해지는 사회화의 장소로 면면이 전통이 이어져 오고 있는 것이다. 그럼에도 불구하고 여러 여론 조사들을 살펴보면 이러한 비율은 1999년에 비해서 완화되었다. 1992년에는 미국인들의 70퍼센트가 개인적으로 의례의 장소에 속해 있다고 밝혔었다.[155]

미국의 종교심

통계표들이 보여주고 있듯이 유럽과 미국 사이에는 한 가지 중요한 차이점이 존재한다. 그 차이점은 미국 민족의 역사 자체와 관련된 것이다. 즉 미국 민족이란 그 주민들의 집단적 대표 속에서 섭리의 과정으로 탄생했으며, 당시 가톨릭 국가들에서 박해받은 유럽의 소작인들과 프로테스탄트들이 "새로운 예루살렘"을 건설하기 위하여 신대륙이라는 약속의 땅에 도착하기를 원했던 신의 의지에 의해서 탄생했다. 마치 모세가 이집트의 박해를 피해서 자신의 민족과 함께 야훼가 정해준 땅으로 피난한 것과 같다. 이 거대한 대륙의 식민지화는 종종 고대 팔레스타인의 식민지화와 동일시되었다. 『미국 민족의 건국 신화*Les Mythes fondateurs de la nation américaine*』에서 여성 역사학자인 엘리즈 마리엔스트라스(Élise Marienstras)는 초기 식민자들 시대에서부터 미국의 독립에 이르는 매우 유익하고도 방대한 자료를 제시하고 있다. 신의 섭리와 선거로 만들어진 이렇듯 전형적으로 종교적인 문화는 수세기를 가로지르게 될 것이며, 그러한 문화의 특징을 간직하고 있는 현대 문화의 초석이 될 것이다. 이러한 맥락 속에서 다음과 같은 사실을 알게 된다고 하더라도 놀라운 일이 아니다. 즉 미국인들의 27퍼센트가 자신들의 국가에서 기성의 종교들이 더욱 영향력을 갖기를 희망하고 있다는 것이 그것이다.[156] 유럽에서는 생각할 수 없는 것이지만, 다섯 명의 미국인들 중에서 한 명은 신이 미국에 은혜를 베풀고 있다고 믿고 있다.

문화적 기독교 신자들

교회에 소속됨, 단순한 믿음 그리고 예배 참석 사이의 편차는 필자가 "문화적 기독교 신자들"(필자가 앞에서 언급한 "예배적 기독교 신자들"과는 대립되는)이라고 부르는 것의 발전을 점점 더 가늠할 수 있도록 해준다. 기독교의 침식은 실제로 두 개의 변별적인 그룹의 증대로 드러나고 있다. 다시 말해 스스로 무신론자 혹은 종교가 없다고 밝히는 사람들의 그룹과 계속해서 자신을 기독교 신자라고 간주하기는 하지만 신을 믿지는 않으며 전혀 교회에 출입하지 않는 사람들의 그룹이 그것이다.

확실하게 무신론자인 사람들의 비율은 아주 적은 수에 불과하다. 유럽에서와 마찬가지로 미국인들의 약 5퍼센트가 무신론자다. 프랑스의 경우는 기록적이라고(14퍼센트)[157] 할 수 있다. 이와 반대로 불가지론자 혹은 "구경꾼"과 같은 신자들로 구성된 "무 종교"에 속하는 집단은 프랑스의 경우 지속적으로 커가고 있다. 유럽인들의 가치에 관한 앙케이트에 따르면, 이런 사람들은 1981년에 15퍼센트였던 데 비하여 1999년에는 인구의 25퍼센트에 달했다.

또한 마찬가지로 점점 더 그 수가 증가하고 있는 문화적 기독교 신자들의 그룹을 살펴보기로 하자. 문화적 기독교 신자들은 교회 출입이 그다지 빈번하지 않거나, 단순히 예외적인 의식을 위해서만(세례식, 장례식, 가끔은 크리스마스 때) 교회에 출입한다. 이들은 신에 대한 믿음이 없거나 혹은 의혹을 품고 있는 자들이다. 하지만 이들은 여전히 기독교 신자로 자처한다. 이들은 종종 신앙의 전달이라는 개념과 기독교적인 가치들이라는 개념에 집착하고 있다. 이들은 우리의 종교적인 뿌리를 망각하지 않는 것이 중요하다고 생각한다. 하지만 문화적 기독교 신자들은 교회와 거리를 두고 있으며, 영적인 삶보다는 기독교 종교의 역사적인 차원에 더 관심을 두고 있는 자들이다. 프랑스의 경우, 가톨릭 신자들을 대상으로 2007년에 실시된 여론조사는 이러한 비종교적인 기독교 신자들의 비율을 잘 가늠할 수 있게 해주고 있다. 다시 말해 두 명의 가톨릭 신자들 중의 한 명은 실제로 신에 대한 믿음이 없으며, 이와 거의 동일한 비율이 미사를 드리지 않는 신자들이다.

기독교에 젖어 있는 문화

문화적 유산으로서의 기독교에 대한 자신들의 소속감과 관련해서 개인들이 밝히는 선언들 너머에 있는, 훨씬 더 일반적인 하나의 양상에 대해 살펴볼 필요가 있다. 즉 우리가 기독교적인 중세 유럽의 계승자들이라는 것이 그 양상이다. 비록 서구 사회들이 세속적이고 점점 더 비종교적인 사회의 모습을 보이고 있다고 할지라도, 서구 사회들은 기독교에 의해 깊은 자국이 남겨진 역사 속에 정박하고 있다. 모든 서구 문화는 이렇듯 수천 년에 달하는 기독교의 표지들에 젖어 있다. 그 중 몇 가지 표지들을 신속하게 지적해보기로 하자.

예수 그리스도 이후(기원후, AD)

먼저, 사회적 삶의 본질적인 요소인 우리가 사용하는 달력은 예수 그리스도의 탄생을 투사하고 있다. 예수 탄생은 역사상의 여러 사건들에 대한 연대 추정의 유일한 기준으로 사용되고 있으며, 또한 각 개인의 일상적인 삶의 유일한 기준으로 이용되고 있다. 하지만 심지어 기독교의 역사에서도 항상 그러했던 것은 아니었다. 예수 시대에, 그리고 그 이후 몇 세기 동안에는 다음과 같은 두 가지 방식을 동시에 고려하는 여러 가지 연대 추정 시스템이 존재했었다. 즉 성서 시기를 고려하는 방식이 한 가지고, 다른 한 가지는 그 자체도 어림짐작이기는 하지만 특정 황제의 통치 시기 혹은 특정 선지자가 활동하던 시기를 고려하는 방식이 있었다. 이러한 점 때문에 율리우스 카이사르의 출생 날짜와(기원전 100년경) 같은 여러 사건들의 날짜를 정확하게 정하는 것이 불가능하다. 혹은 성 제롬(회고적인 방식으로 계산하여 420년경 사망한 것으로 추정)과 같은 유명한 가톨릭 신부들이 사망한 날짜에 대해서도 마찬가지 상황이다. 2세기부터 기독교 신자들은—여전히 매우 소수에 불과했지만—순교자들에 대한 이야기들 속에 당시에 표현되고 있던 것과 같은 날짜 표기에 병행하여 더 이상의 상세한 기술이 없이 "우리 주님 예수 그리스도께서 통치하는"이라는 문구를 포함시키게 되었다. 4세기에 기독교가 인정을 받고서 특권적인 위치에 섰을 때, 그리고 마침내 로마 제국의 국교가 되었을 때, 성당은 역법을 필요로 하는 국가 경영 속에 편입되었다. 교회는 율리우스 카이사르 이후 로마 제국의 역법인 율리우스력을 간직하고 있었다. 율리우스력은 1년 365일을 12달로 나누고, 매 4년마다 1일을 추가한 역법이다. 교회는 그 율리우스력에 1달을 7일로 이루어진 1주일 단위로 나누는 것을 추가했다. 이는 예루살렘에서의 탄생 이후 기독교 공동체들에 전파된 유대교 전통에 따른 것이다. 콘스탄티누스 황제는 이교도적인 축제들 대신에 최초의 기독교 축제들을 도입했다. 이렇게 해서 동지 대신에 크리스마스가 도입되었고, 일요일은 더 이상 태양의 날이 아니라 '주의 날'이 되었다.

기독교 역사를 이야기하기 위해서 하나의 틈으로 인식해야 할 첫 번째 사건은 교황 일레르(Hilaire)와 관련된 것이다. 465년경에 교황 일레르는 아키텐의 천문학자이자 수학자인 빅토리우스를 불러 전적으로 기독교적인 책력을 수립할 것을 요구했다. 빅토리우스는 그리스도의 부활을 출발점으로 삼았다. 하지만 그가 고안한 책력은 채택되지 않았다. 525년경 교황 요한 1세는 디오니시우스 엑시구스(일명 아들 디오니시우스) 수사에게 새로운 달력의 출발점을 계산할 것을 요구했다. 디오니시우스는 그리스도의 강생을 상징하기 위해서 그리스도의 탄생을 선택했다. 디오니시우스는 그리스도의 탄생을 로마가 세워진 후 754년으로 삼았다. 하지만 오늘날 우리에게는 매우 친숙한 이 기독교 시기의 달력이 서구에서 사용되기 위해서는 시간이 필요했다. 서구에서는 황제의 통치 시작을, 그리고 이후에는 교황의 통치 시작을 기준으로 삼는 관습이 1,100년 혹은 1,200년까지도 지배적이었다. 그렇기 때문에 그리스도 탄생을 시작으로 삼는 달력의 사용은 소수의 학자들 사이에서만 이루어졌다. 회고적인 날짜 측정 방식은(기원전, 즉 BC의 사용은) 훨씬 뒤의 일이다. 16세기의 루터도 여전히 회고적인 측정 방식을 사용하지 않았으며, 그는 그리스도가 탄생하기 이전의 모든 사건들의 연대를 정하기 위해서 유대인들의 달력을 사용했다. 그는 다만 예수 이후에 발생한 사건들의 연대를 기술하기 위해서만 기독교 달력을 이용했다. 기독교적인 연월기입 방법이 실제로 일반화된 것은 계몽주의 시기에 이르러서이다.

유럽에서 시간의 리듬이 변경되는 것은 1582년에 있었던 교황 그레고리우스 13세의 개혁 이후의 일이라는 점을 언급할 필요가 있다. 부활절의 날짜(춘분에 뜨는 보름달 다음의 첫 번째 일요일)를 제1차 니케아 공의회에서 확정된 규범에 맞추기 위해 그레고리우스는 1년에서 갑자기 10일을 없애버렸다. 즉 10월 4일 목요일 다음 날을 10일을 건너뛰어서 10

월 15일 금요일로 만들어버린 것이다. 이러한 개혁은 우선은 가톨릭 국가들만 받아들였으며, 이후 1700년경에 프로테스탄트 국가들로 확대되었고, 러시아는 1918년에, 그리고 그리스는 1923년에 이 역법을 채택하게 되었다.

기독교적인 축제들

유럽 전체의 평년은 기독교적인 종교 축제들로 점철되어 있다. 가장 중요한 축제들은 그리스도의 삶에서의 주요한 사건들을 따르고 있다. 다시 말해 그리스도의 탄생은 크리스마스가 되었고, 그의 죽음과 부활은 부활절이 되었으며, 그가 하늘로 승천한 것과 사도들에게 임한 성령도(성신강림 축일) 그러하다. 뉴욕에 있든, 파리에 있든, 브뤼셀에 있든지 간에 12월 25일은 축제일, 즉 가족들이 모이는 날이 되었다. 게다가 비록 크리스마스의 종교적 의미가 상당부분 상실되었다고 하더라도, 도시와 마을은 거리를 치장하고 크리스마스 트리를 장식하기 위해 솜씨를 겨룬다. 크리스마스가 분명 처음부터 그리스도의 탄생과 결부되었던 것은 아니었지만, 이 축제일은 서양의 풍속에 온전히 스며들어, 그 수가 증가하는 비기독교 유럽인들도 크리스마스의 특정한 풍습에 따르고 있다. 다시 말해 만찬을 함께 나누고, 선물을 나누고, 때로는 종종 공으로 장식된 신성 불가침한 전나무를 선물하기도 하는 것이다. 나아가 필자는 크리스마스가 가족 관계를 강화시키는 것을 통해 상당히 기독교적인 흔적을 간직하고 있는 환속한 축제의 좋은 예라고 생각하고 있다. 선물 교환은 우리가 가까운 사람들에게 가지고 있는 마음을 표현하는 것이며, 함께 나눈 기쁜 마음은 그 축제의 날에 혼자 남겨진 사람들에 대한 연민의 감정을 동반하게 된다.

비록 이제는 더 이상 모든 사람들에게 그리스도의 수난과 부활을 환기시키지는 못하지만 유월절의 어린 양은 서양의 커다란 전통으로 남아있다. 다시 말해 부활절 월요일의 휴무는 유럽 전체에서 지켜지고 있으며, 나아가 몇몇 국가들에서는 부활절 월요일의 휴무에 이어 두 번째 축제의 날, 즉 성 금요일을 더하기도 한다. 또한 가톨릭의 전통을 간직하고 있는 국가들에서는 8월 15일인 성모 마리아의 날도 축일로 삼고 있으며, 만성절(11월 1일)도 마찬가지다… 가장 좋은 휴일의 예인 일요일도 잊지 말아야 할 것이다. 일요일은 신자들에게는 미사에 참석하는 날로 간직되고 있으며, 일요일에 상점의 문을 여는 것은 대단한 마음의 각오를 해야 한다. 왕 노릇하는 돈이 일요일의 휴식에 승리를 거둔 미국은 예외로 하자. 미국에서는 몇몇 시에 의해서 채택된 조항들을 제외하고는 대다수의 상점들이 그날 문을 여는 것은 자유다.

기독교 방식으로 말하는 것

우리들 중 상당수의 사람들이 기독교 축제들이 가지고 있는 의미를 알지 못하고, 성경을 펼쳐드는 일은 결코 없으며, 심지어 예배에서 성직자 옆에 앉지도 않는다. 하지만 한 가지는 분명하다. 즉 우리는 모두가 "기독교 신자"라고 말하고 있으며, 게다가 우리들은 복음서를 우리의 진부하기 짝이 없는 일상적인 대화들에서 인용구로 사용될 마르지 않는 표현들이 모여 있는 보물창고처럼 애용하고 있다는 것이다. 이러한 유산은 세속적인 사람들에게는 "어깨에 지워진 짐"(마태복음 23:4)이며, 교회에게는 "좌우에 날선 어떤 검"(히브리서 4:12)이라고 할 수 있는가? "네 눈을 뜨라"(요한복음 9:26), 이 재산을 "선별하라"(누가복음 22:11)라는 표현을 사용해보자. 그리고 그것을 거부하는 사람들에게는 서슴없이

"막달라처럼 울어"(자신의 눈물로 그리스도의 발을 적신 죄지은 한 여자로 확인된 막달라 마리아를 가리킴—누가복음 7:38) 보자. 그들이 "고난"(골고다의 다른 이름—마태복음 27:33)처럼 생각하는 것에 대해서 말이다. 마찬가지로 우리에게는 "가이사의 것은 가이사에게, 하나님의 것은 하나님께 바치라"(마태복음 22:21, 마가복음 12:17)라는 말씀도 있다. 그리고 애석한 말이지만 "울며 이를 갊이 있으리라"(마태복음 13:50, 누가복음 13:28)라는 말씀도 있지 않은가!

우리가 일상생활에서 사용하는 수많은 표현들 중 몇몇 표현들은 그리스도가 직접 한 것들이다. 예수는 단순한 언어와 이미지가 가득한 은유들을 이용함으로서 그의 말을 듣는 자들의 정신에 충격을 주었다. 이처럼 늘 되풀이되는 말들이 예전에 그 말을 들었던 신자들로 가득한 교회로부터 그 말을 듣고 충격을 받은 자들을 쫓아낸 것인가? 혹은 정확히 말해서 하나의 사유를 그토록 잘 요약하고 있는 이러한 이미지들이 가지고 있는 힘이 신자들을 교회로부터 나가게 한 것인가? 이러한 이미지들 중에서, 어떤 이미지들은 세속의 세계로 밀쳐진 나머지, 처음 보기에는 그 이미지들이 종교적인 토대를 가지고 있을 수도 있다는 것을 전혀 알아볼 수 없게 되었으며, '하물며' 그 이미지들이 종교적인 메시지를 전달하기 위해서 복음서들에서 사용되었다는 것도 알아볼 수 없을 지경이 되었다. 어쨌든 이러한 상황이다. 따라서 사람들은 그 종교적 함의를 의식하지 못한 채 이렇게 말하기도 하는데, 즉 "반석 위에 자기 집을 짓는 것"(마태복음 7:24, 누가복음 6:48)이 더 나으며, "알곡과 쭉정이를 구분하는 것"(마태복음 13:30)이 더 낫다는 말이 그것이다. 사람들은 내밀한 정보가 담긴 이야기를 "지붕 위에서 외치는"(마태복음 10:27) 기벽을 가진 사람들에 대해 유감스럽게 생각한다. 그리고 매사를 비판하는 자들에게는 "이웃의 눈 속에 있는 티를 보기보다는 (자신들의) 눈 속에 있는 들보를"(마태복음 7:3, 누가복음 6:41~42) 보라고 충고한다. 우리가 우리의 행동에 대해 책임지지 않을 경우 우리는 본디오 빌라도처럼 "손을 씻는"(마태복음 27:24)다. 그리고 우리 모두는 "진주를 돼지에게 던지지"(마태복음 7:6) 말아야 한다는 것을 알고 있다. 또한 간음한 여자를 돌로 때려죽이기 위해서 모인 바리새인들에게 그리스도가 한 말인 "먼저 돌을 던지지"(요한복음 8:7) 말아야 한다는 것도 알고 있다. 게다가 새로운 출발을 하는 경우와 관련해 우리는 복음서에서 다음과 같은 매우 좋은 충고들을 찾아볼 수 있다. 즉 "새 포도주를 낡은 가죽 부대에 넣지 아니하나니"(마태복음 9:17, 마가복음 2:22, 누가복음 5:37)라는 말씀, 혹은 "한 사람이 두 주인을 섬기지 못할 것이니"(마태복음 6:24, 누가복음 16:13)라는 말씀이 그것이다. 또한 주님이 자신의 자녀들을 마치 "암탉이 그 새끼를 날개 아래 모음 같이"(마태복음 23:37, 누가복음 13:34) 모으려 한다는 모습을 묘사하기 위해 사용한 유머를 찾아볼 수 있는 표현도 잊지 말자. 다음과 같은 그리스도의 다른 많은 말씀들이 상식으로 받아들여지고 있는 것은 당연한 일이다. 그 말씀들은 다음과 같다. "한 날 괴로움은 그날에 족하리라."(마태복음 6:34) "누구도 자기 고향에서는 선지자가 아니니라."(마태복음 13:57) "거짓 선지자들을 삼가라."(마태복음 7:15) "찾으라 그러면 찾을 것이요." "죽은 자들로 저희 죽은 자를 장사하게 하고."(마태복음 8:22) "마음에는 원이로되 육신이 약하도다."(마태복음 26:36~41)

명백하게 종교적인 내용을 담고 있는 이러한 여러 표현들이 우리가 현재 사용하는 언어 속에 들어와 있다. 하지만 우리는 그 표현들이 처음에 가리키고 있는 바를 망각한 채 그 표현들을 사용하고 있다. 즉 사람들은 "믿음이 산을 움직인다"(마태복음 17:20, 21:21)는 말씀을 알고 있으며, 또한 다음과 같은 말씀들도 알고 있다. "청함을 받은 자는 많되 택함을 입은 자는 적으니라"(마태복음 22:14), "먼저 된 자로서 나중 되리라"(마태복음 20:16, 마가복음 10:31, 누가복음 13:30), 혹은 "너희는 그 날과 그 시를 알지 못하느니라."(마태복음 25:13) 그리고 자신들이 다음과 같이 말을 하고 있는 경우에도 그 말이 얼마나 직접적으로 요한복음을 가리키고 있는지 의심하는 자가 얼마나 될 것인가! "보지 않고는 믿지 아니하겠노라"(요한복음 20:24)라는 도마의 말은 사실 하나님께 이르는 길에 대한 호소라기보다는 오히려 광고의 한 문구와도 같아 보이기까지 하니 말이다!

우리는 우리가 나누는 대화를 다음과 같은 말들로 가득 채우고 있지 않은가. 엄청나게 어지럽혀 있는 한 장소(잡동사니를 두는 곳)를 가리키기 위해서 사용하는 성서의 한 지명 "가버나움"(누가복음 10:15), 배신을 언급할 때 사용하는 "유다의 키스"(마태복음 26:48), 혹은 부당한 이득을 추구하는 것을 비난할 때 사용하는 "성전의 상인들"(요한복음 2:14)과 같은 말들 말이다. 이때 그러한 말들에 대해서는 명확하게 설명할 필요조차도 없다. 이러한 표현을 듣는 상대방들이 이 표현이 지칭하는 성서의 내용을 곧바로 알아채기 때문이다. 심지어 우리와 문화를 공유하지 않고 있는 사람에게는 이상하게 보일 수 있는 다음과 같은 몇몇 명령적인 표현들까지도 매우 자명한 것으로 여겨지고 있지 않은가! "사탄아 물러가라!"(마태복음 4:10, 마가복음 8:33) "일어나 걸어가라!"(마태복음 9:5, 마가복음 2:8, 누가복음 5:23, 요한복음 5:8) "믿음이 적은 자여, 왜 의심하였느냐?"(마태복음 14:31) "귀 있는 자는 들을지어다."(마태복음 11:15, 누가복음 8:8, 14:35). "오른손의 하는 것을 왼손이 모르게 하여."(마태복음

6:3) 또한 우리는 그리스도의 말씀을 뒤바꾸기도 하며, 다음과 같이 말하기도 하지 않는가! "다른 쪽 뺨을 내밀지는 않겠다"라고 말이다. 이 표현은 분명 그리스도의 말씀을 가리키고 있지 않은가 말이다. "누구든지 네 오른편 뺨을 치거든 왼편도 돌려 대며"(마태복음 5:39, 누가복음 6:29)라는 말씀을 말이다.

또 다른 여러 표현들은 복음서에서 인용된 것들은 아니지만, 이후 형성된 교회의 교육에서 인용된 것들이다. 또한 금서목록에서 인용된 것들도 있다. 독서가 금지된 그 유명한 도서 목록 말이다. 즉 1563년 트렌트 공의회에서 채택된 금서들, 혹은 라틴 의례에 따라 미사를 드릴 때 마지막 축도에 뒤이어 나오는 전례의 문구인 "미사 드렸습니다La messe est dite"도 있지 않은가.

기독교 예술

다음과 같은 너무나 자명한 말을 해보자. 서양 예술은 이슬람 예술도 아니고, 불교 예술도 아니고, 중국이나 아프리카의 예술도 아니다. 런던에 있든, 베를린 혹은 암스테르담에 있든지 간에, 전시되고 있는 그림들과 조각품들은 특별한 규범들을 공유하고 있어서 한 눈에 보더라도 세상의 어느 특별한 한 지역의 작품들로 확연하게 알아챌 수 있다. 우리는 이제 더 이상 성당에 가지 않는가? 아마도 그렇다. 하지만 그럼에도 불구하고 우리는 거의 직관적인 방식으로 "예수 탄생의 그림이나 조각"을, "십자가에 못 박힌 예수의 수난도"를, "몽소 승천도"를 구분해낼 줄 알고 있지 않은가. 로마식, 시토식 혹은 고딕식 건축 양식들은 유럽 어디에서고 하나의 집단적인 유산으로 간주되고 있다. 바흐의, 슈베르트의 혹은 구노의 〈아베 마리아〉는 어떤 방식으로든지 간에 이국적인 음악으로 간주되는 일은 없을 것이다. 작곡가의 출신지와는 무관하게 그들의 곡이 유럽의 어느 국가에서 연주되든지 간에 말이다.

르네상스까지, 그리고 고대 그리스와 로마의 미적인 전범들의 재발견과 종종 그것들의 신화적인 기원의 재발견에 이르기까지, 서양 예술은 본질적으로 기독교적이라는 특징을 가지고 있다. 그리스도의 수난 이후 구체적인 형상화에 대한 유대인의 금기를 충실하게 지켰던 초기 기독교 신자들은 스스로를 유대인으로 간주하는 것을 그만두고, 아울러 순결함의 규칙을 지키기를 그만두게 되자, 그러한 금기를 벗어버렸다. 다시 말해 예루살렘 '에클레시아'의 종말을 가리키는 성전의 몰락 이후에 말이다. 그의 죽음 이전과 죽음 이후에도 증인들에게 모습을 보여주었던 현현된 '하나님'에 대한 초기 기독교 신자들의 믿음은 그의 가능한 재현 앞에서 성서적인 장애물들을 걷어내 버렸다.

최초의 기독교적인 회화 예술은 여러 상징들로, 즉 박해 시대에 카타콤[158]의 암벽들에 그려진 어린양, 물고기 혹은 십자가를 의미하는 X자 모양의 걸쇠 등으로 이루어져 있다. 하지만 자신들의 예술적인 취향으로서 경험된 그리스·로마식 문화 속에 젖어들게 되고, 자신들을 전적으로 로마 시민으로 간주하게 되자, 그리스도의 제자들은 즉시 자신들의 믿음을 이미지로 만들어 내기 위해서 회화를 발전시키게 된다. 로마에 있는 "프리실라(Priscille)"라고 불리는 카타콤에서 발견된 '아이를 안고 있는 성모'를 재현한 그림 중 가장 오래된 것은 2세기 말의 것이다. 그 시기에 마리아 숭배의 시작이 서서히 드러난다. 또한 그 카타콤에서는 믿음을 위해 생명을 내놓은 기독교 순교자들을 재현한 초기의 모자이크들을 볼 수 있으며, 그 순교자들은 당시 로마 제국에서 매우 소수였던 다른 모든 기독교 신자들의 모델이 되었을 것이다. 3세기 말에, 카이

사레아의 유세비우스는 의식에 참석한 그리스도를 재현한 그림들이 존재한다고 증언하고 있다. 하지만 교회는 그 그림들을 드러내는 것을 300년에 있었던 엘비라[159] 공의회에서 금지했다. 이와는 반대로 325년의 1차 니케아 공의회에서부터 그리스도의 삶을 담고 있는 장면들이 나오는 그림들은 성당에서는 물론이고 찬양의 목적이라면 장려되었다.

이후 모든 예술적인 생산, 다시 말해 기독교 예술은 이중의 목적 속에서 발전된다. 첫 번째는 예배적인 목적이다. 즉 사람들은 성상화 앞에서 혹은 그리스도와 성모 마리아의 조각상 앞에서 기도를 하게 된다. 그리고 다음과 같은 주장은 매우 가능성이 있어 보인다. 즉 4세기의 가장 오래된 것으로 인정되고 있는 예수 탄생의 그림이 로마의 성 세바스티안 카타콤들의 시체안치소에서 그려졌을 것이라는 점이다. 그곳에 매장된 사람들을 돌보기 위해서 말이다. 이어지는 두 번째 목적은 매우 급속하게 인정받은 이미지에 대한 교육적인 목적이다. 즉 기독교가 자리를 잡은 곳은 어디서든지, 동일한 그림들을 통해서 신자들에게 그리스도의 삶에 대해서 이야기를 해주게 된다. 물론 몇몇 감독들의 의심에 찬 시선에도 불구하고 말이다. 우상숭배로 향하게 될 것을 염려하여 교회에서 회화 그림들을 파괴해버린 세레네스 드 마르세유 주교에게 600년경에 교황 그레고리우스 르 그랑[160]은 다음과 같은 글을 보냈다. "성서가 글을 읽을 줄 아는 자들에게 주는 것을, 그림은 글을 모르는 자들에게 가르쳐 줍니다. 왜냐하면 무지한 자들은 그림 속에서 자신들이 해야 할 것을 보기 때문입니다. 알파벳을 알지 못하는 자들이 그림 속에서 자신들이 해야 할 것을 눈으로 읽기 때문입니다. 그렇기 때문에 그림은 독서의 방편으로 사용됩니다. 특히 속인들에게는 말입니다." 중세 시대에는 성당의 스테인드글라스들이 가난한 자들에게는 교리문답서의 역할을 담당했다. 가톨릭 교구들은 자신들의 예술을 종교에 봉사하는데 사용하는 가장 위대한 예술가들의 도움을 받았다. 그 당시 성당은 가장 부유했고 가장 강력한 힘을 가지고 있었다. 성당은 성당의 위대함을 드러내기 위해서 예술가들에게 수많은 요구를 했다. 그리스도의 위대함을 드러내기 위한 것은 그 다음이다… 회화와 조각 분야에서 위대한 이름들이 유럽에 넘실대고 있고, 이 위대한 예술가들의 그림이 그들의 유럽 편력을 따르고 있다. 프라 안젤리코, 지오토, 레오나르도 다빈치, 보티첼리, 반 에이크, 라파엘, 티티엔, 미켈란젤로, 베로네즈… 이들의 이름 목록은 길게 나열된다.

다음과 같은 점을 말할 필요가 있다. 즉 서방 교회는 8세기에 동방 교회에서 성당과 수도원을 장식하는 작품들을 파괴하는 것에서 촉발된 이미지들에 대한 논쟁과 상대적으로 거리를 두고 있었다는 점이다. 이 논쟁은 787년에 제2차 니케아 공의회에서 그리스도가 진짜 사람이기 때문에 그리스도를 그림으로 표현할 수 있다는 주장을 채택함으로써 끝을 맺는다. 십자가에 못 박힌 예수의 수난도들 중 최초의 그림들이 이와 거의 비슷한 시기의 것들이다. 이 그림들은 서양 종교 예술의 본질적인 요소가 될 것이다.

이와 동일한 예술적인 단위가 건축의 측면에서 자리를 잡고 있다. 우리는 다음과 같은 사실을 알고 있다. 즉 기독교 교회를 인정한 이후 콘스탄티누스 황제의 첫 번째 행동이 로마의 감독에게 토지를 제공한 것이었다는 사실을 말이다. 그 땅에 예배의 장소들이 세워졌다. 그리고 막대한 금액을 제공하여 그 장소들의 화려함을 더하게 된다. 그것이 라트란(Latran)에서부터 시작될 것이다. 자신의 왕국에서 800년경에 서로마 제국의 황제로 등극한 뒤 이 로마식 성당의 웅장함과 경쟁하기 위해서 샤를마뉴 황제는 여러 성당들을 건축하게 된다. 특히 그는 성당이 아름다워야 할 것을 명한다. 그의 후원 아래, 그리고 그의 의지에 의해, 비잔틴 예술과 게르만 및 지중해 예술이 녹아든 카롤링거 예술이 탄생했다. 카롤링거 예술은 이후 로마 양식과 고딕 양식의 발달에 모델로 이용될 것이다. 처음으로 유럽은 동일한 기준들에 따른 공통된 믿음을 표현하는 하나의 총체로 모습을 드러낸 것이다.

카롤링거식 대건축물들의 대부분은 더욱 웅장하고, 더욱 근엄한 건물들에 자리를 내어주기 위해서 11세기와 12세기 사이에 파괴되고 말았다. 새로운 건물들은 서방의 황제들과 왕들과 군주들의 재정적인 후원에 의해 건축되었고, 이러한 후원의 전통에 따라 이들은 교회와 연합을 맺었던 것이다. 천년이 바뀔 무렵 이탈리아에서 태동한 초기 로마 예술은 프랑스, 독일과 스페인, 이후 영국과 유럽 동부까지 퍼져나간다. 몇몇 민족적 특수성들에도 불구하고 로마 양식은 그것을 고유한 유럽적 예술로 만들어낸 양식의 총체와 더불어 자리를 확고히 한다. 즉 건물의 전면부에는 교육적인 목적으로 조각품들이 장식되고, 중앙 홀들은 기념비처럼 세워진다. 클뤼니 수도원의 개혁으로 출발한 수도원 기둥양식의 발달은 로마 건축의 도약에 기여하게 되고, 수도원 건물들은 순례자들이 찾는 긴 길들을 따라 늘어서게 된다. 콩크(Conques)에, 무아사크(Moissac)에, 르벡에루엥(Le Bec-Hellouin)에, 베즐레(Vézelay)에, 몽생미셸에… 12세기 초반에, 클뤼니 수도원의 기둥양식은 수백 개의 수도원 건물들에서 찾아볼 수 있게 되었다. 이 건물들은 건축과 그곳에 놓인 예술품들의 아름다움을 서로 겨루게 되며, 그곳에서 행해지는 예배의 아름다움에 비견될 정도였으며, 명상에 도움이 되는 신성한 찬란함의 찬양으로 간주되기도 했다.

두 번째 수도원 기둥양식의 개혁은 시토 수도원에서 시작되어 가난함과 소박함이라는 복음주의적 가치들에 스며들게 되어, 건축 예술에 그 흔적을 각인시켰다. 즉 12세기에 시토의 수도회 건물들은 소박한 스타일을 채택하게 되고, 수도사가 기도를 게을리 하지 않도록 하기 위해서 조각품들과 회화작품들까지 거부하게 된다. 이 시기의 걸작들 중의 하나는 1133년에 건축된 하일리겐크로이츠(Heiligenkreuz)에 있는 오스트리아식 수도원이다. 그리고 그날 이후 이와 관련된 수도원의 활동은 결코 중단된 적이 없었다. 당시의 대다수 건물들과 마찬가지로, 그 오스트리아식 수도원은 수세기에 걸쳐서 추가적인 증축이 이루어졌고, 그 결과 유럽의 건축 발달에 있어서 공개된 한 권의 책이 되었다고 할 수 있다. 13세기 말, 그 성당에는 스테인드글라스를 가진 숭고한 고딕식으로 된 성직자와 성가대가 차지하는 자리인 내진(內陣)이 덧붙여졌다.(이 양식은 1137년에 파리 근교의 생-드니 대성당과 함께 탄생한 것이다.) 18세기 초에는 베네치아 출신의 예술가 지오바니 지우리아니(Giovanni Giuliani)가 그 성당을 감탄할 만한 조각품으로 장식했다. 마르티노 알토몬테(Martino Altomonte)나 게오르그 안드레아(Georg Andreas)와 같은 화가들이 그 성당을 프레스코화와 회화작품들로 장식했다.

음악 또한 기독교 신자들에게 있어서는 하나님께 영광을 돌리는 하나의 방식이었다. 5세기에 교황 그레고리우스 르 그랑은 라틴어로 된 기도와 노래가 연달아 행해지는 예배의식을 체계화했다. 이후 동일한 예배의식들이 서방의 모든 성당들에서 행해지게 되었다. 그리고 교황은 음표(알파벳 앞 7개의 철자에 따르는 우리가 알고 있는 도레미파솔라시)를 명명한다. 종교적인 대건축물들이 발달함에 따라서, 그리고 대성당들이 건축됨에 따라서, 다시 말해 11세기부터 시작하여, 다성음악이 완성된다. 1180년 경에 레오닌(Léonin)이 파리에서 쓴 저서 『오르가눔 대전 *Magnus Liber Organi*』에는 그 당시의 인상적인 할렐루야(찬송) 목록과 다성적인 미사 성가집의 목록이 들어 있다. 그 이후 수세기 동안, 여러 작곡가들이 어떤 이들에게는 서양 음악의 걸작들로 여겨지게 될 미사곡들에 이름을 남기기 시작한다. 오늘날 우리들에게까지 이어져 오고 있는 초기의 전적인 미사곡들 중 한 곡은 14세기 초반의 프랑스 작곡가 기욤 드 마쇼(Guillaume de Machaut)의 작품이다. 이후 기욤 뒤페(Guillaume Dufay, 1400~74), 1738년의 요한 세바스찬 바흐, 요제프 하이든, 모차르트, 베토벤, 프란츠 슈베르트, 프란츠 리스트, 샤를르 구노 등 여타 많은 작곡가들이 차례로 전적인 미사곡들을 포함하여 예배에 사용되는 작품들을 생산하게 될 것이다.

이렇듯 우리는 그 예들을 수없이 나열할 수 있다. 우리의 예술적 유산의 대부분은 우리 선조들의 신앙에 의해서 영감을 받았던 것이다. 나아가 우리가 그 유산을 음미하기 위해서는 신자인지 아닌지의 여부가 중요한 것은 아니다. 하지만 확실한 것은 기독교적인 교리와 상징에 대한 최소한의 지식이라도 가지고 있는 것이 이 엄청난 유산에 대한 지식의 보고에 문을 열어준다는 점이다. 그렇기 때문에 필자에게는 학교 교육에서 기독교의 역사에 대한 교육을 등한시 하지 않는 것이 중요한 일로 보이는 것이다.

비가시적인 기독교

　서구 사회들에서 기독교의 영향을 받은 세 번째 층위, 그것도 가장 깊은 층위, 그것은 필자가 그리스도의 철학이라고 불렀던 바로 그것이다. 수 세기 동안 이어진 모든 편향적인 시각들에도 불구하고, 그리스도의 철학은 우리 세계의 등대 역할을 하는 가치들의 전범이 되기까지 서양 문명에 깊이 있는 영향을 끼쳤다. 이와 관련된 내용은 앞선 두 장에서 이미 다루었기 때문에, 필자는 기독교적인 윤리에서 세속적인 도덕에 이르는 이행 과정에 대해서는 더 이상 강조할 생각이 없다. 확인해 보아야 할 중요한 사항은 비록 우리가 명철하게 인식하고 있지는 못하는 일이 다반사라고 하더라도, 눈에 보이지 않는 이 기독교에 의해서 영향을 받아왔고 또한 영향을 받고 있다는 사실이다.

　미셸 옹프레(Michel Onfray)는 자신의 저서 『무신학론 Traité d'athéologie』에서 이와 관련해 다음과 같이 지적하고 있다. "우리가 살고 있는 시대는 무신론의 시대가 아니다. 이 시대는 또한 후기 기독교주의적인 것으로 보이지도 않는다. 혹은 그렇게 보이더라도 그 징후는 아주 미미할 뿐이다. 그와는 반대로, 우리가 살고 있는 시대는 기독교적인 시대에 머물러 있다. 보이는 것보다도 훨씬 더 그러하다. 〔중략〕 정말로 무신론적인 시대를 기다리면서, 우리는 매우 강력한 유대-기독교적인 '에피스테메'와 함께 화해를 해야 할 것이다."[161] '에피스테메'라는 단어는 한 사회의 고유한 지식들의 총체를 가리키는 것이다. 매우 역설적인 사실이기는 하지만, 기독교가 여러 사회들에서 거의 총체적으로 사라져버린 것처럼 보임에도 불구하고, 그 종교의 소멸을 나타내는 기호들 또한 거대함에도 불구하고, 기독교는 세계를 인식하는 우리의 근본적인 방식 속에, 그리고 개인들 사이의 관계, 자기와의 관계, 우리를 인도하고 우리 행동의 근간이 되는 준거들을 인식하는 우리의 근본적인 방식 속에, 매우 현재적으로 머물러 있는 것이 사실이다. 바로 이러한 이유 때문에 미셸 옹프레는 "기독교적인 무신학론"에 대해 말하고 있으며, 다음과 같이 강조하고 있는 것이다. "세속적인 사유가 탈기독교화된 사유인 것은 아니다. 하지만 내재적인 기독교적 사유이기는 하다. 개념에서 벗어난 합리적인 언어와 함께 유대-기독교적인 윤리의 순수한 본질이 끈질기게 지속되고 있다. 신은 지상으로 내려가기 위해서 하늘을 떠났다. 그는 죽지 않지만, 사람들은 그 신을 죽인다. 사람들은 그를 아끼고 아껴서 효과적으로 이용하지 않는다. 사람들은 신을 순수 내재성이라는 영역에 순응시킨다. 그리스도는 세계에 대한 두 가지 관점의 영웅으로 남아 있다. 사람들은 그리스도에게 단지 그의 후광을 정돈하고, 과시적인 몸짓을 하지 말 것만을 요구한다."[162]

 필자는 분명 이 책의 주요 주제를 공고히 해주는 다음과 같은 분석에 공감한다. 즉 그리스도의 메시지는 세속화된 형태로 근대 세계 속으로 되돌아오기 위해서 성당에서 빠져나와 있다는 분석이 그것이다. 우리는 위와 같은 분석에 당연히 동의한다. 하지만 필자의 견해와 미셸 옹프레의 견해가 갈라서는 지점은, 바로 그가 끌어내고 있는 결론 부분에서 찾아볼 수 있다. 여기에는 매우 극적인, 즉 중요한 차이점이 있다! 유대-기독교적 유산 속에서 비판적인 선별을 수행하는 것이 필자에게는 필연적이고 정당한 것으로 보이며, 미셸 옹프레 자신도 몇 가지 예를 제시하고 있다. 즉 고통에 대한 개념, 육체와의 관계, 생명윤리학 등등이 그것이다. 전적으로 설득력 있는 예들이다. 하지만 그것이 유대-기독교에서 기인한다는 유일한 사실만으로 유대-기독교에서 기인한 모든 것을 싸

잡아 거부하는 이유는 무엇인가? 인간의 권리들이 기독교에서 유래한다는 점이 어떤 면에서 거북스럽단 말인가? 중요한 것은, 바로 인권이 당연히 존재한다는 점이다! 프랑스 공화국이 자유, 평등 그리고 박애라는 기독교적인 가르침들을 신조로 삼고 있다고 해서 그렇게 놀라운 일이란 말인가? 우리의 근대적인 민주주의 체제들이 그리스도가 주창한 종교 권력과 정치 권력의 분리 원칙을 시행하고 있다고 해서 화를 내야 하는가? 연민과 인간 존재의 존엄성이 그리스도에 의해서 가르쳐진 것이라고 해서 그런 것들에 죄를 물어야 할 것인가?

미셸 옹프레는 훌륭한 해체주의자이고, 필자는 그가 여러 일신주의 종교들에 퍼붓는 비판들에 대해 상당히 동의하고 있다. 하지만 그가 십계명이나 칸트적인 도덕을 대신해 제안하고 있는 것이 가장 힘이 센 사람의 자연법(주먹을 휘두르는 것과 같은 폭력)을 넘어서도록 해주는가? 혹은 서로 죽도록 치고받는 일이 없이 사회 속에서 살아갈 수 있도록 해준단 말인가? 그가 제안하는 것이 "네가 그 사람이 네게 가하기를 바라지 않는 것을 타인에게 행하지 마라"와 같은 황금과도 같은 규율을 대신할 수 있단 말인가? 이웃에 대한 사랑, 인류애라는 윤리적 사상과 유대-기독교적인 또 다른 개념들 혹은 유대-기독교에서 나온 또 다른 개념들을 대신할 수 있단 말인가? 그가 자신의 소원이라고 부르고 있는 후기-기독교적인 '에피스테메'는 정확하게 무엇으로 이루어진 것인가? 그는 어떤 원칙들 위에 인간적인 관계들, 사회생활의 조직, 자기와의 관계를 정초시키려고 시도하는 것인가? 전혀 새롭고도 적절한 해결책들을 제시하지 못하고서 옛 질서를 파괴하려고 시도하고 있는 그의 『무신학론』에서는 이러한 본질적인 질문들에 관해서 한 마디 언급도 찾아볼 수 없다.

니체는 의심할 여지없이 근대적인 해체의 타의 추종을 불허하는 스승이다. 니체의 사유는 나름대로 유익한 면을 가지고 있다. 왜냐하면 그의 사유는 위선적인 전통들, 개인의 인간성을 박탈하는 맹신들로부터 우리를 벗어나게 해주기 때문이다. 게다가 그 스타일은 또 어떤가! 필자는 열일곱 살 혹은 열아홉 살 정도에 니체에 탐닉해 있었고, 그것은 나를 열기에 들뜨게 만들었다. 하지만 해체를 지나고 난 이후의 니체는 그가 부정해버린 도덕을 대체할 만한 일관된 것을 전혀 제시하지 못한다. 게다가 기독교에 대한 그의 증오심은 연민과 그것에서 흘러나오는 근대적인 인간적 감수성을 끔찍한 것으로 보도록 만들었다. 니체는 지진이 자바 섬에서 무수한 희생자들을 낼 수도 있으리라는 점을 공개적으로 기뻐했다. 이런 그의 모습은 자신의 논리에 정확히 맞아 떨어지는 것이었다. 그는 다음과 같이 확신한다. 즉 "인류의 보편적 사랑을 천명하는 것, 그것은 실천적인 면에서는 고통받고, 자격이 없으며, 퇴화된 모든 것을 더 선호하는 것이다. 인류를 위해서는 자격 없는 자, 허약한 자, 퇴화된 자가 죽는 것이 필연적이다."[163] 우리는 니체의 사상들이 나치에 의해서 얼마나 어용화되었는지를 알고 있다.

뤽 페리(Luc Ferry)가 강조하고 있듯이, 해체자는 종교적이고 형이상학적인 시스템들을 해체하는 것과 관련될 때 최고의 역할을 수행한다. 하지만 그 해체자는 자신의 고유한 언술을 비판하지는 못한다. 해체자는 실천적으로는 자신의 삶 속에서 인본주의적인 가치들을 채택하면서도, 인간들의 종교적이거나 초월적인 계시를 명분으로 내세우면서 그 인본주의적인 가치들을 부정하게 될 때면, 항상 해결 할 수 없는 모순에 빠진다. 해체자는 "이론적인 차원에서 상대주의적인 도덕을 옹호하는 데 집착하며, 이러한 절대를 극복해야할 단순한 환영의 지위로 낮추기 때문에, 자신의 내밀한 경험 속에서 절대적으로 참여와 결부된 가치들의 실존을 인정하는 것과 관련된 견딜 수 없고 지속적인 부정을"[164] 벗어날 수 없다.

현대 사회의 비가시적인 기독교는 의심할 여지없이 여러 과오들을 가지고 있으며, 그 기독교는 분명 우리의 가치들의 근간이 되는 초월성에 대한 세속적인 형태에 기초하고 있다. 하지만 우리는 아직도 타인의 존중에 대한 보편적인 윤리를 정당화시키고, 그 윤리를 실행하는 데 있어서 더 나은 것을 발견하지 못했다. 니체처럼 평등, 이웃에 대한 사랑, 형제애 혹은 타자의 고통에 대한 동정심을 증오하지 않는 한, 필자는 유대-기독교적 메시지와 그 메시지의 세속적인 변모들이 어떤 점에서 그토록 해로운 것인지를 이해할 수 없으며, 우리가 왜 그 메시지의 세속적인 변모들을 그토록 경이로운 메시지들로 대체해야 하는지도 알 수 없다. 따라서 우리는 눈을 크게 뜨고 비판적인 이성의 날을 세운 채 우리의 유산 속에서 인간에게 좋고 유용한 것이 있다는 사실을 차분하게 받아들일 필요가 있다. 그리고 비록 일시적인 방식이기는 하지만 우리의 이상적인 것들이 똑바로 일어설 수 있기 위해서는 초월성의 어떠한 형태라도 여전히 필요하다는 점을 받아들이자. 모든 것을 얻기 위해서는 야만적인 것보다는 유대-기독교적인 메시지에서 기인하는 인간적인 윤리가 더 가치 있는 것이 아니겠는가?

에필로그

사마리아 여인과 대면한 예수

 이 책은 도스토예프스키에 의해서 상상된 예수와 대심문관 사이의 만남으로 시작하고 있다. 필자는 또 다른 만남의 이야기로 이 책을 끝맺고 싶었다. 즉 사마리아 여인과 예수의 만남으로, 기독교 전통에 따라 사도 요한의 것으로 여겨지고 있는 제4복음서[165]의 저자가 — 혹은 저자들이 — 보고하고 있는 그대로의 만남이 그것이다. 필자는 "그렇게 보고하고 있는 것"을 명확히 보여주기 위해 많은 노력을 기울였다. 왜냐하면 누구도 이 만남의 이야기가 진정한 것인지 혹은 신학적인 관점에서 재구성된 것인지를 결코 정확하게 알 수 없을 것이기 때문이다. 제4복음서의 집필이 다른 복음서들보다 매우 뒤늦게 이루어졌다는 사실이 이 복음서가 재구성되었을지도 모른다는 추측을 뒷받침한다. 하지만 〈요한복음〉은 마치 눈으로 직접 본 듯한 구체적이고 자세한 사항들로 넘쳐나고 있는 것 역시 사실이다.

 그리스도가 죽은 지 약 70년 후에 그리스어로 기술된 〈요한복음〉은 사실상 가장 사변적이고 신학적인 차원에서 가장 잘 다듬어진 복음서이기도 하다. 하지만 〈요한복음〉은 또한 역설적으로 세세한 부분들에 대해 가장 주의를 기울이고 있기도 하다. 한 가지 예를 살펴보면 다음과 같다. 복음서의 저자(사도 요한)는 매우 자주 하루 중 어느 때인지를 명시하고 있으며, 심지어 종종 이야기된 사건들이 발생한 정확한 시간까지도 명시하고 있다. 자신이 그리스도와 만난 상황에 대해서, 요한은 ──그가 이 복음서의 저자이든지, 이 복음서에 영감을 준 자이든 간에── 다음과 같이 정확한 시간을 언급하고 있다. 즉 "때가 제 십시쯤 되었더라."(요한복음 1:39. 현재 우리가 사용하는 시간으로는 오후 4시) 우리는 우리의 삶에서 가장 중요한 사건들이 언제 일어난 것인지 그 모든 시간을 기억하지는 못하지 않는가? 그리스도가 왕의 신하의 아들을 치명적인 열병에서 치유한 기적, 자신의 첫 번째 치유 사역을 완수한 시각은 바로 "제 칠시"(오늘날의 시간으로는 오후 1시)이다.(요한복음 4:52) 예수가 간음한 여인을 돌로 쳐서 죽이려고 몰려든 군중들로부터 구해준 것은 "(아침) 새벽"이다.(요한복음 8:2) 빌라도가 예수에게 십자가형을 명한 것은 바로 "제 육시경이다."(요한복음 19:14. 오늘날 낮 12시) 막달라 마리아가 예수의 무덤을 찾은 것은 "아직 어두침침한 이른" 아침이었다.(요한복음 20:1) 또한 이 복음서에는 수많은 구체적인 특징들을 통해서 그리스도의 인간미가 가장 잘 드러나 있기도 하다. 즉 예수의 시선들, 슬픔, 분노, 눈물, 피로 등이 그것이다.

이 책의 프롤로그에서 이미 언급한바 있듯이, 필자의 의도에서 보자면 복음서의 저자들이 보고한 말들이 글자 그대로 그리스도가 한 말들과 정확하게 일치하는지는 본질적인 문제가 아니다. 이러한 점은 신자에게는 중요한 것이겠지만, 종교 철학자와 종교 역사가에게 있어서는,

있는 그대로의 텍스트를 대하고 있는지, 그 텍스트의 논리, 중요성, 가르침을 제대로 분석하고 있는지가 문제이다. 게다가 이 말이 사유의 역사 속에서 어떤 의미작용을 이루어내는지를 아는 것이 문제이다. 바로 이러한 관점에서 필자는 제4복음서의 한 구절을 이 책의 결론에서 언급하고 싶었다. 필자가 보기에 그 구절은 그리스도의 철학을 완벽하게 종합하고 있으며, 따라서 그리스도의 가장 혁명적이고 가장 전복적인 성격을 보여주는 것으로 보이기 때문이다. 〈요한복음〉을 자세하게 읽어보는 시간을 갖고서, 아주 세세한 부분들을 통해 복음서 저자가 전달하고자 노력한 가르침을 이해해보기로 하자.

〈요한복음〉 4장에서 저자 요한은(글을 쓰는 편의상 요한을 〈요한복음〉의 저자라고 해두자. 어쨌든 별로 중요한 것은 아니니까) 우리에게 예수와 그의 제자들이 유대를 떠나 다시 갈릴리로 간다고 말하고 있다. 따라서 이들은 사마리아 땅을 지나게 된다. 그들은 수가라는 동네 근처에 도착한다. 그곳에는 아브라함의 손자인 족장 야곱의 우물이 있다. 이 이야기 뒤에 나오는 전체 텍스트는 다음과 같다.

6 예수께서 행로에 곤하여 우물 곁에 그대로 앉으시니 때가 제 육시쯤 되었더라
7 사마리아 여자 하나가 물을 길러 왔으매 예수께서 '물을 좀 달라' 하시니
8 이는 제자들이 먹을 것을 사러 동네에 들어갔음이러라
9 사마리아 여자가 가로되 당신은 유대인으로서 어찌하여 사마리아 여자 나에게 물을 달라 하나이까 하니 이는 유대인이 사마리아인과 상종치 아니함이러라
10 예수께서 대답하여 가라사대 네가 만일 하나님의 선물과 또 네게 물

좀 달라 하는 이가 누구인 줄 알았더면 네가 그에게 구하였을 것이요 그가 생수를 네게 주었으리라

11 여자가 가로되 주여 물 길을 그릇도 없고 이 우물은 깊은데 어디서 이 생수를 얻겠삽나이까

12 우리 조상 야곱이 이 우물을 우리에게 주었고 또 여기서 자기와 자기 아들들과 짐승이 다 먹었으니 당신이 야곱보다 더 크니이까

13 예수께서 대답하여 가라사대 이 물을 먹는 자마다 다시 목마르려니와

14 내가 주는 물을 먹는 자는 영원히 목마르지 아니하리니 나의 주는 물은 그 속에서 영생하도록 솟아나는 샘물이 되리라

15 여자가 가로되 주여 이런 물을 내게 주사 목마르지도 않고 또 여기 물 길러 오지도 않게 하옵소서

16 가라사대 가서 네 남편을 불러오라

17 여자가 대답하여 가로되 나는 남편이 없나이다 예수께서 가라사대 네가 남편이 없다 하는 말이 옳도다

18 네가 남편 다섯이 있었으나 지금 있는 자는 네 남편이 아니니 네 말이 참되도다

19 여자가 가로되 주여 내가 보니 선지자로소이다

20 우리 조상들은 이 산에서 예배하였는데 당신들의 말은 예배할 곳이 예루살렘에 있다 하더이다

21 예수께서 가라사대 여자여 내 말을 믿으라 이 산에서도 말고 예루살렘에서도 말고 너희가 아버지께 예배할 때가 이르리라

22 너희는 알지 못하는 것을 예배하고 우리는 아는 것을 예배하노니 이는 구원이 유대인에게서 남이니라

23 아버지께 참으로 예배하는 자들은 신령과 진정으로 예배할 때가 오나

니 곧 이때라 아버지께서는 이렇게 자기에게 예배하는 자들을 찾으시
느니라

24 하나님은 영이시니 예배하는 자가 신령과 진정으로 예배할찌니라

25 여자가 가로되 메시야 곧 그리스도라 하는 이가 오실 줄을 내가 아노
니 그가 오시면 모든 것을 우리에게 고하시리이다

26 예수께서 이르시되 네게 말하는 내가 그로라 하시니라

27 이때에 제자들이 돌아와서 예수께서 여자와 말씀하시는 것을 이상히
여겼으나 무엇을 구하시나이까 어찌하여 저와 말씀하시나이까 묻는
이가 없더라

〈요한복음 4:6~27〉

이 이야기를 통해서, 복음서의 저자는 두 가지의 결정적인 가르침을 전달하고 있다. 하지만 우리는 먼저 이 만남의 매우 특징적인 맥락을 집어보는 것으로 시작해보기로 하자.

이상한 장소에서의 만남

사마리아인들은 그리스도 이전 몇 세기 전에 등장한 유대주의의 한 이단이다. 그들은 토라는 읽지만, 어떤 다른 텍스트도 인정하지 않는다. 유대인들과 근본적으로 다른 차이점은 다음과 같다. 즉 예루살렘과 그 신전은 성스러운 장소가 아니라, 하나님과 그의 백성이 만나는 장소라는 것이다. 이들에게 성스러운 공간은 사마리아산, 즉 가리짐산이다. 따라서 사마리아인들은 그리스도 시대의 경건한 유대인들에게 멸시를 받

았다. 일례로 바리새인들은 그리스도의 권위에 손상을 가하기 위해 다음과 같이 말하기도 했다. "우리가 너를 사마리아 사람이라 또는 귀신이 들렸다 하는 말이 옳지 아니하냐."(요한복음 8:48) 그리고 이웃에 대한 사랑이 무엇으로 이루어져 있는지를 말하고자 할 때, 예수는 청중들에게 한 사마리아인에 관한 끔찍하게도 매우 도발적인 한 가지 예를 들고 있다. 즉 이 사마리아인은 길가에 상처받아 쓰러져 있는 한 사람을 도와주었다. 한편 제사장과 레위인은 그 강도 만난 자를 돕지 않고서 피해 지나가버렸다.(누가복음 10:29~37) 만일 유대인들이 종교재판을 열기라도 했었다면, 사마리아인들은 분명 화형대에서 생을 마감했을 것이다. 유대인들은 사마리아인들에게 멸시의 시선을 보내고, 그들과의 모든 접촉을 피했다. 마찬가지로 당시의 대부분의 율법학자들과 랍비들은 여자들에게 말을 건네는 것을 피했다. 그 정도로 이들은 여자들을 멸시했던 것이다.

이제 우리는 예수가 자신에게 말을 건넸을 때 이 사마리아 여자의 놀람을 이해하게 된다. 그리고 조금 뒤에 예수가 그 여자와 대화를 하고 있는 모습을 발견하고서 제자들이 느낀 놀람도 이해하게 된다. 이와 같은 그리스도의 자유, 그의 판단치 않음과 선입견 없음, 사회의 주변인들과 배척된 사람들에게 말을 건네는 것을 소중히 여기는 그의 마음은 복음서 전체를 관통하고 있다. 앞으로 살펴보게 될 것이지만, 사마리아 여인은 예수가 여기서 전달하고자 하는 이중적인 메시지를 충실히 따른다.

강조할 필요가 있는 또 다른 독특한 사실은 다음과 같다. 즉 이 사마리아 여인이 더위가 한창인 정오에 물을 길러 갔다는 것은 정상적인 일이 아니라는 점이다. 우물은 마을에서 아주 멀리 떨어져 있고, 여인들은 더위가 덜한 아침과 저녁에 물을 길러 간다. 그렇다면 이 여인은 왜 바로 그때에 물을 길러 갔는가? 그 대답은 그녀가 다섯 명의 남편이 있었으며 지금 그 여인이 함께 살고 있는 남자는 남편이 아니라는 것을 우리가 이해할 때 분명히 드러난다. 아침과 저녁에, 우물은 여인들의 만남의 장소가 된다. 그곳에서 여인들은 수다를 떨고 또한 험담을 나눈다. 분명한 것은 이 여인의 혼란스러운 애정 생활이 도마에 오를 것이라는 점이고, 따라서 이 사마리아 여인은 조소가 담긴 시선들과 마주치고 싶은 마음이 없었으며, 마을의 다른 여인들의 비웃는 말이나 독설을 듣고 싶지 않았던 것이다. 다시 말해 분명 남편이 있을 여자들을 만나고 싶은 마음이 없었던 것이다. 때문에 사마리아 여인은 조용히 혼자 있을 수 있다고 확신하는 바로 그때에 물을 길러 간 것이다. 다른 사람들이 한창 빈둥거리고 있을 바로 그때에 말이다! 이러한 표지로부터 우리는 그 여인이 다른 사람들로부터 판단당하는 것을 싫어한다는 사실을 알아챌 수 있다. 그리고 이 유대인 선지자가 그녀에 대해 전적으로 그 어떤 판단도 내리지 않는다는 것이 그녀에게는 그만큼 더 놀라운 것이었다. 어쨌거나 이 유대인 선지자는 신비스럽게 그녀의 상처를 드러냈다. 예수는 그녀에게 "너는 다섯 명의 남편이 있었고 지금 있는 자는 네 남편이 아니다"와 같은 여러 가지 사실들을 말하고 있다. 그것도 그러한 상황의 도덕적이거나 비도덕적인 특징에 관해서는 일언반구도 없이 말이다. 게다가 예수는 그녀에게 남편을 불러오라고 말하면서 장난치는 듯한 표시도 보여주고 있다. 왜냐하면 그 뒤에 나오는 대화는 예수가 그녀의 상황을 완벽하게 알고 있다는 것을 보여주고 있기 때문이다. 이렇게 해서 예수는 그녀로 하여금 자신을 드러내도록 이끌고 있으며, 평범한 대화를 넘어서 그녀가 자신의 상처를 말하도록 이끌고, 그녀 스스로 진실함을 보여주도록 이끌며, 그녀가 가장 염려하고 있는 것의 핵심으로 향하도록 이끌고 있다. 즉 어디에서 진정한 신을 찬양해야 하는지? 유대인들이 하는 것처럼 예루살렘인지? 혹은 사마리아인들이 하는 것처럼 이 산에서 인지? 와 같은 질문들로 말이다.

"네가 만일 하나님의 선물을 알았다면"

예수가 사마리아 여인에게 준 첫 번째 가르침은 사랑에 관한 것이다. 두 번째 가르침은 영적인 삶의 내재화와 인식의 자유에 관해서다. 복음서들은 사랑과 자유가 그리스도가 인류에 주고자 하는 메시지의 두 기둥이라는 것을 보여주고자 한다. 하지만 다른 어느 곳에서도 예수와 이 여인 사이의 짧은 대화 속에서만큼 이러한 가르침이 집중되어 있는 부분은 없다. 이 여인은 삼중으로 멸시를 받았다. 다시 말해 여자로서는 남성들에게서, 사마리아인으로서는 유대인들에게서, 지조 없는 여인으로서는 다른 여자들에게서 멸시를 받았다. 이 여자는 두 가지 상처를 안고 있는데, 마음의 상처와 종교적인 상처가 그것이다. 예수는 곧바로 요점을 말한다. 그는 이 여인의 혼란스러운 애정 생활, 그녀의 사랑에 대한 만족하지 못하는 추구를 알고 있었다. 그렇기 때문에 예수는 그녀에게 이렇게 말한다. "네가 만일 하나님의 선물과 또 네게 물 좀 달라 하는 이가 누구인 줄 알았더면, 네가 그에게 구하였을 것이요, 그가 생수를 네게 주었으리라." 예수는 이 여인에게 다음과 같이 단언하고 있는 것이다. 즉 그가 정말로 그녀의 갈증을 가시게 할 물을 줄 수 있다고 말이다. 예수가 물을 길을 그릇도 가지고 있지 않기에 그의 이러한 약속에 여인이 놀라자, 예수는 다음과 같이 상세하게 말을 한다. "이 물을 먹는 자마다 다시 목마르려니와 내가 주는 물을 먹는 자는 영원히 목마르지 아니하리니." 예수는 이 여인이 사랑하는 데 서투르고 그 마음이 갈망하는 것처럼 사랑받는 데도 서툴다는 것을 알고 있다. 그래서 그는 자신을 하나님, 즉 인간의 마음속 갈증을 풀어줄 수 있는 유일자의 사랑을 주러 온 자로 소개하고 있다.

이 만남의 에피소드 앞에 나오는 제4복음서의 여러 장들에서는 이러한 임무가 점차 드러나고 있다. 1장에서 저자는 예수가 모든 선지자들보다 더 위에 있다는 것과 예수가 육화된 신성한 말씀이라는 것을 다음과 같이 단언하고 있다. "본래 하나님을 본 사람이 없으되 아버지 품속에 있는 독생하신 아들이 그분을 표명하셨느니라."(요한복음 1:18) 2장에서 저자는 예수가 어머니와 함께 결혼식에 참석한 이야기를 하고 있다. 신랑 신부가 손님들에게 제공할 포도주가 떨어졌다. 마리아는 예수에게 물을 포도주로 바꾸라고 요구한다. 이것은 예수의 운명의 특이성을 가리키는 상징적인 의미를 갖고 있는 그가 행한 첫 번째 기적이다. 다시 말해 예수는 진정한 결혼식, 즉 하나님과 각 인간 존재와의 결혼식을 드러내는 자이다. 예수는 인간의 사랑이 더 이상 충분하지 않을 때 하나님의 사랑을 가져다준다. 다음 장에서 예수는 박식한 니고데모에게 그러한 사실을 정확하게 말하고 있다. "하나님이 세상을 이처럼 사랑하사 독생자를 주셨으니 이는 그를 믿는 자마다 멸망하지 않고 영생을 얻게 하려하심이니라. 하나님이 그 아들을 세상에 보내신 것은 세상을 심판하려 하심이 아니요 그로 말미암아 세상이 구원을 받게 하려 하심이라."(요한복음 3:16~17) 4장, 즉 사마리아 여인과의 만남이 나오는 장은 예수의 진정한 정체와 그의 사명에 대한 이와 같은 점진적인 드러냄의 연장선상에 위치해 있다.

이 만남이 우물가에서 대면적인 방식으로 이루어졌다는 사실은 결코 간과할 만한 사실이 아니다. 성서 속에서 사랑과 관련된 만남들은 종종 우물가에서 이루어지고 있다. 아브라함의 종이 자기 주인의 아들 이삭의 미래의 아내를 자신에게 가리켜줄 것을 하나님께 요구한 것도 우물가였다. 그리고 그 종이 리브가를 발견한 것도 우물가였다.(창세기 24장) 이삭의 아들 야곱이 라헬과 사랑에 빠진 것도 우물가였다.(창세기 29장) 모세가 자신의 미래의 아내 십보라를 만난 것도 또한 우물가였다.(출애굽기 2장) 게다가 예수가 사마리아 여인을 만난 것도 우물가였다. 즉 그 우물은 성서의 족보와 직접적으로 연결된 우물이기도 하다. 다시 말해 야곱의 우물에서 만난 것이다. 사랑을 추구하는 이 여인은 남편을 갖는 것 혹은 남편으로부터 만족을 느끼는 것에 이르지 못한다. 따라서 예수는 이 여인에게 진정한 결혼식, 영원한 결혼식이란 하나님과 인간이 결합하는 결혼식이라는 것을 보여준다. 그렇게 되자 이 여인의 남편이 한 명인지, 다섯 명인지, 열 명인지는 중요한 것이 되지 못한다. 그녀의 사랑에 대한 갈망은 하나님의 그녀를 위한 인격적인 사랑을 발견하게 될 때에만 채워질 것이고, 그 하나님이 "그 속에서 영생하도록 솟아나는 샘물"과 동일하다는 것을 발견하게 될 때에만 갈증이 가실 것이다. 이 여인은 이 말씀의 중요성을 분명하게 포착할 수 없었고, 그래서 예수에게 더 이상 우물에 물을 길러 오지 않아도 되도록 그 물을 자신에게 달라고 요구한다. 예수는 자신이 그녀에게 말한 생명의 물이 사랑의 상징이라는 것을 이해시키기 위해서 다음과 같이 요구한다. "가서 네 남편을 불러 이곳으로 데려오라." 그러자 그 여인은 예수에게 자신의 첫 번째 커다란 상처를 고백한다. "나는 남편이 없습니다." 이 고백은 예수가 이미 그녀에게 해결책을 제시해준 고백이다. 이후 예수가 그녀의 고통스러운 애정관계를 알고 있다고 말했을 때, 그녀는 예수를 선지자로 인정하고, 마음속 더 깊은 곳에 있는 질문을 직접적으로 건넨다. "우리 조상들은 이 산에서 예배하였는데, 당신들의 말은 예배할 곳이 예루살렘에 있다 하더이다."

진정한 종교란 무엇인가?

사마리아 여인의 마음의 고통은 좀 더 깊은 고뇌를 감추고 있다. 즉 진정한 예배의 장소는 어디인가? 하는 것이다. 진정한 사랑을 찾지 못하고 있는 것과 마찬가지로, 이 여인은 진정한 종교가 어떤 것인지를 알지 못하고 있다. 이와 같은 질문은 우리의 근대적인 기준들을 척도로 삼으면 자명한 것으로 보일 수 있다. 어쨌거나 사마리아인들 대부분은 그러한 질문을 분명하게 제시하지 않았다. 왜냐하면 사마리아인들과 유대인들이 갈라지는 지점이 사마리아인들의 정체성이 갖는 본질 그 자체를 구성하고 있었기 때문이며, 그 분산 지점이 하나님께 드리는 예배는 예루살렘이 아니라 산에서 드려야 한다는 확실성에 기초하고 있었기 때문이다. 반면 당시 유대인들에게 이 문제는 자명한 것이었다. 즉 그 누구도 사마리아인들이 가리짐산에서 예배를 드리는 것이 옳은지 아닌지에 대해 질문을 제기해야한다는 생각조차 하지 않았다. 그런데 복음서의 저자는 이 여인이 아무런 확신도 가지고 있지 않다는 것을 보여주고 있다. 이 여인은 자신이 속한 민족 공통체적인 기준들을 안정적으로 따르는 성실함보다는, 진리에 대한 불안한 탐구에 더 열중해 있었다. 그러한 시기에, 그리고 그러한 문화적 맥락 속에서, 그러한 태도는 독특한 것이었다. 어디서 하나님께 예배 드려야 하는가? 진정한 종교란 어떤 것인가?

이 질문은 2,000년 전부터 끊임없이 제기되고 있다. 다음과 같이 말할 수도 있을 것이다. 즉 이 질문은 다원주의와 개인적 영성의 추구에 열려있는 우리의 현 세계 속에서 더 날카롭게 제기되고 있다고, 다시 말해 모든 사람들에게 그 해답이 자명했던 1,700년 동안의 기독교 세계 속에서보다 현재 우리의 세계 속에서 더 날카롭게 제기되고 있다고 말이다. 몽테뉴가 이미 지적했던 것처럼, 의심과 회의주의는 근대 세계의 극복할 수 없는 지평이 되어버렸다. 사마리아 여인은 매우 근대적인 인물이었다. 다시 말해 그녀는 열려 있고, 스스로 질문을 던지고, 유산으로 받은 전통을 다시 문제 삼고, 다른 곳에서 벌어지는 일에 시선을 두었던 것이다… 바로 이러한 점이 예수의 마음을 사로잡았던 것이다. 이러한 이유 때문에 예수는 이 사람을—한 명의 여인, 한 명의 이교도, 한 명의 회의자인—선택했을 것이고, 그녀에게 자신의 가르침의 가장 최종적인 양상들 중의 하나를 드러내 보여주었을 것이다. 어쨌거나 이것이 제4복음서가 보여주고 있는 것이다. 왜냐하면 이 여인은 깨어 있었기 때문에, 그리고 많은 신앙인들처럼 그녀가 가지고 있다고 생각하는 하나의 진리에 경건하게 발을 내밀었기 때문이다. 그녀는 찾고 있고, 길을 가는 중이고, 목마르다. 예수는 그녀에게 다음과 같이 말했을 수도 있었을 것이다. 다시 말해 자신의 제자들은 '어디서 하나님께 예배드려야 합니까?', '진정한 예배란 무엇입니까?', '종교적인 진리는 어디에 있습니까?'와 같은 것들을 질문할 생각조차도 못했을 것이라고 말이다. 예수가 그녀에게 하게 될 말은 너무나 심오한 것이어서, 역사상 거의 모든 기독교인들이 이해하는 데 어려움을 겪게 될 것이었다. 또한 그 말은 너무나 폭발적인 것이어서 교육기관들은 그 말을 이해하고 그 말을 실천하는

데 엄청난 조심성을 보이게 될 것이다. 그 말의 온전한 중요성을 포착하기 위해서는 우리 '근대인들'의 시선이 필요했던 것인지도 모른다.

단 한 마디 문장 속에서, 예수는 진리의 '처소lieu'가 되어야 하는 종교에——그 종교가 어떤 것이든——대한 모든 자부심을 무화시켰다. 여인은 예수께 성전에서 예배드려야 하는지, 가리짐산에서 예배드려야 하는지를 질문하고, 예수는 다음과 같이 확언한다. "여자여, 내 말을 믿으라, 이 산에서도 말고 예루살렘에서도 말고 너희가 아버지께 예배할 때가 이르리라." 그리고 곧 다음과 같이 덧붙인다. "아버지께 참으로 예배하는 자들은 신령과 진정으로 예배할 때가 오나니 곧 이때라."

이 말의 중요성을 이해하기 위해서는 다음과 같은 사실을 알아야 한다. 즉 종교적인 모든 태도들의 근본 그 자체는 신성한 장소에 대한 규정과 중심을 찾는 것이라는 점을 말이다. 태초 이래로, 그리고 모든 문화들 속에서 종교적인 인간들은 공간을 성스럽게 하려고 노력한다. 이러한 사실은 충분히 이해할 만한 것이다. 즉 신성한 것이 도처에, 포착할 수 없이, 분산되어 있을 수 있다는 생각은 전혀 안도감을 주지 못하는 것이다. 따라서 종교들이 담당한 첫 번째 임무는 도처의 다른 곳이 아니라, 신성한 것이 머무르는 하나의 '공간'을 정하는 것이었다. 그런 공간에서 사람들은 그 신성한 것을 찾을 수 있다고 확신하고, 기도를 드릴 수 있거나 제물을 올릴 수 있다고, 신성한 존재가 자신들의 말을 들어주고, 가능하면 소원을 들어줄 수도 있다고 확신하게 된다. 자연의 힘과 정령들을 숭배했던 선사시대의 사람들과 수렵이나 채집 생활을 했던 사람들에게 있어서 그러한 장소는 바로 동굴, 샘, 산이었다. 구석기 시대에서 신석기 시대로의 이행과 함께 이 공간도 전혀 다른 방식으로 변화된다. 인간은 자연으로부터 떨어져 나가기 시작하고 정착 생활을 하게 된다. 인간은 도시를 건설했고, 이후 국가를 세웠다. 점차적으로 자연은 탈신성화되었다. 이것이 바로 막스 베버가 기술한 세계의 각성의 시작이다. 하지만 세상으로부터 신성한 한 장소를 고립시킬 필요성은 여전히 남아 있게 된다. 즉 인간들은 자연의 정령들을 대체하여 도시의 중심에 신성한 것들에 봉헌된 신전들을 세우게 된다. 유대적인 일신교의 출현도 이러한 상황을 전혀 변화시키지 못했다. 즉 히브리인들은 성스러운 도시로, 영적 세계의 축으로 간주된 예루살렘에 유일신인 야훼를 섬기기 위해서 성전을 지었다. 유대인 세계의 모든 종교적 삶은 예루살렘과 그곳의 성전을 중심으로 움직인다. 성전 내부에서 대재사장은 제물을—이 단어의 어원은 "성사를 행하다"이다—올린다. 그곳이 가장 성스러운 부분, 즉 지성소다. 우리는 이러한 사실을 오늘날에도 여전히 확인할 수 있다. 즉 세계의 모든 종교들은 성스러운 장소들, 즉 성지들(예루살렘, 베나레스,[166] 메카, 로마, 보드가야,[167] 콘스탄티노플 등)과 성전, 교회, 유대교 회당, 모스크, 탑과 같은 성스러운 건물들을 가지고 있다. 성스러운 공간이라는 개념은 종교적인 외면의 근간 자체에 속하는 것이다.

　예수가 사마리아 여인에게 건넨 말은 이 근간을 상대화시켜버렸다. 예수는 이렇게 설명하고 있다. 즉 이제 부터는 이 산에서도 말고 예루살렘에서도 말고 너희가 아버지께 예배할 때가 이르리라, 하지만 신령과 진정으로 예배하라. 첫 번째 의미에서 보자면, 이 말은 이제는 세계 어느 곳이건 하나님께 예배할 특정한 공간이 더 이상 없다는 것이다. 성스러운 유일한 공간은 바로 인간의 정신 속에 있는 것이다. 그리스도는 영적인 삶의 내재성을 위해서 세계의 탈신성화를 작동시키고 있다. 인간의 마음은 신적인 것과의 만남이 이루어지는 진정한 성전인 것이다. 그렇게 되자 기도하러 이곳저곳 다니는 것이 부차적인 것이 되어버리고, 종교적인 건물의 문턱을 넘어 들어가는 것도 부차적인 것이 되어버린다. 다시 말해 스스로 내재화된다는 사실, 자기 속으로 들어간다는 사실, 그리고 절대자와의 관계에 대해서 자문한다는 사실만이 중요한 요소가 된 것이다.

외적인 종교에서 내적인 영성으로

하지만 예수의 말은 아직도 심오한 중요성을 가지고 있다. 왜냐하면 예루살렘과 사마리아산은 단순한 의례의 장소들이 아니기 때문이다. 이 장소들은 유대 종교와 사마리아 종교의 '중심지들'이다. 예루살렘과 사마리아산을 언급함으로써, 사마리아 여인은 진정한 종교가 어떤 것인지를 최상의 방식으로 자문하고 있는 것이다. 예수는 그녀에게 대답한다. 그 어떤 것도 아니라고 말이다.

하지만 말을 계속하기 전에, 예수는 유대인들이 사마리아인들보다 우월함을 가지고 있다고 명확하게 설명하는 세심함을 보인다. 즉 유대인들은 신에 대한 최상의 앎과 관련한 완전한 계시를 받았다는 것이다. "(너희는 알지 못하는 것을 예배하고) 우리는 아는 것을 예배하노니 이는 구원이 유대인에게서 남이니라." 이 말이 의미하는 것은 무엇인가? 그것은 그리스도가 오기 이전에는 모든 종교들이 신에 대한 혹은 절대자에 대한 동일한 차원의 앎을 가지고 있지 못했으며, 다만 '이처럼 말할 수 없는 것'과의 관계만을 지향했다는 것을 의미한다. 예배는——다시 말해 근본적인 종교적 태도는——어느 곳이고 동일하다. 비록 특정한 종교적 문화가 신 혹은 신적인 것에 대한 앎과 설명에 있어서는 다른 종교적 문화보다 더 멀리 나아가 있다고 하더라도 그러하다. 유대인들은 하나님의 신비로움에 대해서 더 숭고한 계시를 받았다. 그렇다고 하더라도 사마리아인들 역시 바로 그 동일한 하나님을 올바른 방식으로 예배한다는 사실은 변함이 없다. 이 말씀은 오늘날 대부분의 종교 체제들에서 애용하는 말씀이다. 이런 기관들은 모든 위대한 종교들이 합당함을 가지고 있다는 사실을 받아들이고 있으며, 각각의 종교들은 자신들의 종교가 다른 종교들보다 약간—혹은 많이—우월하다는 점을 모두 확신하고 있다는 것이다. 과거만큼은 배타적인 모습을 보이고 있지 않더라도 각각의 종교는, 그 종교를 믿는 많은 신자들은, 자신들의 종교가 뭔가 더 가지고 있다고, 인간과 신 사이의 만남이 이루어지는 진정한 장소가 되었다고, 정말로 정말로 신적인 계시를(유대교, 기독교, 이슬람교의 경우) 혹은 절대자에 대한 앎을(불교, 힌두교, 도교의 경우) 가지고 있다고 확신하고 있다. 예수는 그러한 점에 있어서 이 사마리아 여인과 의견을 같이할 수도 있었을 것이다. 예수의 말씀의 논리적인 결론은 그 여인에게 다음과 같이 말하는 것일 수도 있었을 것이다. 즉 너는 네가 네 족속의 전통에서 배운 것처럼 이 산에서 예배할 수 있다. 하지만 어쨌거나 예루살렘의 성전에 예배드리러 가는 것이 더 나을 것이다. 왜냐하면 유대인들은 선택된 민족이고 따라서 이들이 사마리아인들보다 더 많은 혜택을 받았기 때문이라고 말이다. 하지만 복음서 저자가 전하고 있는 예수의 말은 그것이 아니었다.

예수는 "여자여 내 말을 믿으라. 이 산에서도 말고 예루살렘에서도 말고 너희가 아버지께 예배할 때가 이르리라. 아버지께 참으로 예배하는 자들은 신령과 진정으로 예배할 때가 오나니 곧 이때라"라고 확언함으로써 종교의 역사라는 시각에서 볼 때 놀라운 발걸음을 옮긴 것이다. 요한이 전한 예수의 말씀은 바로 이것이다. 앞으로 그 어떤 종교도 하나님 앞에서 다른 종교보다 우월하지 않다는 것이다. 아울러 사마리아인인지 유대인인지는 본질적인 것이 아니라는 것이다. 왜냐하면, 종교적인 여러 문화들의 다양성을 넘어, 중요한 것은 바로 신과의 내밀한 관계의 진리이기 때문이다. 예수는 종교적 배타주의를 폭발시키고, 모든 종교적 전통이 갖고 있었던 공적으로 승인된 담론을 뒤흔든다. 즉 자기 종교만이 중심이며, 구원을 위해서는 반드시 거쳐야 하는 길이라는 담론을 뒤흔든 것이다. 그는 필연적으로 여러 가지가 존재할 수밖에 없으며 서로 경쟁적일 수밖에 없는 외적인 종교를 인간이 넘어서도록 돕고 싶어 한다. 이는 인간을 근본적으로 개별적이며 보편적인 내적 영성 속으로 인도하기 위함이다.

신령과 진정으로 예배하는 것

우리는 다음과 같은 사실을 잘 알고 있다. 필자는 예수가 종교에 대한 모든 관념을 철저하게 제거하기를 원했다고는 생각하지 않는다. 예수는 결코 유대교를 무효화하고자 하지 않았다. 게다가 그는 사도들을 선택했다. 이는 제자들의 공동체가 그의 가르침을 계속해서 전달하기를 원했다는 것을 의미한다. 예수는 종교를 무효화하고자 하지 않았다. 다만 그는 외적인 종교를 '상대화시켰다.' 그리고 가능한 한 유용하고 정당한 종교적인 태도만으로는 충분하지 않다는 것을 보여주고 있다. 만일 그 태도가 내적인 것이 아니고, 진실하지 않다면 말이다. 이렇게 이해한다면, 예수의 말은 종교적인 태도를 그 자체로 문제 삼고 있는 것이 아니며, 본질적인 것 위에서 그 종교적인 태도의 중심을 다시 잡아주는 것이다. 그의 말은 전례, 체제, 집단적인 종교적 행위의 실존을 폐기시키지는 않는다. 다시 말해 예수의 말은 그런 점에서 목적들이 아니라 단지 '수단들'만이 문제된다는 것을 확언하는 것이다.

종교적 태도의 보편성과 영속성은 인간이 의례적인 것들을 필요로 한다는 것을 보여준다. 인간은 육체를 가지고 있기 때문에, 기도하는 자세, 향, 노래, 소리, 불, 물 등과 같은 몸짓들과 상징들에 의해서 자신의 신앙을 육체화시키는 것이 필요하다. 인간은 사회적 동물이기 때문에, 자신의 신앙을 타인들과 함께 집단적인 전례들과 제식들을 통해서 거행하는 것이 필요하다. 필자는 전적으로 개인주의적인 순수한 정신적인 종교를 믿지 않는다. 이러한 종교는 그 어떤 감각적인 몸짓 속에서 구체화되지 않을 것이기 때문이다. 어쩌면 이때 우리는 순수히 지적인 철학적 지혜 속에 위치할 수도 있다. 게다가 심지어 몇몇 고대의 지혜들과 극동 지역의 지혜들은 육체의 개념(특히 불교에서 찾아 볼 수 있는 명상의 자세들, 엎드려 절하기, 향과 조명을 사용하기 등)을 포함하고 있으며, 개인과 집단을 관계 맺게 한다. 하지만 여기서 그리스도의 관점은 순수하게 철학적인 관점은 아니다. 그리스도는 세속적인 휴머니즘을 설교하고 있는 것이 아니다. 비록 그가 세속적인 휴머니즘을 이론적으로 가능한 것으로 만들어 주고 있기는 하지만, 그가 설교하는 것은 바로 하나님과 결부된 개인적인 신앙을 전파하는 것이다.

인격적인 신을 믿는 일신교적인 용어로 말하자면, 예배는 엄격히 철학적인 태도, 즉 초월성과 관련되어 있는 태도와 구분되는 전적으로 종교적인 태도의 본질을 표현하는 것이다. 필자가 충분히 제시했다고 생각하고 있는 예수의 메시지는 그것의 탁월한 합리적이고 보편적인 특징에 의해 세속화될 수도 있을 것이다. 사람들은 그 특징으로부터 인간적인 지평에서 나온 것이 아닌 어떤 휴머니즘을 끌어낼 수 있다. 하지만 총체적으로 고려할 경우 그 어떤 휴머니즘도 종교적인 것에 다름 아니다. 예수는 자신의 "아버지"를, 즉 그분은 "사랑이시다"라고 말한 그 하나님을 따르기를 결코 그친 적이 없다. 즉 그분의 이미지에 따라 창조되었고 그분과 유사하게(창세기 1:26) 창조된 인간 존재는 그분과 "같아야 할"(요한 1서 3:2) 정도에 이르기 까지 그분과 연합하도록 부름받은 존재라는 것이다. 기독교적인 위대한 정신적 전통은, 특히 동방 교회의 전통은, 그리스도의 이러한 메시지를 설명하면서 기독교적 삶의 궁극적인 목적이 그리스도 안에서, 그리고 그리스도에 의한 인간의 신성화라는 사실을 보여주었다. "하나님이 자신의 이미지에 따라 인간을 창조하셨다"는 말씀은 동방 정교회의 신부들에게 있어서는 인간이 그 속에 신의 흔적을 간직하고 있는 유일한 지상의 피조물이라는 것을 의미하는 것이다. 인간 존재는 이성, 의지력 및 자유 의지를 가지고 있다. 이러한 능력에 의해서 인간은 신적인 닮음에 이를 수 있다. 이러한 닮음은 단숨에 주어진 것이 아니다. 이 능력은 은연중에, 부름에서, 가능성에서, 욕망에서 모습을 드러낸다. 지성과 의지력이라는 이러한 두 가지 신성한 능력에 의지함으로써, 인간 존재는 충만한 자유 속에서 신과 유사하게 되어가는 것을 갈망하게 된다. 따라서 인간이 그것에 다다를 수 있기 위해서는 신의 은총의 지속적인 도움이 필요할 것이다. 이를 위해 인간은 자신 속으로, 즉 자기 존재의 가장 내밀한 곳으로 내려가야만 한다. 왜냐하면 바로 그곳이 그리스도가 다음과 같이 환기하고 있는 하나님과의 만남이 이루어지는 곳이기 때문이다. "하나님의 나라는 너희 안에 있느니라."(누가복음 17:21) 이렇게 해서 기독교적인 신비적 신학은 모든 인간 존재들이 그리스도를 통해서 하나님과 흡사하게 되어야 한다는 것에 호소하고 있다. 즉 인간 세상과 신적인 세상의 다리를 세운 '인간-하나님'의 형상인 그리스도를 통해서 말이다. 이러한 신격화는 동양의 종교들에서처럼 지워지지 않는 신적인 것과의 혼용, 혹은 그 속으로의 흡수를 의미하지는 않는다. 이러한 신격화는 하나님의 이타성과 인간의 이타성을 유지하고 있는 신적인 삶에의 참여에 다름 아니다.

따라서 그리스도의 메시지는, 그 용어의 가장 넓은 의미에서 보자면, (인간적인 것과 신적인 것을 연결시키는) 종교적인 메시지이다. 하지만 그 메시지는 내적인 영성을 위해 외적인 종교를 상대화시키는 것이다. 신석기적 전환기의 종교들과 유대적 일신교의 출현은 자연을 탈신성화시켰다. 즉 각 인간 존재는 그가 신에서 기인하는 만큼 신성하며, 인간은 자신의 원천을——아버지, 제1원리, 일자, 신적인 것, 절대자와 같이 인간이 초월성에 부여한 그 명칭이 무엇이든지 간에——자기 정신의 내밀함 속에서 재발견할 수 있다는 것이다. 이렇게 되자 그 무엇도 인간의 의식만큼 가치를 갖는 것은 없게 되었다. 다시 말해 진리를 찾는 자유로운 의식 말이다. 그리스도 이후에도 종교는 여전히 가능하다. 하지만 다음과 같은 한 가지 조건이 따르게 된다. 즉 종교는 인간들이 자신의 의식 속에서 타인과 마주하고 있는 것처럼, 하나님과 대면하고 있는 개인들의 근본적인 자율성을 수용해야 한다는 조건을 갖게 된다. 이러한 점은 엠마뉴엘 레비나스가 탁월하게 표현하고 있다.

더 이상 그 어떤 제도적인 매개도, 그 어떤 희생적인 몸짓도, 어떤 의례적인 것도 필요불가결한 것이 되지 못한다. 분명한 것은 신자들이 서로 모일 수 있다는 것이다. 신자들은 함께 기도를 드릴 수 있고, 대화를 나눌 수 있고, 노래할 수 있고, 전례를 올릴 수 있다. 하지만 이러한 몸짓들이 구원에 필수불가결한 요소는 아니게 된다. 그리스도는 사마리아 여인에게 다음과 같은 사실을 이해시켜 주었다. 즉 이 시대는 지나간다는 것을, 이제부터는 모든 몸짓들이 유용하다는 것을, 하지만 이제 더 이상 제도적인 중심이 없기 때문에 그 모든 몸짓들이 필수불가결한 것은 아니라고 말이다.

어려운 자유

그런데 우리는 기독교인들이 재빨리 고전적인 종교적 태도로 회귀했다는 사실을 살펴보았다. 예루살렘 성전의 파괴 이후, 기도교인들은 다시 하나의 중심을 스스로에게 부여하기 시작했다. 서방 기독교인들에게는 로마, 동방 기독교인들에게는 콘스탄티노플이 그 중심이며, 따라서 기독교인들은 개인들을 집단과 전통의 지배하에 다시 놓이게 한 것이다. 게다가 필자가 보기에는 바로 이러한 점 때문에 사람들이 기독교 체제에 대해 행하는 근본적인 비판이 생겨났던 것이다. 다시 말해 종교재판이 보여주었던 것처럼, 목적을 파괴하면서, 종종 그 목적을 완전히 전복시킬 정도에 이르면서, 수단에—서임, 성사, 권위와 같은—과도하게 가치를 부여하고 있다는 것이다. 키르케고르가 말하고 있듯이, 종교재판은 그리스도의 혁명적인 메시지를 자신에 유리하게 바꾸어서, 인류가 "다시 네발로 기어 다니게 만들었다." 종교재판은 전통적인 종교의 모든 무기를 과시했다. 이 무기들은 유일한 진리, 만질 수 없는 도덕, 우주적이고 사회적인 질서, 인간을 악령으로부터 보호하거나 인간의 영원한 구원을 보장하는 의례적인 실천이라는 안전판을 인간에게 부여하는 것들이었다.

그렇다고 교회를 과도하게 비판하는 것은 별 쓸모가 없는 일이다. 우선, 종교를 초월하지 못한다는 것을 들어서 한 종교를 비난하기란 어려운 일이다! 하나의 공동체를 대표하고 인도한다고 간주된 종교 체제가 종교를 초월하는 것보다는, 각 기독교인이 정신적으로 종교를 초월하는 것이 분명 훨씬 더 쉬운 일이다. 다음으로, 교회란 역사적으로 볼 때 수 세기를 거치면서 교리를 형성하고 멍에를 받아들인 수천만 명의 기독교인들의 의지의 열매이다. 대중에 대한 소규모 집단의 지배는 민중들 속에 "자발적 복종"의 욕망이 존재하기 때문에만 지속적으로 행사될 수 있다. 이는 라 보에티[168]의 표현에 따른 것이다. 대심문관이 다음과 같이 예수에게 말하고 있는 것은 분명 잘못된 것은 아니다. 즉 인간 존재란 어쨌거나 자유보다는 안전을 더 선호하는 반항인이며, "이러한 해로운 선물이 인간에게 그 많은 우여곡절을 야기한다"는 것이다. 1,400년을 기다려야만 이러한 자유에 대한 요청이 이제 더 이상 교회의 지배라는 안전판을 지지하지 않을 정도로, 인간에게 자율권을 부여할 정도로 성숙하게 될 것이었다. 이러한 해방에 대한 첫 번째 행동을 거친 이후에 근대 역사는 다음과 같은 사실을 잘 보여주고 있다. 즉 인간들은 전체주의적인 국가라는 새로운 폭군의 손아귀에 이러한 고귀한 자유를 내어주는 일을 확실하게 그만둘 수 있었다는 것을 말이다. 이러한 교훈은 대단한 것이었고, 분명 서구인들은 이제 더 이상 종교적이거나 정치적인 전체주의로 향하지 않게 되었다. 이제 우리는 인간을 소외시키는 여전히 교묘하고도 새로운 무엇인가가—소비와 기술이라는 이데올로기와 같은——모습을 드러내도 그것에 현혹되지 않을 수 있다.

사실상 그 무엇도 자유만큼 생존하기 힘든 것처럼 보이는 것은 없다. 분명한 것은 그 자유가 원하는 것을 무엇이든 할 수 있다는 자유, 너무나 쉽게 충동에 휩쓸리게 하는 자유, 타인들을 지배할 수 있는 그런 헛된 자유는 아니라는 것이다. 그것은 우리를 타인들에 대해 실제적으로 자율적이며 책임을 갖도록 만드는 내적인 자유인 것이다. 그런데 예수는, 복음서들이 가르쳐주고 있는 대로, 이러한 진정한 자유가 하나님과의 관계 속에서 충만하게 실현된다는 사실을 보여주고자 했던 것이다. 인간을 예속화시키기는커녕, 이 관계는 인간을 자유롭게 한다. 이러한 점은 비종교적인 근대적 정신을 가진 사람에게는 분명 이해 불가능한 것이다. 왜냐하면 자율성에 대한 우리의 모든 철학은 정확히 말해 우월한 질서에 대한 의존이라는 사유에 대립함으로써 구축되고 있기 때문이다. 이러한 점은 정치적인 차원에서는 전적으로 참이다. 하지만 정치적인 자유는 고대 철학자들에 의해서, 혹은 부처에 의해서 제기된 문제를 해결하지 못하고 있다. 즉 내적 자유의 문제를 말이다. 우리를 얽매고 있는 모든 것들에 대해서 어떻게 진정으로 자유로울 수가 있는가? 그리스도는 개인을 외적으로, 그리고 내적으로 자유롭게 하고자 한다. 외적으로는, 우리가 살펴본 바와 같이, 인간에게 전통의 권위에 대해서 자율성을 부여함으로써 가능하다. 내적으로는, 개인을 성장시킬 수 있으며 심지어는 그의 자유를 증대시킬 수 있는 독립성이 존재한다는 것을 확신함으로서 가능하다. 즉 신에 대한 개인의 사유가 갖는 내밀함 속에서 자유로운 독립성이 존재하는 것이다. 분명한 것은 그 신이 인간의 얼굴을 하고 있는 하나님이 아니라는 것이고, 신령함이라는 지극히 숭고한 하나님이라는 것이다. 폭군과 같은 하나님이 아니라, 그 은총에 의해서,

그 숨결에 의해서, 인간이 당신의 가장 위대한 권위에까지 올라가는 것을 허락하고 그 완성에까지 도달하게 허락하는 사랑의 하나님인 것이다. 그리스도가 사마리아 여인에게 말하고 있는 것과 같은 예배는 따라서 하나님과 인간 사이의 내적인 계약에 다름 아니다. 즉 그 계약은 사회적이거나 정치적인 유효성을 벗어나는 것이며, 종교적인 여러 전통들과 권위들을 초월하는 계약이다. "너희가 예배드릴 곳은 예루살렘에서도 아니고 이 산에서도 아니다." 그 누구도 그 내밀한 계약을 강요할 수 없으며, 그 계약을 명령하거나 그 계약의 값을 매길 수 없다. 그 계약은 순수하게 정신적인 것이다.

사마리아 여인과의 대화에 앞서 있었던 니고데모와의 대화 속에서, 그리스도는 그가 거듭남과 유사한 것으로 삼고 있는 영적인 삶의 이러한 자유를 말하기 위해서, 포착할 수 없는 바람의 이미지를 이용하고 있다. 다시 말해 "너는 위로부터 태어나야 한다. 바람이 임의로 불매 네가 그 소리를 들어도 어디서 오며 어디로 가는지 알지 못하나니 성령으로 난 사람은 다 이러하니라."(요한복음 3:8) 〈요한복음〉의 뒷부분에서 예수는 끊임없이 이 주제로 되돌아오고 있다. 즉 성령, 창조주의 입김은 그리스도가 죽은 이후 그리스도에 의해서 인간들에게 보내질 것이다. 그리스도는 인간들을 온전한 진리에까지 인도할 것이다.(요한복음 16:13) 그 진리는 인간을 자유케 할 진리이다.(요한복음 8:32) 나아가 예수는 자신을 진리에 빗대고 있다. 그러므로 기독교적인 시각에서는, 바로 진리가 즉, 그리스도의 가르침이, 나아가 그리스도가 자유롭게 하는 것이다. 그리고 이러한 진리는 성령에 의해서 궁극적인 방식으로 인간 마음 속의 내밀함 속으로 운반되는 것이다.

사랑만이 믿음에 합당하다

하지만 이러한 진리와 이러한 자유는 하나님의 본성 자체를 구성하는 것 속에서만 의미를 갖는 것들이다. 즉 사랑 속에서만 의미를 갖는다. 이러한 연유로 신약 성서는 하나님이 사랑이시라는 것을 지속적으로 환기하고 있으며, 영적인 삶의 모든 목적성은 항상 더 사랑해야 한다는 것, 하나님과 닮아야 할 정도로 사랑해야 한다는 것을 언급하고 있다. 사도 바울이 말하고 있듯이, 사랑이 없으며, 믿음은 헛된 것이다. 즉 "내가 사람의 언어와 천사의 말을 할지라도 사랑이 없으면 소리나는 구리와 울리는 꽹과리가 되고, 내가 예언하는 능이 있어 모든 비밀과 모든 지식을 알고 또 산을 옮길 만한 모든 믿음이 있을지라도 사랑이 없으면 내가 아무것도 아니요, 내가 내게 있는 모든 것으로 구제하고 또 내 몸을 불사르게 내어줄지라도 사랑이 없으면 내게 아무 유익이 없느니라." (고린도전서 13:1~3)[169] 대심문관은 분명 기도하는 데 여러 시간을 보냈을 것이다. 오늘날에도 여전히 살인을 저지르는 종교적인 가미가제들은 신을 예배한다고 말하고 있다. 그런데 예수는 이렇게 확언하고 있다. 즉 예배가 만일 사랑에 근거하지 않는다면, 그리고 좀 더 큰 사랑으로 인도하지 않는다면, 그 예배는 아무런 의미도 없다고 말이다.

이러한 이해가 선행되다면, 그리스도의 메시지는 그 특별함을 드러내게 된다. 다시 말해 명백한 예배의 행위는 인간 정신이 신과 관계를 맺기 위한 것일 뿐만 아니라, "원하는 대로 부는" 성령에 의해서 인간 정신이 감동되기 위해 필요한 것이다. 복음서의 메시지에 대한 충만한 이해 속에서 "신령과 진정으로 예배하라"는 말씀은 무엇보다 진실되고 사랑하는 방식으로 행동하고, 그러한 모습으로 하나님과 관계를 맺으라는 것을 의미한다. 예수의 입장에서는, 하나님이 모든 선함의 원천이며,

그 선하심은 인간 존재의 가슴 속에서 분출되고 표현되기 위해 종교적인 지식을 필요로 하지 않는 선함이다. 그렇기 때문에 디트리히 본회퍼와 같은 프로테스탄트 신학자는——히틀러에 반대하는 음모에 가담했다는 이유로 나치들에 의해 플로센뷔르크(Flossenbürg)의 강제수용소에서 1945년에 처형됨——그리스도를 "비종교인들의 구세주"[170]라고 말했다.

우리는 성서에 대한 지식, 하나님과의 분명한 관계, 종교적인 예배와 같은 것들이 분명 신자에게 도움이 될 수 있다는 사실을 어렵지 않게 확인할 수 있다. 하지만 그러한 것들이 결코 선한 행동을 보증하지 못한다는 사실도 어렵지 않게 확인할 수 있다. 그리스도의 메시지는 그러한 보편적인 판단에 신학적인 토대를 부여함으로써, 그것에 보편적인 가치를 부여하고 있다. 다시 말해 그 토대란 궁극적으로는 '하나님을 예배하는 것, 그것은 자기 이웃을 사랑하는 것이다'를 말하는 것이다. 구원은 진리, 즉 그리스도 속에서, 그리고 그가 보낸 성령의 인도함에 따라 선한 의지로 행동하며, 하나님과 진실하고 내적인 관계를 맺는 사람들에게 주어진다. 예수가 사마리아 여인에게 가르친 바로 이러한 사실로 인하여, 그 어떤 인간적인 매개, 그 어떤 희생적인 몸짓, 그 어떤 제도로서의 종교도 인간이 하나님과 관계되는 것을, 그리고 영원한 생명의 문을 열어주는 하나님의 은혜로 나아가는 것을 보장해주는 것은 아니다. 어느 도시에서 예배를 드리든, 어느 교파에 속해 있든, 그것만으로는 구원을 보장할 수 없으며, 신령과 진정으로 예배하고, 또 그렇게 살아가는 것이 중요하게 된다.

최후의 심판에 대한 그 유명한 잠언 속에서, 그리스도는 그러한 사실을 다른 방식으로 표현하고 있다. 즉 "인자가 자기 영광으로 모든 천사와 함께 올 때에 자기 영광의 보좌에 앉으리니 모든 민족을 그 앞에 모으고 각각 분별하기를 목자가 양과 염소를 분별하는 것같이 하여 양은 그 오른편에 염소는 왼편에 두리라. 그때에 임금이 그 오른편에 있는 자들에게 이르시되 내 아버지께 복 받을 자들이여 나아와 창세로부터 너희를 위하여 예비된 나라를 상속하라. 내가 주릴 때에 너희가 먹을 것을 주었고 목마를 때에 마시게 하였고 나그네 되었을 때에 영접하였고 벗었을 때에 옷을 입혔고 병들었을 때에 돌아보았고 옥에 갇혔을 때에 와서 보았느니라. 이에 의인들이 대답하여 가로되 주여 우리가 어느 때에 주의 주리신 것을 보고 공궤하였으며 목마르신 것을 보고 마시게 하였나이까. 어느 때에 나그네 되신 것을 보고 영접하였으며 벗으신 것을 보고 옷 입혔나이까. 어느 때에 병드신 것이나 옥에 갇히신 것을 보고 가서 뵈었나이까 하리니 임금이 대답하여 가라사대 내가 진실로 너희에게 이르노니 너희가 여기 내 형제중에 지극히 작은 자 하나에게 한 것이 곧 내게 한 것이니라 하시고." (마태복음 25:31~40)

그리스도적 메시지의 전복

〈요한복음〉에 관한 이와 같은 "성찰"을 끝맺기 위해서, 필자는 다음과 같은 매우 단순한 질문을 하나 제시하고자 한다. 즉 사마리아 여인과의 대화 속에 종합된 그대로의 예수의 메시지가 왜 수세기 동안 그토록 아무런 주목을 받지 못했을까? 하는 질문이 바로 그것이다. 그리고 왜 오늘날에도 여전히 그러한 메시지는 거의 들리지 않는가? 심지어 기독교적이거나 종교적인 정신의 소유자들에 의해서도 말이다. 왜 그리스도의 가르침은 더욱 심오하고 정신적인 것 속에서 그토록 이해되기 어려운 것인가? 실제로 예수의 메시지는 전통적인 종교적 태도에 대한 근본적인 비판을 이루고 있다. 그 태도란 보편적인 인간 욕구에 대답하는 태도를 말한다. 이러한 근본적인 비판은 사마리아 여인과의 대화 속에서 다소간 명시적인 방식으로 드러나 있는 네 가지의 본질적인 관점들에 가해지고 있다.

우리는 앞에서 신성한 장소에 대한 개념, 즉 하나의 중심으로 규정됨으로써 종교적 전통이 갖는 신성한 장소에 대한 개념을 예수가 어떻게 문제 삼았는지를 살펴보았다. 그런데 종교인으로서는 다음과 같은 사실을 인정하는 것이 매우 어려운 일이다. 즉 중심이 없다는 것, 그가 속한 '종교' 제도가 '진리'와 완전히 동일시되는 것은 아니라는 사실을 인정하는 것이 어렵다는 것이다. 이러한 점 때문에 기독교 세계에서는 한때 "자신의 교회 밖에서는 결코 구원이 없다"라는 표현이 신약 성서의 가르침, 즉 인간이 된 하나님의 말씀으로서의 그리스도 밖에서는 구원이 없다는 가르침을 대체하는 우를 범하게 되었던 것이다. 사람들은 모든 종교들에 대해서도 동일하게 말할 수 있을 것이다. 즉 신자는 자신의 믿음이 구현되어 있는 그 장소가 (다시 말해 종교적 전통이) 유일한 진리라는 것을 믿을 필요가 있다는 것이다. 가장 위험한 것은 그것이 가장 최고의 진리라고 믿는 것이다. 이것은 매우 인간적인 것이다. 그리고 바로 그것이 그리스도가 반박하고 있는 것이다. 즉 예수는 종교적인 인간에게 종교가 그 인간에게 부여해준 확실성들과 편견들 위에 자리를 잡을 것이 아니라, 그 종교적인 인간이 신령과 진정으로 하나님에게 예배할 것을 요구하는 것이다. 그러한 종교는 항상 특정한 한 공간에, 다시 말해서 어떠한 인간적인 문화와 결부되어 남아 있을 것이기 때문이다. 이러한 비판은 당연히 여러 종교체제들과 종교적인 권위들에 가해진 것이다.

그들의 힘이 가진 한계를 그들에게 보여주면서, 즉 그들은 초월성에 대한 개인의 자유롭고 직접적인 관계 속에서 개인에게 봉사하는 수단들에 불과할 뿐이라는 점을 보여주면서 말이다.

넓은 의미에서의 성스러운 공간을 문제 삼는 것에 종교적인 시간에 대한 문제 제기가 추가된다. 예수는 또한 과거가 항상 현재와 미래보다 우월하다는 생각에, 완성은 기원들과 결부되어 있다는 생각에 기초한 전통적인 종교적 태도를 넘어설 것을 요구하고 있다. 우리가 6장에서 살펴보았듯이 "전적으로 진리로 인도"하는 성령을 보낼 것이라고 언급하면서 그리스도는 관점을 전복시키고 있다. 즉 최선의 것은 여전히 미래에 속하는 것이며, 인류는 진보의 과정에 위치해 있다는 것이다. 따라서 그리스도가 사마리아 여인에게 다음과 같이 말할 때, 즉 "… 아버지께 참으로 예배하는 자들은 신령과 진정으로 예배할 때가 오나니 곧 이때라"라고 말할 때, 예수는 과거와의 깊은 단절을 언급하고 있는 것이다. 예수는 개인에게 모든 시간에, 모든 장소에서, 자신의 믿음에 의해서 하나님과 직접적으로 연결될 것을 제안하는 근본적으로 새로운 종교적인 태도를 보여주는 개념을 설정하고 있다. 이 속에서, "시간들은 완료된다." 오늘날 이 말은 해방적인 의미로 이해될 수 있다. 하지만 다음과 같은 말의 중요성을 가늠해볼 필요가 있다. 즉 미래는 이제 더 이상 집단에 의해서 모델로 정립된 완벽한 과거에의 참조 속에서 구성되는 것이 아니라, 개인적인 영적 삶의 현재 속에서 구성된다는 말이다. 인간 존재란 끊임없이 미래의 불확실성에 대면해서, 그리고 과거와 집단에 의존함으로써 자신의 고유한 허약성이라는 감정에 대면하여 안도하고 싶은 마음을 갖기 때문에, 위와 같은 그리스도의 메시지는 전혀 안도감을 주지 못하며, 오히려 그 반대의 상황을 만들어낸다! 그리스도는 인간을 과거의 무게로부터 그리고 전통의 무게로부터 해방시키고 있다. 하지만 그리스도는 어떤 인간들에게는 불안의 근원이 될 수도 있다.

또 다른 급격한 방향 전환은 다음과 같다. 즉 순수한 것과 불순한 것에 관한 그리스도의 가르침이 그것이다. 성스러운 것과 세속적인 것 사이의——이미 공간에 관해서 언급된 적이 있는——이와 같은 구별의 논리 속에서, 종교들은 비록 몇몇 차이점을 보이기는 하지만, 순수한 음식과 순수하지 못한 음식이 존재한다고, 인간을 더럽히는 자연적인 요소들(월경, 정액과 같은)과 인간을 정화시키는 또 다른 자연적인 요소들(물, 불과 같은)이 존재한다고, 순수한 사람들과 순수하지 못한 사람들이(인도의 최하층민들이 그 전형적인 예가 될 것이다) 존재한다고 간주했었다. 그런데 예수는 이러한 종교적 정신상태와 근본적으로 단절한다. 이 사마리아 여인과 대화를 함으로써, 예수는 당시의 열성적인 유대인들의 시각에서는 두 번이나 자신의 몸을 더럽힌 것이다. 다시 말해 예수는 여자와 말을 한 것이고, 그것도 유대인이 아닌 자와 말을 섞은 것이다. 예수는 한 세리의 집에서 식사를 함으로써 혹은 죄지은 여인이 자신의 몸을 만지도록 내버려둠으로써 이미 그렇게 한 바 있다.

이러한 사실은 음식들과 관련해서도 또한 분명하게 드러난다. 예수는 대화 상대방들을 비판하기 위해서 다음과 같이 확언하고 있다. "입에 들어가는 것이 사람을 더럽게 하는 것이 아니라 입에서 나오는 그것이 사람을 더럽게 하는 것이니라."(마태복음 15:10) 인간이 먹는 것은 중요하지 않다. 그 어떤 음식도 순수하거나 순수하지 않은 것이 아니다. 그 어떤 자연의 사물도 순수하거나 순수하지 않은 것이 아니다. 그리고 '하물며' 그 어떤 인간 존재도 어떤 민족에, 어떤 종교에 혹은 어떤 신분 계급에 속하는지와 같은 외적인 기준들에 따르지 않는 것이다. 순수한 것인지 혹은 순수하지 않은 것인지는 인간의 마음에서 기인한 것이며, 인간에게서 나오는 것이다. 다시 말해 말과 생각과 행동과 같은 것들이다. 예수는 신석기적이고 일신교적인 혁명에서 출발한 자연 세계의 탈신성화를 끝까지 밀고나간다. 하나님이 영이시기 때문에, 신성한 것은 곧 영이다. 궁극적으로는 인간의 내재성만이 유일하게 중요한 것이다.

'비 능력'의 철학

마지막으로 네 번째 전복은, 하나님을 자신의 민족을 인도하고 보호하는 호전적이며 전능한 신성으로 이해하는 것에 대해 가해진 것을 말한다. 모든 고대 민족들과 모든 고대 국가들은 자신들이 다른 신(들)과 보호자(들)보다 우월하다고 간주했던 하나의 (혹은 여럿의) 신(들)을 숭배했었다. 유대적인 일신교의 출현과 더불어, 위와 같은 논리는 단순히 지속되었을 뿐만이 아니라, 심지어 더욱 강화되기에 이르렀다. 다시 말해서 힘의 위계질서를 갖는 복수의 신성이 존재하는 것이 아니라 단 하나의 신, 즉 아브라함과 모세에게 모습을 드러냈던 유일신만이 존재한다. 그리고 이 하나님은 자기 민족을 구원함으로써, 그리고 그 민족을 적들의 손아귀에서 해방시킴으로써, 그 민족에게 적들에 대한 승리를 안겨줌으로써 자신의 전능함을 드러내 보이는 것이다. 우리가 구약이라고 부르는 것, 다시 말해 히브리어로 적힌 성서는 유대 민족과 "무기를 든 하나님"을 의미하는 "야훼 사바오트Yahvé Sabbaot" 사이의 사랑의 역사를 상세하게 기록하고 있다. 유대 민족이 출애굽 시기부터, 그리고 그리스와 로마의 점령시대 이후부터 직면한 질문은 왜 자신들의 전능한 하나님이 자기 민족을 점령자들의 속박으로부터 구원하지 않는가 하는 문제와 연결된다. 이러한 의문은 좀 더 근본적인 또 다른 모순과 결부되어 있다. 왜냐하면 그것은 유대교의 근간과 관련된 것이기 때문이다. 다시 말해 유일한 하나님의 필연적으로 보편적인 소명과 하나님이 모든 민족들 중에서 이스라엘을 선택한 것을 어떻게 조화시킬 것인가? 하는 모순과 결부되어 있다. '메시아'라는 인물의 출현과 그 전개는 분명 이러한 두 가지 모순을 해결하려는 시도로 이해될 수 있다. 즉 신은 메시아(문자 그대로 "성유 부음을 받아 축복을 받은 사람", 즉 예수 그리스도)를 보낼 것이고, 그렇게 해서 자기 민족을 해방시킬 것이고, 게다가 예루살렘이 그 진앙지가 될 보편적인 왕국을 건설하기 위해서도 그렇게 하는 것이 더 유리할 것이라는 생각이었다. 마르셀 고세가 보여주었던 것처럼, 메시아 신앙은 하나의 "신비로운 제국주의"인 것이다. 다시 말해서 "이스라엘의 최종적인 운명, 이는 이스라엘의 현재와 같은 선택을 정당화하고 있는데, 그 운명은 다른 모든 민족들을 복속시키는 것이 될 것이며, 이는 세계 전체에서 야훼의 법이 통치되도록 하기 위함이다."[171]

사마리아 여인과의 대화 마지막에서, 예수는 자신의 메시아 됨을 드러낸다. 즉 "여자가 가로되 메시야 곧 그리스도라 하는 이가 오실 줄을 내가 아노니 그가 오시면 모든 것을 우리에게 고하시리이다. 예수께서 이르시되 네게 말하는 내가 그로라 하시니라."(요한복음 4:25~26) 그런데 예수는 기다리던 메시아, 즉 승리의 위대한 왕과는 전혀 다르다. 그는 목수이고, 하찮은 작은 마을에서 태어났으며, 게다가 유랑 생활을 하고, 교육 받지도 못했을 뿐만 아니라 거의가 여자들로 이루어진 제자들 무리에 둘러싸여 있는 것이다! 때문에 예수가 자신의 구세주로서의 사명을 표명하기 시작할 때, 훌륭한 종교인들은 자신들의 회의를 표현하는 것을 멈추지 않았다. 즉 "이 자는 목수 요셉의 아들이 아니냐?"(마태복음 13:54) "나사렛에서 무슨 선한 것이 날 수 있느냐?"(요한복음 1:46) "죄인과 세리의 친구로다?"(누가복음 7:34) 예수는 탄생을 통해서는 기다리던 메시아의 형상을 가지고 있지는 않다. 예수는 죽음을 통해서는 메시아적 형상을 완전히 전복시키고, 거기에 더해 신에 대한 전통적인 형상까지도 완전히 전복시키고 있다.

하나님의 우주적인 통치를 지상에 도래시켜야 할 메시아라기에는 비천한 혈통이라는 사실은 엄청나게 놀라운 점이다. 그렇지만 그것도 인정할 수는 있다. 반대로, 메시아가 십자가에서 끝을 맺고, 모든 사람들로부터 부인되고 가시적으로는 하나님에 의해서 버려졌다는 것, 그것은 전혀 받아들일 수 없는 것이었다. 분명, 선지자 이사야는 그리스도의 형상에 대한 놀랄 만한 예시를 통해 고통받는 종에 관해서 말했었다. "그는 실로 우리의 고통을 지고 우리의 슬픔을 당하였거늘 우리는 생각하기를 그는 징벌을 받아서 하나님에게 맞으며 고난을 당한다 하였노라." (이사야 53:4) 하지만 기독교의 탄생 이전에는—따라서 예수의 수난과 부활 직후에도—사람들은 여전히 (이사야가 언급한) 그 신비스러운 인물과 메시아를 동일화시키지 못하고 있었다. 바로 이러한 이유로 예수의 제자들은 그가 예루살렘으로 올라가는 것은 그곳에서 죽기 위함이라고 세 번 말했을 때 분노하게 되었다. 메시아가 인간들의 손에 죽을 수는 없는 것이다. 프롤로그에서 필자가 언급했듯이, 예수는 자신이 당할 '수난'을 가르쳐 주었을 때 그것을 드러내 놓고 거부한 베드로에게 다음과 같이 말하기까지 한다. "사탄아 내 뒤로 물러가라. 네가 하나님의 일을 생각하지 아니하고 도리어 사람의 일을 생각하는도다."(마가복음 8:33) 너무나 영적인 예수의 말에 실망하고, 예수가 정치적인 사태들에 대해 결부되기를 거부한 것에 실망한 많은 제자들이 중도에서 그를 버렸다. 다시 말해 제자들은 로마인들에게서 자신들을 해방시키러 온 강력한 메시아를 기다렸던 것이지, 보잘것없고 평화적인 메시아를 기다렸던 것이 아니다. 심지어 다음과 같이 가정해보는 것도 가능할 것이다. 즉 유다가 배신한 진정한 이유는 이러한 깊은 실망감과 결부되어 있다고 말이다. 유다가 예수를 대제사장들에게 넘겨준 것이, 유다가 예수의 비통한 종말을 가속화시킨 것이, 혹시 유다가 분함으로 인해 복수하는 것이었거나, 혹은 유다가 예수를 위험한 상황에 처하게 만들어서 예수를 자극하여 결국엔 봉기하도록 하기 위한 것은 아니었던가!

사실상, 예수의 죽음은 그의 메시지를 완수한다. 즉 그는 우선권에 대한 사회적인 가치들을 뒤집는다.(먼저 된 자로서 나중 되리라.) 예수는 비천한 자들을 들어 올린다. 예수는 가난한 자들과 배척된 자들에게 먼저 말을 건넨다. 예수는 어린이들을 높이고, 제자들의 발을 씻기고, 자신의 가르침의 핵심을 유대인이 아닌 여자에게 보여주며…. 게다가 예수는 그 어떤 비천한 방법보다도 가장 비천한 방식으로 죽는다. 즉 모욕당하고, 고문당하고, 십자가형에 처해진다. 따라서 예수가 부과한 메시아의 형상은 자신의 적들을 전멸시키는 영광스러운 메시아의 형상이 아니라, 겸허한, 즉 "마음이 온유하고 겸손한"(마태복음 11:29) 메시아의 형상인 것이다. 자신을 박해한 자들에 대해서 자신의 힘을 행사하기를 거부하는 메시아인 것이다. 바로 이러한 점에서 복음서들이 전하는 예수의 기적의 의미를 이해할 필요가 있다. 만일 예수가 기이한 행적들을ㅡ눈먼 자, 나병환자, 벙어리, 귀신 들린 자를 고치고, 오병이어의 기적과 물을 포도주로 변화시킨 기적과 나사로를 살린 행적들ㅡ통해서 그의 능력을 드러내 보이지 않았다면, 예수가 자신의 죽음을 벗어나기 위해서 이러한 초자연적인 능력을 자신에게 행사하는 것을 '자기 스스로 금했다는 것'을 그 누구도 알지 못했을 것이다. 사람들은 아마도 다음과 같이 생각할 수도 있었을 것이다. 즉 "그는 자신의 비극적인 종말을 피하기에는 아무것도 할 수 없었던 온유한 몽상가였다"고 말이다. 그런데 복음서의 드라마 같은 힘은 예수가 자신의 공적 삶 동안에 자신이 행한 기적들을 통해 보여준 능력과 예수가 자신의 고난 기간에 보여준 비 능력 사이에서 드러나는 모순 속에서 기인하고 있다. 이러한 의심의 여지가 없이 명백한 모순, 이러한 부조리함은 그의 십자가형을 지켜본 증인들도 느꼈던 것이다. 즉 "저가 남을 구원하였으니 만일 하나님의 택하신 자 그리스도여든 자기도 구원할지어다."(누가복음 23:35)

예수는 단순히 전능한 메시아의 형상을 총체적으로 전복하고 있는 것뿐만 아니라, 지상에서의 메시아의 형상 또한 역전시키고 있다. 다시 말해 그의 '왕국'은 이 세상에 속하지 않는다는 것이다. 이러한 "세상 밖의" 운명에 의해서, 예수는 유대교의 구조적인 모순을 해결한다. 다시 말해 하나님의 진정한 통치는 저 너머에 속한다는 것이다. '예수의 부활'이 갖는 전적인 의미는──그 부활은 분명하게 일어났던 일이다. 그리고 부활이라는 사건으로 인해 신자가 아닌 사람이 기독교적인 신비의 일관성을 이해 못할 이유도 없어 보인다. 그 부활은 진실이기 때문이다──이러한 논리 속에서는 또한 세계의 출구로 이해되며, 지상의 왕국으로부터 천상의 왕국으로의 옮겨감으로 이해된다. 복음서들이 확신하고 있는 것, 그것은 예수가 하나님의 통치를 강요하기 위해서 지상에 온 것이 아니라, 인간들을 하나님에게 끌어당기기 위해서 온 것이며, 그리고 인간들에게 자신의 부활과 이후 자신의 하늘로의 승천에 의해서 몸소 드러내 보여준 하늘의 왕국으로 인도하는 길을 보여주기 위해서 왔다는 것이다. 전사와 같은 메시아는 신의 법을 땅에 강제하기 위해서 힘으로 자신의 적들에게 승리를 거두었을 것이다. 하지만 예수는 십자가에 못박힌 메시아다. 바울의 표현에 따르면 "유대인들에게는 거리끼는 것이요 이방인에게는 미련한 것"이었다. 예수는 자신의 '비 능력'을 통해서 유일하고 진실된 법은 사랑의 법이라는 것을 드러낸다.

예수가 자신을 메시아로 드러내기 바로 직전에 사마리아 여인에게 한 말들은 이렇게 해서 전체적으로 명확해진다. 다시 말해 사랑은 개인으로서의 그 여인을 공동체로부터 자유롭게 해준다. 이는 그 사랑이 여인으로 하여금 내면적으로 공동체를 거리를 두고서 바라보게 한다는 점에서 그러하다. 예수는 그 여인에게 전혀 새로운 자유를 준다. 예수는 그 자유를 세계 밖에 위치시킴으로써 세계 속에 각인시킨다. 예수는 개인이 사회 속에 필연적으로—그리고 경우에 따라서는 특정한 종교적인 사회 속에—속해 있다는 것을 부인하지는 않는다. 하지만 예수는 모든 외적인 규범들로부터 그 개인을 '내적으로' 해방시킨다. 그것은 개인의 내밀한 영적인 삶에 우선권을 부여하기 위한, 그리고 성령에 의해서 내부에서 밝혀진 그 개인의 의식에 우선권을 부여하기 위한 것이다.

예수의 신적인 성격 혹은 신적이지 않은 성격이 무엇이든지 간에, 사람들은 그리스도의 메시지가, 그가 복음서들을 통해서 전달한 그대로의 메시지가, 전통에 속하는 인간에게는 왜 그렇게 받아들이기 어려운 것이었는지를 이해할 수 있다. 그 메시지가 왜 수세기를 통해서 드러나야 했는지, 그리고 전복될 수 있었는지를 이해할 수 있다. 또한 근대성이 형성되는데 기여했던 그 메시지가 근대성 속에서 왜 전혀 새로운 울림을 갖게 되었는지를 이해할 수 있다. 예수는 모든 전통적인 종교적 가치들에 대한 혼란과 전복을 가져다주었다. 예수는 세상을, 공간을, 과거와 전통의 권위를, 희생적인 논리를 탈신성화시켰다. 이와는 반대로, 예수는 개인을 집단으로부터 해방시켰으며, 이렇게 해서 개인의 자유로운 신앙을(양심을) 신성화시켰다. 여전히 사회적 이데올로기들과 고전적인 종교적 이데올로기들과는 단절하고 있으면서도, 예수는 결정적인 방식으로 평등과 인정이라는 윤리적 개념들을 정초시켰다. 하지만 그것이 전부가 아니다. 다시 말해 예수는 종교적인 인간에게서 그가 분명 가장 많이 가지고 있는 것, 즉 구원에 대한 통제권, 그의 자기정당화를 빼앗아 버렸다. 예수는 사람이 구원을 받는 것이 그 사람이 자신의 의무를 수행하고, 기도를 완수하고, 규칙을 지켰기 때문이 아니라… 하나님이 그 인간을 사랑하기 때문이라고 확언한다. 결국, 예수는 사랑과 비 능력의 지혜를 찬양하고 있다. 그 지혜는 두려움을 불러일으키는 하나님에 대한 전통적인 얼굴을 근본적으로 바꾸며, 가장 보편적으로 퍼져있는 직관, 즉 타인을 지배하면서 자신의 존재를 뚜렷이 드러내는 자라는 직관에 반대하는 지혜다.

서구에서의 기독교의 미래

기독교는 서구적인 근대성 속에서 사라져야 할 선고를 받았는가? 라고 사람들은 끊임없이 스스로에게 묻고 있다. 교회의 유래 없는 역사적 위기는 그러한 생각을 하도록 할 수 있을 것이다. 하지만 기독교가 그 종교적이고 제도적인 형태들로 축소될 수 있을 것인가? 사람들은 보통 이렇게 생각한다. 즉 우리의 세계는 콘스탄티누스 황제의 개종과 더불어 4세기에 기독교적인 세계가 되었고, 르네상스와 계몽주의 이후 점진적으로 기독교적인 세계가 되기를 그치고 있다고 말이다. 필자는 이러한 생각을 인정하지 않으며, 게다가 필자는 여기서 정확하게 그와 반대되는 주장을 전개했다. 우선 기독교는 교리들, 성사들과 성직자를 가지고 있는 하나의 종교가 아니다. 기독교는 무엇보다도 개인적인 영성이고, 보편적인 중요성을 갖는 하나의 초월적인 윤리이다. 기독교가 로마제국의 공식적인 종교로 변하게 되었을 때, 그리스도의 메시지는 광범위하게 변질되었다. 하지만 우리가 이미 살펴보았듯이, 기독교는 르네상스로부터 출발해서 세속적인 휴머니즘의 형태 하에서 부분적으로는 다시 태어나게 된다. 사상들의 전투에서 패배한 것이 아니라, 오히려 복음적인 메시지는 사람들이 생각하는 것보다 훨씬 더 우리의 세속적이고 속화된 사회들에 스며들어 있으며, 기독교의 영적인 길은 오늘날 서양에서는 교리나 집단적인 신앙심과 관련된 일이라기보다는 다시 예수의 인격과 그의 말에 의해서 감화된 개인들과 관련된 일이 되고 있다.

그리스도의 철학이 야기한 혁명은 인간의 역사 속에서 진정한 충격의 물결을 일으켰다. 그럼에도 불구하고 그 혁명은 상당 부분에서는 앞으로 와야 할 것으로 남아 있다. 그만큼 위엄, 평등 그리고 인정이라는 위대한 윤리적 원칙들은 종종 공허한 말들로 머물러 있는 것이다. 빅토르 위고가 19세기의 신자로서 지적했던 것처럼, "예수 그리스도의 성스러운 법이 우리 문명을 지배한다. 하지만 그 법은 아직도 여전히 우리 문명을 뚫고 들어가지 못하고 있다."[172]

하지만 기독교의 미래에 대한 문제를 넘어서 필자의 심층적인 확신, 그것은 바로 오늘날 신념이 다른 사람들을 대립시키는 여러 가지 간극들을 극복하면서 인간에 대한 사랑의 근거를 다시 제공해야 한다는 것이다. 이는 우리가 모든 인류적인 유산을 받아들이면서, 그리고 그 유산을 다시 읽으면서, 우리의 역사와 화해할 것을 요구한다. 다시 말해 고대 그리스와 유대교로부터 기독교를 거쳐 근대적인 계몽주의에 이르는 유산을 말이다. 우리의 가장 강력한 가치들 속에 뿌리를 내리고 여전히 머물면서도 우리는 다른 문명, 그리고 다른 역사를 가지고 있지만 인간 존재에 대한 존중이라는 동일한 관심사를 가지고 있는 사람들과 대화를 나누는 것이 더 나은 일이 될 것이다.

종교적 광신들과 그 광신에서 기인하는 사회에 대한 전체주의적인 시각은 물론이고 인간성을 말살하는 소비자 운동적 물질주의가 갖는 위험에 직면해서, 우리 세계는 인간의 존엄과 인간의 자유에 결부되어 있는 모든 사람들을 연결하는 새로운 도약을 필요로 하고 있다.

| 감사의 말 |

『종교의 세계Monde des religions』의 편집장 Djénane Karech Tager와 수도사이자 철학자이며 영원한 친구 Samuel Rouvillois에게, 그들이 보여준 변함없는 비판적인 충고에 대해 감사의 말씀을 전한다. 우리들의 지적인 동의와 불화가 무엇이든지 간에, 이 책은 그들의 값진 도움 없이는 존재하지 못했을 것이다. 또한 Patrick Michel에게 각별한 마음을 전하며, 멀리에서도 기꺼이 응해준 고무적인 의견 교환은 이 책을 다듬는 데 영향을 주었다.

저자의 인터넷 사이트 : http://www.fredericlenoir.com

| 주 |

1 J.-B. 퐁탈리스가 프랑스어로 번역·출간한 폴리오판 『카라마조프 가의 형제들』에 대해 프로이트가 1928년에 쓴 글. 소설의 뒷부분을 요약한 내용들은 앙리 몽고(Henri Mongault)가 번역한 폴리오판에서 인용했다.
2 「21개 조항Vingt et un articles」, 『키르케고르 전집』, 19권, Orante, Paris, 1982, p. 14.
3 *Ibid*., p. 55.
4 *Ibid*., p. 78.
5 「순간L'Instant」, *ibid*., p. 294.
6 *Ibid*., p. 210
7 「21개 조항」, op. cit., p. 45.
8 *Ibid*., p. 199.
9 *Ibid*., p. 179.
10 *Ibid*., p. 145.
11 J. Ellul, 『기독교의 전복*La Subversion du christianisme*』, Seuil, Paris, 1984, p. 9.
12 이 책에서 인용되고 있는 모든 성서의 인용문들은 『예루살렘판 성서』(Cerf, 2003)에서 인용한 것들임을 밝힌다. 덧붙여 이 인용문들의 번역은 대한성서공회에서 출간된 한국어 성경(1956)과 개역개정판(2001) 성경을 토대로 이루어

졌음을 밝혀둔다—옮긴이.
13 교회재판에서 이단을 처형할 때 세속적 권력을 빌리는 것—옮긴이.
14 Gallimard, 1985.
15 L'Oracle della Luna, Albin Michel, 2006.
16 독일학파의 탄생과 그 사상이 프랑스에서 갖는 중요성에 관해서는 다니엘 마르게라(Daniel Marguerat)의 『나사렛 예수, 수수께끼에 대한 새로운 접근들 Jésus de Nazareth, nouvelles approches d'une énigme』(Labor et Fides, 1998)을 참조할 것.
17 Maurice Goguel, 『예수 Jésus』, Paris, 1950, p. 147.
18 John Meier, 『예수라는 어느 유대인 Un certain juif Jésus』(Cerf, 2006) "그래도 그를 사람이라고 불러야 한다면"이라는 문장의 진정성에 관해서는 엄청난 의구심이 있을 수 있다. 하지만 현재 우리에게 남겨진 몇몇 다른 표현들에서 볼 수 있듯이 요세푸스가 "왜냐하면 부활하신 지 사흘 후에 그들에게 나타나셨기 때문에, 그리고 고귀한 선지자들이 이 일에 대해 경이로운 것이라고 예언했기 때문에"라고 기술했다는 것은 의심의 여지가 없다.
19 『유대 고대사 Antiquités juives』, 18, 63~64.
20 Ibid., 20, 200.
21 『연대기 Annales』, 15, 44.
22 Lettre 96.
23 이 "잊혀졌던" 구절은 탈무드 전문가인 조셉 클라우스너(Joseph Kalusner)가 1920년대 중반에 자기 저서의 제사로 사용했다. 그는 이 저서의 상당 부분을 역사적인 예수에 대해 할애했다. 그레이엄 스탠튼(Graham Stanton)(『복음서의 말씀?Parole d'Évangile?』, Cerf/Novalis, 1997)은 유대교 신자 트리포네스(Tryphon)와 그리스도교 신자 유스티아누스(Justin)가 160년에 벌인 토론의 용어들과 그 구절을 비교하면서 그것의 진정성을 확인하고 있다. 유스티아누스는 "그들은 감히 그가 마술사였으며 백성들을 속였다는 사실을 지지했었다"(Justin, Dialogue, 69, 7)라고 확신하고 있다.
24 카본지 14를 분석해보면, 쿰란 동굴에서 1947년에 상당한 부분이 지워진 채 발견된 원고들은 기원 후 2세기경에 기술된 것으로 보인다. 그 원고들 중 어떤 것도 1세기에 작성된 것은 없다.
25 『이단에 반대하여 Contre les hérésies』, 3, 1, 1.

26 『교회사 Histoire ecclésiastique』, 3, 39, 15.
27 180년에 리옹의 감독 이레나에우스는 4복음서의 존재를 단 하나의 복음, 즉 "교회의 기둥과 초석"인 복음을 받치는 네 개의 기둥에 비유했다. 〈요한 계시록〉은 4세기에 정경으로 인정받은 마지막 텍스트이다.
28 〈도마복음〉(도마가 쓴 예수의 유년기와 관련된 복음서와 혼동해서는 안 된다)에 관해서는 그레이엄 스탠튼의 『복음의 말씀?』(pp. 109~119, Cerf/Novalis, 1997)을 참조할 것.
29 존 메이어에 이어 자크 쉴로서(Jacques Schlosser)는 1950년대에는 명백한 것으로 여겨졌던 그 범주들의 적용에 있어서의 어려움을 강조했다. 이 범주를 잘못 남용하면 예수를 그의 유대 민족으로부터 단절시키는 우를 범할 수도 있기 때문이다. 그렇지만 독창성의 기준은 근대 주석가들에게 있어 여전히 중요한 위치를 차지하고 있다.
30 초대 교회 당시 통용되었다고 가정된 예수 그리스도의 어록에 대한 명칭—옮긴이.
31 예수의 나심을 예고함—옮긴이.
32 헤게시푸스의 발언들은 직접 인용된 것은 아니다. 구전에 의해 전해진 이 이야기들은 4세기 유세비우스의 『교회사 Histoire ecclésiastique』에서 인용되었다.
33 『유대 고대사』, 18장, pp. 116~119.
34 예수의 기적에 관한 보다 밀도 높은 연구는 Xavier Léon-Dufour의 『신약에 따른 예수의 기적들 Les Miracles de Jésus selon le Nouveau Testament』(Seuil, 1977)을 참조할 것.
35 예수는 유월절 전날 니산월 14일 금요일에 십자가에 달렸다. 30년과 33년이 가장 납득할 만한 연도이며, 이 둘 중 유월절은 빌라도 통치 시절 니산월 15일에 해당된다.
36 『나사렛 예수 Jesus De Nazaret』, 1933년 판, p. 514.
37 역사가들은 가장 오래된 복음서인 〈마가복음〉의 부록 부분(16:9~19), 즉 짧은 구절 속에서 세 번이나 예수의 출현을 언급하고 있는 이 부분이 2세기 무렵 보충된 부분일 "수도 있다"고 추정한다. 마태는 예수의 출현을 무덤 앞에서 여인들에게 나타난 것 외에 한 번의 출현으로 제한하고 있다. 가장 늦게 기록된 〈요한복음〉에서는 길게 네 번의 출현을 묘사하고, 거기에다 "많은 다른 표적"도 있었다는 사실을 덧붙이고 있다.(요한복음 20:30)

38 '주'라고 하는 이 용어는 예수의 시대에 두 개의 다른 방식으로 쓰였다. 유대인들에게 그 말은 하나님을 지칭하는 것이었다. 로마인들에게는 황제에게 주어지는 칭호들 중 하나를 말하는 것이었다.
39 『폭력과 성스러움*La violence et le Sacré*』, 『세상의 처음부터 감추어져 온 것들 *Des choses cachées depuis la fondation du monde*』
40 René Girard, 『그를 통해 스캔들이 왔다*Celui par qui le scandale arrive*』(Maria Stella Barberi와의 대담), Hachette Littératures, Paris, 2001, p. 103.
41 맹자의 인류애의 미덕에 대해서는 다음을 참조. 『지혜의 책*Le livre des sagesses*』 (colletif, sou la dir. de F. Lenoir et Y.-T. Masquelier), Bayard, 2005, p. 1527.
42 Lettre 77, 6.
43 Diogène Laërce, 『삶과 교리*Vies et doctrines*』, 5, 21.
44 『선행*Des bienfaits*』, 2, 1, 1.
45 『미드라쉬 시프라*Midrash Sifra*』, Lv 19, 18.
46 『덕성에 대하여*De virtutibus*』, 103.
47 『공화국*De Republica*』, 3, 22.
48 『행복한 삶에 대하여*De la vie bienheureuse*』, 3, 3.
49 Épictète의 『개론서*Manuel*』, 17장.
50 『선행』, 1, 2, 4.
51 『의무에 대하여*Des devoirs*』, 1, 30, 107.
52 『대담*Entretiens*』, 3, 1, 7.
53 일반적으로 범접하기 어려운 신비로움을 의미하지만, 여기서는 성령에 의해서 주어진 예언, 기적의 능력을 의미하는 것으로 보는 것이 좋음—옮긴이.
54 초대 교회 당시 통용되었다고 가정한 예수 그리스도의 어록에 대한 명칭—옮긴이.
55 Flavius Josèphe, 『자서전*Autobiographie*』, 2, 11.
56 고대 유대의 최고 의결 기관—옮긴이.
57 아람어 '아바(abba)'는 매우 일찍부터 그리스어를 사용하는 이들을 포함한 모든 그리스도인들이 기도 시에 사용하는 단어가 되었다. 이처럼 이 표현이 사용된 것은 예수에 의해 세워진 전통을 지키려는 의지로밖에는 설명할 수 없다는 것이 연구자들의 공통된 의견이다.
58 1세기 말까지 '랍비'라는 칭호는 학식을 가진 자에게 존경의 표시로 붙여지던

것이었다. 이 표현이 현재의 의미를 갖게 된 것은 서기 70년에 있었던 성전 파괴와 그 여파로 잠니아(Jamnia)에 망명해 있던 랍비 조하난 벤 자카이(Johanan ben Zakaï)에 의해 주도된 랍비 중심 유대교의 확립 이후이다.

59 명칭은 모두 우리말 성경에 기록된 대로 표기하였다—옮긴이.

60 유대의 애국당원으로, 서기 60, 70년대에 로마에 저항했던 급진적 유대파이다—옮긴이.

61 에티엔 트로크메(Étienne Trocmé)는 바울이 젤로트 당원에 속해 있었다고 주장한 주요 학자들 중 한 명이다. 그에 따르면 이 사실을 통해 그리스도인들에 대한 바울의 박해가 그토록 심했다는 사실과 유대인 그룹에 의해 두 차례에 걸쳐 시도된 바울의 암살 기도가 설명될 수 있다. 이는 마치 바울이 "비밀 단체에의 엄숙한 소속을 배반"했기 때문에 이루어진 것처럼 보인다는 것이다. 이와 관련해서는 『기독교의 태동기 L'Enfance du christianisme』(Noêsis, 1997), pp. 81~82를 참조할 것.

62 『유대 고대사』에서 플라비우스 요세푸스는 "야고보라는 이름의 그리스도라고 불린 예수의 형제와 몇몇 다른 사람들"이 사두개인들에 의해 죽음을 맞이한 것과 이 사실이 예루살렘의 유대인들 사이에 불러일으킨 적대감에 대해 말하고 있다.

63 오늘날까지 남아 있는 헤라클레이토스의 매우 드문 원고들은 3세기에 디오게네스 라에르티오스(Diogène Laërce)에 의해 기록된 것들이다. 그는 『저명한 철학자들의 생애, 이론, 저작들』이라는 제목의 책의 저자로 유명하다. 이 책은 제목 그대로 고대 그리스 철학자들의 작품과 그들이 세운 학교에 대한 이야기를 담은 일종의 선집이다.

64 『교육자 Pédagogue』 1, 5 : 1, 8.

65 그리스어 dokein은 프랑스어의 sembler, 즉 '그렇게 보인다'는 뜻을 나타낸다.

66 『프락세아스에 대항하여 혹은 삼위일체에 대해 Contre Praxeas ou sur la Trinité』 1. 이 편지에서 테르툴리아누스는 아버지, 아들, 성령의 관계에 대한 신학적 주장을 펼치고 있으며, 이는 훗날 기독교의 사도신경으로 채택될 것이다.

67 야고보의 원복음서가 얼마나 큰 영향을 끼쳤는지는, 그것이 전체로든 부분적으로든 수많은 언어로 번역되었다는 사실을 통해 알 수 있다. 이 텍스트는 고대 시리아어, 콥트어, 라틴어, 아람어, 에티오피아어, 심지어 아랍어로도 번역되었다.

68 *I Petri*, 4, 12~13.
69 안티오키아의 성 이그나티우스가 로마인들에게 보낸 편지.
70 『스미르나 주민들에게 보내는 편지*Lettre aux Smyrniotes*』 8, 2.
71 기독교 신앙의 근본을 제시하고 있는 이 구문은 325년 니케아 공의회에서 거의 변화 없이 사도신경으로 채택된다.
72 『역사*Res Gestoe*』 22, 5, 4.
73 『아들과 성령의 신성에 대하여*De deitate Filii et Spiritus Sancti*』, in Patrologia Groeca, 46, 557.
74 *Triakontaeterikos*, 5, 5.
75 *Didachè*, 4, 6~7.
76 이 표현은 테르툴리아누스에 의해 처음으로 사용되었다: 『호교론*Apologétique*』, 39, 7~8.
77 『대화*Dialogues*』, 404.
78 상(像)에 대한 설교, 21, 13.
79 『고백록*Confessions*』, 8, 8, 19.
80 이 수는 투르(Tours)의 그레고리우스가 집필한 『프랑크족의 역사*Histoire des Francs*』, 2, 31에 기록되어 있다.
81 『신곡, 지옥편*La Divine Comédie, L'Enfer*』, chant 19.
82 *Dictatus papae*, 9, 12 ; 27.
83 풍속을 통해 형성되는 기풍이나 성격, 특히 인간의 사회적 행동을 지배하는 윤리적 규범을 일컫는다—옮긴이.
84 『교수대 혹은 연민, 중세부터 오늘날까지의 유럽과 빈자들*La Potence ou la pitié, l'Europe et les pauvres du Moyen Âge à nos jours*』, Gallimard, 1986, p. 33.
85 라트란 3차 공의회, 교회법령집 18.
86 『파우스투스에 반대하여*Contre Faustus*』 in 『성 아우구스티누스 전집*Œuvres complètes de Saint Augustin*』(dir. M. Raulx), 드부아유(Devoille) 사제 번역, Guérin et Cie éditeurs, 1869, 22, 71.
87 *Ibid.*, 22, 72.
88 *Ibid.*, 22, 74.
89 *Ibid.*, 22, 76.
90 성 아우구스티누스, 편지 185.

91 『정숙함에 대하여De pudicitia』, 21a.
92 12세기 피에르 발도(Pierre Valdo)가 창시한 엄격한 성서 중심의 기독교 분파이다―옮긴이.
93 『신학대전Somme théologique II-II』, question 11, article 3.
94 15세기 말 아라곤의 페르디난드 왕과 카스티야의 이사벨라 여황의 결혼으로 에스파냐 왕국이 탄생했다―옮긴이.
95 『인도 사람들의 파괴에 대한 매우 간략한 보고서Très Brève Relation de la destruction des Indes』, Mille et une nuits, 1999, p. 15.
96 바야돌리드 논쟁 텍스트 전문, in 『라스 카사스와 세풀베다의 논쟁La Controverse entre Las Casas et Sepulveda』, Nestor Capdevila 서문, Vrin, 2007.
97 Ibid.
98 Giovanni Pico della Mirandola, 『인간 존엄성에 대하여De la dignité humaine』, Éditions de l'Éclat, Paris, 1993, p. 9.
99 그의 중요한 교육학 텍스트(『아이에게 매우 일찍부터 자유주의적인 교육을 할 필요가 있다Il faut donner très tôt aux enfants une éducation libérale』)에서 발췌한 명제로, 이 텍스트는 모든 교육가들이 깊이 있게 읽어볼 만한 책으로 판단된다.
100 『그리스도교 병사 매뉴얼Le Manuel du soldat chrétien』, 4차 교회법령집. Coll. 「Bouquins」, Robert Laffont, Paris, 1992, p. 561.
101 폴 볼츠(Paul Volz)에게 보낸 편지, ibid., p. 632.
102 필자는 이미 『신의 변신Les Métamorphoses de Dieu』(Plon, Paris, 2003, Hachette littérature 2005)에서 근대 세계에서의 종교의 문제를 다룬 바 있으며, 이 책에서 개진했던 논거들을 본 장과 이어지는 장에서 몇 번에 걸쳐 다시 언급하게 될 것이다.
103 『계몽주의란 무엇인가?Qu'est-ce que les Lumières?』, Paris, Gallimard, Folio, 1996, p. 33.
104 Emmanuel Kant, 『역사 철학Philosophie de l'histoire』, Aubier, Paris, 1947, p. 83.
105 Voltaire, 『철학 사전Dictionnaire philosophique』, 「관용-Tolérance」, GF-Flammarion, Paris, 1964, p. 368.
106 Voltaire, 『관용에 대한 개론Traité sur la tolérance』, GF-Flammarion, Paris,

1989, p. 107.
107 『관용에 대한 편지*Lettre sur la tolérance*』, GF-Flammarion, Paris, 1992, p. 206.
108 『철학 사전』, 「무신론Athéisme」, *ibid.*, pp. 56~57.
109 『기독교의 본질*Essence du christianisme*』 발췌 인용, 「Tel」, Gallimard, Paris, 1968, pp. 130, 143~144, 153, 130.
110 『헤겔 법철학 비판*Critique de la philosophie du droit de Hegel*』(1844), 『카를 마르크스, 프리드리히 엥겔스, 종교에 대하여*Karl Marx, Friedrich Engels, Sur la religion*』, 선집, G. Badia, P. Bange, E. Bottigelle 번역, Paris, Editions sociales, 1968, pp. 41~42에서 인용.
111 『환상의 미래*L'Avenir d'une illusion*』, Paris, PUF 「Quadrige」, 1995, p. 44.
112 S. Freud, C.G. Jung, 『서신*Correspondance*』(1906~1914), Gallimard, Paris, 1992, p. 372.
113 『환상의 미래』, *op. cit.*, pp. 30~31. 여기에서 나는 'Hilflosigkeit'라는 용어를 흔히 사용되는 '탈도움(désaide)'이라는 표현보다는 점령 상태에서 벗어나는 것을 의미하는 '탈취(désemparement)'라는 표현으로 번역하는 것이 더 옳다고 판단했다.
114 『환상의 미래』, *op. cit.*, p. 50.
115 『신의 변신』, *op. cit.*, 필자는 여기에서 근대성 속에서의 종교에 관해 다루었던 이 저서의 몇 부분을 다시 인용하고자 한다.
116 *Op. cit.*, p. 55.
117 Jean Baubérot, Séverine Matthieu, 『1800~1914 사이 영국과 프랑스에서의 종교, 근대성, 그리고 문화*Religion, modernité et culture au Royaume-Uni et en France, 1800~1914*』, Seuil, Paris, coll. 「Points Histoire」, 2002, p. 61에서 인용.
118 Rosa Luxemburg, 「교회와 사회주의Kirche und Sozialismus」(1905), in *Internationalismus und Kalssenkampf*, Neuwide, Luchterhand, 1971, pp. 45~47, pp. 67~75.
119 『즐거운 지식*Le Gai Savoir*』, §125.
120 *Ibid.*, §357.
121 『경제와 사회*Économie et société*』, Paris, Plon, 1971, p. 473.

122 『경제사*Histoire Économique*』, Paris, Gallimard, 1991, p. 379.
123 『고대 유대교*Le Judaïsme antique*』, Plon, 1970, p. 20.
124 J.-P. Willaime, Danièle Hervieu-Léger, 『사회학과 종교, 고전적 접근 방식 *Sociologies et religion, approches classiques*』, PUF, Paris, 2001, p. 101.
125 Max Weber, 『프로테스탄트 윤리와 자본주의 정신』, Paris, Flammarion, 2000, p. 301.
126 *Stromates*, VI, 8.
127 Bernard Cohen, 『아이작 뉴턴 : 자연 철학에 대한 논문과 편지들*Isaac Newton: Papers and Letters on Natural Philosophy*』, Cambridge Havard University Press, 1958, p. 284.
128 『세계의 각성』, Paris, Gallimard, 1985, p. II.
129 Luc Ferry, 『삶의 방법. 젊은 세대를 위한 철학 개론*Apprendre à vivre. Traité de philosophie à l'usage des jeunes générations*』, Plon, 2006, p. 75.
130 *Dignitatis humanae*, 2.
131 *DH*, 1.
132 *Nostra aetate*, 2.
133 *Lumen gentium*, 8.
134 가톨릭 교리의 몇몇 양상과 관련한 질문들에 대한 대답.
135 『2000년 기념식 준비에 대한 교서』, 1994년 11월 10일.
136 35번 문단.
137 보스턴 대학의 종교사회학자—옮긴이.
138 교황 요한 바오로 2세가 1986년에 창시한 것으로 로마 가톨릭 교회에서 젊은 이들을 위주로 주최하는 행사이다—옮긴이.
139 Pierre Bréchon, 「신앙인의 진화」, in 『신앙의 세계』, '미래를 예측하는 사람 *Futuribles*', 2001년 1월, pp. 39~42.
140 2007년 1~2월호 『종교의 세계*Le Monde des religions*』에 발표된 CSA 앙케이트.
141 『한 철학자의 고백*Confession d'un philosophe*』, 앙드레 콩트-스퐁빌에게 보내는 답변들, Albin Michel, 2003, p. 165.
142 『신의 변신』, op. cit.
143 「유럽인들의 가치」, 1999.

144 유대교 신자의 빵모자―옮긴이.

145 회교의 율법에 따라 잡은 동물의 고기가 '법도에 맞는' 혹은 '정결한' 이라는 의미―옮긴이.

146 성령의 작용을 강조하고 생활의 성성을 역설하는 미국에서 발생한 팬티코스트 운동. 기독교에서 팬티코스트는 부활절로부터 7번째 일요일의 성신강림 축일을 말하며, 유대교에서는 유월절로부터 50일째에 해당하는 오순절을 말한다―옮긴이.

147 서유럽 9개국에서 실시된 앙케이트. in *Futuribles*, 277호, 2002년 7월/8월, p. 134.

148 갤럽 여론조사.

149 앞에 언급된 CSA 앙케이트를 참조할 것.

150 2005년에 리더스 다이제스트가 유럽 14개 국가의 국립 여론조사국들에 의뢰한 여론조사 결과.

151 폴란드 97%, 포르투갈 90%, 러시아 87%, 오스트리아 84%, 스페인 80%, 스위스 77%, 핀란드 74%, 헝가리 73%, 독일 67%, 영국 64%, 프랑스 60%, 벨기에 58%, 네덜란드 51%, 체코 37%.

152 위에 소개된 리더스 다이제스트가 의뢰한 여론조사를 참조. 이 질문에 대한 답변은 각 국가별로 다음과 같다. 폴란드 81%, 오스트리아 67%, 스위스 64%, 스페인 60%, 영국 58%, 포르투갈 57%, 러시아와 핀란드 51%, 네덜란드 45%, 프랑스와 독일과 헝가리 43%, 벨기에 37%, 그리고 체코 36%.

153 위에 제시된 CSA 여론조사를 참조할 것.

154 권고 1807. 유럽 위원회의 의회가 2007년 6월 29일 채택한 문서.

155 갤럽의 2006년과 1994년의 여론 조사.

156 갤럽의 2007년 1월 여론 조사.

157 CSA 앙케이트를 참조할 것.

158 초대 교회 신자들이 박해를 피해 신앙의 중심으로 삼은 지하묘소. 피난처이면서 동시에 미사와 전례가 거행되던 공간이었다. 벽화와 비문 등이 초대 교회의 신앙생활을 전해주고 있으며 4~5세기 순교자들의 유해도 발견되고 있다―옮긴이.

159 스페인 최초의 그리스도교 공의회가 열린 곳으로 지금의 그라나다를 말함―옮긴이.

160 Grégoire le Grand, 『서신목록집Registre des lettres』, 11, 10.
161 미셸 옹프레, 『무신학론Traité d'athéologie』, Grasset, Paris, 2006, p. 70.
162 *Ibid.*, p. 259.
163 『힘에의 의지*La Volonté de puissance*』, 151, Le Livre de Poche, p. 166.
164 『살아가는 것을 배우기』, op. cit., pp. 275~276.
165 〈요한복음〉을 말함—옮긴이.
166 인도 동부에 있는 힌두교의 성지. 바라나시의 옛 명칭—옮긴이.
167 부처가 보리수나무 아래에서 깨달음을 얻은 인도의 지명. 불교의 성지—옮긴이.
168 Étienne de La Boétie, 『자발적 복종론*Discours de la servitude volontaire*』, Vrin, Paris.
169 필자가 받아들이기로 선택했던 예루살렘판 성서의 번역에 있어서, 필자가 이 책에서 유일하게 자유롭게 번역어를 선택한 부분이다. 즉 필자는 여기서 그리스어 '아가페agapé'를 "애덕charité(신과 이웃에 대한 초자연적인 사랑, 특히 이웃사랑—옮긴이)이 아닌 "사랑amour"으로 번역했다. 오늘날 "애덕"이라는 용어는 사도 바울이 하나님으로부터 기인하는 사랑을 의미하는 '아가페'라는 단어에 의해서 표현하고자 하는 것을 비방하기 위한 경멸적인 의미가 과도하게 포함되어 있는 용어다. 일화를 들어보면, 데이비드 벤 구리온(David Ben Gourion)은 예루살렘의 성서학교의 창시자인 보(Vaux) 신부에게, 보 신부가 자신에게 성서의 번역을 맡겼을 때, 이미 다음과 같이 털어놓은 적이 있다. 즉 '아가페'를 사랑으로 번역하는 것이 더 좋았을 것이라는 사실을 말이다. 필자는 전적으로 동의한다!
170 우리는 본 회퍼의 궁극적인 사유를 『저항과 복종*Résistance et soumission*』(Labor et fides)이라는 제목 하에 1951년에 한데 묶여 출판된 그의 수용소 시절 편지들을 통해 알고 있다.
171 『세계의 각성』, op. cit., pp. 157~170.
172 『레미제라블*Les Misérables*』, 1권, 4부, 9장.

• 옮긴이

김모세

한국외국어대학교 불어과와 대학원을 졸업하고, 같은 대학에서 프랑수아 모리악 연구로 문학박사학위를 취득했다. 현재 고려대학교 문과대학 연구교수와 프랑스인문학연구모임 '시지프' 연구원으로 활동 중이며, 한국외국어대학교와 서울신학대학교에 출강하고 있다. 저서로는 『프랑수아 모리악의 작품에 나타난 타자의 문제』(한국학술정보), 『르네 지라르』(살림) 등이 있으며, 역서로는 『레비나스 평전』(살림), 『인간의 대지』(한국헤밍웨이), 『미래사회 코드』(디플BIZ) 등이 있다.

김용석

한국외국어대학교 불어과와 대학원을 졸업했다. 현재 같은 대학교에서 강의를 하고, 20세기 프랑스의 대표적 작가들 중의 한 명인 조르주 페렉의 작품을 중심으로 박사학위 논문을 준비 중에 있으며, 프랑스인문학연구모임 '시지프' 연구원으로 활동하고 있다. 역서로는 『알파벳의 신비』(살림), 『아리스토텔레스의 『수사학』 3권(리젬), 『예고된 공황』(바다) 등이 있다.

그리스도 철학자

2009년 9월 15일 초판 1쇄 발행
2009년 9월 30일 초판 2쇄 발행

지은이 | 프레데릭 르누아르
옮긴이 | 김모세 · 김용석

펴낸이 | 전명희
펴낸곳 | 연암서가
등록 | 2007년 10월 8일(제396-2007-00107호)
주소 | 경기도 고양시 일산동구 장항동 591-15 2층
전화 | 031-907-3010
팩스 | 031-932-8785
이메일 | yeonamseoga@naver.com

ISBN 978-89-94054-00-1 03230

값 15,000원